Gelassenheit lernen für Dumm

Gelassene Menschen sind gesünder, fröhlicher, ausgeglichener und auch angenehmer für ihre Umwelt als angespannte, hektische oder gestresste Zeitgenossen. Gelassenheit ist eine Lebenseinstellung: Sie hilft Ihnen, die Dinge geschehen zu lassen und Ihre Mitmenschen so sein zu lassen, wie sie sind. Mit dieser Lebenseinstellung begegnen Sie auch den schwierigsten Situationen entspannt und finden Wege aus Notlagen oder Engpässen. Konflikte oder Missverständnisse klären Sie mit klarem Kopf. Klingt das nicht herrlich? Auch Sie könnten schon morgen viel gelassener sein! Nutzen Sie ein individuelles Gelassenheitstraining, um innerlich ausgeglichen zu werden.

Gelassenheit beginnt im Kopf

Wer eine gelassene Lebenseinstellung einübt, schaut mit verändertem Blick auf sich und seine Welt. Wie fühlen sich die folgenden Aussagen für Sie an? Mit einem Gelassenheitstraining können Sie diese Grundeinstellungen verwirklichen.

- ✔ Die eigenen Unzulänglichkeiten, die Fehler der anderen, die alltäglichen Missgeschicke und die Widrigkeiten des Lebens haben nicht die Macht, Sie aus der Ruhe zu bringen. Sie ruhen in sich und sehen vor allem die schönen, angenehmen und lustigen Seiten des Lebens.

- ✔ Sie kennen sich selbst gut und hinterfragen sich. Sie klammern sich nicht an Menschen oder Dingen fest. Sie lassen sich nicht von inneren Antreibern oder äußeren Erwartungen unter Druck setzen.

- ✔ In jeder Situation haben Sie viele verschiedene Handlungsmöglichkeiten. Sie reagieren überlegt, denken klar, finden überraschende und kreative Lösungen. Wenn Sie einen Fehler gemacht haben, stehen Sie dazu und lernen daraus.

- ✔ Konflikte lösen Sie gelassen und fair. Sorgen, Nöte und Ängste stellen Ihre Gelassenheit zwar auf die Probe, aber Sie schauen nach vorn und können sich auf Ihre inneren Kräfte verlassen. Rückblickend wissen Sie: Jede Krise bietet zumeist auch eine Chance.

Gelassenheitsübungen für jeden Tag

Jeder Tag bietet zahlreiche Gelegenheiten für Ihre Gelassenheitsübungen. Stellen Sie sich aus den Übungen in diesem Buch Ihr ganz persönliches Trainingsprogramm zusammen und üben Sie regelmäßig. Wenn es nicht sofort klappt, geben Sie nicht auf – Gelassenheit braucht Zeit und Geduld.

Gelassenheit lernen für Dummies – Schummelseite

✔ Die einfachste und wirkungsvollste Gelassenheitsübung ist das ruhige, tiefe Atmen. Legen Sie eine Hand auf Ihren Bauch und atmen Sie ganz bewusst tief durch die Nase ein. Atmen Sie langsam und bewusst durch den leicht gespitzten Mund (Lippenbremse) wieder aus. Atmen Sie erst dann wieder ein, wenn Sie den inneren Impuls für einen weiteren Atemzug bekommen. Wiederholen Sie das ruhige, tiefe Ein- und Ausatmen zehnmal. Denken Sie an nichts anderes als an Ihren Atem. Sie werden spüren, wie sich in Ihrem ganzen Körper ein Gefühl der Ruhe und Gelassenheit ausbreitet.

✔ Nutzen Sie Wartezeiten für Gelassenheitsübungen. Wenn Sie warten müssen, atmen Sie tief in Ihren Bauch ein und aus. Denken oder sagen Sie dabei: »Ich bin ruhig und gelassen.« Versetzen Sie sich im Geiste an Ihren Lieblingsort und genießen Sie die kurze Ruhepause. Lassen Sie alle Gedanken kommen und gehen, halten Sie nichts fest. Ärgern Sie sich nicht über die Wartezeit, sondern freuen Sie sich über die gewonnene Auszeit und tanken Sie Kraft.

✔ Üben Sie das gelassene Autofahren: Egal, wohin Sie fahren – fahren Sie deutlich früher los als normalerweise. So verringern Sie Ihren Termindruck und erhöhen die Wahrscheinlichkeit, dass Sie auch mit unvorhergesehenen Widrigkeiten gelassen umgehen können. Halten Sie sich an die Verkehrsregeln und denken Sie für die anderen mit. Schenken Sie den anderen Autofahrern Ihr schönstes Lächeln und lächeln Sie sich selbst im Rückspiegel an. Ganz gleich, was passiert, bleiben Sie freundlich und nachsichtig, sich selbst und den anderen gegenüber.

Gelassene Kommunikation

Die Sprache ist die Quelle aller Missverständnisse. Gelassene Kommunikation trägt dazu bei, dass Sie sich selbst und andere besser verstehen.

✔ Jede Botschaft hat vier Kommunikationsebenen: die Sachebene, die Beziehungsebene, die Appellebene und die Selbstoffenbarungsebene. Hören Sie daher auch mit verschiedenen Ohren zu: Worum geht es sachlich? Wie ist die Beziehung zwischen Ihnen und Ihrem Gegenüber? Was möchte Ihr Gesprächspartner von Ihnen? Was offenbart er Ihnen über sich selbst? Auch Ihre Antwort hat vier Ebenen.

✔ Wenn Sie angegriffen oder kritisiert werden, nehmen Sie es nicht persönlich. Fragen Sie nach: »Warum genau sagst du das jetzt?« Oder verschaffen Sie sich Zeit: »Dazu kann ich im Moment nichts sagen, ich werde da-

Gelassenheit lernen für Dummies – Schummelseite

rüber nachdenken.« Versuchen Sie, die unausgesprochene Botschaft hinter der Kritik oder dem Angriff zu hören. Vielleicht handelt es sich um einen Hilferuf?

✔ Seien Sie ein aufmerksamer und authentischer Gesprächspartner. Schauen Sie Ihrem Gegenüber in die Augen, vermitteln Sie Ruhe und Interesse, fragen Sie nach. Nehmen Sie sich Zeit für die Menschen, mit denen Sie zu tun haben.

Gelassenheit ist aktive Gesundheitsförderung

Gelassenheit kann dazu beitragen, vielen Erkrankungen vorzubeugen und den Körper gesund zu halten.

✔ Gelassenheit verringert das Risiko stressbedingter Erkrankungen und fördert die Entspannung.

✔ Gelassenheit stärkt das Immunsystem und damit die Krankheitsabwehr.

✔ Gelassenheit hält Stoffwechsel und Hormonhaushalt im Gleichgewicht.

✔ Gelassenheit fördert die sexuelle Befriedigung.

✔ Gelassenheit kann einem Burn-out vorbeugen.

✔ Gelassenheit fördert das innere Gleichgewicht und tut der Seele gut.

Achtsamkeit fördert die Gelassenheit

Ihre Gelassenheit erhöht sich, wenn Sie aufmerksam und ohne Bewertung wahrnehmen, was sich in Ihrem Körper und in Ihrem Geist abspielt – Gefühle, Gedanken, Stimmungen, Körperempfindungen, Sinneseindrücke. Dadurch, dass Sie alles so akzeptieren, wie es gerade ist, senken Sie Ihren inneren Druck. Sie nehmen die Haltung eines freundlichen, aufmerksamen Beobachters ein und lernen sich selbst besser kennen. Sie üben das Loslassen und nehmen alles so an, wie es gerade ist. Sie können Achtsamkeitsübungen überall und ohne Hilfsmittel machen, um Ihre Gelassenheit zu stärken.

✔ Essen Sie achtsam. Nehmen Sie sich Zeit für Ihre Mahlzeit. Setzen Sie sich in Ruhe hin, schauen Sie das Essen an, riechen Sie es, nehmen Sie einen Bissen aufmerksam in den Mund und schmecken Sie ihn. Versuchen Sie, die verschiedenen Geschmacksanteile wahrzunehmen. Kauen Sie jeden Bissen 30 Mal und schlucken Sie ihn dann langsam herunter. Beobachten Sie dabei, was in Ihrem Mund und in Ihrem Magen passiert. Bewerten Sie nicht, sondern akzeptieren Sie alles so, wie es ist.

Gelassenheit lernen für Dummies – Schummelseite

- ✔ Sitzen Sie achtsam. Nehmen Sie Ihre Sitzposition bewusst wahr. Fühlen Sie Ihre Füße auf dem Boden. Achten Sie auf den Spannungszustand Ihrer Muskeln in den Füßen, den Beinen, im Gesäß, im Rücken und Bauch. Nehmen Sie wahr, ob Ihre Schultern locker oder angespannt sind und wo sich Ihre Arme und Hände befinden. Achten Sie auf die Position Ihres Kopfes und beobachten Sie Ihre Gedanken. Bewerten Sie nicht, sondern akzeptieren Sie alles so, wie es ist.

- ✔ Gehen Sie achtsam. Achten Sie auf Ihre Umgebung und auf Ihre Sinneseindrücke. Setzen Sie ganz bewusst Fuß vor Fuß. Wie fühlt sich der Boden an, auf dem Sie gehen? Wie reagieren Ihre Muskeln und Gelenke darauf? Was passiert mit Ihrem Herzschlag und Ihrer Atmung, während Sie gehen? Was passiert, wenn Sie das Tempo erhöhen und dann wieder senken? Beobachten Sie die Bewegung Ihrer Arme und Ihres Kopfes. Nehmen Sie die Luft, die Temperatur, die Helligkeit bewusst wahr. Lassen Sie alle Gedanken kommen und gehen. Bewerten Sie nicht, sondern akzeptieren Sie alles so, wie es ist.

Führen Sie ein Gelassenheitstagebuch

Stellen Sie sich aus den Gelassenheitsübungen, die in diesem Buch vorgestellt werden, Ihr persönliches Gelassenheitstrainingsprogramm zusammen. Suchen Sie sich die Lebensbereiche aus, in denen Sie künftig gelassener sein möchten. Üben Sie täglich und notieren Sie, wie Sie mit dem Training vorankommen.

- ✔ Notieren Sie konkrete Gelassenheitsziele und verfolgen Sie mithilfe Ihres Gelassenheitstagebuchs, wie Sie diesen Zielen immer näher kommen.

- ✔ Finden Sie heraus, welche Übungen Ihnen besonders viel Spaß machen und Ihnen weiterhelfen. Führen Sie diese Übungen mehrmals in der Woche durch und notieren Sie den Erfolg in Ihrem Gelassenheitstagebuch.

- ✔ Probieren Sie verschiedene gelassenheitsfördernde Selbstsuggestionen aus und schreiben Sie sich die hilfreichsten in Ihr Tagebuch.

- ✔ Nehmen Sie Rückfälle in alte Verhaltensmuster als Chance, sich besser kennenzulernen und weiterzuüben. Wenn eine Übung nicht funktioniert, probieren Sie eine andere aus. Viel Erfolg!

Gelassenheit lernen für Dummies

Eva Kalbheim

Gelassenheit lernen für Dummies

WILEY

WILEY-VCH Verlag GmbH & Co. KGaA

**Bibliografische Information
der Deutschen Nationalbibliothek**
Die Deutsche Nationalbibliothek verzeichnet diese Publikation in der Deutschen Nationalbibliografie; detaillierte bibliografische Daten sind im Internet über http://dnb.d-nb.de abrufbar.

1. Auflage 2015
1. Nachdruck 2016

© 2015 WILEY-VCH Verlag GmbH & Co. KGaA, Weinheim

All rights reserved including the right of reproduction in whole or in part in any form.

Alle Rechte vorbehalten inklusive des Rechtes auf Reproduktion im Ganzen oder in Teilen und in jeglicher Form.

Wiley, the Wiley logo, Für Dummies, the Dummies Man logo, and related trademarks and trade dress are trademarks or registered trademarks of John Wiley & Sons, Inc. and/or its affiliates, in the United States and other countries. Used by permission.

Wiley, die Bezeichnung »Für Dummies«, das Dummies-Mann-Logo und darauf bezogene Gestaltungen sind Marken oder eingetragene Marken von John Wiley & Sons, Inc., USA, Deutschland und in anderen Ländern.

Das vorliegende Werk wurde sorgfältig erarbeitet. Dennoch übernehmen Autorin und Verlag für die Richtigkeit von Angaben, Hinweisen und Ratschlägen sowie eventuelle Druckfehler keine Haftung.

Printed in Germany
Gedruckt auf säurefreiem Papier

Coverfoto: aleramo/Shutterstock.com
Korrektur: Frauke Wilkens, München
Satz: inmedialo Digital- und Printmedien UG, Plankstadt
Druck und Bindung: CPI – Ebner & Spiegel, Ulm

Print ISBN: 978-3-527-71086-7
ePub ISBN: 978-3-527-69683-3
mobi ISBN: 978-3-527-69682-6

Über die Autorin

Dr. med. Eva Kalbheim ist Ärztin, Coach und Kommunikationsexpertin. Sie beschäftigt sich seit nunmehr 30 Jahren mit den Auswirkungen von Stress und Anspannung auf die Gesundheit. In ihrer Arbeit als Pressesprecherin einer großen Spendenorganisation und Geschäftsführerin eines therapeutischen Verbands sammelte sie umfangreiche Erfahrungen in der Mitarbeiterführung und -motivation. Mit einem innovativen Gesundheitscoaching-Konzept unterstützt sie Menschen, die eine bessere Work-Life-Balance erreichen möchten. In Führungskräfte-Trainings legt sie besonderen Wert auf die Bedeutung der Kommunikation für entspannte, angstfreie und inspirierende Arbeitsbedingungen.

Dr. Eva Kalbheim arbeitet hauptberuflich als Psychiaterin im Zentrum für Seelische Gesundheit Marienheide. Mehr Informationen über ihre Arbeit gibt es im Internet unter www.eva-kalbheim.de.

Widmung

Dieses Buch ist meinen Söhnen Simon und Cyril gewidmet, denen ich von Herzen ein langes und gelassenes Leben wünsche.

Danksagung

Der erste Impuls für dieses Buch kam von meiner Lektorin Inken Bohn, Wiley-VCH, mit der ich viele angeregte Diskussionen geführt habe – ich danke ihr sehr für die kontinuierliche, kritisch-konstruktive Unterstützung. Herzlich danke ich meinen aufmerksamen Korrekturlesern Dr. Heinrich Siemens, Robert Egg und Simon Gapp. Ihre Anmerkungen haben mir beim Schreiben sehr geholfen und mir immer wieder neue Ideen gegeben. Viele Impulse lieferten auch Dr. Mirko Aden, Monika Maser, Michael Wolf, Dr. Sylvia Löhken, Jan Kalbheim, Rainer Spallek und Claus Gehling – vielen Dank dafür! Für die Erstellung der Grafiken danke ich Barbara Floer.

Der größte Dank geht an meine Familie, die mich unermüdlich liebevoll unterstützt und begleitet: Männer, ihr seid die Besten!

Cartoons im Überblick
von Christian Kalkert

Seite 31

Seite 99

Seite 133

Seite 183

Seite 249

Internet: www.stiftundmaus.de

Wissenshungrig?

Wollen Sie mehr über die Reihe **... *für Dummies*** erfahren?

Registrieren Sie sich auf www.fuer-dummies.de für unseren Newsletter und lassen Sie sich regelmäßig informieren. Wir langweilen Sie nicht mit Fach-Chinesisch, sondern bieten Ihnen eine humorvolle und verständliche Vermittlung von Wissenswertem.

Jetzt will ich's wissen!

Abonnieren Sie den kostenlosen
... *für Dummies*-Newsletter:

www.fuer-dummies.de

Entdecken Sie die Themenvielfalt der ... *für Dummies*-Welt:

- **Computer & Internet**
- **Business & Management**
- **Hobby & Sport**
- **Kunst, Kultur & Sprachen**
- **Naturwissenschaften & Gesundheit**

Inhaltsverzeichnis

Über die Autorin 9
   Widmung 9
   Danksagung 9

Einführung 25

Über dieses Buch 25
Konventionen in diesem Buch 26
Was Sie nicht lesen müssen 26
Törichte Annahmen über den Leser 26
Wie dieses Buch aufgebaut ist 27
   Teil I: Gelassenheit als Lebenseinstellung 27
   Teil II: Gelassenheit im Alltag einüben 27
   Teil III: Gelassenheit in der Familie 28
   Teil IV: Gelassenheit im Beruf 28
   Teil V: Gelassenheit in Grenzsituationen 28
   Teil VI: Der Top-Ten-Teil 28
Symbole, die in diesem Buch verwendet werden 29
Wie es weitergeht 29

Teil I
Gelassenheit als Lebenseinstellung 31

Kapitel 1
Gelassenheit – was bedeutet das? 33

Festhalten oder loslassen – die richtige Balance finden 34
Love it, change it or leave it: Wie man erkennt, was man
   lieben kann, ändern sollte oder aufgeben muss 35
Die eigenen Werte, Bedürfnisse und Motivatoren kennenlernen 36
Glaubenssätze hinterfragen 37
Der Zusammenhang zwischen Anspannung/Stress und Gesundheit 38
Das passiert bei Stress im menschlichen Körper 39
Entspannung und Gelassenheit – gut für Körper,
   Geist und Seele 40

Was man selbst beeinflussen kann und was nicht	40
Die Macht der Gedanken	41
Botschaften »richtig« senden und empfangen	42
Gelassenheit üben – körperlich und geistig/seelisch	43
Menschen und Situationen »sein lassen«	44
Die Wirkung von Gelassenheit auf Menschen und Situationen	45
Wenn sich eine Stellschraube im System ändert ...	45
»Das Lächeln, das du aussendest, kehrt zu dir zurück«	46
Gelassenheit – Ihr ganz persönliches Konzept	47
Innere Gelassenheit	47
Äußere Gelassenheit	48
Checkliste: Das persönliche Gelassenheitskonzept	49

Kapitel 2
Gelassenheit hält gesund 55

Warum Dauerstress krank macht	56
Stress entsteht im Kopf	57
Umgang mit dem Kopfkino bei Stress	58
Warnsignale des Körpers	59
Frühe Stresssymptome	60
Späte Stresssymptome	60
Gelassenheit als Vorbeugung	61
Stressbewältigung auf allen Ebenen	62
Gelassenheit wirkt im Körper	63
Gelassenheit wirkt im Kopf	63

Kapitel 3
Gelassenheit und Persönlichkeitsstruktur 65

Extravertiert und introvertiert: Endpunkte einer Persönlichkeitsskala	66
Extravertierte: Möglichst viel Action	67
Introvertierte: Möglichst viel Ruhe	68
Zentrovertierte: Von allem etwas	68
Checkliste: Welche Persönlichkeitsanteile überwiegen bei Ihnen?	69
Gelassenheit für Extravertierte: Loslassen statt explodieren	70
Umgang mit Gefühlsausbrüchen	70
Auch Extravertierte brauchen Ruhepausen!	71

Gelassenheit für Introvertierte: Loslassen statt implodieren	71
Umgang mit Rückzug oder Flucht	72
Den Blick nach außen richten – auch als Introvertierter	72

Kapitel 4
Die Haltung ändern: Gelassenheit verinnerlichen — 73

Einen klaren Blick auf angespannte Situationen werfen	73
Die Situation analysieren und Handlungsalternativen bedenken	75
Umgang mit den Konsequenzen einer Situation	76
Ärgernisse als Chance: Umdeuten hilft beim Loslassen	77
Die eigenen Gefühle bewusst wahrnehmen	78
Eine andere Haltung einnehmen	79
Die eigenen Antreiber betrachten und verstehen	80
Glaubenssätze kann man ändern	81
Die eigene Erwartung beeinflusst die Wahrnehmung	82
Nicht alles auf sich beziehen	83
Situationen vermitteln Botschaften	84

Kapitel 5
Selbsterkenntnis – der erste Schritt — 85

Erwartungsdruck verringern und Ballast abwerfen	85
Soll-Ist-Analyse: Das eigene Wunschbild hinterfragen	86
Frieden mit sich selbst schließen	87
Abschied vom Perfektionismus	89
Menschen sind unvollkommen – und trotzdem wertvoll	89
Auf das Hier und Jetzt konzentrieren	91
Eines nach dem anderen tun	91
Eine respektvolle Haltung einnehmen	92
Angenehmes genießen, Unangenehmes akzeptieren	92
Umgang mit Zeit- und Energiefressern	93
Für die eigenen Bedürfnisse einstehen	95
Die Konsequenzen des eigenen Handelns bedenken	96
Vorschläge statt Vorwürfe	97

Teil II
Gelassenheit im Alltag einüben 99

Kapitel 6
Gelassenheitsübungen für jeden Tag 101

- Ganz alltägliche Übungen 101
  - Tiefe Bauchatmung 102
  - Gelassen Auto fahren 103
  - Warten müssen 104
  - Äpfel schälen und Etiketten ablösen 105
- Körperliche Übungen 106
  - Autogenes Training basiert auf Selbsthypnose 106
  - Yoga aktiviert Geist und Körper 107
  - Fortschreitende Muskelentspannung 108
  - Tai-Chi und Qigong 109
  - Sport für Gelassenheitsübungen nutzen 110
- Geistige Übungen 111
  - Verschiedene Formen der Meditation 111
  - Achtsamkeit verbessert die Körperwahrnehmung 113
  - Innerer Monolog 114
  - Situationen umdeuten, um Stress zu reduzieren 115
  - Raum der Gelassenheit 117
- Hobbys für mehr Gelassenheit 118
  - Angeln, Basteln oder Tiere beobachten 118
  - Künstlerisch tätig sein 119
- Üben, üben, üben – denn meist klappt es nicht sofort mit der Gelassenheit 120
  - Jeder Tag bietet Übungsmöglichkeiten 120
  - Nicht aufgeben 120
  - Immer wieder von vorn anfangen 121
- Der individuelle Weg zu mehr Gelassenheit 121
  - Jeder ist anders 122
  - Herausfinden, was zu einem passt 122
- Trainingsplan für mehr Gelassenheit 123

Kapitel 7
Gelassen bleiben   125

Gelassenheitsübungen in den Alltag integrieren   125
   Regelmäßig tief atmen   126
   Auszeiten fest einplanen   127
Tagebuch führen   128
   Schreiben Sie auf, wann Sie besonders gelassen waren   128
Wenn es gar nicht klappt mit der Gelassenheit   129
   Seien Sie geduldig mit sich   129
Umgang mit Rückfällen   130
   Fangen Sie einfach wieder von vorn an   130
   Aus Rückfällen lernen   131

Teil III
Gelassenheit in der Familie   133

Kapitel 8
Gelassenheit in der Partnerschaft   135

Partnerschaftsmodelle im Wandel   135
   Menschliche Reibung erzeugt Kälte   136
   Ehrlicher Umgang miteinander   137
Ansprüche an die Partnerschaft hinterfragen   137
   Lebenskonzepte thematisieren   138
   Wichtig nehmen, was einem wichtig ist   140
   Wünsche äußern und Wünsche erfüllen   140
   Die Beziehung nicht überfrachten   141
Jeder kann nur sich selbst ändern, nicht den Partner   141
   Vom Vorwurf zur Ich-Botschaft   142
   Streiten lernen   143
   Checkliste: Was Sie an Ihrem Partner mögen   143
Gelassenes Miteinander immer wieder neu vereinbaren   144
   Intro- oder extravertiert: Unterschiede zulassen   144
   Die Suche nach der besseren Hälfte   145
   Unverzichtbare Gesten   146
   Auch eine befriedigende Sexualität fördert die Gelassenheit   147

Warnsignale in der Beziehung erkennen und ernst nehmen 147
Aktives Zuhören fördert das Verständnis 147
Hilfe annehmen 148
Beziehungskiller – und der Umgang damit 149
Gedankenlosigkeit kann verletzen 149
Unaufmerksamkeit zerstört Beziehungen 150
Eifersucht löst Verlustangst aus 150
Konkurrenz – nein danke 151
Gleichgültigkeit ist gefährlich 151
Beziehungen beenden 152

Kapitel 9
Gelassene Kindererziehung 153

Gelassener Umgang mit Kindern – vom ersten Tag an 153
Als (werdende) Eltern Verantwortung übernehmen 154
»Vater werden ist nicht schwer, Vater sein dagegen sehr ...« 154
Eltern sein und Partner bleiben 155
Kindererziehung als Hobby 156
Grenzen setzen und gelassen bleiben, wenn Kinder Grenzen
überschreiten 157
Grenzen gemeinsam definieren 157
Konsequent sein 158
Familienregeln gemeinsam aufstellen 159
Erwünschtes Verhalten belohnen 160
Gelassener Umgang mit Konflikten 161
Miteinander im Gespräch bleiben 162
Kinder loslassen können 163
Kindern und Jugendlichen Verantwortung übertragen 164
Freiheiten als Eltern nutzen 164
Hinaus ins Leben 165

Kapitel 10
Gelassener Umgang mit der Verwandtschaft 167

Familienrituale erkennen und hinterfragen 167
Sprechen hilft 169
Ändern, was man ändern kann 169

Unterschiedliche Lebensformen akzeptieren ... 170
   Leben und leben lassen ... 171
   Konflikte zwischen Eltern und ihren erwachsenen Kindern ... 172
   Miteinander im Gespräch bleiben – mit Humor und Gelassenheit ... 172
   Ein gesunder Abstand fördert die Gelassenheit ... 172

Kapitel 11
Gelassen Urlaub machen   175

Die richtige Wahl treffen: Was, wann, wo ... 175
   Die Verantwortung gemeinsam tragen ... 176
   Die Erwartungen nicht zu hoch schrauben ... 177
Für jeden etwas – zusammen oder allein ... 177
   Es läuft nicht immer alles gleich gut ... 178
Gemeinsame Erfahrungen sammeln ... 178
   Im Urlaub Tagebuch führen ... 179
Gelassen allein reisen ... 179
   Finden Sie Ihre eigene Reisephilosophie ... 180
   Gönnen Sie sich eine gute Zeit ... 181

Teil IV
Gelassenheit im Beruf   183

Kapitel 12
Gelassenheit in den beruflichen Alltag integrieren   185

Ist-Analyse: Das Gelassenheitspotenzial des Berufslebens ... 185
   Teilbereiche des Berufslebens analysieren ... 186
   Gelassenheitsfördernde Faktoren im Job ... 187
   Mögen, ändern oder beenden – was man selbst tun kann ... 189
Pausen und Auszeiten sind unverzichtbar ... 190
   Als Vorgesetzter einen Teil der Verantwortung delegieren ... 191
   Am eigenen Arbeitsplatz etwas verändern ... 191
   Selbstständig – entweder selbst und ständig oder selbst und verantwortlich ... 193
Selbstbestimmung statt Fremdbestimmung ... 193
   Für die eigenen Bedürfnisse einstehen ... 194
   Allianzen schmieden ... 195
   Langsames Denken als Erfolgsfaktor ... 196

Umgang mit Gelassenheitskillern 197
Multitasking ist eine Illusion 198
Zeitdruck schadet der Arbeitsqualität 199
Monotonie erzeugt Langeweile 200
Unterbrechung senkt die Arbeitszufriedenheit 200
Mangelnde Wertschätzung hemmt die Motivation 201

Kapitel 13
Schwierige Situationen frühzeitig erkennen 203

Eigene Ressourcen schonen: Nicht immer 150 Prozent geben 204
Die Antreiber berücksichtigen 205
Das Neinsagen üben 206
Den Kalender entrümpeln 206
Zeitfresser erkennen und ausschalten 207
Zeitfresser Nummer eins: Die Technik funktioniert nicht 208
Zeitfresser Nummer zwei: Die lieben Kollegen 209
Zeitfresser Nummer drei: Der innere Schweinehund 210
Verkäufer ohne Kunden, Ärzte ohne Patienten 211
Aufgaben nach Dringlichkeit und Bedeutung unterscheiden 211
Die eingesparte Zeit sinnvoll nutzen 212
Regeln hinterfragen und verstehen 213
Alle für einen oder jeder gegen jeden 213
Die Botschaft hinter dem gesprochenen Wort verstehen 214
Liebe am Arbeitsplatz 215
Aktiv gegensteuern statt innerlich kündigen 216
Umgang mit schwierigen Chefs 217
Entweder – oder? Sowohl – als auch 218
Über die eigenen Rechte informieren 219
Ein Neustart ist in jedem Alter möglich 220

Kapitel 14
Schluss mit der Selbstausbeutung 221

Die Gefahr der Selbstausbeutung 221
Gefährliche Köder erkennen 222
Krankgeschrieben statt hustend am Arbeitsplatz 224
Weg von der Selbstausbeutung hin zur Selbstachtung 225

Gelassener Umgang mit Kränkungen im Berufsalltag — 226
Es kann nicht immer alles gelingen — 226
Selbsterfüllende Prophezeiungen — 227
Mit Humor geht vieles leichter — 227
Konfliktpotenziale erkennen und Konflikte gelassen lösen — 228
Aufmerksam sein und Ruhe bewahren — 228
Wenn der Klügere stets nachgibt, hat immer der Dümmere recht — 229
Hilfe und Unterstützung von außen annehmen — 229
Den Überblick behalten — 230
Der Vorteil der Vogelperspektive — 230
Gute Planung ist der halbe Erfolg — 231
Frühzeitig einschreiten — 232
Nicht alles persönlich nehmen — 232
Sachebene und Beziehungsebene beachten — 233
Schuld sind nicht immer nur die anderen — 233
Abgrenzen statt untergehen — 234

Kapitel 15
Gelassenheitsübungen am Arbeitsplatz — 235

Geistige Übungen — 235
Perspektivwechsel für einen neuen Blickwinkel — 236
Entschleunigung senkt den Zeitdruck — 236
Das Zauberwort nutzen — 238
Imaginationsübung »Raum der Gelassenheit« — 238
Körperliche Übungen — 239
Ein kurzer Mittagsschlaf zum Auftanken — 239
Progressive Muskelrelaxation im Sitzen — 240
Übersprungshandlungen bewusst einsetzen — 240
Tipps für besondere Situationen — 241
Sprechen vor vielen Menschen — 242
Gehalts- oder Vertragsverhandlungen — 244
Vorstellungsgespräche: Der erste Eindruck zählt — 246
Checkliste: Gelassener am Arbeitsplatz — 248

Teil V
Gelassenheit in Grenzsituationen — 249

Kapitel 16
Krank – und trotzdem gelassen — 251

- Mit körperlichen Erkrankungen gelassen umgehen — 252
  - Dialog mit der inneren Stimme — 252
  - Husten, Schnupfen, Heiserkeit – dagegen ist ein Kraut gewachsen — 253
  - Rücken- und Gelenkprobleme verringern — 255
  - Herz-Kreislauf-Erkrankungen: Den Lebensmotor stärken — 256
  - Magen-Darm-Krankheiten: Was der Verdauung hilft — 257
  - Bösartige Erkrankungen gelassen bekämpfen — 258
- Seelische Erkrankungen annehmen und umdeuten — 259
  - Krankheit als Lösungsversuch bei Konflikten — 260
  - Depressionen und Burn-out: Den Berg bewältigen — 260
  - Psychosomatische Erkrankungen: Die Sprache des Körpers verstehen — 262
  - Psychosen: Leben mit mangelndem Realitätsbezug — 263
  - Suchterkrankungen: Belastung für Betroffene und Angehörige — 264
- Gelassenheit am Lebensende — 266
  - Fitnesstraining und Gehirnjogging für Gelassenheit im Alter — 266
  - Palliativmedizin: Den Tagen Leben geben, nicht dem Leben Tage — 268
  - Hospize – bis zum Schluss nicht allein — 269

Kapitel 17
Mit Verlusten gelassen umgehen — 271

- Abschied nehmen lernen — 271
  - Trauer und Freude zulassen — 272
  - Vorbereitung auf einen Abschied — 273
  - Unvorbereitet Abschied nehmen müssen — 274
  - Die Erinnerung wachhalten — 275
- Gelassener Umgang mit Trennungen und Todesfällen — 275
  - Wenn wichtige Menschen verschwinden — 276
  - Eine Beziehung gelassen beenden — 277

Verlassen werden und trotzdem gelassen bleiben 278
Plötzlich und unerwartet 279
Gelassenheitsübungen in der Trauerarbeit 280
Arbeit, Wohnung, Geld verlieren 280
   Die eigenen Ansprüche hinterfragen 281
   Neid macht unglücklich 281
   Manchmal ist weniger mehr 282
Auf zu neuen Ufern: Neubeginn wagen 282
   Beruflich noch mal ganz neu anfangen 283
   Umzug und Einleben gelassen gestalten 284
   Einen neuen Lebensabschnitt beginnen 284

Kapitel 18
Bei Angst und Sorgen trotzdem gelassen — 287

Arbeitslosigkeit: Neue Perspektiven schaffen 287
   Gelassen bleiben, wenn Arbeitslosigkeit droht 288
   Gelassener Umgang mit der Arbeitslosigkeit 289
   Einen neuen Job suchen und finden 290
   Langzeitarbeitslos – und trotzdem gelassen 291
Alleinsein und Einsamkeit: Gelassen auf andere zugehen 292
   Einsamkeit aktiv überwinden 293
Geldmangel: Gelassener Umgang mit eingeschränkten
Möglichkeiten 294
   Lebensnotwendig ist vor allem Gelassenheit 295
   Hilfe und Unterstützung annehmen 296
   Gelassenheitsübung in Mangelsituationen 296

Teil VI
Der Top-Ten-Teil — 299

Kapitel 19
Zehn Vorteile der Gelassenheit — 301

Gelassenheit fördert die Entspannung 301
Gelassenheit stoppt die Stressspirale 302
Gelassenheit fördert das klare Denken 302
Gelassenheit lässt intensiver fühlen 303

Gelassenheit stärkt die Gesundheit	303
Gelassenheit hilft einem Burn-out vorzubeugen	304
Gelassenheit vergrößert die eigenen Handlungsspielräume	304
Gelassenheit fördert die Toleranz	305
Gelassenheit verstärkt Lebensfreude und Achtsamkeit	305
Gelassenheit verbreitet Humor	306

Kapitel 20
Zehn Übungen für mehr Gelassenheit 307

Gelassenheit durch die tiefe Bauchatmung	307
Gelassenheit durch die Vogelperspektive	308
Gelassenheit durch Reframing	308
Gelassenheit durch Perspektivwechsel	309
Gelassenheit durch Imaginationsübungen	309
Gelassenheit durch Achtsamkeit	310
Gelassenheit bei Routinetätigkeiten	311
Gelassenheit im Auto und beim Warten	311
Gelassenheit durch fortschreitende Muskelentspannung	312
Gelassenheit durch Autogenes Training	312

Kapitel 21
Zehn Selbstsuggestionen für einen gelassenen Alltag 315

Ich bin ruhig und gelassen	315
Ich lasse die Gedanken ziehen	315
Ich bin sicher und geborgen	316
Ich bin heiter und entspannt	316
Mein Herz schlägt ruhig und gleichmäßig	316
Ich mag meine Welt	317
Wärme umhüllt mich	317
Ich habe, was ich brauche	317
Ich mag mich sehr	317
Gut, gut, alles ist gut	318

Stichwortverzeichnis 319

Einführung

»Versuch's mal mit Gelassenheit« – dieser Vorschlag ist wichtig, aber oft gar nicht so einfach umzusetzen. Denn es gibt viele Situationen, Anlässe und Menschen, die Sie aus der Ruhe bringen können. Sie geraten unter Druck, sind im Stress und verspannen sich immer mehr. In Ihrem Inneren wird ein uraltes Stressprogramm in Gang gesetzt: das Kampf-oder-Flucht-Programm. Ihre Drüsen schütten Stresshormone aus, Ihr Blutdruck und Puls steigen an, Sie können nicht mehr klar denken. Wenn dann jemand mit einer Gelassenheitsübung um die Ecke käme, würden Sie vermutlich am liebsten explodieren.

Gelassenheit ist eine Lebenseinstellung. Sie hilft Ihnen, die Dinge geschehen zu lassen und Ihre Mitmenschen so sein zu lassen, wie sie sind. Mit dieser Lebenseinstellung begegnen Sie auch den schwierigsten Situationen entspannt und finden Wege aus Notlagen oder Engpässen. Konflikte oder Missverständnisse klären Sie mit klarem Kopf. Klingt das nicht herrlich? Auch Sie können vielleicht schon morgen viel gelassener sein! Nutzen Sie ein individuelles Gelassenheitstraining, um innerlich ausgeglichen zu werden. Üben Sie mehr Gelassenheit zunächst ungestört und in Ruhe, um dann später auch in stressigen Situationen auf diese Übungen zurückgreifen zu können. Gelassenheit fördert die Gesundheit, denn Dauerstress macht krank. Wer gelassen lebt, stärkt sein Immunsystem und beugt vielen Krankheiten aktiv vor.

Über dieses Buch

Gelassenheit lernen für Dummies hilft Ihnen, Ihr ganz persönliches Gelassenheitstraining zusammenzustellen. Sie finden in diesem Buch Tipps und Hinweise für viele unterschiedliche Lebenssituationen – Alltag, Partnerschaft, Familienleben, Arbeit, Urlaub, Notlagen, Abschied, Krankheit – und können ganz verschiedene körperliche und geistige Übungen ausprobieren. Diese Übungen sind leicht zu erlernen und fast immer ohne Hilfsmittel durchzuführen.

Stellen Sie sich nach Ihren eigenen Bedürfnissen ein Trainingsprogramm zusammen und üben Sie, wann immer Sie Zeit und Ruhe haben. Die Gelassenheitsübungen werden Ihnen rasch in Fleisch und Blut übergehen und oft reicht es dann, eine Handbewegung oder eine Atemübung zu machen, um in einer stressigen Situation umgehend wieder gelassen zu werden. Sie finden in diesem Buch zahlreiche Hinweise für die aktive Gesundheitsprävention. Denn wer gelassen ist, lebt gesünder. Stärken Sie Ihr Immunsystem mit der Kraft Ihrer Gedanken!

Konventionen in diesem Buch

Gelassenheit ist eine Lebenseinstellung, die dabei helfen kann, dauerhaft gesund zu bleiben. Denn Stress und Anspannung beeinträchtigen auf Dauer das Immunsystem und machen krank. Daher betone ich in diesem Buch die Bedeutung einer konsequenten Veränderung der Lebenseinstellung – weg vom Festhalten hin zum Loslassen. Die wichtigste Voraussetzung für Gelassenheit ist die tiefe Atmung, denn sie befreit den Körper auf ganz natürliche Weise von Anspannung. Wundern Sie sich deshalb nicht, dass die Bauchatmung in jedem Kapitel mehrfach vorkommt.

Hier eine wichtige Konvention, die ich in diesem Buch verwende: Internetadressen sind in sogenannter `Listingschrift` dargestellt, damit Sie sie leicht erkennen können. Wenn Internetadressen aus Layoutgründen auf zwei Textzeilen verteilt werden mussten, wurden keine zusätzlichen Zeichen (also keine Bindestriche oder Ähnliches) eingefügt. Sie können die Internetadresse so eingeben, wie sie im Buch steht, als wäre der Zeilenumbruch gar nicht vorhanden.

Was Sie nicht lesen müssen

Sie finden in diesem Buch eine Fülle von Informationen über Stress, Anspannung, Entspannung, Gesundheit und Gelassenheit. Die einzelnen Teile des Buches können Sie der Reihe nach lesen oder Sie suchen sich die Teile heraus, die für Sie besonders wichtig sind. Jeder Teil enthält alle für das Verständnis notwendigen Informationen, sodass Sie das Buch nicht unbedingt von vorn nach hinten durchlesen müssen. In Textkästen und neben dem Beispielsymbol gibt es weiterführende Informationen oder anschauliche Erläuterungen, die Ihnen zusätzliches Wissen vermitteln – diese Passagen können Sie aber auch überspringen, ohne Wesentliches zu verpassen.

Törichte Annahmen über den Leser

Beim Schreiben des Buches habe ich einige Annahmen über Sie vorausgesetzt, um Ihnen die Informationen zu geben, die Sie wirklich brauchen. Dies sind meine Annahmen:

- ✔ Ich nehme an, dass Sie in manchen Situationen angespannt oder hektisch sind, aber gerne gelassener wären.

- ✔ Ich gehe davon aus, dass Sie bereit sind, Ihren Lebensstil zu verändern, um gelassener und gesünder zu leben.

✔ Ich nehme an, dass Sie praktische Tipps suchen, wie Sie in stressigen Situationen gelassener werden können, und dass Sie bereit sind, diese Tipps in Ihrem Alltag auszuprobieren.

✔ Ich glaube, dass Sie für Ihr Gelassenheitstraining nicht unbegrenzt viel Zeit haben, sondern dass Sie sich einfache und rasch umsetzbare Hinweise wünschen, um mehr Gelassenheit im Leben zu erreichen.

Wie dieses Buch aufgebaut ist

Gelassenheit lernen für Dummies ist in sechs Teile eingeteilt, die Ihnen Tipps und Informationen über Gelassenheitstraining in unterschiedlichen Lebensbereichen und -situationen geben. Hier ein kurzer Überblick über das, was Sie in den einzelnen Teilen dieses Buches finden.

Teil I: Gelassenheit als Lebenseinstellung

In diesem Teil erfahren Sie, warum Gelassenheit in allen Lebensbereichen unverzichtbar ist und wie Sie mit einer gelassenen Lebenseinstellung viel für Ihre Gesundheit tun können. Sie lernen etwas über Ihre Körperreaktionen in Stresssituationen und über die richtige Mischung aus Anspannung und Entspannung. Anhand konkreter Beispiele können Sie Ihre Persönlichkeitsstruktur analysieren und herausfinden, welche inneren Antreiber Ihre Gelassenheit möglicherweise gefährden. Außerdem erfahren Sie etwas über die Rolle der Kommunikation für die Gelassenheit.

Teil II: Gelassenheit im Alltag einüben

Sie wollen möglichst bald gelassener und entspannter sein? Dabei kann Ihnen ein individuelles Gelassenheitsübungsprogramm helfen. In diesem Teil des Buches finden Sie zahlreiche Übungen und Tricks, um in den verschiedenen Alltagssituationen die Nerven zu behalten und ausgeglichen durchs Leben zu gehen. Haben Sie ein wenig Geduld mit sich selbst – wenn es nicht sofort klappt mit der Gelassenheit, finden Sie in diesem Teil auch Unterstützung im Umgang mit Rückfällen.

Teil III: Gelassenheit in der Familie

Dieser Teil befasst sich mit Partnerschaft, Kindererziehung, Verwandtschaft und Urlaub. Sie lernen, welche Faktoren die Gelassenheit in der Familie gefährden und wie Sie damit umgehen können. Sie erfahren etwas über die Bedeutung einer gelungenen Kommunikation und was Sie dafür tun können, um in der Familie miteinander im Gespräch zu bleiben. Humor und Gelassenheit stehen gerade im Familienzusammenhang in einer engen Wechselwirkung!

Teil IV: Gelassenheit im Beruf

In diesem Teil geht es um die Gelassenheit im Arbeitsalltag. Sie lernen die wichtigsten Zeitfresser kennen, erfahren etwas über die Bedeutung von Pausen und Auszeiten, können einen gelassenen Umgang mit Konflikten und Kränkungen einüben und aktiv einem Burn-out vorbeugen. Es trägt erheblich zu einer gelassenen Arbeitseinstellung bei, wenn Sie nicht immer 150 Prozent geben wollen, sondern Ihre eigenen Grenzen kennenlernen und akzeptieren. Dafür gebe ich Ihnen viele Tipps. Darüber hinaus finden Sie in diesem Teil Hinweise für eine gelassene Konfliktkommunikation im beruflichen Umfeld.

Teil V: Gelassenheit in Grenzsituationen

Ihre Gelassenheit wird im Leben oft auf die Probe gestellt: Wenn Sie körperlich oder seelisch erkranken, arbeitslos werden, zu wenig Geld haben, einsam sind oder wichtige Menschen verlieren, ist es schwer, gelassen zu bleiben und weiterhin zuversichtlich in die Zukunft zu schauen. Teil V stellt Ihnen zahlreiche Übungen vor, mit denen Sie auch in schwierigen Lebenssituationen etwas für Ihre innere Ausgeglichenheit tun können. So lassen sich viele Schwierigkeiten leichter bewältigen.

Teil VI: Der Top-Ten-Teil

Die letzten drei Kapitel dieses Buches sind vollgepackt mit Tipps und Übungen. Sie finden darin zehn Vorteile der Gelassenheit, zehn Übungen für mehr Gelassenheit und zehn gelassenheitsfördernde Selbstsuggestionen für den Alltag.

Symbole, die in diesem Buch verwendet werden

 Dieses Symbol steht für hilfreiche Tipps und praktische Hinweise für Ihr Gelassenheitstraining.

 Der Text neben diesem Symbol liefert Ihnen wichtige Informationen über Gelassenheit und deren Auswirkungen auf Ihre Gesundheit.

 Dieses Symbol soll Ihre Aufmerksamkeit auf typische Hindernisse beim Gelassenheitstraining lenken.

 Hinter diesem Symbol finden Sie eine Gelassenheitsübung, die Sie sofort ausprobieren können.

 Hinter diesem Symbol finden Sie Alltagsbeispiele, die die vorangegangenen Textpassagen konkretisieren. Sie können diese Abschnitte überspringen, ohne wichtige Informationen für Ihr Gelassenheitstraining zu verpassen.

Wie es weitergeht

Wenn Sie sofort ins praktische Gelassenheitstraining einsteigen möchten, beginnen Sie mit Kapitel 6. Sie finden dort rasch umsetzbare Tipps für Ihr ganz individuelles Trainingsprogramm und können schon heute beginnen, Schritt für Schritt gelassener zu werden. Ist Ihre Partnerschaft derzeit problembelastet und stellt Ihre Gelassenheit auf eine harte Probe, empfehle ich Ihnen Kapitel 8. Dort finden Sie Hinweise, um ein gelassenes Miteinander in der Partnerschaft einzuüben. Wenn Sie besonders bei der Arbeit gestresst und angespannt sind, fangen Sie mit Kapitel 12 an. Dort finden Sie Checklisten und Tipps, die Ihr Arbeitsleben leichter machen können. Sind Sie gerade in einer Lebenssituation, in der Sie Abschied nehmen müssen, blättern Sie zu Kapitel 17, um zu erfahren, wie Sie trotz Abschiedsschmerz gelassen bleiben können. Kämpfen Sie mit Ängsten und Sorgen und spüren Sie, dass es Ihnen sehr schwerfällt gelassen zu bleiben, hilft Ihnen Kapitel 18 weiter. Oder suchen Sie im Inhalts- oder Stichwortverzeichnis nach dem Thema oder der Übung, die Sie am meisten interessieren. Ich wünsche Ihnen eine gelassenheitsfördernde Lektüre und viel Gelassenheit auf Ihrem weiteren Lebensweg!

Teil I
Gelassenheit als Lebenseinstellung

In diesem Teil ...

In diesem Teil erfahren Sie, warum Gelassenheit in allen Lebensbereichen eine wichtige Rolle spielt und wie Sie mit einer gelassenen Lebenseinstellung viel für Ihre Gesundheit tun können. Sie lernen etwas über Ihre Körperreaktionen in Stresssituationen und über die richtige Mischung aus Anspannung und Entspannung. Privater oder beruflicher Stress entsteht oft aufgrund von Missverständnissen oder misslungener Kommunikation. Daher geht es in diesem Teil auch um die große Bedeutung einer gelungenen menschlichen Kommunikation. Sie erfahren, was Sie selbst beeinflussen können und was nicht, und Sie sehen, welche Auswirkungen eine gelassene Lebenseinstellung auf die Menschen und Situationen in Ihrer Umgebung haben kann.

Gelassenheit – was bedeutet das?

In diesem Kapitel
- Eigene Gelassenheitsziele definieren
- Glaubenssätze hinterfragen, um gelassener zu werden
- Die Auswirkungen von Stress auf Körper und Geist
- Gelassen kommunizieren
- Checklisten für Ihr persönliches Gelassenheitstraining

Unter »Gelassenheit« versteht vermutlich jeder etwas anderes – etwa Souveränität, Ausgeglichenheit, Ruhe oder Abgeklärtheit. All diesen Begriffen gemeinsam ist jedoch, dass sie einen erstrebenswerten Gemütszustand beschreiben, der als sehr positiv empfunden wird. Wichtig bei »Gelassenheit« ist vor allem der Wortteil »lassen« – loslassen, geschehen lassen, gehen lassen, zulassen, sein lassen. Er bringt zum Ausdruck, dass es bei Gelassenheit darum geht, nichts festzuhalten, sondern sich zu lösen. Gelassene Menschen lösen sich von lähmenden Glaubenssätzen, von unreflektierten Annahmen, von negativen Einflüssen. Sie schauen mit ruhigem Blick auf Menschen und Situationen, sammeln Informationen, um den Überblick behalten zu können, und verlieren das innere Gleichgewicht nicht.

Dauerstress macht krank. Gelassenheit ist somit auch eine Form der Gesundheitsprävention. Ein gelassener Umgang mit schwierigen Situationen fördert das Wohlbefinden. Im Alltag eine gute Balance zwischen Anspannung und Entspannung zu finden und sich dadurch langfristig vor stressbedingten Krankheiten zu schützen – darum geht es in diesem und den folgenden Kapiteln.

Synonyme für Gelassenheit

Synonyme für »Gelassenheit« können sein: Entspannung, Ausgeglichenheit, Gelöstheit, Souveränität, Ruhe, Beherrschtheit, Stoizismus, Abgeklärtheit, Gleichmut, Gefasstheit, Unerschütterlichkeit, Seelenruhe, Besonnenheit, Langmut, Fassung, Selbstbeherrschung, Ausgewogenheit, Unerschütterlichkeit. Welches Wort spricht Sie persönlich am meisten an? Schreiben Sie sich dieses Wort auf einen Zettel und schauen Sie mehrmals am Tag auf diesen Zettel. So haben Sie Ihr persönliches Gelassenheitsziel immer vor Augen!

Einer der Ersten, der das Konzept »Gelassenheit« beschrieb, war der griechische Stoiker Zenon von Kition, der im 3. Jahrhundert vor Christus lebte und eine Philosophie der Ganzheitlichkeit und Seelenruhe formulierte. Er sagte:

»Die Natur hat uns nur einen Mund, aber zwei Ohren gegeben, was darauf hindeutet, dass wir weniger sprechen und mehr zuhören sollen.«

Dabei ist es sicher wichtig, dass man sowohl den anderen Menschen gut zuhört als auch seiner eigenen inneren Stimme. Ob man selbst mit sich, seinen Mitmenschen und Lebensbedingungen im Reinen ist oder nicht, das kann man tief in sich spüren. Doch in manchen Situationen oder Lebensabschnitten hat man ganz einfach den Zugang zu seiner eigenen Mitte verloren und hört nicht mehr auf die inneren Signale.

Festhalten oder loslassen – die richtige Balance finden

Bambus und Schilfrohr sind für mich wahre Gelassenheitskünstler der Natur: Die hochgewachsenen Pflanzen biegen sich im Wind und zerbrechen auch im Sturm nicht. Sie haben die perfekte Balance zwischen Festhalten und Loslassen erreicht: Mit ihren Wurzeln sind sie fest in der Erde verankert und mit ihren elastischen, meterhohen Halmen lassen sie sich vom Wind so bewegen, wie er gerade weht, ohne ihre Größe und Gestalt zu verlieren.

Im Alltag eine gute Balance zwischen Halten und Loslassen zu finden, ist eine große Herausforderung. Es geht darum, den eigenen Standpunkt zu vertreten und sich seiner Werte und Wurzeln bewusst zu sein, um aus einer Position der Stärke heraus Dinge geschehen lassen zu können.

Gelassenheit entsteht, wenn man im Einklang mit sich selbst ist. Wenn man das Gefühl hat, seine Lebenssituation gut meistern zu können und über genügend Kraft und Zuversicht zu verfügen, um auch in Schwierigkeiten oder durch Probleme nicht entwurzelt zu werden. Dafür sollte man sich seiner Ressourcen bewusst werden:

✔ Was habe ich schon alles erlebt und durchgestanden?

✔ Welche Kraftquellen habe ich?

✔ Wer unterstützt mich?

✔ Auf wen und worauf kann ich mich wirklich verlassen?

1 ➤ Gelassenheit – was bedeutet das?

✔ Wann geht es mir richtig gut?
✔ Wann fühle ich besonders intensiv, dass ich lebe?
✔ Was ist mir wichtig?
✔ Bin ich auf dem richtigen Weg?
✔ Welche Ziele habe ich?

Antworten auf diese Fragen helfen dabei, die eigene Aufmerksamkeit zu fokussieren, die eigenen Kräfte sinnvoll einzusetzen und sich immer wieder aufs Neue in eine gute Balance zu bringen. Wie das ganz konkret in den unterschiedlichsten Lebenssituationen geht, das erfahren Sie in den folgenden Kapiteln.

Love it, change it or leave it: Wie man erkennt, was man lieben kann, ändern sollte oder aufgeben muss

Drei Wünsche:
Die Gelassenheit, Dinge hinzunehmen, die ich nicht ändern kann,
den Mut, Dinge zu ändern, die ich ändern kann,
und die Weisheit, das eine vom anderen zu unterscheiden.
(englische Fassung: Reinhold Niebuhr, circa 1943, deutsche Übersetzung: Theodor Wilhelm alias Friedrich Oetinger, 1951)

In diesem amerikanischen »Gelassenheitsgebet« aus der Zeit des Zweiten Weltkriegs, das fälschlicherweise oft einem Theologen aus dem 18. Jahrhundert zugeschrieben oder gar bis auf Franz von Assisi zurückgeführt wird, geht es um die Kunst, seine Kräfte und Ressourcen so sinnvoll einzusetzen, dass man den größtmöglichen Effekt erzielt.

Wer mit gelassenem Blick eine Situation analysiert, die unangenehm oder kompliziert erscheint, der prüft – oft in Sekundenschnelle, manchmal aber auch erst durch intensive Reflexion – das, was um ihn herum und in ihm selbst passiert, anhand folgender Fragen:

✔ Habe ich eine solche oder ähnliche Situation schon einmal erlebt? Wie habe ich damals reagiert und was waren die Folgen?
✔ Wer sind die handelnden Personen in dieser Situation und was sind ihre Handlungsmotive? Warum handeln sie so, wie sie handeln?
✔ Was stört mich an der Situation? Was löst diese Situation in mir aus und warum löst sie es aus?

✔ Welche Handlungsalternativen habe ich? Welche Konsequenzen werden die verschiedenen Handlungsmöglichkeiten wohl haben?

✔ Kann ich die Situation so akzeptieren, wie sie ist? Kann ich sie ändern? Sollte ich sie lieber beenden oder verlassen? Was werden diese Handlungen bei mir und bei den anderen Beteiligten auslösen?

Diese Überlegungen führen dazu, sogar in den schwierigsten Situationen souverän handeln zu können.

Die eigenen Werte, Bedürfnisse und Motivatoren kennenlernen

Die Basis menschlichen Handelns ist ein komplexes System aus gesellschaftlichen und persönlichen Werten, Traditionen und Erfahrungen. Der archaische Teil unseres Wertesystems geht zurück bis in die Steinzeit und wurde im Sinne des Überlebensvorteils tief in uns einprogrammiert. Wir wissen, ohne dass wir darüber nachdenken müssen, dass Raubtiere gefährlich, Schlangenbisse tödlich und Wassermangel bedrohlich sind.

Ein großer Teil unseres Wertesystems ist geprägt durch die Gesellschaft, in der wir leben. In westlichen Industrienationen gibt es andere gesellschaftliche Übereinkünfte als beispielsweise im Orient oder in Afrika. Diese Werte werden durch die Erziehung vermittelt – sowohl im Elternhaus als auch in den übrigen Lebenswelten, in denen sich ein Mensch aufhält (etwa Schule, Nachbarschaft, Peer Group, Glaubensgemeinschaft, Arbeit, Freizeit).

Schließlich gibt es noch die individuellen Werte, für die jeder erwachsene Mensch sich mehr oder weniger bewusst entscheidet. Sie betreffen die Lebensform, die man für sich wählt, und die Prioritäten, die man im Leben setzt.

Aus dem individuellen Wertesystem leiten sich die Motivatoren ab, die das menschliche Handeln vorantreiben. Diese Motivatoren zu kennen hilft dabei, das eigene Handeln zu hinterfragen und möglicherweise zu modifizieren. Hilfreich dabei ist es auch, sich über die eigenen Bedürfnisse bewusst zu sein, denn aus den Bedürfnissen, die befriedigt werden sollen, leiten sich ebenfalls Motivatoren ab.

Der amerikanische Psychologe Abraham Maslow hat eine »Bedürfnispyramide« erarbeitet, um die Hierarchie der menschlichen Motivatoren besser verstehbar zu machen (siehe Abbildung 1.1). Er unterscheidet Defizit- und Wachstumsbedürfnisse: »Defizitbedürfnisse« beschreiben diejenigen Notwendigkeiten, die der

Mensch für sein Überleben braucht. Werden diese Bedürfnisse nicht befriedigt, so ist kein Überleben möglich. Dies gilt sowohl für Menschen wie auch für Tiere. Die Basis der Bedürfnispyramide bilden demnach die körperlichen Grund- oder Existenzbedürfnisse, etwa nach Nahrung und Wärme. Auf der nächsten Stufe finden sich die Sicherheitsbedürfnisse – Stabilität, Schutz, Geborgenheit. Die dritte Stufe und damit den Übergang zwischen Defizit- und Wachstumsbedürfnissen stellen die Sozialbedürfnisse dar: Liebe und Zugehörigkeit. Die vierte und fünfte Stufe der Bedürfnispyramide umfassen die Wachstumsbedürfnisse, die für den Menschen spezifisch sind: Anerkennung und Wertschätzung auf der vierten Stufe, Selbstverwirklichung auf der fünften Stufe. Modifikationen der Bedürfnispyramide nennen auch noch eine sechste Stufe, die der Transzendenz.

Abbildung 1.1: Die Bedürfnispyramide nach Abraham Maslow

Um Gelassenheit zu erreichen, sollte man

✔ seine Werte kennen und umsetzen können,

✔ seine Bedürfnisse kennen und befriedigen können,

✔ seine Motivatoren kennen und ihnen folgen (oder sie ändern) können.

Wie das konkret geht und welche Auswirkungen dies hat, erfahren Sie in den folgenden Kapiteln.

Glaubenssätze hinterfragen

Neben Werten, Bedürfnissen und Motivatoren spielen auch Glaubenssätze eine große Rolle, wenn es um eine gelassene Lebenseinstellung geht. Glaubenssätze sind unreflektierte Überzeugungen, die das Denken und Handeln des Einzelnen bestimmen. Sie werden im Laufe der Erziehung und Sozialisation quasi »eingepflanzt«, haben ihre Wurzeln also zumeist in der (frühen) Kindheit. Solche Glaubenssätze werden als wahr angenommen und leiten das eigene Handeln. Hier ein paar Beispiele:

✔ Ohne Fleiß kein Preis.

✔ Erst die Arbeit, dann das Vergnügen.

✔ Geld macht glücklich.

✔ Bei mir geht sowieso immer alles schief.

✔ Ich bin ein Glückskind/Pechvogel.

✔ Was nichts kostet, ist nichts wert.

✔ Ich werde nur geliebt, wenn ich etwas leiste.

Glaubenssätze machen unfrei, weil sie die Wahrnehmung einengen und den Spielraum für Handlungsalternativen stark begrenzen. Es fördert daher die Gelassenheit, wenn man sich über seine Glaubenssätze und deren Wirkung auf das eigene Handeln bewusst wird. Auch davon wird in den folgenden Kapiteln immer wieder die Rede sein.

Der Zusammenhang zwischen Anspannung/Stress und Gesundheit

Dauerstress macht krank. Das ist keine Vermutung, sondern eine wissenschaftlich bewiesene Tatsache. Untersuchungen haben gezeigt, dass Dauerstress die Wahrscheinlichkeit für Herz-Kreislauf-Krankheiten, Diabetes, Depressionen und sogar Krebserkrankungen erhöht. Dies hängt damit zusammen, dass die Stresshormone im Körper außer Kontrolle geraten und das Immunsystem hemmen.

Um gesund zu bleiben, bedarf es also einer guten Mischung aus Anspannung und Entspannung, Arbeit und Muße, Stress und Ruhe. Gelassenheit ist der Schlüssel dazu, diese Mischung zu finden. Es gibt dafür kein Patentrezept, denn so unterschiedlich die Menschen sind, so unterschiedlich sind auch die individuell richtigen Mengen an Anspannung und Entspannung. Was der eine als Herausforderung erlebt, empfindet der andere als Problem oder Überforderung. Was für den einen eine herrliche Ruhepause ist, ist für den anderen die ultimative Langeweile. Daher spricht man auch von »Eustress« und »Dysstress«, also dem positiv erlebten (Eu-) und dem negativ empfundenen (Dys-)Stress.

Das passiert bei Stress im menschlichen Körper

Fast alle unserer Körperreaktionen haben ihren Ursprung in der Entwicklungsgeschichte des Menschen. Alles, was dem Steinzeitmenschen einen Überlebensvorteil bot, hat eine Verankerung in der genetischen Ausstattung des Menschen gefunden. Denn nur wer Hunger, Kälte, Angriffe wilder Tiere und tödliche Krankheiten überstand, konnte sich fortpflanzen und seine Gene weitervererben.

In bedrohlichen Situationen hatte der frühe Mensch zwei Möglichkeiten: Kampf oder Flucht. Um sich für eine körperliche Auseinandersetzung oder für das Weglaufen zu rüsten, musste sein Körper in Bruchteilen von Sekunden umschalten aus dem Ruhezustand in die Anspannung: Die Blutgefäße weiteten sich, der Puls wurde höher, die Pupillen wurden größer, die Muskulatur spannte sich an, der Atem wurde schneller. Diese Reaktion hat sich bis heute erhalten. Sie heißt im medizinischen Fachjargon »sympathische Reaktion«, weil sie von dem Teil des vegetativen Nervensystems gesteuert wird, der Sympathikus heißt. Dessen Gegenspieler, Parasympathikus genannt, ist hingegen für die Entspannung zuständig.

Die sympathische Reaktion wird ausgelöst und begleitet von einer Ausschüttung der sogenannten Stresshormone. Dazu gehören die Glukokortikoide (vor allem das Cortisol) und die Katecholamine (vor allem Adrenalin). Sie sorgen für diejenigen körperlichen Veränderungen, die den Organismus bereit machen für Flucht oder Kampf. Die Sauerstoffversorgung der lebenswichtigen Organe und der Muskulatur nimmt zu, Verdauung und Sexualfunktionen werden gehemmt, Blutzucker wird ausgeschüttet und die Aufmerksamkeit steigt.

 Wenn man sich erschreckt, bedroht fühlt oder in Gefahr ist, sind die körperlichen Stressreaktionen völlig angemessen und helfen auch heute noch dabei, schwierige Situationen gut zu meistern. In der Frühzeit der Menschen wurden die Stresshormone während des Kampfes mit einem bedrohlichen Feind oder bei der Flucht vor einem Raubtier abgebaut. Nach überstandener Gefahr suchte der Mensch Ruhe, um sich zu erholen und seine Kräfte zu regenerieren.

Das ganze Programm läuft auch heute noch in unserem Körper ab. Der Organismus bleibt im physiologischen Gleichgewicht, wenn sich die Phasen der erhöhten Alarmbereitschaft und der Entspannung abwechseln. Wenn die Anspannung aber über einen längeren Zeitraum anhält und die Stresshormone nicht abgebaut werden können, gerät die Kaskade der Stresshormone außer Kontrolle. Die dauerhaft erhöhten Hormonspiegel beeinträchtigen vor allem das Immunsystem, das für die Krankheitsabwehr verantwortlich ist. Die Anfälligkeit für Stoffwechsel-, Herz-Kreislauf- und Nervenkrankheiten, aber auch für Infektionen und Krebs nimmt zu.

Entspannung und Gelassenheit – gut für Körper, Geist und Seele

Dem gefährlichen Dauerstress und seinen möglichen Folgen kann man vorbeugen. Ein wesentlicher Schritt ist Gelassenheit im Umgang mit stressigen Situationen und anstrengenden Menschen. Gelassenheit öffnet den Blick für Alternativen: Wie kann ein Problem anders bewältigt werden als mit dem Steinzeitprogramm »Kampf oder Flucht«? Welche Möglichkeiten bestehen, um eine Stresssituation zu beenden? Kann bei einem zwischenmenschlichen Konflikt Hilfe von außen geholt werden, um die Kommunikation zu verbessern? Solche Fragen können nur mit klarem Kopf beantwortet werden. Und der Kopf bleibt nur dann klar, wenn der Körper nicht im Kampf-oder-Flucht-Modus ist, sondern entspannt, also gelöst beziehungsweise gelassen. Daher ist Gelassenheit gut für Körper, Geist und Seele. Sie sorgt für die nötige Distanz und Klarheit, für einen unverstellten Blick und für immer wieder neue Handlungsmöglichkeiten. Sie durchbricht die Stresshormonkaskade und hält somit langfristig gesund.

Was man selbst beeinflussen kann und was nicht

»Man kann keinen Menschen ändern außer sich selbst.« Wer diese Weisheit verinnerlicht hat, ist schon einen großen Schritt auf dem Weg zu mehr Gelassenheit vorangekommen. Für seine eigene Gelassenheit ist jeder Mensch selbst zuständig. Diese Verantwortung kann nicht delegiert werden.

Oft hat es den Anschein, als würden Situationen oder Menschen es unmöglich machen, dass man gelassen mit ihnen umgeht. Als sei man diesen Situationen oder Menschen hilflos ausgeliefert und würde von ihnen in den Wahnsinn – also die größtmögliche Un-Gelassenheit – getrieben. Hier hilft nur der Blick auf die eigene Verantwortung: Was ist mein Anteil an der stressigen Situation? Wie finde ich einen Ausweg? Kann ich meine Haltung, meine Wahrnehmung ändern, um den Stress zu reduzieren? Welche Warnsignale zeigen mir, dass mein inneres Gleichgewicht in Gefahr ist, und wie gehe ich damit um?

Ich werde zahlreiche Alltagssituationen schildern, die wie dafür geschaffen sind, die Gelassenheit zu gefährden. Viele dieser Situationen werden Ihnen bekannt vorkommen. Sie werden Tipps und Hinweise finden, wie Sie zukünftig entspannter mit solchen Situationen umgehen können und was Sie ändern könnten, um vergleichbare Situationen künftig zu vermeiden. Sie können Ihr Denken und Ihr Handeln verändern, um gelassener zu werden und zu bleiben. Warten Sie aber nicht darauf, dass die anderen Menschen sich ändern, damit Sie gelassener sein können!

Die Macht der Gedanken

»Der Glaube kann Berge versetzen«, steht in der Bibel. Und auch wer nicht religiös ist, hat in seinem Leben sicher schon die Erfahrung gemacht, welch starke Wirkung Gedanken und Wünsche haben können. Gedanken lösen Reaktionen in unserem Gehirn aus, die sich in inneren Bildern oder körperlichen Veränderungen ausdrücken. Dabei ist wichtig zu wissen, dass das Gehirn ausschließlich »positiv« denkt. Verneinungen kommen nicht im Repertoire unserer Einbildungskraft (Imagination) vor: Was sehen Sie vor Ihrem inneren Auge, wenn Sie denken: »Hoffentlich wird es bei unserem Ausflug nicht regnen«? Wahrscheinlich grauen Himmel, Regenschirme und Menschen, die Schutz vor dem Regen suchen. Schlüsselwort bei dem Gedanken »... nicht regnen ...« ist somit »regnen«, und dieses Schlüsselwort löst unausweichlich Bilder von Regen aus. Wenn Sie aber denken »Hoffentlich scheint bei unserem Ausflug die Sonne«, beschwört dies vermutlich innere Bilder von herrlichem Wetter und fröhlichen Menschen herauf.

Ähnlich ist es mit Wünschen: »Ich möchte jetzt einen Parkplatz finden« ist ein hilfreicher Gedanke, um bei der Parkplatzsuche wachsam zu bleiben und den nächsten freien Parkplatz nicht zu verpassen. Oder mit Gebeten: »Herr, schick mir Hilfe« macht bereit dazu, Hilfe von außen anzunehmen. Sicherlich mit Augenzwinkern zu sehen sind »Bestellungen beim Universum«, ein Konzept der Autorin Bärbel Mohr, die auf humorvolle Weise einen esoterisch geprägten Denkanstoß für die Kraft intensiver Wünsche gibt. Warum auch nicht – wenn's hilft!

Ein interessantes Phänomen ist die Tatsache, dass man nicht nicht an etwas denken kann. Ein oft benutztes Beispiel dafür ist: »Denken Sie jetzt nicht an einen grünen Elefanten«. Was passiert? Vor Ihrem inneren Auge sehen Sie mit absoluter Sicherheit sofort einen grünen Elefanten. Auch dies ist ein Beispiel für die Macht der Gedanken.

Wie Sie die Macht der Gedanken nutzen können, um Ihre Gelassenheit zu erhöhen, beschreibe ich später in diesem Buch.

Botschaften »richtig« senden und empfangen

Wie man eine Situation oder einen Menschen bewertet, hängt stark von der eigenen inneren Einstellung ab, mit der man dieser Situation oder diesem Menschen begegnet. Um dies besser zu verstehen und für seine eigene Gelassenheit nutzen zu können, sind zwei Kommunikationstheorien hilfreich: die Axiome von Paul Watzlawick und das Vier-Seiten-Modell von Friedemann Schulz von Thun.

Paul Watzlawick, in Österreich geboren und in den USA verstorben, stellte die These auf, man könne »nicht nicht kommunizieren«. Damit meint er, dass jede Form menschlicher Begegnung bereits Kommunikation und Austausch von Botschaften sei. Watzlawick ist außerdem der Überzeugung, dass jede Botschaft, die zwischen einem Sender und einem Empfänger ausgetauscht wird, einen Inhalts- und einen Beziehungsaspekt habe.

Dies hat Friedemann Schulz von Thun, ein deutscher Wissenschaftler, weiterentwickelt und die vier Seiten einer Botschaft analysiert: die Seite des sachlichen Inhalts, die Seite der Aussage über die Beziehung zwischen Sender und Empfänger, die Seite des Appells vom Sender an den Empfänger und die Seite der Selbstoffenbarung des Senders (siehe Abbildung 1.2). Seiner Ansicht nach kann jede Botschaft mit einem oder mehreren Mündern gesprochen und mit einem oder mehreren Ohren gehört werden.

Beide Kommunikationstheoretiker sind sich darin einig, dass Missverständnisse immer dann auftreten, wenn die Ebenen (oder Seiten) verwechselt werden, wenn Sender und Empfänger also auf verschiedenen »Kanälen« funken.

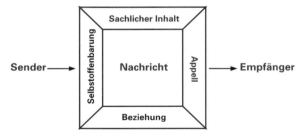

Abbildung 1.2: Die vier Seiten jeder Botschaft (nach Friedemann Schulz von Thun)

Was bedeutet das für die Gelassenheit? Eine missverständliche (oder missverstandene) Kommunikation kann Anspannung und Stress auslösen. Gelungene Kommunikation hingegen erleichtert das gegenseitige Verständnis und befördert einen gelassenen Umgang miteinander und mit sich selbst.

1 ➤ Gelassenheit – was bedeutet das?

Herr M. fragt seine Frau: »Hast du mein Lieblingshemd gewaschen?«

Frau M. antwortet: »Schau im Schrank nach.«

Herr M.: »Da ist es nicht.«

Frau M.: »Dann habe ich es wohl noch nicht gewaschen.«

Herr M.: »Aber du weißt doch, dass es mein Lieblingshemd ist.«

Frau M.: »Weißt du denn, welche meine Lieblingsbluse ist?«

Herr M.: »Was hat deine Lieblingsbluse mit meinem Hemd zu tun?«

Frau M.: »Du weißt nicht einmal, welche Bluse ich am liebsten trage, und ich soll dein Lieblingshemd immer sofort waschen und bügeln und falten? Glaubst du, ich habe nichts anderes zu tun? Und bin ich dir eigentlich völlig egal?«

... und schon haben Herr und Frau M. den schönsten Ehekrach – obwohl es Herrn M. (auf der Sachebene) eigentlich »nur« um die Frage ging, ob er sein Lieblingshemd frisch gewaschen anziehen kann. Auf der Beziehungsebene der beiden scheint aber so einiges nicht zu stimmen, denn Frau M. geht es in ihren Gegenfragen um Wertschätzung, gegenseitiges Interesse, Arbeitsteilung und so weiter.

Sobald zwischen Sender und Empfänger Einigkeit über die Inhalts- und Beziehungsebene besteht, können Konflikte vermieden und Spannungen abgebaut werden. Ein gelassener Austausch wird möglich. Im Laufe dieses Buches erläutere ich Ihnen, wie Sie mit einfachen Mitteln Botschaften analysieren und Ihre eigene Kommunikationsebene, von der aus Sie senden und empfangen, erkennen und gegebenenfalls verändern können, um zu größerer Gelassenheit im Alltag zu finden.

Gelassenheit üben – körperlich und geistig/seelisch

Anspannung kann alle menschlichen Seinsebenen – Körper, Geist und Seele – betreffen. Ebenso wirkt Gelassenheit auf den Körper (die physische Einheit des Menschen) sowie auf Geist und Seele (die psychische Einheit, also Gedanken, Gefühle und Spiritualität).

Anspannung im Körper äußert sich durch:

✔ Schmerzen

✔ erhöhten Puls und Blutdruck

✔ Muskelverspannung

✔ Infektanfälligkeit

Eine psychische Anspannung macht sich bemerkbar durch:

✔ Ängste

✔ innere Unruhe

✔ Gedankenkreisen

✔ Grübeln

✔ Selbstentwertung

 Um auf allen Ebenen mehr Gelassenheit zu erreichen, können sowohl körperliche als auch geistige Übungen sinnvoll sein. Gelassenheit stellt sich nicht von heute auf morgen ein – sonst bräuchten Sie ja kein Buch über Gelassenheit zu kaufen! Der Weg zu mehr Gelassenheit im Leben ist ein längerer, bei dem das Üben eine große Rolle spielt.

Gelassenheit zu lernen ist ein bisschen so wie eine Fremdsprache oder eine neue Sportart zu erlernen. Auch hierbei macht »Übung den Meister«. Ich stelle Ihnen in diesem Buch viele verschiedene Übungen vor, aus denen Sie sich Ihren individuellen Übungsplan zusammenstellen können. Dazu gehören körperliche Übungen wie Yoga, Meditation, Autogenes Training oder Muskelentspannung (PMR) sowie geistige Übungen wie Gedankenreisen, Reframing, Imaginationsübungen oder Autosuggestion. Auch der sogenannte Flow, den man bei Hobbys wie Sport, Musizieren, Angeln oder Basteln erreichen kann und bei dem man Zeit und Raum um sich herum vergisst, kann ein Weg zu mehr Gelassenheit sein.

Menschen und Situationen »sein lassen«

Im Wort »Gelassenheit« steckt das Verb »lassen«. Das »Loslassen« habe ich schon erwähnt. Wichtig ist auch »(so) sein lassen«, also Menschen und Situationen annehmen, so wie sie eben sind. Dies fällt aus einer Position der eigenen Stärke und Sicherheit viel leichter als aus einer schwachen, unsicheren Position heraus: Was kümmert es die stolze Eiche, wenn sich die Wildsau an ihr reibt.

Die Eiche steht fest verwurzelt im Boden und ragt bis weit in den Himmel hinein. Da kann eine Wildsau sich noch so wild an ihr austoben, die Eiche kümmert dies nicht. Sie lässt die Wildsau einfach Wildsau sein. Im Alltag investiert man viel zu oft unnötig Energie, um die eine oder andere Wildsau zu bremsen oder gar davon abzubringen, sich zu reiben. Wie es gelingen kann, in solchen Situationen gelassen zu bleiben, Menschen so sein zu lassen, wie sie eben sind, darüber erfahren Sie später mehr.

Die Wirkung von Gelassenheit auf Menschen und Situationen

Von gelassenen Menschen sagt man oft, sie seien »wie ein Fels in der Brandung«. Ihre Gelassenheit macht sich auf allen Ebenen bemerkbar: Sie lassen sich nicht aus der Ruhe bringen, werden nicht hektisch, bleiben freundlich, hören gut zu, denken nach, bevor sie sprechen oder reagieren, sie behalten den Überblick und einen kühlen Kopf. Solche Menschen können ein großes Vorbild sein, ihre Ruhe kann sich auf die Menschen in ihrer Umgebung übertragen – oder sie provozieren Widerstand und Neid, weil ihre Gelassenheit mit Phlegma, Desinteresse oder Arroganz verwechselt wird. Eine gelassene Persönlichkeit kann aber auch mit solch negativen Zuschreibungen gelassen umgehen, denn sie ist sich der Projektionen bewusst, die auf sie gerichtet werden.

Wenn sich eine Stellschraube im System ändert ...

Kein Mensch lebt ganz für sich allein, sondern ist Teil der Gesellschaft, die ihn umgibt. Diese Gesellschaft kann man in verschiedene »Systeme« untergliedern – etwa Familien, Nachbarschaft, Arbeitsgruppen, Vereine. In jedem dieser Systeme stehen Menschen miteinander in Beziehung und beeinflussen sich gegenseitig. Wenn sich in einem System etwas ändert, so hat dies Auswirkungen auf das ganze System, vergleichbar einem Mobile, bei dem sich nie nur ein Element allein bewegt, sondern immer das ganze Gebilde. Diese Theorie liegt dem »Systemischen Ansatz« zugrunde, der in der Beratung, beim Coaching oder in der Psychotherapie genutzt wird. Hierbei wird ein Mensch oder eine Situation immer in Zusammenhang mit dem ganzen System betrachtet.

Entscheidet sich nun jemand dafür, künftig gelassener zu sein und sich nicht mehr »stressen« zu lassen, dann bleibt seine Umgebung davon nicht unbeeinflusst. Im Idealfall überträgt sich die Gelassenheit auf das ganze System, in dem er sich befindet, und unterstützt dadurch die Entwicklung aller beteiligten Personen hin zu mehr Gelassenheit.

In der Werbeagentur B & K wird ständig unter Zeitdruck gearbeitet. Steht der Abgabetermin für einen Kampagnenentwurf bevor, so arbeiten die Mitarbeiter quasi Tag und Nacht. Die Stimmung ist hoch konzentriert, aber auch sehr angespannt. Nicht selten fließen Tränen, wenn Grafiker und Texter sich nicht einigen können. Da erkrankt einer der beiden Agenturinhaber an einer schweren Herzkrankheit. Als er nach mehrmonatigen Krankenhaus- und Reha-Aufenthalten wieder in die Agentur zurückkommt, ist er wie ausgewechselt: Er strahlt Ruhe aus, ist freundlich und zugewandt und besteht darauf, dass spätestens um 21 Uhr die Agentur geschlossen wird und alle nach Hause gehen. Als Grund für diese neue Lebenseinstellung sagt er:»Ich habe dem Tod ins Auge geschaut und mir vorgenommen, dass ich die Zeit, die mir zu leben bleibt, nicht mehr im Laufschritt verbringen möchte.« Anfangs fällt es den Mitarbeitern der Agentur schwer, sich auf diese neue Gelassenheit ihres Chefs einzustellen. Aber schon nach kurzer Zeit stellen sie fest, dass sie die Abgabetermine auch dann einhalten können, wenn sie nicht mehr die Nächte durcharbeiten. Der Umgang miteinander wird entspannter und die Qualität der Arbeit nimmt zu. Es passieren weniger Fehler, der Umsatz steigt. Die existenzielle Erfahrung, die der Agenturinhaber gemacht hat und die seine Herangehensweise an den Berufsalltag grundlegend veränderte, war eine Erfahrung, von der das ganze System »Agentur« profitiert hat.

»Das Lächeln, das du aussendest, kehrt zu dir zurück«

Machen Sie doch einfach mal den Praxistest: Lächeln Sie an einem beliebigen Tag konsequent alle Menschen an, denen Sie begegnen. Allerdings sollten Sie dabei natürlich nicht übertreiben, denn ein Dauergrinsen könnte das Gegenteil bewirken. Egal ob bei der Arbeit, beim Einkaufen, beim Sport, in der Familie – strahlen Sie und seien Sie freundlich-zugewandt. Der Effekt wird Sie überwältigen: Jedes Lächeln kommt doppelt und dreifach zu Ihnen zurück! Warum? Weil bei jedem Menschen, der Ihnen begegnet, die »Spiegelneuronen« aktiv sind. Diese Nervenzellen sind noch nicht lange bekannt und wurden zuerst bei Affen, dann auch bei Menschen nachgewiesen und in ihrer Wirkung verstanden. Sie sind dafür verantwortlich, dass ein Mensch sich in einen anderen Menschen hineinversetzen, also Empathie empfinden kann.

Wenn ein Affe oder ein Mensch einen anderen Affen oder Menschen beobachtet, der eine Handlung vollzieht oder eine Empfindung ausdrückt (beispielsweise weint), wird in den Spiegelneuronen des Betrachters das gleiche Aktivitätsmuster ausgelöst, als würde dieser die Handlung selbst vollziehen oder die gleiche Empfindung ausleben. Und von diesem Aktivitätsmuster der Spiegelneuronen ist es kein langer Weg mehr bis zur Aktivierung der entsprechenden Motorneuronen im Gehirn des Betrachters. Wer also einen anderen Menschen lächeln oder strahlen sieht, der beginnt unwillkürlich auch zu lächeln oder zu strahlen. Dies erklärt den Effekt, warum sowohl Lachen ansteckend ist als auch schlechte Laune.

 Gelassene Menschen können den »Ansteckungseffekt« ganz bewusst nutzen und das sie umgebende System beeinflussen: Mit ihrer Gelassenheit tragen sie dazu bei, angespannte Situationen zu klären, Konflikte zu lösen, Leichtigkeit und Humor zu verbreiten und gerade bei ausweglos erscheinenden Problemen neue Handlungsmöglichkeiten zu finden.

Gelassenheit – Ihr ganz persönliches Konzept

Sie haben sich dieses Buch gekauft, weil Sie Gelassenheit lernen möchten. Was heißt das für Sie konkret? Gibt es Lebensbereiche, in denen Sie sich besonders »ungelassen« fühlen, Menschen, die Sie besonders unter Druck setzen, oder Situationen, die Sie besonders belasten? Je konkreter Sie Ihre persönlichen Gelassenheitsziele definieren, desto besser können Sie sie erreichen!

Innere Gelassenheit

Gelassenheit fängt »innen« an und ist »außen« sichtbar. Innere Gelassenheit bedeutet:

✔ Ich bin ruhig und gelöst.

✔ Ich bleibe heiter und entspannt.

✔ Auch in schwierigen Situationen behalte ich einen klaren Kopf.

✔ Ich gehe aufgeschlossen an Probleme und Herausforderungen heran.

✔ Menschen, die mir angespannt entgegentreten, die mich kritisieren oder herabwürdigen, begegne ich offen.

✔ Ich löse Konflikte souverän.

✔ Ich behalte meine Ziele im Auge.

✔ Ich weiß, was ich wert bin.

✔ Ich kann unangenehme Situationen ohne Gesichtsverlust für alle Beteiligten beenden.

✔ Ich sehe auch in schwierigen Situationen verschiedene Handlungsalternativen.

✔ Ich fühle mich gesund und leistungsfähig.

Äußere Gelassenheit

Menschen, die eine gelassene Lebenseinstellung haben, kann man an folgenden äußeren Merkmalen erkennen:

✔ Sie halten Blickkontakt.

✔ Sie lassen andere Menschen ausreden.

✔ Sie hören gut zu und denken nach, bevor sie antworten.

✔ Sie fragen nach.

✔ Sie bieten verschiedene Lösungsmöglichkeiten an, wenn sie gefragt werden.

✔ Sie haben einen entspannten Gesichtsausdruck.

✔ Sie bewegen sich ruhig und strahlen Autorität aus.

✔ Sie sind zugewandt.

✔ Sie sind interessiert und engagiert und behalten den Überblick.

✔ Sie treten für ihre Standpunkte ein.

Vielleicht ist inzwischen vor Ihrem inneren Auge ein Idealbild von Ihnen selbst entstanden oder Sie sehen eine Persönlichkeit vor sich, die Ihrem Idealbild von Gelassenheit entspricht. Auf den nächsten Seiten finden Sie Checklisten für Ihr persönliches Gelassenheitskonzept. Sie können sich damit konkrete Ziele setzen, die Sie mit Ihrem Gelassenheitstraining erreichen möchten. Je klarer die Ziele und je sichtbarer (oder messbarer) das Ergebnis, desto besser – denn dann werden Sie erleben, dass das Training funktioniert. Gelassenheit hat spürbare Wirkungen auf Ihr Wohlbefinden. Es lohnt sich also, Zeit und Energie in das Gelassenheitstraining zu investieren.

Checkliste: Das persönliche Gelassenheitskonzept

In den folgenden Checklisten können Sie für Ihre unterschiedlichen Lebensbereiche »Gelassenheitsziele« definieren (siehe Tabellen 1.1 bis 1.3). Schreiben Sie auf, in welchen Situationen Sie sich mehr Gelassenheit wünschen und wie Sie sich die Auswirkungen Ihrer gelassenen Lebenseinstellung konkret vorstellen. In den folgenden Kapiteln finden Sie Übungen und Tipps für Ihr Gelassenheitstraining, die sich auf die unterschiedlichen Lebensbereiche beziehen.

Beschreiben Sie in den ersten Spalten der Checklisten die Situationen möglichst genau, in denen Sie gelassener sein möchten. Notieren Sie jeweils in der zweiten Spalte die beteiligten Personen und schreiben Sie in der dritten Spalte auf, wie Sie sich fühlen und wie Sie reagieren, wenn Sie Ihre Gelassenheit verlieren. In der vierten Spalte formulieren Sie Ihr Gelassenheitsziel. Die fünfte Spalte bietet Platz für Ihre Priorisierung: Wie wichtig ist es für Sie, in der konkreten von Ihnen beschriebenen Situation künftig gelassener zu sein – auf einer Skala von 1 (nicht wichtig) bis 10 (extrem wichtig)? In jeder Tabelle finden Sie ein oder zwei Beispiele und zu jeder Tabelle gibt es einige Beispielsituationen. Sie können die Tabellen als Kopiervorlagen benutzen, wenn Ihnen der Platz nicht ausreicht oder Sie ein längeres Training planen.

Suchen Sie sich dann Ihre drei bis fünf wichtigsten Situationen aus den drei Tabellen heraus – und fangen Sie an mit Ihrem Gelassenheitstraining. Viel Erfolg!

Gelassenheit in Familie und Freizeit

Zu Hause und in der Freizeit sind Sie bestimmt oft entspannt und gelassen. Gibt es auch Situationen, in denen Sie Ihre Gelassenheit verlieren? Beispielsituationen finden Sie in Partnerschaft, Kindererziehung, Haushalt, Umgang mit den Eltern/Schwiegereltern, weiteren Verwandten, Freunden, in Nachbarschaft, Ehrenämtern oder bei Ihren Hobbys.

Schreiben Sie solche Situationen auf und beschreiben Sie anschließend, wie Sie künftig reagieren möchten. So formulieren Sie Ihre konkreten Gelassenheitsziele in Familie und Freizeit.

Situation	Beteiligte Personen	Meine Gefühle und Reaktionen	Mein Gelassenheitsziel	Priorität
Wenn ich von der Arbeit komme, wartet zu Hause das große Chaos auf mich: benutzte Teller in der Küche, Kleidungsstücke auf dem Boden, leerer Kühlschrank, Kinder vor dem Fernseher.	mein Mann und meine beiden Töchter	Ich fühle mich ausgenutzt, weil ich neben der Arbeit auch noch für den gesamten Haushalt verantwortlich bin. Ich bin wütend, dass sonst keiner das Chaos sieht. Ich schimpfe und schreie und bin den Tränen nah.	Ich möchte Verantwortung für den Haushalt abgeben und nach der Arbeit entspannt mit meiner Familie zusammen sein.	8 (ziemlich wichtig)
Auf dem Weg zum Fitnesscenter ist dauernd Stau und ich finde keinen Parkplatz.	die anderen Autofahrer	Ich bin entnervt und würde am liebsten wieder umkehren, obwohl mir der Sport eigentlich guttut. Ich zeige anderen Autofahrern einen Vogel.	Ich möchte mit guter Laune beim Fitnesscenter ankommen, um den Sport richtig genießen zu können.	5 (mittlere Wichtigkeit)

Tabelle 1.1: Checkliste »Gelassenheit in Familie und Freizeit«

Gelassenheit im Beruf

Das kennen Sie sicherlich: Im Berufsalltag gibt es immer wiederkehrende Situationen, in denen Sie angespannt sind, sich ärgern oder gekränkt fühlen. Beispielsituationen sind: Umgang mit Vorgesetzten, Mitarbeitern, Kollegen, Kunden, Lieferanten, Behörden und so weiter, Situationen im Team, Leistungsbeurteilung, Verantwortlichkeiten, Projekte, Mehrarbeit, Schichtdienst, Urlaubsplanung. Benennen Sie solche Situationen und überlegen Sie sich, wie Sie künftig reagieren möchten. So stellen Sie Übungsfelder für Ihr Gelassenheitstraining im Beruf fest – und können gleich mit dem Training beginnen.

Gelassenheit in Grenzsituationen

Insbesondere in schwierigen Lebenssituationen – etwa bei Verlusten, Trennungen, Krankheit oder Krisen – ist es nicht leicht, gelassen zu bleiben. Versuchen Sie möglichst detailliert zu formulieren, was Sie bedrückt, wovor Sie Angst haben oder wovon Sie sich überfordert fühlen. Weitere Beispielsituationen sind Sterbefälle, Geldsorgen, Arbeitslosigkeit, Einsamkeit. Schreiben Sie dann ganz konkret auf, wie Sie künftig mit dieser Situation umgehen möchten und wie wichtig es Ihnen ist, in dieser Situation gelassen zu bleiben.

Situation	Beteiligte Personen	Meine Gefühle und Reaktionen	Mein Gelassenheitsziel	Priorität
In der wöchentlichen Teamsitzung unterbricht mein Chef mich oft, wenn ich über meine Projekte berichte, und stellt mich vor den anderen Kollegen bloß.	mein Chef, meine Kollegen	Ich versuche mich zu verteidigen, bekomme einen roten Kopf, spreche immer schneller, verliere den Faden. Hinterher bin ich wütend über mich selbst und mir fällt ein, was ich hätte sagen sollen. Ich würde meinen Chef am liebsten zur Rede stellen, traue mich aber nicht.	Ich möchte in der Teamsitzung meine Projekte souverän präsentieren und Rückfragen kompetent beantworten.	9 (sehr wichtig)

Tabelle 1.2: Checkliste »Gelassenheit im Beruf«

1 ➤ Gelassenheit – was bedeutet das?

Situation	Beteiligte Personen	Meine Gefühle und Reaktionen	Mein Gelassenheitsziel	Priorität
Die Sachbearbeiterin beim Arbeitsamt hat sich bei der Berechnung meiner Ansprüche verrechnet und nun überweist das Amt meinem Vermieter zu wenig Miete. Mein Vermieter droht mir mit fristloser Kündigung.	Sachbearbeiterin beim Arbeitsamt, Frau X, und mein Vermieter, Herr Y	Ich habe Angst davor, die Sachbearbeiterin auf ihren Fehler anzusprechen. Mir wird ganz schlecht, wenn ich daran denke, dass ich nun schon wieder zum Amt muss. Ich bin wütend auf meinen Vermieter, weil ich doch nichts dafür kann, dass das Amt zu wenig Miete überweist. Wenn er mich anruft, gehe ich nicht ans Telefon.	Ich möchte meine Rechte beim Arbeitsamt souverän vertreten und meine Wohnung behalten.	10 (extrem wichtig)

Tabelle 1.3: Checkliste »Gelassenheit in Grenzsituationen«

Gelassenheit hält gesund

In diesem Kapitel

▶ Gelassenheit fördert die Entspannung
▶ Dauerstress macht krank
▶ Warnsignale des Körpers
▶ Burn-out aktiv vorbeugen

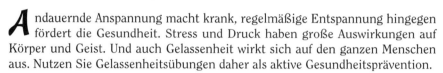

Andauernde Anspannung macht krank, regelmäßige Entspannung hingegen fördert die Gesundheit. Stress und Druck haben große Auswirkungen auf Körper und Geist. Und auch Gelassenheit wirkt sich auf den ganzen Menschen aus. Nutzen Sie Gelassenheitsübungen daher als aktive Gesundheitsprävention.

Ein gelassener Mensch wirkt sympathisch – und in seinem Körper wirkt vor allem der Parasympathikus. Das klingt paradox, aber so ist es: Dieser Teil des vegetativen Nervensystems, der Gegenspieler des Sympathikus, ist für die Entspannung zuständig. Der Parasympathikus sorgt dafür, dass

✔ das Herz langsam und gleichmäßig schlägt,

✔ die Atmung ruhig und tief ist,

✔ die Muskeln entspannt sind,

✔ der Stoffwechsel ausgeglichen arbeitet und Energiereserven aufbaut,

✔ die Verdauung funktioniert,

✔ sich der Organismus regeneriert,

✔ die Blutgefäße in den Genitalien sich füllen und somit die Sexualfunktion ermöglicht wird.

Der Parasympathikus wird auch als »Ruhenerv« bezeichnet. Er unterliegt nicht der Steuerung durch das Bewusstsein beziehungsweise den Willen. Doch durch bestimmte Übungen wie etwa das Autogene Training kann man lernen, ihn zu beeinflussen. Dazu später mehr.

 Im Zustand der Gelassenheit, also der inneren Ruhe und Ausgeglichenheit, sammelt der Körper Kräfte. Außerdem kann man klar denken, die Sinnesfunktionen sind offen für alle Eindrücke und die Stimmung ist heiter-gelöst.

Warum Dauerstress krank macht

Menschliches Leben ist ein stetiger Wechsel zwischen Anspannung und Entspannung. Ein mittleres Maß an Stress/Anspannung ist leistungsfördernd (körperlich und geistig). Sowohl Unter- als auch Überforderung wirken sich negativ auf die Leistungsfähigkeit aus. Abbildung 2.1 zeigt, dass der Leistungsgipfel des Menschen bei einem mittleren Maß an physiologischer Aktivierung (also Aufmerksamkeit, Anspannung) erreicht wird. Ist die Aktivierung im Körper zu niedrig (linker Teil der Kurve), so bleibt der Mensch hinter seinen Leistungsmöglichkeiten zurück. Ist die Aktivierung zu hoch (rechter Teil der Kurve), so sinkt die Leistung ab. Eine mittlere Anspannung ist somit förderlich für die Leistungsfähigkeit, Unter- oder Überforderung sind hingegen hinderlich. Bei welchem Anspannungs- beziehungsweise Aktivierungsgrad der Leistungsgipfel genau liegt, ist individuell sehr unterschiedlich.

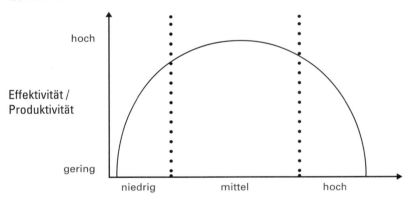

Abbildung 2.1: Das Yerkes-Dodson-Gesetz besagt, dass sowohl Unter- als auch Überforderung sich negativ auf die Leistungsfähigkeit auswirken.

Für den Körper unverzichtbar ist, dass die für jede Leistung erforderliche Anspannung und die damit einhergehende Ausschüttung von Stresshormonen immer wieder abgebaut werden. Dauert die Anspannung jedoch länger an oder sind die Entspannungspausen zu kurz, so kommt es zu Dauerstress. Die Stresshormonspiegel im Blut steigen an und beeinträchtigen den Organismus: Das Immunsystem wird gehemmt, die Geschlechtsdrüsen und der Verdauungsappa-

hormonspiegel im Blut steigen an und beeinträchtigen den Organismus: Das Immunsystem wird gehemmt, die Geschlechtsdrüsen und der Verdauungsapparat funktionieren nicht mehr richtig und Zellwachstums- sowie Regenerationsprozesse werden verlangsamt. Der Körper reagiert darauf zunächst mit Verspannungen, die sich durch Kopf- und Rückenschmerzen zeigen können. Die Verdauung gerät durcheinander, was zu Magenschmerzen, Sodbrennen, Durchfall, Verstopfung oder Blähungen führen kann. Es kommt zu Schlaf- und Essstörungen und weiteren Anzeichen von Nervosität, wie etwa Zähneknirschen in der Nacht, Konzentrationsstörungen und Stimmungsschwankungen bis hin zu Depressionen. Anhaltender Stress kann letztlich zu schweren Herz-Kreislauf- und Nierenerkrankungen, Stoffwechselstörungen, Allergien, chronischen Entzündungen und Burn-out führen.

Stress entsteht im Kopf

»Stress« steht im Alltagssprachgebrauch für jede Form von negativ empfundener Belastung. Stress im wissenschaftlichen Sinn bezeichnet eine bestimmte Körperreaktion, die dazu dient, in lebensbedrohlichen Situationen blitzschnell mit Kampf oder Flucht zu reagieren. Die Stressreaktion kommt bei Menschen und Tieren vor. Sie war und ist überlebensnotwendig! Aber diese Körperreaktion darf kein Dauerzustand sein, sondern ihr muss unbedingt eine Entspannungs- und Regenerationsphase folgen. Denn Dauerstress macht krank.

Heute geht man davon aus, dass vor allem die subjektive Bewertung einer Situation eine entscheidende Rolle bei der Stressentstehung spielt. Stress entsteht also nicht in der Situation, sondern in unserem Kopf. Hilfreich für das Verständnis dieses Zusammenhangs ist das Stressmodell aus dem Jahre 1974 des amerikanischen Psychologen Richard Lazarus (vergleiche Abbildung 2.2). Danach wird zunächst die Situation bewertet, in der man sich befindet. Ist sie irrelevant oder positiv/angenehm, so entsteht kein Anpassungsbedarf. Man kann die Situation einfach genießen oder ignorieren.

Wird die aktuelle Situation aber als »potenziell bedrohlich« bewertet, so erfolgt ein blitzschneller Check der individuellen Bewältigungsmöglichkeiten: Habe ich genügend soziale, psychologische, materielle oder körperliche Ressourcen, um mit dieser bedrohlichen Situation gut umgehen zu können? Eine der wichtigsten Ressourcen ist dabei im Übrigen die Selbstwirksamkeitserwartung eines Menschen – also die Antwort auf die Frage, inwieweit man sich selbst zutraut, Einfluss auf eine Situation nehmen zu können.

Je nachdem, wie die Bewertung der Situation und der eigenen Bewältigungsmöglichkeiten ausfällt, entsteht positiver Stress, auch Eustress genannt (»Das ist eine Herausforderung, die ich bewältigen kann«), oder negativer Stress, auch Dysstress genannt (»Ich schaffe das nicht, ich kann nichts tun, die Situation überfordert mich«). Dieses Ergebnis beeinflusst wiederum weitere Bewertungen ähnlicher Situationen. So kann im positiven Fall eine Art Kompetenzkreislauf, im negativen Fall jedoch ein Hilflosigkeitskreislauf entstehen.

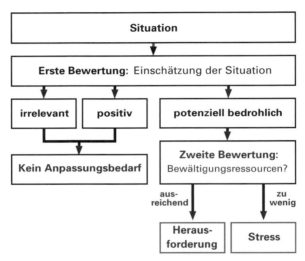

Abbildung 2.2: Das Stressmodell des amerikanischen Psychologen Richard Lazarus

Umgang mit dem Kopfkino bei Stress

Achten Sie einmal darauf, wie Ihre Gedanken sind, wenn Sie sich in einer unangenehmen, stressigen Situation befinden: Welcher Gedanke herrscht vor – »O nein, nicht schon wieder ...« oder »Das macht mich fertig ...« oder »Das schaff ich schon ...«? Unterbrechen Sie dann das Kopfkino einmal ganz bewusst, atmen Sie tief durch und fragen Sie sich:

✔ Was läuft hier gerade ab?

✔ Was genau empfinde ich als stressig und unangenehm?

✔ War ich schon in einer solchen oder ähnlichen Situation?

✔ Wie habe ich dann reagiert und wie ist die Situation ausgegangen?

✔ Was kann ich aus einer vorherigen Situation lernen, was kann ich besser oder anders machen?

✔ Kann ich mir jetzt Unterstützung oder Hilfe holen? Wenn ja, von wem?

✔ Welche Handlungsmöglichkeiten habe ich noch?

Durch diese Fragen unterbrechen Sie den »gelernten« Stresskreislauf und können sich auf Ihre Möglichkeiten besinnen. Sie werden feststellen, dass sich vor Ihrem inneren Auge auf einmal ganz neue Wege auftun und Sie Handlungsoptionen erkennen, die Ihnen in der unbewusst ablaufenden, immer wieder gleichen (Nicht-)Bewältigung der Situation vermutlich nicht in den Sinn gekommen wären.

 Durch das bewusste Durchbrechen von unreflektierten Gedanken- und Verhaltensmustern schaffen Sie Distanz zu einer als stressig empfundenen Situation und gewinnen dadurch mehr Überblick. Sie gehen sozusagen in die Vogelperspektive. Vielleicht sind Sie dann rasch deutlich gelassener und fühlen sich der Situation besser gewachsen.

Warnsignale des Körpers

Ein mittleres Maß an Stress beziehungsweise Anspannung ist förderlich und trägt dazu bei, dass man leistungsfähig ist und bleibt. Problematisch wird Stress erst durch eine Unausgewogenheit zwischen Stressphasen und Entspannungs- beziehungsweise Ruhephasen. Unter sehr häufigem oder gar Dauerstress wird die körperliche Erregung nicht mehr komplett abgebaut, die Stresshormone sammeln sich im Blut und halten die körperliche Stressreaktion (Kampf oder Flucht) aufrecht. Auf Dauer werden dadurch die körperlichen und geistigen Kraftreserven aufgebraucht, man kann nicht mehr abschalten, steht ständig unter Strom. Dies hat Folgen für die Gesundheit und führt zu:

✔ Herz-Kreislauf-Erkrankungen

✔ Magen-Darm-Erkrankungen

✔ Atemwegserkrankungen

✔ Infektanfälligkeit

✔ Schlafstörungen

✔ Burn-out, Depression

Frühe Stresssymptome

Häufig wird einem selbst gar nicht sofort bewusst, dass bestimmte körperliche Beschwerden auf Stress zurückzuführen sein könnten. Wenn man sich schlapp und ausgelaugt fühlt, begründet man das vielleicht damit, dass es der Beginn einer Erkältung sein könnte. Kopfschmerzen werden auf die Menstruation zurückgeführt, Verdauungsprobleme auf »falsches« Essen oder einen Magen-Darm-Infekt. All diese Erklärungen mögen zutreffend sein – aber manchmal steckt eben doch Stress hinter den körperlichen Beschwerden.

Der Körper sendet schon sehr frühzeitig erste Warnsignale. Dazu gehören insbesondere Muskelanspannungen und die daraus resultierenden Schmerzen. Achten Sie einmal selbst darauf: Ziehen Sie Ihre Schultern bis an die Ohren, wenn Sie unter Druck stehen? Beißen Sie die Zähne dauerhaft zusammen? Knirschen Sie nachts mit den Zähnen und wachen mit Kaumuskelkater auf? Ballen Sie Ihre Hände zu Fäusten? Verschränken Sie Ihre Arme und lassen nicht mehr los? Spannen Sie Ihre Fußmuskeln an? Sitzen Sie verkrampft mit dauerhaft überschlagenen Beinen oder machen Sie sich gar einen Knoten in die Beine? Dann sind die Entspannungsübungen aus Kapitel 6 das Richtige für Sie. Versuchen Sie, die Anspannung oder Verkrampfung in Ihrem Körper möglichst frühzeitig wahrzunehmen und rasch gegenzusteuern. Denn so vermeiden Sie es, in eine Stressspirale hineinzugeraten.

Späte Stresssymptome

Wenn Sie immer wieder mit Infekten zu kämpfen haben, wenn Sie schlecht oder fast gar nicht mehr schlafen können, wenn Sie Verdauungsprobleme haben (Verstopfung oder Durchfall), wenn Ihre Haut juckt, schuppig oder gerötet ist, wenn Sie sich antriebslos oder dauerhaft niedergeschlagen fühlen, dann ist es höchste Zeit, sich mit Stress und seinen körperlichen Folgen auseinanderzusetzen.

 Sinnvoll ist es in jedem Fall, zunächst durch einen Arzt eine körperliche Ursache Ihrer Beschwerden ausschließen zu lassen. Wenn klar ist, dass Ihnen körperlich nichts fehlt, dann sind Ihre Symptome vermutlich durch Stress bedingt.

Nehmen Sie die Warnsignale Ihres Körpers ernst und reagieren Sie schon bei frühen Stresssymptomen. Denn sonst riskieren Sie, aus der Stressspirale nicht mehr ohne ärztliche oder psychologische Hilfe herauszukommen. Je früher Sie für ausreichend Entspannung, für Ruhepausen und für Konfliktlösung sorgen, desto besser für Ihre Gesundheit.

Die Sprache des Körpers verstehen

Versuchen Sie zu verstehen, was Ihr Körper Ihnen mit der Symptomatik mitteilen möchte – unsere Sprache vermittelt dies bereits in sehr klaren Worten:

- ✔ Atemnot: Mir schnürt der Stress die Luft ab.
- ✔ Herzrhythmusstörungen: Ich nehme mir das zu sehr zu Herzen.
- ✔ Kreislaufprobleme: Der Stress haut mich um.
- ✔ Bluthochdruck: Ich könnte auf die Palme gehen.
- ✔ Ohrgeräusche, Hörsturz: Ich habe zu viel um die Ohren.
- ✔ Kopfschmerzen: Ich bekomme den Kopf nicht frei.
- ✔ Verdauungsprobleme: Mir schlägt der Stress auf den Magen.
- ✔ Übelkeit: Ich finde das zum Kotzen.
- ✔ Probleme beim Wasserlassen: Mir geht der Stress an die Nieren.
- ✔ Hautjucken, Ausschlag: Ich fühle mich nicht wohl in meiner Haut.
- ✔ Stimmungsschwankungen, Niedergeschlagenheit: Der Stress zieht mich runter.

Gelassenheit als Vorbeugung

Die Stressbewältigung findet auf vier Ebenen statt: auf der Ebene der stressauslösenden Situation, auf der Ebene der Gedanken und Gefühle, auf der Ebene des Körpers sowie auf der Ebene der eigenen Ressourcen.

- ✔ **Ebene der stressauslösenden Situation:** Veränderung der Situation, um der Stressentstehung entgegenzuwirken
- ✔ **Ebene der Gedanken und Gefühle:** kurzfristige Veränderung stresserzeugender Gedanken, langfristige Veränderung stressverstärkender Gedankenmuster, angemessener Ausdruck von Gefühlen wie Ärger oder Wut
- ✔ **Körperliche Ebene:** regelmäßige körperliche Bewegung zum Abbau der Stresshormone, Entspannungsübungen, Hobbys, Schlaf

✔ **Ressourcenebene:** Kompetenzen bewusst machen und aktivieren, Lebensqualität stärken, soziale Kontakte pflegen, Hilfe annehmen, Work-Life-Balance ausgewogen gestalten

Auf all diesen Ebenen spielt das Konzept der Gelassenheit eine wichtige Rolle: Lassen Sie sich nicht von der Stresssituation überwältigen, lösen Sie sich aus negativen Gedankenspiralen, entspannen Sie sich und werden Sie sich Ihrer eigenen Ressourcen bewusst.

Stressbewältigung auf allen Ebenen

Um stressauslösende Situationen zu verändern, gilt es, solche Situationen zu analysieren und neue Handlungsalternativen zu finden. Sicherlich können Sie, ohne lange nachzudenken, zwei oder drei Situationen beschreiben, in denen Sie immer wieder unter Druck geraten. Führen Sie sich eine solche Situation einmal genau vor Augen und überlegen Sie, wodurch diese Situation bei Ihnen Stress auslöst. Vielleicht stehen Sie unter Zeitdruck? Dann könnte ein neues Zeitmanagement die Situation für Sie künftig stressärmer machen. Vielleicht sind an der Situation Menschen beteiligt, mit denen Sie offen oder unterschwellig Ärger haben? Dann könnte es sinnvoll sein, die bestehenden Konflikte mit den Beteiligten zu klären. Vielleicht ist die Situation Ihnen peinlich oder unangenehm? Dann wäre ein möglicher Weg, solche Situationen künftig zu meiden oder frühzeitig zu verlassen.

Stressbewältigung bedeutet auch, seine Gedanken und Gefühle in stressigen Situationen zu benennen und gegebenenfalls zu verändern – denn manchmal kann man eine Situation nicht unmittelbar beeinflussen, sondern nur seine eigene Wahrnehmung und Bewertung dieser Situation. Fragen wie »Was ist das Schlimmste, was passieren kann?« oder »Wie werde ich in einem Jahr über diese Situation denken?« oder »Wie würde ein Unbeteiligter diese Situation gerade wahrnehmen?« helfen dabei, das als stressig empfundene Geschehen in ein anderes, in ein neues Licht zu rücken. Dieses Umdeuten von Situationen wird im Konzept des »Reframing« (Neu-Rahmung) genutzt, über das Sie in Kapitel 6 mehr erfahren. Manchmal reicht es aber schon aus, sich seiner Gefühle bewusst zu werden und ihnen Ausdruck zu geben: Wut mit einem kräftigen Brüller loszulassen, kann sehr erleichternd und stressreduzierend sein. Körperliche und geistige Übungen zum Stressabbau sowie das Erkennen und Nutzen der eigenen Ressourcen sind Themen in Kapitel 6.

Gelassenheit wirkt im Körper

Je gelassener man ist, desto weniger stressig empfindet man sein Leben. Herausforderungen gelassen meistern zu können, sorgt dafür, dass man seine Leistungsmöglichkeiten optimal abruft und mehr Eustress als Dysstress erlebt. Eines der Hauptmerkmale einer gelassenen Lebenseinstellung ist die Entspannung. Und diese Entspannung – im Wechsel mit der für jede Leistung notwendigen Anspannung – sorgt dafür, dass man körperlich gesund bleibt. Denn in den Phasen der Entspannung regeneriert sich der Organismus: Das Immunsystem kann Krankheitserreger bekämpfen und krankhaft veränderte Zellen im Körper ausfindig machen und zerstören. Die Stoffwechselprozesse können ungestört ablaufen, sodass alle Körperzellen mit ausreichend Energie und Sauerstoff versorgt werden. Der Hormonhaushalt ist im Gleichgewicht, was gesunde Wachstumsprozesse ermöglicht.

Im Zustand der Anspannung werden die Geschlechtsorgane weniger durchblutet, sodass Sex fast unmöglich ist. Im Zustand der Gelassenheit ist die Durchblutung der Geschlechtsorgane jedoch so gut, dass befriedigender Sex möglich ist. Und dies wiederum fördert die Ausgeglichenheit, Zufriedenheit und – natürlich – die Gelassenheit.

Gelassenheit wirkt im Kopf

Wenn der Körper in Alarmbereitschaft versetzt wird, arbeitet die Großhirnrinde, die für unser bewusstes Denken verantwortlich ist, langsamer. Dies ist durchaus sinnvoll, um eine wirkungsvolle Kampf- oder Fluchtreaktion zu ermöglichen – denn diese Reaktionen laufen instinktiv, also quasi unterbewusst ab. Denken würde dabei nur stören!

Im entspannten Zustand der Gelassenheit ist klares, reflektierendes Denken hingegen möglich und sinnvoll. Gelassenheit wirkt demnach nicht nur auf den Körper, sondern auch auf den Kopf, also auf das Denken und die Verarbeitung der Sinneseindrücke. Nur im Zustand der Gelassenheit kann man auf neue Ideen kommen, Situationen analysieren und Handlungsalternativen gegeneinander abwägen. Denken braucht Zeit und Ruhe!

Auch die emotionale Gestimmtheit eines Menschen ist abhängig vom Anspannungsgrad seines Körpers. Gelassenheit fördert eine positive Stimmung, ermöglicht Humor und Beziehungs- oder Bindungsfähigkeit. Dadurch fördert man seine eigenen emotionalen und sozialen Ressourcen und wirkt dem Dysstress entgegen.

Gelassenheit und Persönlichkeitsstruktur

3

In diesem Kapitel

▶ Der Umgang mit Stress hängt von der Persönlichkeit ab
▶ Extravertierte explodieren, Introvertierte implodieren
▶ Test für Ihre Persönlichkeitsstruktur

---

*V*on der Persönlichkeitsstruktur hängt ab, wie man mit Stresssituationen umgeht. Introvertierte Menschen neigen dazu, Druck eher nach innen zu richten und bei zu viel Druck zu implodieren, während extravertierte Menschen den Druck nach außen abgeben und explodieren können.

Menschen nach ihren Persönlichkeitsstrukturen einzuteilen ist sicherlich immer eine Vereinfachung. In der Umgangssprache kennt man jedoch viele Gegensatzpaare, die der Persönlichkeit zugeordnet werden und mit denen man Menschen in »Schubladen« einteilen kann, beispielsweise:

✔ ruhig – temperamentvoll

✔ sensibel – unempfindlich

✔ zurückhaltend – draufgängerisch

✔ feige – mutig

✔ sicherheitsliebend – risikofreudig

✔ abwartend – unternehmungslustig

✔ introvertiert – extravertiert

All diese Kategorien fassen bestimmte Bündel von Persönlichkeitseigenschaften zusammen, um einem Menschen ein Etikett zuzuweisen und ihn damit einfacher beschreibbar (und seine Reaktionen vielleicht leichter vorhersehbar) zu machen. Für das Thema Gelassenheit ist die Unterscheidung »introvertiert – extravertiert« hilfreich, denn introvertierte Persönlichkeiten gehen mit Druck und Spannung ganz anders um als extravertierte Persönlichkeiten.

Extravertiert und introvertiert: Endpunkte einer Persönlichkeitsskala

Die Ausprägungen »Introversion« und »Extraversion« können als die beiden Endpunkte einer Skala verstanden werden, auf der sich Persönlichkeiten einordnen lassen. Kaum ein Mensch ist ausschließlich und in jeder Lebenssituation introvertiert, genauso wenig wie kaum jemand immer und überall extravertiert ist. Jeder hat sowohl intro- als auch extravertierte Persönlichkeitsanteile, doch die Ausprägung ist individuell sehr unterschiedlich und bei den meisten Menschen neigt die Persönlichkeit recht klar in eine der beiden Richtungen.

Die Unterscheidung der Persönlichkeitsmerkmale Intro- und Extraversion und die Annahme, dass diese beiden Persönlichkeitsmerkmale besonders prägend seien, geht zurück auf Carl Gustav Jung (1921). Die Kommunikationsexpertin Sylvia Löhken hat herausgefunden, dass sich Intro- und Extravertierte vor allem in der Art ihrer Energiegewinnung unterscheiden: Zum Aufladen der »inneren Batterien«, also letztlich zum Abbau von Anspannung und Stress, brauchen Introvertierte unbedingt Rückzug und Ruhe, Extravertierte hingegen eher Aktivitäten und Kontakt mit anderen Menschen. Introvertierte Menschen benötigen im sozialen Austausch also zusätzliche Energie, während extravertierte Menschen durch diesen Austausch Energie bekommen.

Unterschiede im Hirnstoffwechsel von Introvertierten und Extravertierten

Sylvia Löhken (»Leise Menschen – starke Wirkung«, 2012) berichtet: In wissenschaftlichen Untersuchungen wurde nachgewiesen, dass in den Gehirnen von introvertierten und extravertierten Menschen bestimmte Botenstoffe in deutlich erhöhter Menge vorkommen. Bei den Introvertierten überwiegt das Acetylcholin, das für Konzentration, Gedächtnis und Lernen wichtig ist und insbesondere vom Parasympathikus (Ruhenerv) zur Erregungsleitung genutzt wird. Bei den Extravertierten überwiegt das Dopamin, das für motorischen Antrieb, Neugier, Suche nach Abwechslung und Erwartung einer Belohnung sorgt. Dies hat Folgen für die Kommunikation: Introvertierte Menschen legen Wert auf genaues Hinsehen und Hinhören, bevor sie handeln. Sie meiden Konflikte und sind selten offensiv. Extravertierte Menschen hingegen empfinden intensive Gefühle wie Freude, Aufregung, Überschwang und Euphorie, sind risiko- und konfliktbereiter und fühlen sich vor Publikum wohl.

3 ➤ Gelassenheit und Persönlichkeitsstruktur

Die menschliche Persönlichkeit wird sowohl von den Genen bestimmt als auch von der Umwelt. Ob jemand eher ruhig und nach innen gekehrt oder eher kontaktfreudig und nach außen orientiert ist, hängt also sowohl von seiner genetischen Ausstattung ab als auch von den ihn prägenden Umweltfaktoren und von der gesellschaftlichen Kultur, in der er lebt.

Die Gene steuern den Hirnstoffwechsel mit – und hier insbesondere das Verhältnis zwischen Sympathikus und Parasympathikus, also zwischen Aktivitäts- und Ruhenerv. Menschen, bei denen die Sympathikusaktivität überwiegt, sind tendenziell eher extravertiert. Menschen, bei denen die Parasympathikusaktivität höher ist, sind eher introvertiert. Menschen mit einer ausgeglichen sympathischen und parasympathischen Aktivität sind »zentrovertiert«.

Extravertierte: Möglichst viel Action

Small Talk mit fremden Menschen, angeregte Gespräche in Gruppen, Reden halten, rasch entscheiden – all das fällt extravertierten Persönlichkeiten leicht. Mehr noch: Sie ziehen daraus Kraft und genießen es, im Mittelpunkt zu stehen. Wer eher extravertiert ist, lebt im Austausch mit anderen Menschen auf und kann sich gut entspannen, wenn um ihn herum viel los ist. Risikosportarten, große Partys, laute Konzerte, aktionsgeladene Unternehmungen sind mögliche Hobbys von Extravertierten.

In unserer Gesellschaft gelten Extravertierte als Macher, sie stehen oft im Mittelpunkt und setzen sich nachdrücklich für ihre Interessen ein. Nach außen können Extravertierte laut, aufdringlich, übergriffig oder distanzlos wirken. Von einem introvertierten Gegenüber ist ein Extravertierter rasch gelangweilt, fühlt sich vernachlässigt oder missverstanden. Selbstverständlich brauchen auch extravertierte Menschen Ruhepausen und Auszeiten. Insbesondere in höherem Alter, wenn sich die meisten Persönlichkeitsanteile ohnehin gemäßigter oder ausgeglichener ausprägen, kann auch für Extravertierte der Aktivitätsbedarf sinken und der Ruhebedarf steigen.

Stehen extravertierte Menschen unter Druck, so neigen sie dazu, dem Druck (und damit sich selbst) gut sicht- und hörbar Luft zu machen. Zu den Bewältigungsmechanismen im Umgang mit Stress gehören bei Extravertierten laute Gefühlsäußerungen, dramatische Stimmungen und plötzliche Ausbrüche. Sie regen sich oft aber schnell wieder ab und vergessen, worüber sie sich eben noch aufgeregt haben.

Introvertierte: Möglichst viel Ruhe

Introvertierte Persönlichkeiten bevorzugen ruhigere Aktivitäten. Sie führen lieber Gespräche mit nur einem Gegenüber, verbringen gerne Zeit mit sich allein oder in kleiner, vertrauter Runde, genießen Hobbys wie Lesen, Musizieren, Basteln, Angeln oder Wandern und empfinden zu viele Reize als belastend oder gar überfordernd. Introvertierte haben oft ein reiches Innenleben, sie reflektieren gerne und intensiv, sammeln Informationen, bevor sie entscheiden, und wägen lieber zu viel ab als zu wenig. Sie können sich zumeist gut in andere Menschen hineinversetzen und legen großen Wert darauf, den Dingen auf den Grund zu gehen. Nach außen mag dies eigenbrötlerisch, verschlossen, langweilig oder sogar egozentrisch wirken. Von einem extravertierten Gegenüber fühlt sich ein Introvertierter oft eingeschüchtert, bedrängt oder überfahren.

Wenn introvertierte Menschen unter Stress und Druck geraten, ziehen sie sich zurück, fressen Frustrationen in sich hinein und machen alles mit sich selbst aus. Zwischenmenschliche Konflikte sind Introvertierten eher unangenehm, und wenn es richtig lauten Krach gibt, dann leiden sie besonders. Sie können Kränkungen vielleicht vergeben, aber nur sehr schlecht vergessen.

 Introvertierte müssen sich in der Welt der Extravertierten nicht verbiegen – sie können ihren eigenen Weg gehen. Tipps dafür enthält das Buch *Erfolg für Introvertierte für Dummies* von Joan Pastor.

Zentrovertierte: Von allem etwas

Alle Menschen haben sowohl intro- als auch extravertierte Eigenschaften und viele können für sich selbst klar sagen, welche dieser Eigenschaften überwiegen. Es gibt aber auch Persönlichkeiten, die auf der Skala mit den Endpunkten »Introversion – Extraversion« ziemlich genau in der Mitte liegen. Diese Menschen kann man »zentrovertiert« nennen. Sie brauchen eine Mischung aus Ruhe und Anregung, verarbeiten Druck und Stress mal mit Rückzug, mal mit Angriff. Sie fühlen sich sowohl in kleinen Runden als auch in großen Gruppen wohl. Wenn es Konflikte in Teams oder Familien gibt, sorgen Zentrovertierte oft für den Ausgleich zwischen intro- und extravertierten Kollegen oder Angehörigen, weil sie für beide Seiten Verständnis haben.

Checkliste:
Welche Persönlichkeitsanteile überwiegen bei Ihnen?

Extra- und Introvertierte unterscheiden sich vor allem darin, woraus sie neue Kraft schöpfen. Außerdem haben sie ganz unterschiedliche Reizverarbeitungsmechanismen und fühlen sich unterschiedlich wohl in bestimmten sozialen Konstellationen. Damit Sie für sich besser einschätzen können, ob Ihre Persönlichkeit eher in Richtung extravertiert oder eher in Richtung introvertiert zu verorten ist, können Ihnen die folgenden Schlüsselfragen helfen:

1. Was brauchen Sie, um sich gut entspannen zu können? Ruhe, Alleinsein, Schlaf (Introvertierte) oder Abwechslung, Anregung, Bewegung, Kommunikation (Extravertierte)?

2. Wie geht es Ihnen, wenn um Sie herum viel los ist (Stimmengewirr, laute Musik, grelles Licht, bunte Farben, fröhliches Chaos)? Ihnen wird es schnell zu viel (Introvertierte) oder Sie finden das wunderbar und genießen es (Extravertierte)?

3. Wie gehen Sie vor, wenn Sie Entscheidungen treffen müssen? Sie sammeln so viele Informationen wie möglich, denken gründlich nach und wägen alle Möglichkeiten ab (Introvertierte) oder Sie entscheiden rasch und aus dem Bauch (Extravertierte)?

4. Wie geht es Ihnen in größeren Gruppen von Menschen, insbesondere wenn Sie niemanden kennen oder wenn Sie vor der Gruppe sprechen sollen? Solche Situationen finden Sie schwer erträglich und versuchen sie zu vermeiden (Introvertierte) oder Sie gehen auf die Menschen zu, sprechen sie an, knüpfen neue Kontakte und fühlen sich im Rampenlicht wohl (Extravertierte)?

Vielleicht können Sie schon klar sagen, in welche der beiden Persönlichkeitskategorien Sie gehören. Oder liegen Sie vielleicht eher im Mittelfeld, also im Bereich der Zentrovertierten?

 Einen kostenlosen Soforttest zur raschen Orientierung, ob bei Ihnen die introvertierten Persönlichkeitsmerkmale überwiegen oder die extravertierten Eigenschaften, finden Sie im Internet auf dieser Website: www.intros-extros.com/online-test/.

Gelassenheit für Extravertierte: Loslassen statt explodieren

Extravertierte Menschen sind nach außen (»extra«) orientiert: Sie brauchen den regelmäßigen Austausch mit anderen Menschen, ziehen Kraft aus diesen Begegnungen, haben es gerne abwechslungsreich und erholen sich beispielsweise bei aktionsreichen Hobbys. Wenn sie unter zu großem Druck stehen und unerträglichen Stress empfinden, entlädt sich dies ebenfalls nach außen: Sie brüllen, laufen rot an, toben, werfen Gegenstände, knallen Türen, kurz, sie explodieren. In einem solchen Fall geht man einem Extravertierten lieber aus dem Weg und lässt ihn sich austoben. Denn schon nach einer Weile kommt der Extravertierte von der Palme runter, atmet durch und wendet sich wieder seiner Umgebung zu. Vielleicht hat er bereits nach kurzer Zeit vergessen, worüber er sich gerade so aufgeregt hat. Denn der Druck hat sich erfolgreich entladen. Doch diese Art des Umgangs mit Stress und Anspannung birgt Risiken: Im Zorn wird manchmal Porzellan zerschlagen (sowohl im wörtlichen wie auch im übertragenen Sinne), das hinterher nur schlecht wieder gekittet werden kann. Die introvertierteren Menschen in der Umgebung eines Extravertierten können zumeist mit solchen Gefühlsausbrüchen nur schwer umgehen und fühlen sich von der Macht der Explosion überfordert. Und auch die Gesundheit des extravertierten Wutbürgers leidet: Bluthochdruck ist eine ganz typische Erkrankung.

Umgang mit Gefühlsausbrüchen

Für eine extravertierte Persönlichkeit, die Gelassenheit lernen möchte, ist es besonders wichtig, die Situationen genau zu analysieren, in denen der Druck zu groß wird:

- ✔ Durch welche Auslöser lasse ich mich besonders reizen?
- ✔ Welche Menschen bringen mich auf die Palme und womit?
- ✔ An welchen körperlichen oder seelischen Reaktionen merke ich, dass ich kurz vor einer Explosion stehe?
- ✔ Woran erkenne ich den »Point of no Return«, also den Punkt, an dem es kein Zurück mehr gibt und ich quasi platzen muss?

Es kann hilfreich sein, ein »Wut-Tagebuch« zu führen und mit etwas Distanz – also nach einigen Stunden oder Tagen – über die Situationen nachzudenken, die Sie festgehalten haben. Dabei lassen sich bestimmt Antworten auf die oben genannten Fragen finden. Anschließend gilt es, einen Trainingsplan für mehr Gelassenheit zusammenzustellen – mehr dazu in den folgenden Kapiteln.

Auch Extravertierte brauchen Ruhepausen!

Obwohl extravertierte Menschen viel Energie aus aktionsreichen Betätigungen und abwechslungsreichen Begegnungen mit anderen ziehen, brauchen auch sie ihre Pausen, um sich zu regenerieren. Diese Pausen gut und passend zu gestalten, ist eine individuelle Herausforderung. Denn gerade Extravertierte überschreiten oft ihre Grenzen und spüren erst viel zu spät, dass sie eine Pause gebraucht hätten. Für sie ist das Loslassen besonders schwer, denn gerade das Festhalten gibt ihnen den Kick, den sie benötigen, um das Leben spannend zu finden. Aber im Loslassen liegt der Schlüssel zur Gelassenheit. Und auf die Dauer sind die ständigen Explosionen dann wohl doch ein zu hoher Preis für das spannungsgeladene Leben.

Gelassenheit für Introvertierte: Loslassen statt implodieren

Introvertierte Menschen sind nach innen (»intro«) orientiert. Sie horchen in sich hinein, beschäftigen sich gerne und intensiv mit ihren eigenen Gedanken und reden erst dann, wenn sie genau wissen, was sie sagen wollen. Sie arbeiten lieber allein als in Teams und hören gut zu. Ihnen geht es gut, wenn sie sich in einem geschützten Raum befinden, wenn sie sich sicher und angenommen fühlen und zur Ruhe kommen können. Wenn Introvertierte unter Druck geraten, werden sie nervös, befangen und unsicher. Sie nehmen Angriffe sehr leicht persönlich und können mit Kritik und Konflikten nicht gut umgehen. Doch sie suchen nicht die Konfrontation oder Klärung, sondern reagieren passiv, verleugnen die Konflikte und ziehen sich zurück. Im schlimmsten Fall können sie bei Reizüberflutung regelrechte Blackouts bekommen und gar nicht mehr wahrnehmen, was um sie herum passiert. Für zwischenmenschliche Beziehungen kann dieser Umgang mit Anspannung sehr schwierig sein, weil die übrigen Beteiligten oft gar nicht mitbekommen, wie gekränkt oder verletzt der Introvertierte ist. Die Gesundheit des introvertierten Konfliktvermeiders leidet: Schlafstörungen oder Depressionen sind mögliche Folgen.

Umgang mit Rückzug oder Flucht

Eine introvertierte Persönlichkeit wirkt nach außen oft viel gelassener, als sie in Wirklichkeit ist oder sich gerade fühlt – einfach, weil sie ruhiger ist. Introvertierte Menschen spüren ihre Anspannung aber sehr deutlich und wollen besser damit umgehen können. Folgende Fragen helfen dabei, größere Gelassenheit zu lernen:

- ✔ Wovor habe ich in der Konfliktsituation besonders viel Angst und was wäre das Schlimmste, was passieren könnte?
- ✔ Konzentriere ich mich vielleicht zu sehr auf ein einzelnes Detail (etwa auf einen kritischen Halbsatz, den jemand zu mir gesagt hat) und verliere dabei das große Ganze aus den Augen?
- ✔ Was fühle ich im Moment und kann ich diese Gefühle zulassen?
- ✔ Was sind die möglichen Auswirkungen meiner Konfliktvermeidung? Sind diese Folgen auf längere Sicht möglicherweise schwerer zu ertragen als der aktuelle (kleine) Konflikt?

Introvertierte Menschen brauchen viel Sicherheit, um anderen Menschen gegenüber ihre Gefühle, Ängste oder Kränkungen anzusprechen. Doch ganz ohne Sichöffnen funktionieren zwischenmenschliche Beziehungen – egal ob privat oder beruflich – nicht. Daher kann es hilfreich sein, sich kleine Schritte des Öffnens vorzunehmen und diese auszuprobieren. Nur Mut – größeres Selbstvertrauen erleichtert die Gelassenheit!

Den Blick nach außen richten – auch als Introvertierter

Auch wenn sich ein introvertierter Mensch am wohlsten mit sich selbst fühlt, so ist doch niemand ganz allein auf der Welt. Jeder ist eingebunden in ein Umfeld, das in irgendeiner Form Austausch und Zuwendung erwartet. Daher ist es für eine gelassene Lebenshaltung wichtig, dass Introvertierte lernen, den Blick nach außen zu richten, Konflikte anzuerkennen und auszutragen. Dies in der für sie angemessenen leisen Art zu tun, kann auch für die Umgebung hilfreich sein. So mancher laute Extravertierte kommt durch die stilleren Kommunikationsformen eines Introvertierten leichter zur Ruhe und sieht sich in der Lage, einen Konflikt emotionsarm zu thematisieren. Das tut beiden Seiten gut!

Die Haltung ändern: Gelassenheit verinnerlichen

In diesem Kapitel

▶ Stressige Situationen genau analysieren

▶ Umdeuten (Reframing) hilft beim Loslassen

▶ Die eigenen inneren Antreiber kennenlernen

Gelassenheit ist eine Lebenseinstellung, eine Grundhaltung: Dinge geschehen lassen, Menschen leben lassen, seinen eigenen Weg gehen, sich im Sturm nicht verbiegen oder gar brechen lassen. Dazu gehören eine gute Verankerung im Boden der eigenen Werte, eine große Flexibilität und ein ungetrübter Blick auf kritische Situationen.

Der Lohn einer gelassenen Lebenseinstellung ist groß: Entspannung, Gelöstheit, Heiterkeit, Gesundheit. Viele Situationen, in denen man seine Gelassenheit verliert, können durch eine andere Sichtweise, eine geänderte Einschätzung ihr Stresspotenzial verlieren. In diesem Kapitel geht es daher um die Umdeutung von Situationen und um das Einnehmen einer gelassenen Haltung.

Einen klaren Blick auf angespannte Situationen werfen

Jede Lebenssituation lässt sich auf unterschiedliche Weisen interpretieren und nutzen. Wenn Sie in bestimmten Situationen bislang immer gestresst waren, lohnt es sich, solche Situationen genauer anzuschauen, um sie künftig zu entschärfen.

Herr Damm ist mit dem Auto auf dem Weg zu einer dienstlichen Besprechung in einer anderen Stadt. Auf den letzten Kilometern war zähfließender Verkehr, nun wird es zeitlich knapp. In der anderen Stadt angekommen, findet Herr Damm nicht sofort einen Parkplatz, sondern muss einige Male um den Block fahren und sich dann im Laufschritt zu seinem Ziel begeben. Als er endlich völlig außer Atem vor dem Gebäude steht, in dem sein Meeting stattfindet, rutscht ihm das Smartphone aus der Hand und fällt in einen Gully. Völlig aufgelöst kommt Herr Damm in den Besprechungsraum und kann sich auf nichts konzentrieren. An sinnvolle Beiträge zur Diskussion ist nicht mehr zu denken, seine Gesprächspartner übertragen Herrn Damm zahlreiche Arbeitsaufträge, deren Sinn und Konsequenzen er in seinem Gemütszustand nicht durchdenken kann. Nach drei Stunden setzt er sich durchgeschwitzt und völlig fertig wieder in sein Auto und macht sich auf den Heimweg. Er kann niemanden anrufen, alle seine Termine und Kontakte sind auf dem im Gully verschwundenen Smartphone gespeichert, und sein Chef wird ihn wegen der kritiklos übernommenen Aufträge vermutlich zur Rede stellen. Herr Damm würde am liebsten mit 120 Sachen vor den nächsten Baum fahren.

So manche berufliche oder private Situation ist bestens dazu geeignet, auch den gelassensten Menschen in den Wahnsinn zu treiben. Eine Verkettung unglücklicher Umstände, das unaufhaltsame Schlittern in eine Katastrophe – und das Wissen, dass alles noch schlimmer werden kann (Herr Damm aus dem Beispiel muss ein neues Smartphone besorgen, alle Daten neu aufspielen, sich mit dem Chef auseinandersetzen, die übernommene Arbeit bewältigen): An manchen Tagen wäre man wohl besser gar nicht erst aufgestanden. Im Hinblick auf das Ziel, mit größerer Gelassenheit durchs Leben zu gehen, stellen sich in stressigen Situationen folgende Fragen:

✔ Wie habe ich die Situation erlebt und bewertet, was habe ich empfunden?

✔ An welchem Punkt hätte ich die Situation verändern können?

✔ Wie gehe ich mit den Konsequenzen der Situation um?

✔ Wie kann ich ähnliche Situationen anders/besser gestalten?

✔ Kann ich der erlebten Situation etwas Positives abgewinnen?

Herr Damm hat sich in der Situation als Opfer gefühlt: Alles hatte sich gegen ihn verschworen, der Verkehr, das Smartphone, die Kollegen. Er sah sich hilflos ausgeliefert und hatte seine Handlungsfähigkeit verloren. Er wusste, dass noch weiterer Ärger auf ihn warten würde, und erlebte sich als machtlos. Somit ist sein Impuls für eine Kurzschlussreaktion durchaus nachvollziehbar – wenn auch völlig überzogen, und Herr Damm hat sich natürlich nicht umgebracht.

Die Selbstwirksamkeitserwartung ist eine wichtige Ressource im Leben: Wie schätze ich meine Fähigkeiten ein, mit Schwierigkeiten, Konflikten und Hindernissen umzugehen, die an mich gestellten Anforderungen zu erfüllen, Widerstände zu überwinden und mich zu behaupten? Ein Kernsatz der Selbstwirksamkeit lautet: »Was auch immer passiert, ich werde zurechtkommen!«

Die Situation analysieren und Handlungsalternativen bedenken

Es geht in der Analyse einer stressigen Situation nicht darum, Schuldzuweisungen zu verteilen oder (sich selbst) im Nachhinein kluge Ratschläge zu geben – frei nach dem Motto »Hätte, hätte, Fahrradkette ...«. Sondern es geht darum, an jedem Punkt auf dem Weg zu hinterfragen, ob man auch anders hätte reagieren können und wie die Situation sich dann vermutlich weiterentwickelt hätte.

Bleiben wir bei Herrn Damm: Im Rückblick wird ihm klar, dass er seine Opferrolle schon auf der Autobahn eingenommen hatte. Viel Verkehr, ein knapper Zeitplan – er hatte es drauf ankommen lassen. Ein Anruf bei seinen Gesprächspartnern mit dem Hinweis, dass er sich aufgrund des Staus auf der Autobahn vermutlich verspäten würde, hätte die Situation entschärfen können. Er hätte sich auch vorher über die Verkehrslage informieren und gegebenenfalls früher losfahren können. Also schon zwei Handlungsalternativen, die er beim nächsten Mal nutzen könnte.

Vor lauter Zeitdruck und in der Hoffnung, vielleicht doch noch einigermaßen pünktlich zum Meeting zu kommen, war Herr Damm vom Auto zum Bürohaus gelaufen, ohne sich vorher einigermaßen zu sortieren. Sein Smartphone, das in der Freisprechanlage des Autos gesteckt hatte, trug er in der Hand, zusammen mit seinem Notizbuch. In der anderen Hand hatte er die Aktentasche. Es hätte am Auto keine halbe Minute gedauert, Smartphone und Notizbuch in die Aktentasche zu packen – eine Zeitinvestition, die Herrn Damm stundenlangen Ärger erspart hätte. Es wäre eine gute Möglichkeit gewesen, aus dem Auto zu steigen und einmal tief durchzuatmen mit dem Gedanken: »Ich bin gut angekommen, meine Geschäftspartner wissen, dass ich etwas zu spät kommen werde, jetzt strecke ich mich nach der Autofahrt erst einmal aus und packe in Ruhe meine Sachen in die Tasche.«

 Tief durchatmen ist in jeder Stresssituation eine höchst wirksame Methode, um ein wenig Ruhe und Zeit zu gewinnen. Sich ganz bewusst einen oder zwei Atemzüge lang auf sich selbst zu konzentrieren, gehört zu den einfachsten körperlichen Gelassenheitsübungen. Tief durchatmen bewahrt im Übrigen auch vor einer vorschnellen Antwort auf Fragen, Kritik, Vorwürfe oder Anschuldigungen!

Dass das Smartphone in den Gully gefallen ist (für jeden Manager eine Horrorvorstellung!), ist sicherlich auch für einen total gelassenen Menschen eine echte Herausforderung. Erstens kostet es viel Geld, es zu ersetzen, und zweitens sind durch dieses Missgeschick oft vermeintlich wichtige Daten unwiederbringlich verloren. Welche Handlungsmöglichkeiten gibt es in dieser Situation? Man könnte die Stadtverwaltung anrufen und bitten, dass der Gully geöffnet wird. Vielleicht ist das Smartphone ja weich gefallen und funktioniert noch. War der Gully aber voller Wasser und ist das Smartphone mit größter Sicherheit kaputt, hilft nur die Akzeptanz: Es ist halt passiert. Shit happens. Was könnte in diesem Moment noch schlimmer sein? Auf diese Frage fallen einem sicherlich ganz spontan mindestens drei wesentlich dramatischere Situationen ein: Mir hätte ein Ziegelstein auf den Kopf fallen und mich erschlagen können; ich hätte telefonisch darüber informiert werden können, dass meine Frau mit dem Auto verunglückt ist; ich hätte auf einer Bananenschale ausrutschen und mir das Bein brechen können. Alles zwar ähnlich unwahrscheinlich wie die Tatsache, dass einem das Telefon in den Gully fällt – aber es kann alles passieren. Und im Vergleich zu einem gebrochenen Bein, einem Autounfall oder Tod durch Ziegelstein ist das verlorene Smartphone viel leichter zu verschmerzen.

Dann kam Herr Damm aufgelöst und unkonzentriert in die Besprechung und ließ sich von seinen Kollegen mit Arbeitsaufträgen überhäufen. Was hätte er hier anders machen können? Eine Möglichkeit wäre gewesen, gleich zur Begrüßung zu sagen, was passiert ist. Vermutlich hätte sich jeder Anwesende in seine Situation hineinversetzen können und hätte mit ihm gefühlt. Vielleicht hätte einer der Gesprächspartner neben Mitgefühl auch noch eine gute Lösungsidee für ihn gefunden. Oder Herr Damm hätte zumindest auf Verständnis dafür rechnen können, dass er gedanklich nicht ganz bei der Sache ist. Anstatt die Arbeitsaufträge kritiklos anzunehmen, hätte Herr Damm die Chance gehabt, die Entscheidung über die Annahme der Aufträge zu vertagen: »Ich kann das gerade nicht ganz überblicken, bitte geben Sie mir bis morgen Zeit, die Aufträge zu prüfen.« Eine solche Bitte in einer solchen Situation wird sicher nicht abgeschlagen.

Umgang mit den Konsequenzen einer Situation

Nach der Rückkehr ins heimische Büro sah Herr Damm sich dem Unmut seines Vorgesetzten gegenüber, der mit den neu übernommenen Aufgaben alles andere als einverstanden war. Welche Möglichkeiten hätte er jetzt gehabt? Je nach der Art des Vertrauensverhältnisses zwischen ihm und seinem Chef hätte Herr Damm den Tag und die Vorkommnisse schildern können. Vielleicht hätte der Vorgesetzte Verständnis gehabt. Oder Herr Damm hätte die Erkenntnis, dass er sich zu viel hat aufbürden lassen, selbst benennen können, zusammen mit einem Vorschlag, wie dies behoben werden könnte. Hier stellt sich auch die

Frage nach den Konsequenzen der Situation – was kann Herr Damm nun konkret tun?

 Das Nachdenken über die Auswirkungen des eigenen Handelns oder die Auswirkungen einer Situation auf die beteiligten Personen lenkt den Fokus der Aufmerksamkeit in die Zukunft: Was wird vermutlich passieren? Sinn dieser Fokusänderung ist es, über die aktuelle Situation oder den aktuellen Konflikt hinauszuschauen, nach vorn zu blicken, sich über die Konsequenzen klar zu werden. Wichtige Fragen in Bezug auf die Konsequenzen sind: Was will ich eigentlich wirklich? Was sollte aus meiner Sicht sinnvollerweise passieren (und was nicht)?

Das Ergebnis des Tages ist für Herrn Damm zunächst tatsächlich sehr bedrückend: Smartphone weg, viel zu viel Arbeit übernommen, Chef sauer. Ein neues Smartphone zu besorgen, ist wahrscheinlich noch das kleinste Problem. Möglicherweise bezahlt das sogar die Versicherung. Die Arbeitsaufträge zu sortieren und umzuverteilen sowie den Vorgesetzten zu besänftigen, wird mit größerem Aufwand verbunden sein. Aber vielleicht bietet das auch die Chance, dass Herr Damm die Arbeitsverteilung einmal grundsätzlich hinterfragt. Er könnte seinem Chef ein neues Konzept für die Aufgabenverteilung vorlegen oder den Verlauf des Projekts, an dem er mit den Kollegen in der anderen Stadt arbeitet, darstellen und Vorschläge für die Verbesserung des Projektmanagements machen. So würde sein Vorgesetzter erleben, dass er konstruktiv mit der Situation umgeht und über eigene Lösungen nachdenkt.

Herr Damm hätte vor allem seine Selbstwirksamkeit wieder erleben können, er hätte das Heft des Handelns wieder in die Hand genommen, wäre Herr der Lage geworden und aus der Opferrolle entkommen. Abends zu Hause, beim Sport oder bei einem Feierabendbier hätte er dann möglicherweise sogar noch den letzten Schritt machen und diesem ganzen verunglückten Tag etwas Positives abgewinnen können, zum Beispiel: Ich wollte sowieso längst ein neues Smartphone haben.

Ärgernisse als Chance: Umdeuten hilft beim Loslassen

Wenn man in der Lage ist, seine Gedanken und Gefühle in stressigen Situationen zu benennen und gegebenenfalls zu verändern, trägt dies erheblich zur Stressbewältigung bei. Denn manchmal kann man eine Situation nicht unmittelbar beeinflussen, sondern nur seine eigene Wahrnehmung und Bewertung dieser Situation. Fragen wie »Was ist das Schlimmste, was passieren kann?« oder »Wie werde ich in einem Jahr über diese Situation denken?« oder »Wie würde ein Unbeteiligter diese Situation gerade wahrnehmen?« helfen dabei, das als stressig empfundene Geschehen in ein neues Licht zu rücken. Dieses Umdeuten von Situationen wird beim »Reframing« (Neu-Rahmung) genutzt.

Die eigenen Gefühle bewusst wahrnehmen

Zunächst geht es darum nachzuvollziehen, wie man eine Stresssituation erlebt und wie man sich in dieser Situation gefühlt hat:

- ✔ Welche Personen waren an der Situation beteiligt?
- ✔ Wie stehe ich zu diesen Personen?
- ✔ Wie verlief die Situation und wann fing es an, für mich belastend zu sein?
- ✔ Gab es bestimmte Auslöser, Reizwörter, Blicke, Gesten, die ich als Angriff, Kritik, Vorwurf oder Druckausübung empfunden habe?
- ✔ Was ist dann genau mit mir passiert? Was habe ich gedacht, gefühlt, gesagt?
- ✔ Welche Körperreaktionen habe ich empfunden?
- ✔ Wie ging es weiter, was ist passiert, wer hat was gesagt?
- ✔ Was war das Ergebnis der Situation für mich? Und für die anderen Beteiligten?

Durch diese genaue Analyse der Situation und die Beschreibung der eigenen Gedanken und Gefühle, aber auch der Körperreaktionen nimmt man eine Beobachterposition ein. Man löst sich von der Situation, geht in die Vogelperspektive und gewinnt dadurch mehr Überblick.

Im nächsten Schritt geht es um die Bewertung der Situation, der eigenen Rolle und der Rolle der Beteiligten:

- ✔ Wie habe ich mich selbst in der Situation erlebt?
- ✔ Welche Rolle habe ich eingenommen, in welcher Rolle habe ich die anderen Beteiligten gesehen?
- ✔ Hat mich die Konstellation dieser Situation an irgendeine andere Situation erinnert? Vielleicht sogar an eine Situation aus meiner Kindheit?
- ✔ Wie bewerte ich das Ergebnis der Situation? Bin ich niedergeschlagen, enttäuscht, erschöpft, verletzt, mutlos, wütend? Wie fühle ich mich körperlich?

Durch diese Bewertung wird die Analyse der Situation auf die emotionale Ebene ausgedehnt. Es geht darum zu verstehen, welches Spiel gespielt wurde, welche Erinnerungen in der Situation wieder hochgekommen sind und mit welchem Gefühl man aus der Situation herausgekommen ist. All dies hilft dabei, sich über die Bedeutung der Situation klar zu werden und die eigenen Gefühle besser zu verstehen. »Ich fühle mich schlecht ...« hilft einem nicht weiter, doch »Ich fühle mich schlecht, weil ...« ist der erste Schritt von der Reaktion zur Aktion. Und immer dann, wenn man wieder handlungsfähig (geworden) ist, erhöht sich die Chance auf Gelassenheit.

Zuletzt erfolgt das Umdeuten (Reframing):

- ✔ Hätte die Situation noch viel schlimmer sein können?
- ✔ Wie werde ich vermutlich in einem Jahr über diese Situation denken?
- ✔ Wenn ich die Situation von außen, also als Unbeteiligter, beobachte, wie würde ich sie beschreiben?
- ✔ Gab es Reaktionen, die ich in der Situation gar nicht wahrgenommen habe, nun aber aus der Vogelperspektive erkennen kann?
- ✔ Welche positiven Konsequenzen könnte die Situation für mich haben?

Durch diesen wichtigen Schritt gibt man der Situation einen neuen Rahmen, wechselt seine Perspektive und lässt die bisherige Bewertung los. Dadurch eröffnen sich ganz neue Sichtweisen, Erkenntnisse und Bewertungsmöglichkeiten – dies wirkt sehr entlastend und fördert damit die Gelassenheit.

Eine andere Haltung einnehmen

Es gibt Haltungen, die es sehr schwer machen, unter Druck gelassen zu bleiben. Dazu gehören:

- ✔ Die Opferhaltung: Alles hat sich gegen mich verschworen, bei mir geht immer alles schief, ich ziehe das Unglück an.
- ✔ Die Eremitenhaltung: Immer muss ich alles allein schaffen, keiner unterstützt mich.
- ✔ Die Pessimistenhaltung: Früher war alles viel besser, es wird alles nur noch viel schlimmer, was schiefgehen kann, geht schief.
- ✔ Die Paranoiahaltung: Ständig wird über mich getuschelt, jeder will mir etwas Böses, ich kann niemandem vertrauen.
- ✔ Die Chamäleonhaltung: Ich will es allen recht machen, ich schwimme mit dem Strom, ich behalte meine Meinung lieber für mich.

Diese Haltungen können dazu beitragen, sich zu isolieren oder immer nur Schlechtes zu erwarten. Und im Sinne der selbsterfüllenden Prophezeiung tritt dann oft auch das erwartete Drama ein – zumindest nimmt man durch selektive Wahrnehmung nur das Negative wahr. Und dies erhöht den Druck im eigenen Kessel immer weiter, sorgt also für Dauerstress.

Offenheit fördert die Gelassenheit: »Ich lasse erst mal alles auf mich zukommen.« In dieser Haltung kann einen nichts wirklich aus der Ruhe bringen, denn man erwartet weder Gutes noch Schlechtes, weder Anstrengendes noch Entspannendes, sondern man nimmt die Dinge so an, wie sie sind, und ordnet sie vorbehaltlos und gleichmütig für sich ein. Darüber hinaus übernimmt man Verantwortung für das eigene Handeln. Mit dem Vertrauen auf Ihre Selbstwirksamkeit können Sie sich jeder Situation gelassen stellen.

Die eigenen Antreiber betrachten und verstehen

Das menschliche Handeln wird von Motivatoren angetrieben: Wir handeln auf ein Ziel hin, das wir erreichen möchten, weil es uns die Befriedigung von Bedürfnissen verspricht. Unsere bewussten Erwartungen, Hoffnungen und Werte leiten unser Handeln – aber auch die unbewussten Verhaltensmuster, die uns seit früher Kindheit begleiten. Diese gehen auf die durch die Erziehung geprägten Antreiber zurück. Es gibt zahlreiche Theorien über solche Antreiber und ihre Wirkung. Über die Bedürfnispyramide nach Maslow finden Sie in Kapitel 1 nähere Informationen. Für das Konzept der Gelassenheit ist es hilfreich, sich mit den Antreibern, die in der Transaktionsanalyse benannt werden, zu beschäftigen.

Transaktionsanalyse

Die Transaktionsanalyse (TA) befasst sich mit der zwischenmenschlichen Kommunikation und geht auf den amerikanischen Psychiater Eric Berne (1910–1970) zurück. Berne stellte fest, dass Menschen in drei unterschiedlichen Ich-Zuständen kommunizieren können: Im Kindheits-Ich (kindliche Erlebenswelt), im Erwachsenen-Ich (Erlebenswelt im Hier und Jetzt) sowie im Eltern-Ich (übernommene Erlebenswelt von Bezugspersonen). Konflikte entstehen insbesondere dann, wenn beispielsweise ein an der Kommunikation Beteiligter auf der Ebene des Erwachsenen-Ichs kommuniziert, der andere aber auf der Ebene des Kindheits-Ichs antwortet. Die Transaktionsanalyse findet Anwendung in Psychotherapie, Beratung (Coaching), Organisationsentwicklung und Erwachsenenbildung.

4 ➤ Die Haltung ändern: Gelassenheit verinnerlichen

Typische Motivatoren sind nach Ansicht der Transaktionsanalyse:
- ✔ Sei stark!
- ✔ Sei perfekt!
- ✔ Mach es allen recht!
- ✔ Beeil dich!
- ✔ Streng dich an!

Antreiber sind keineswegs verwerflich – im Gegenteil, sie sind mit dafür verantwortlich, dass man im Leben etwas erreicht. Denn die fünf Antreiber repräsentieren fünf sehr positive Eigenschaften: Unabhängigkeit, Leistungsbereitschaft, Umgänglichkeit, Effizienz und Willenskraft.

Problematisch werden die Antreiber erst dann, wenn sich aus ihnen unreflektierte Glaubenssätze ableiten, die das Handeln bestimmen:

- ✔ Sei stark: Ich muss immer auf das Schlimmste gefasst sein, ich kann niemandem vertrauen, ich muss besser als die anderen sein, ich darf keine Gefühle zeigen.
- ✔ Sei perfekt: Nur wenn ich etwas leiste, werde ich geliebt.
- ✔ Mach es allen recht: Nur wenn ich anderen das Leben angenehm mache, werde ich geliebt.
- ✔ Beeil dich: Ich muss meine Arbeit umgehend erledigen und darf mir keine Ruhe gönnen. Zeit ist Geld!
- ✔ Streng dich an: Ich muss immer bis zum Äußersten gehen und meine ganze Kraft einsetzen, um geliebt zu werden. Ohne Fleiß kein Preis!

Insbesondere unter Druck neigt man dazu, auf die durch diese Glaubenssätze geprägten Verhaltensweisen zurückzugreifen und sich dadurch selbst stark einzuengen. Es fördert die Gelassenheit und die Handlungsfreiheit, wenn man sich seiner Antreiber bewusst wird und sie in Schach hält: Leistungsbereitschaft ist gut und wichtig – aber nicht bis zur Selbstausbeutung! Harmoniebedürfnis ist in Ordnung – aber nicht um den Preis der Selbstaufgabe!

Glaubenssätze kann man ändern

Um Gelassenheit zu trainieren, ist es wichtig, den unreflektierten Glaubenssätzen etwas Entlastendes entgegenzusetzen. Denn nur dann kann man sich von den einengenden, erdrückenden Pseudowahrheiten befreien und Neues ausprobieren. In Tabelle 4.1 finden sich entlastende Formulierungen für jeden der fünf Antreiber. Es fördert die Gelassenheit, sich in stressigen Situationen vor Augen zu führen, welchem inneren Antreiber man gerade wieder kritiklos folgt oder welcher innere Antreiber durch äußere Einflüsse in den Vordergrund gestellt wird. Sich dann ganz bewusst selbst zu entlasten, entschärft die Stresssituation erheblich.

Antreiber	Persönlichkeitsmerkmale	Negative Auswirkung	Entlastung
Sei stark!	autonom, stark	Einzelkämpfertum, Gefühlsarmut	Ich darf Hilfe annehmen und Gefühle zeigen!
Sei perfekt!	effizient, korrekt	Perfektionismus	Fehler sind erlaubt!
Mach es allen recht!	ausgleichend, mitfühlend	Selbstaufgabe	Wer Ja sagen kann, darf auch Nein sagen!
Beeil dich!	schnell, zielstrebig	Hektik	In der Ruhe liegt die Kraft!
Streng dich an!	ausdauernd, gründlich	Selbstausbeutung	Arbeit darf Spaß machen, Pausen sind wichtig!

Tabelle 4.1: Antreiber, Persönlichkeitsmerkmale und Entlastungsmöglichkeiten

Die eigene Erwartung beeinflusst die Wahrnehmung

Wenn Sie fest davon überzeugt sind, dass der Tag ganz schrecklich werden wird, geht diese Erwartung mit großer Wahrscheinlichkeit in Erfüllung. Warum? Weil Sie jede Situation, jede Begegnung durch die Brille »Alles schrecklich« sehen werden. Und dann finden Sie in jeder Situation, in jeder Begegnung auch irgendetwas Schreckliches. Es handelt sich also um eine selbsterfüllende Prophezeiung.

Umgekehrt klappt es auch – ganz ohne rosarote Brille: Gehen Sie positiv in Ihren Tag, so wird er vermutlich auch gut laufen. Und wenn Sie mit offenen Sinnen, ohne Erwartungen, an den Tag herangehen? Dann werden Sie wahrscheinlich viele überraschende Erlebnisse haben!

Selbsterfüllende Prophezeiung – die Geschichte mit dem Wagenheber

Ein Mann hat nachts in einer einsamen Gegend eine Reifenpanne und stellt fest, dass in seinem Kofferraum kein Wagenheber liegt. In der Ferne sieht er den Lichtschein eines Hauses und macht sich zu Fuß auf den Weg, um dort nach einem Wagenheber zu fragen. Unterwegs überlegt er sich, wie die Bewohner des Hauses wohl reagieren werden, wenn er sie mitten in der Nacht aus dem Bett klingelt und ihnen dadurch vielleicht einen Schrecken einjagt. Werden sie ihn beschimpfen? Ihm die Tür vor der Nase zuschlagen? Oder gar die Polizei rufen? Er klingelt an der Haustür, ein verschlafener Mann öffnet ihm und der Mann mit der Reifenpanne brüllt ihn an: »Behalten Sie doch Ihren Scheißwagenheber!«

Nicht alles auf sich beziehen

Der Mensch neigt dazu, sich für den Mittelpunkt der Welt zu halten. Alles, was um ihn herum passiert, hat etwas mit ihm zu tun. Das stimmt auch in dem Sinne, dass jeder seine Umgebung beeinflusst – durch seine Handlungen, seine Worte und das, was er bei anderen Menschen auslöst. Dennoch hat die Sache einen Haken: Denn jeder an einer Situation Beteiligte bringt seine eigene Welt mit, in der er der Mittelpunkt ist, und dann treffen in der Situation lauter unterschiedliche Welten aufeinander. So lässt sich leicht erklären, warum drei Menschen, die gemeinsam etwas erlebt haben, dieses Erlebnis in drei verschiedenen Versionen nacherzählen werden – sodass der Zuhörer das Gefühl hat, ihm würden drei völlig unterschiedliche Begebenheiten erzählt.

 Subjektive Wahrnehmung ist nie ein exaktes Abbild der Realität: Menschen nehmen die Wirklichkeit selektiv wahr – sie sehen und erleben das, was in ihr Weltbild passt. Dies nennt man Rashomon-Effekt nach dem japanischen Spielfilm »Rashomon – Das Lustwäldchen« aus dem Jahr 1950 von Akira Kurosawa. In diesem Film stellen die vier Hauptdarsteller, ein Samurai, eine Frau, ein Holzfäller und ein Bandit, ihre Version eines Verbrechens dar.

Was bedeutet dies für das Konzept der Gelassenheit? Wer gelassen ist, kann seine eigene Sichtweise loslassen, kann offen auf andere Menschen zugehen und den unterschiedlichen Welten Raum geben. Dadurch macht er ungeahnte neue Erfahrungen.

Wenn man sein Bewusstsein öffnet dafür, dass zu jedem Zeitpunkt Dinge geschehen, mit denen man nicht gerechnet, die man nicht erwartet oder nicht einmal für möglich gehalten hätte, kann man sehr viel gelassener durchs Leben gehen. Denn nicht alles hat mit einem selbst zu tun – im Gegenteil, das allermeiste hat nichts mit einem selbst zu tun! Dieses Wissen kann sehr entlastend wirken: Wenn die Bäckerin am Morgen unfreundlich zu mir ist, liegt das nicht daran, dass ich irgendwie komisch geschaut habe, sondern vielleicht daran, dass ihre Mutter krank ist. Wenn mein Chef mich im Meeting zur Schnecke macht, liegt das nicht daran, dass ich schlechte Leistung gebracht habe, sondern vielleicht daran, dass sein Sohn in der Schule sitzen bleiben wird. Wenn meine Frau abends patzig ist, liegt das nicht daran, dass ich unseren Jahrestag vergessen habe, sondern vielleicht daran, dass sie ... oder liegt es doch an dem vergessenen Jahrestag?

Situationen vermitteln Botschaften

Die individuelle, selektive Wahrnehmung einer Situation kann wichtige Botschaften über den eigenen Gemütszustand vermitteln: Warum nehme ich eine Situation als bedrohlich, kränkend oder verwirrend wahr? Was genau bedroht, kränkt oder verwirrt mich? Was sagt mir meine Wahrnehmung der Situation über mich selbst? Den Fokus der Aufmerksamkeit auf sich selbst zu richten hilft dabei, von der Reaktion zur Aktion überzugehen: Wenn mir klar wird, dass ich die schlechte Laune meines Kollegen nur deshalb auf mich beziehe, weil mir das Projekt, an dem wir beide arbeiten, im Moment über den Kopf wächst und ich Versagensängste habe, kann ich agieren. Ich brauche mich nicht mehr schmollend zurückzuziehen und den Kollegen für unfair zu halten. Sondern ich kann mich kritisch mit der Arbeitsverteilung im Projekt befassen, kann Vorschläge erarbeiten, wie der Zeitplan des Projekts realistischer gestaltet werden könnte oder ich kann ganz gelassen auf meinen schlecht gelaunten Kollegen zugehen und mit ihm gemeinsam nach Lösungen suchen.

Selbsterkenntnis – der erste Schritt

In diesem Kapitel

▶ Wunschbilder mit der Realität abgleichen

▶ Ballast abwerfen und Unvollkommenheit akzeptieren

▶ Im Hier und Jetzt leben fördert die Gelassenheit

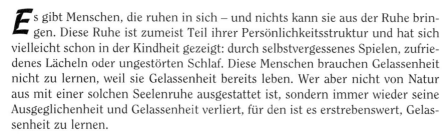

*E*s gibt Menschen, die ruhen in sich – und nichts kann sie aus der Ruhe bringen. Diese Ruhe ist zumeist Teil ihrer Persönlichkeitsstruktur und hat sich vielleicht schon in der Kindheit gezeigt: durch selbstvergessenes Spielen, zufriedenes Lächeln oder ungestörten Schlaf. Diese Menschen brauchen Gelassenheit nicht zu lernen, weil sie Gelassenheit bereits leben. Wer aber nicht von Natur aus mit einer solchen Seelenruhe ausgestattet ist, sondern immer wieder seine Ausgeglichenheit und Gelassenheit verliert, für den ist es erstrebenswert, Gelassenheit zu lernen.

Der erste Schritt im Lernprozess für mehr Gelassenheit ist die Selbsterkenntnis: Ja, ich verliere meine Gelassenheit (zu) oft! Ja, ich ärgere mich immer wieder über dieselben Dinge oder Menschen oder über mich selbst und verliere dabei meine Gelassenheit! Ja, ich bin in bestimmten Situationen total angespannt und reagiere unausgeglichen! Die gute Nachricht ist: Man kann Gelassenheit tatsächlich erlernen. Es ist gar nicht so schwer, wie man vielleicht denkt. Zu diesem Lernprozess gehören Selbsterkenntnis, Geduld, Reflexion, Aufrichtigkeit mit sich selbst – und einige Impulse von außen. In diesem Kapitel erfahren Sie mehr darüber, wie Sie Ihre Selbsterkenntnis fördern können.

Erwartungsdruck verringern und Ballast abwerfen

Gelassenheit kann immer dann entstehen, wenn man in der Lage ist, Menschen und Dinge so zu nehmen, wie sie sind. Es fängt damit an, sich selbst so zu akzeptieren, wie man ist. Viele Menschen haben hohe Ansprüche an sich selbst. Wenn sie diese Erwartungen nicht erfüllen, kritisieren sie sich, sind unzufrieden mit sich oder machen sich selbst Vorwürfe. Manche werten sich selbst ab oder empfinden sogar Selbsthass. Aus einer solchen Haltung heraus ist es quasi unmöglich, gelassen zu sein, denn immer wieder fällt einem ein, was noch fehlt, was nicht gut läuft, was noch zu tun ist oder was ein anderer besser macht. Man steht unter Dauerspannung, kann nicht loslassen und setzt sich selbst immer weiter unter Druck. Dieser selbst gemachte Stress hält im Körper eine Stresshormonspirale in Gang, die auf Dauer krank macht.

Ansprüche an sich und andere sind gut und wichtig. Sie ermöglichen, dass man sich stetig weiterentwickelt und Ziele erreicht. Es geht beim Gelassenheitstraining keinesfalls darum, eine »Alles-egal-Haltung« einzunehmen und auf Ansprüche zu verzichten. Sondern es geht darum, eine respektvolle Haltung gegenüber Fehlern und Versagen einzuüben, um sich selbst und andere nicht abzuwerten oder unter Leistungsdruck zu stellen.

Soll-Ist-Analyse: Das eigene Wunschbild hinterfragen

Der erste Schritt, um den Druck auf sich selbst zu senken, ist die Erkenntnis, dass man sich unter Druck setzt. Die Erkenntnis also, dass man es sich selbst gegenüber an Gelassenheit fehlen lässt, zu hohe Ansprüche hat oder unzufrieden mit sich ist. Wie geht das? Eine Möglichkeit, die Selbsterkenntnis zu fördern, ist es, die Erwartungen an sich selbst zu überprüfen – und zwar mit einer Soll-Ist-Analyse (siehe Tabelle 5.1). Zunächst suchen Sie sich zwei oder drei Lebensbereiche aus, in denen Sie am häufigsten erleben, dass Sie Ihre Gelassenheit verlieren: Alltag, Beruf, Partnerschaft, Kindererziehung, Umgang mit Verwandten, Haushalt, Freundeskreis, Finanzen, Urlaub, Autofahren, Umgang mit Nachbarn und so weiter. Dann stellen Sie sich zu diesen Bereichen konkrete Fragen, die Ihnen helfen, Ihr Wunschbild von sich selbst zu erkennen (Soll-Analyse), zum Beispiel:

✔ Wie möchte ich gerne sein?

✔ Wie möchte ich gerne auf andere wirken?

✔ Wie möchte ich mich in dieser Situation fühlen?

✔ Welche konkreten Vorbilder habe ich?

✔ Was möchte ich gerne erreichen?

Anschließend folgt die Ist-Analyse:

✔ Wie benehme ich mich tatsächlich?

✔ Welches Feedback bekomme ich von anderen?

✔ Welche Gefühle empfinde ich in dieser Situation?

✔ Was erreiche ich tatsächlich?

✔ Wer oder was bringt mich aus der Ruhe und warum?

✔ Wie gehe ich im Anschluss an die Situation mit mir selbst um, was denke ich über mich, mache ich mir Vorwürfe?

Vergleichen Sie nun Ihr Wunschbild (»Soll«) und Ihr tatsächliches Verhalten (»Ist«) – liegen Soll und Ist sehr weit auseinander? Erscheint Ihr Wunschbild Ihnen selbst, nüchtern betrachtet, überhaupt realistisch? Wie wichtig ist es Ihnen, bestimmte Anteile Ihres Wunschbildes zu realisieren? Welche Anteile sind Ihnen besonders wichtig? Wie steht es mit Ihrem tatsächlichen Verhalten – sind Sie sehr unzufrieden mit sich selbst und wenn ja, warum eigentlich? Welchen Vorbildern eifern Sie nach und warum? Haben Sie übertrieben große Ängste? Hat Ihr Verhalten, nüchtern betrachtet, nicht auch viele gute Seiten?

Sie werden vielleicht feststellen, dass Sie zwar eine sehr hohe Erwartung an sich selbst haben, dass Ihr tatsächliches Verhalten aber auch gar nicht so schlecht ist. Vielleicht erkennen Sie, dass Sie in vielen Bereichen schon sehr nah an Ihr Wunschbild herankommen. Oder Sie merken, dass sich manche Ihrer Wunschvorstellungen überlebt haben und Sie längst mit Ihrem Verhalten auf einem ganz anderen guten Weg sind.

Frieden mit sich selbst schließen

Versuchen Sie nun, Ballast abzuwerfen, den Sie vielleicht schon seit Jahren mit sich herumtragen und der Sie beschwert oder belastet:

✔ Eifere ich einem Vorbild nach, das ich gar nicht erreichen kann, weil ich mittlerweile ganz anders (geworden) bin?

✔ Ist mein Wunschbild geprägt durch unreflektierte Glaubenssätze, die meine freie Entfaltung einschränken?

✔ Sind meine Erwartungen an mich selbst überhaupt wesentlich, das heißt entsprechen sie meinem Wesen und meinen Werten?

✔ Wenn ein Mensch, den ich mag, so reagiert, wie ich selbst in einer bestimmten Situation reagiere, habe ich dann mehr Verständnis für diesen anderen Menschen als für mich selbst? Und finde ich das Verhalten des anderen vielleicht gar nicht so schlimm, verwerflich, peinlich oder unprofessionell, wie ich mein eigenes Verhalten in dieser Situation finden würde?

Lebensbereich	Soll (Wunschbild)	Ist (tatsächliches Verhalten)	Vergleich Soll-Ist	Ballast abwerfen
Partnerschaft	großzügig, liebevoll, verlässlich, Vorbild: Onkel Peter, meine Ehe soll ein Leben lang halten	bei Konflikten bin ich kleinlich oder jähzornig, ich vergesse viele Dinge im Alltag und ärgere mich dann über meine Vergesslichkeit, Feedback meiner Frau: »du interessierst dich nicht für mich«, ich fühle mich überfordert von ihren Ansprüchen, wir können gar nicht richtig miteinander sprechen, ich halte mich für einen schlechten Ehemann und habe Angst, dass meine Frau sich einen neuen Partner sucht	ich sorge für das materielle Wohlergehen meiner Frau, wir machen viele Dinge gemeinsam, im Bett läuft es sehr gut, wir können zusammen lachen, wir haben schon einige Krisen in den letzten Jahren überstanden	Überholtes Vorbild: Ich bin eben nicht so ruhig und aufmerksam wie Onkel Peter, dafür kann ich besser handwerken und unternehme mehr mit meinen Kindern als er. Übertriebene Ängste: Wenn es Probleme in unserer Ehe gibt, können meine Frau und ich uns Hilfe holen. Unsere langjährige Beziehung ist nicht durch Kleinigkeiten in Gefahr.
Beruf				
Kindererziehung				

Tabelle 5.1: Das Wunschbild von sich selbst – eine Soll-Ist-Analyse

Wenn Sie feststellen, dass Sie für andere Menschen und deren Unzulänglichkeiten viel mehr Verständnis haben als für sich selbst, könnte es an der Zeit sein, dass Sie sich von manchen Teilen Ihres Wunschbildes verabschieden. Denn offensichtlich sind Ihre Ansprüche an sich selbst sehr hoch, aber wenn ein anderer Mensch diesen Ansprüchen nicht genügt (oder gar nicht genügen kann), finden Sie das auch in Ordnung und werten diesen Menschen nicht ab. Vielleicht ist sogar das Gegenteil der Fall: Sie finden das Verhalten dieses Menschen liebenswert und einzigartig. Diese Erkenntnis kann Ihnen dabei helfen, sich selbst anzunehmen und künftig gelassener mit Ihren eigenen vermeintlichen Unzulänglichkeiten umzugehen. Wenn Sie Ihr Wunschbild realistischer gestalten, sich erreichbare Ziele setzen und sich selbst in Ihrer Einzigartigkeit akzeptieren, senken Sie den selbst gemachten Druck und können entspannter mit sich umgehen.

Abschied vom Perfektionismus

Perfektionismus wird angetrieben durch den Wunsch nach Vollkommenheit: Ein Perfektionist möchte alles vollkommen richtig machen, in vollendeter Qualität. Doch die Welt ist nicht perfekt, das Leben ist unvollkommen. Daher führt das Streben nach Perfektion zu ständiger Frustration und damit zu Stress. Um sich vom Perfektionismus zu verabschieden und dadurch gelassener mit Fehlern umgehen zu können, ist es hilfreich, sich vor Augen zu führen, dass gerade in der Unvollkommenheit der Reiz des Lebens liegen kann.

Menschen sind unvollkommen – und trotzdem wertvoll

Viele Perfektionisten haben eine genaue Vorstellung davon, wie Dinge getan werden müssen, wie Menschen sich zu benehmen haben und wie Situationen ablaufen sollen. Wenn es dann anders läuft, als sie es sich vorgestellt haben, sind sie tief enttäuscht. Dabei ist das reale Leben oft viel bunter und interessanter als die Vorstellung, die man sich im Voraus macht!

Rita Mell hat einen Mann kennengelernt, der ihr gut gefällt. In Gedanken malt sie sich detailliert aus, wie er um sie wirbt, sie mit Blumen überschüttet, ihr jeden Wunsch von den Augen abliest und sie schon nach kurzer Zeit heiraten möchte. Kurz, in ihrer Vorstellung ist Paul Falter ein Märchenprinz auf weißem Ross, der sie aus dem Alltag in eine Zauberwelt entführt. Paul ist jedoch alles andere als ein Märchenprinz: Er ist ein ganz normaler Mann mit Stärken und Schwächen, Ecken und Kanten. Er kann tun und lassen, was er will – an die perfekte Vorstellung, die Rita sich von ihm macht, kommt er einfach nicht heran. Lädt er sie zum Essen ein, ist das Restaurant in Ritas Augen zu schäbig. Bringt er ihr einen Strauß Tulpen mit, hätte Rita sich rote Rosen von ihrem Märchenprinzen gewünscht. Und als Paul schließlich einen Fahrradurlaub mit Übernachtung in Landgasthöfen vorschlägt, anstatt eine Traumreise zu buchen, da zerplatzt Ritas Wunschvorstellung wie eine Seifenblase und sie beendet frustriert die Beziehung zu Paul. Mit etwas mehr Gelassenheit hätte Rita ihrem Paul jedoch die Chance geben können, ihr persönlicher Prinz zu werden – auf seine eigene Art. Der Fahrradurlaub hätte ein herrliches Abenteuer werden können, bei dem die beiden viele gemeinsame Erinnerungen hätten sammeln und sich intensiv hätten kennenlernen können. Der einzige Schritt, den Rita hätte gehen müssen, wäre ihr Abschied vom »perfekten Mann« gewesen. Und mal ganz ehrlich – welche Rita ist schon die »perfekte Frau«?

Auch das Streben nach Perfektion bei sich selbst ist Quelle stetiger Frustration. Viel nützlicher ist es, die eigenen Fehler selbstkritisch zu betrachten, ohne sich selbst abzuwerten, und daraus zu lernen. Wenn man dadurch beispielsweise erreicht, dass man jeden Fehler nur noch einmal macht, ist schon viel gewonnen! Sich um Bestleistungen zu bemühen ist lobenswert – doch sich mit dem Anspruch an dauerhafte Höchstform selbst zu überfordern, ist keine gute Idee.

Wer bestrebt ist, immer und überall 150 Prozent Leistung zu bringen, macht sich körperlich und seelisch kaputt. Es ist schon rein physiologisch gesehen unmöglich, stets in Topform zu sein. Denn Körper und Geist funktionieren abhängig von der Tagesform sehr unterschiedlich. Wer nachts beispielsweise schlecht geschlafen hat, eine beginnende Erkältung in sich trägt oder aufgrund einer schwierigen häuslichen Situation mit den Gedanken woanders ist, der macht unausweichlich mehr Fehler als jemand, der ausgeschlafen, gesund und gut gelaunt an die gleiche Aufgabe herangeht. Nachsicht mit sich selbst, eine realistische Einschätzung der aktuellen Leistungsfähigkeit sowie Fehlertoleranz tragen dazu bei, gelassen mit den Anforderungen des Alltags umzugehen und diese Gelassenheit auch auf andere zu übertragen.

Menschen neigen dazu, immer die gleichen Fehler zu machen: »Man lernt aus seinen Fehlern, dass man aus seinen Fehlern nichts lernt«, lautet ein Sprichwort. Die Fehlerspirale zu durchbrechen kann die Gelassenheit fördern: Anstatt sich über einen Fehler zu ärgern, sollte man ihn sachlich analysieren und herausfinden, warum dieser Fehler passiert ist und was man tun kann, um ihn in Zukunft zu vermeiden. Wer jeden Fehler nur einmal macht, ist zwar nicht fehlerlos, aber lernfähig!

Auf das Hier und Jetzt konzentrieren

Wer in Gedanken ständig voraus eilt, wer beim Gehen des ersten Schrittes bereits an den fünften, sechsten und siebten Schritt denkt (und daran, was dabei alles schiefgehen könnte), der lebt in ständiger Anspannung. Auch derjenige, der über alles Vergangene nachgrübelt oder die Vergangenheit glorifiziert, setzt sich selbst unter Druck, denn er kann das Vergangene weder ändern noch dauerhaft erhalten. Unser Sein und Tun findet im Hier und Jetzt statt. Es fördert die Gelassenheit daher erheblich, wenn man sich auf das Hier und Jetzt konzentriert.

Eines nach dem anderen tun

Multitasking ist sehr in Mode gekommen: Man versucht, möglichst viel gleichzeitig zu erledigen. Bügeln beim Fernsehen, Telefonieren beim Kochen oder Mails checken in einer Besprechung sind dabei noch die leichteren Übungen. Wer gleichzeitig isst, liest, telefoniert, Radio hört und schreibt, der sieht sich selbst vielleicht als Meister des Multitaskings und glaubt, er würde Zeit sparen und Effizienz erhöhen. Aber weit gefehlt: Das menschliche Gehirn ist gar nicht in der Lage, viele Dinge gleichzeitig gleich gut zu tun! Wer eine Aufgabe konzentriert nach der anderen erledigt, macht weniger Fehler und ist schneller fertig.

 Das menschliche Gehirn muss heutzutage 10 Gigabyte Informationen in der Sekunde verarbeiten. Diese Übertragungsgeschwindigkeit wurde erst 2011 mit tragbaren Computern erreicht (»Thunderbolt-Schnittstelle«). Genau wie das menschliche Gehirn arbeiten auch Computer seriell – sie erledigen also eine Rechenoperation nach der anderen.

Dies liegt an der Reizverarbeitung des menschlichen Gehirns: Reize, die nicht intuitiv, also quasi automatisch, verarbeitet werden, sondern kognitiv, also mit dem Verstand, führen zu einer Erregung des Frontalhirns (vordere Großhirnrinde). Die Hirnforschung hat nachgewiesen, dass das menschliche Großhirn jeweils zwei Reize gleichzeitig verarbeiten kann: einen Reiz mit der rechten, einen mit der linken Hirnhälfte. Die Reizverarbeitung findet dabei in jeder Hirnhälfte seriell, also nacheinander, statt.

Wer nun mehr als zwei Dinge gleichzeitig tun will, überlastet seine Hirnrinde, denn die Verarbeitung wird ständig zwischen den Hirnhälften hin- und hergeschaltet. Dadurch sinken sowohl die Aufmerksamkeit und Effizienz als auch die Fähigkeit des Gehirns, Wichtiges von Unwichtigem zu unterscheiden. Eine zu hohe Reizmenge verhindert schlussfolgernde Denkprozesse und somit die sinnvolle Entscheidungsfindung.

Um die eigene Gelassenheit zu erhöhen, ist es also hilfreich, sich nicht zu überfordern, sondern seine Arbeit gut einzuteilen. Zeit- und Selbstmanagement sind dabei genauso wichtig wie Fehlertoleranz und realistische Ansprüche an sich selbst.

Eine respektvolle Haltung einnehmen

»Ich mache alles gleichzeitig« ist letztlich gleichbedeutend mit der Haltung »Alles ist gleich wichtig (oder unwichtig)«. Wer hingegen bereit ist, statt Multitasking »Monotasking« zu praktizieren, also eine Sache nach der anderen zu tun, sich auf eine Aufgabe nach der anderen zu konzentrieren und seine Aufmerksamkeit ganz einer Sache oder einem Menschen zu widmen, der dokumentiert damit Respekt gegenüber jeder einzelnen Herausforderung.

Dieser Respekt spiegelt sich wider in der Art und Weise, wie man mit einem Menschen oder mit einer Aufgabe umgeht: Man schenkt ihm oder ihr seine ganze Zeit und Kraft. Dies gilt auch für den Respekt vor sich selbst. Beim Essen nichts anderes zu tun als zu essen heißt, seinem Körper mit voller Aufmerksamkeit die lebensnotwendige Nahrung zuzuführen. Hierbei dann auch noch genau wahrzunehmen, was man gerade isst, wie das Essen schmeckt und riecht, wie der Körper auf die Nahrung reagiert – das ist bereits eine erste Achtsamkeitsübung, die ohne Weiteres als Gelassenheitstraining in den Tagesablauf eingebaut werden kann. Dazu erfahren Sie in Kapitel 6 mehr.

Angenehmes genießen, Unangenehmes akzeptieren

Im Hier und Jetzt gibt es viele Dinge, die einem guttun, und viele Dinge, die einem nicht gefallen. Halten Sie einfach mal einen Moment inne und werden Sie sich bewusst über das, was gerade in Ihnen und um Sie herum abläuft – ohne zu bewerten. Nehmen Sie also eine Haltung der Achtsamkeit an:

✔ Sitzen Sie bequem?

✔ Ist die Umgebungstemperatur angenehm?

✔ Welche Geräusche hören Sie und was lösen diese Geräusche bei Ihnen aus?

✔ Wie riecht Ihre Umgebung und was bewirkt dieser Geruch bei Ihnen?

✔ Haben Sie Hunger oder Durst?

✔ Welche Gedanken gehen Ihnen durch den Kopf?

Sie werden vermutlich feststellen, dass sowohl Angenehmes wie auch Unangenehmes Ihr Befinden in diesem Moment beeinflussen. Überlegen Sie sich nun, ob und wie Sie etwas ändern könnten. Spielen Sie in Gedanken all Ihre Handlungsmöglichkeiten durch: Wenn es zu kalt ist, könnten Sie die Heizung hochdrehen oder sich etwas Warmes anziehen. Wenn Sie Durst haben, könnten Sie sich etwas zu trinken holen. Wenn Ihre Kinder sich im Nebenzimmer streiten, könnten Sie dazwischengehen. Sie könnten aber auch alles so lassen wie es gerade ist und sich weiter auf die Lektüre dieses Buches konzentrieren. Sie könnten das Unangenehme also einfach akzeptieren und das Angenehme weiter genießen.

 Achtsamkeit ist äußerst hilfreich im Umgang mit Stress. Wissenschaftliche Untersuchungen haben gezeigt, dass Achtsamkeitstraining den Blutdruck senkt, die Infektabwehr erhöht und die Stimmung dauerhaft verbessert. Viele Volkshochschulen bieten Achtsamkeitskurse an – diese können sogar als Bildungsurlaub anerkannt werden.

Was bewirkt eine achtsamkeitsbasierte Reflexion? Sie hilft dabei, sich mit gebührendem Abstand über die Situation im Hier und Jetzt bewusst zu werden und zu hinterfragen, ob etwas Unangenehmes jetzt im Moment so unangenehm ist, dass man es ändern muss – oder ob man das Unangenehme nicht auch einfach akzeptieren kann, weil man gerade etwas Angenehmes genießt oder seine ungeteilte Aufmerksamkeit auf eine Sache gerichtet hat. Diese reflektierende Haltung kann im Alltag sehr hilfreich sein, wenn der Druck steigt, weil die inneren oder äußeren Anforderungen höher werden. Sich immer wieder auf das Hier und Jetzt zu konzentrieren und abzuwägen, wie man seine Energie sinnvoll einsetzen möchte und was man ändern kann, genießen will oder akzeptieren sollte, trägt zur Gelassenheit bei. Denn jede bewusste Entscheidung für oder gegen etwas, die man nach dem bewussten Innehalten und Reflektieren trifft, unterbricht den Fluss der Gewohnheiten und der unbewussten Reaktionen. So bekommt man die Chance zu mehr Gelassenheit.

Umgang mit Zeit- und Energiefressern

Zur Selbsterkenntnis in Bezug auf eine gelassene Lebenseinstellung gehört auch die Reflexion darüber, wie man mit äußeren Einflüssen umgeht, die der eigenen Gelassenheit entgegenstehen. Dazu gehören die sogenannten Zeit- und Energiefresser, also Menschen oder Dinge, die uns mehr Zeit oder Energie rauben, als ihnen von ihrer Bedeutung für unser Leben her eigentlich zusteht.

Hier einige Beispiele für Zeitfresser – sicher fallen Ihnen auch Ihre ganz persönlichen Zeitdiebe ein:

- ✔ Mails lesen und nach Wichtigkeit/Dringlichkeit sortieren
- ✔ die Fehler oder Versäumnisse anderer Menschen in Ordnung bringen
- ✔ liegen gebliebene Aufgaben erledigen, weil die Zeit plötzlich drängt
- ✔ Probleme lösen, obwohl man nicht genügend Informationen über Problem und gewünschte Lösung hat
- ✔ Gespräche führen, für die man weder Zeit noch Lust hat
- ✔ Telefon und Internet

Beispiele für Energiefresser können sein:

- ✔ Der Anspruchsvolle: Seine Anliegen sind die wichtigsten und dringlichsten. Alles, was er haben oder erreichen will, hat höchste Priorität. Er erwartet von seiner Umgebung Höchstleistung und formuliert keine Bitten, sondern Befehle.

- ✔ Der Jammerer: Er leidet und lässt seine Umgebung gerne an seinem Leiden teilhaben. Immer geht alles schief, immer sind alle gegen ihn. Wenn die Sonne scheint, ist es ihm zu warm, und wenn es regnet, wird er depressiv. Er fordert ständig Mitgefühl, Mitleid und Anteilnahme. Alle anderen sollen möglichst alles stehen und liegen lassen, um sein Elend zu lindern.

- ✔ Der Hektiker: Wohin er auch kommt, er verbreitet Anspannung und Chaos. Er versucht, fünf Sachen gleichzeitig zu machen, und steht sich dabei ständig selbst im Weg. In seiner Hektik vergisst er viel und ist oft abgelenkt. Alle anderen müssen seine Fehler ausbaden. Seine Hektik ist ansteckend.

- ✔ Die Quasselstrippe: Sie redet pausenlos ohne Punkt und Komma und lässt sonst niemanden zu Wort kommen. Zu jeder Bemerkung eines anderen fällt ihr gleich eine eigene Geschichte ein. Sie springt von Thema zu Thema und verlangt Aufmerksamkeit und Applaus.

- ✔ Die Ungerechte: Sie hat an allem etwas auszusetzen, sie kritisiert und verurteilt. In jeder Suppe findet sie ein Haar. Sie legt ihre eigenen Maßstäbe an und misst gerne auch mit zweierlei Maß: Was für die anderen gilt, gilt noch lange nicht für sie. Ihr gegenüber findet man sich oft in der Verteidigungshaltung wieder.

Sicherlich haben Sie bereits einige Menschen aus Ihrer Umgebung vor Augen, die Ihnen immer wieder Kraft rauben – und denen Sie es erlauben, dass sie Ihre Energie fressen. Doch je weniger Zeit und Energie man hat, desto schwieriger ist es, gelassen zu bleiben. Denn jede neue Herausforderung, vor die man im Zustand eines niedrigen Zeit- und Energiebudgets gestellt wird, erhöht den Druck, die Versagensangst und somit die Anspannung. Um Zeit- und Energiefressern gelassen entgegenzutreten und sie in ihre Schranken weisen zu können, ist es wichtig, seine eigenen Bedürfnisse zu kennen und für sie einzustehen. Dabei helfen klare Ansagen und konstruktive Vorschläge.

Für die eigenen Bedürfnisse einstehen

Wenn Sie im Hier und Jetzt reflektieren, was Ihnen gerade guttut und was Sie im Moment tun (oder lassen) wollen, werden Sie sich über Ihre eigenen aktuellen Bedürfnisse bewusst. Dieses Bewusstsein hilft Ihnen dabei, eine Bedürfnishierarchie zu erstellen: Was ist gerade am wichtigsten? Was ist am zweitwichtigsten? Und was ist völlig unwichtig? Wenn Sie auf diese Art Ihre Prioritäten sortiert, geklärt und klar benannt haben, können Sie Zeit- und Energiefressern gelassener begegnen.

Für die eigenen Bedürfnisse einzustehen heißt nicht, die Bedürfnisse anderer Menschen zu negieren. Es heißt vielmehr, sich klar darüber zu werden, in welcher Beziehung die eigenen Bedürfnisse zu den Bedürfnissen der anderen stehen: Wenn Sie gerade nichts Dringendes zu erledigen haben, können Sie der Quasselstrippe gerne etwas Zeit widmen und deren Bedürfnis nach Aufmerksamkeit Raum geben! Das wird Sie nicht aus der Ruhe bringen. Wenn Sie sich aber eine wichtige Aufgabe vorgenommen haben und sich darüber bewusst sind, dass diese Aufgabe im Moment bei Ihnen höchste Priorität hat, wird es ihnen leichter fallen, die Quasselstrippe abzuwimmeln.

Im Umgang mit anderen Menschen ist es hilfreich, offen und ehrlich zu formulieren, wie Ihre eigene Bedürfnislage gerade ist. Bleiben Sie dabei ganz bei sich, äußern Sie Ihre Bedürfnisse positiv und machen Sie konkrete Alternativvorschläge, beispielsweise so:

- ✔ »Ich konzentriere mich gerade auf diesen wichtigen Text. Bitte lassen Sie mir noch etwas Zeit, ich komme dann bei Ihnen vorbei.«
- ✔ »Mir ist es gerade wichtig, diese Aufgabe fertig zu machen. Ich kann mich zu einem späteren Zeitpunkt dann gerne Ihrem Anliegen widmen.«
- ✔ »Ich brauche noch eine halbe Stunde, um meine Recherche zu beenden. Bitte kommen Sie dann noch mal zu mir.«
- ✔ »Ich habe großen Hunger und möchte mein Mittagessen gerne in Ruhe beenden. Wenn ich fertig bin, können wir uns sofort über Ihr Problem unterhalten.«

Mit solch klaren Ansagen gewinnen Sie Raum und Zeit. Sie geben sich selbst die Chance, das Anliegen eines anderen Menschen zugunsten Ihrer eigenen Bedürfnisse zurückzustellen und dabei trotzdem die Bedürfnislage des anderen zu würdigen. Ohne schlechtes Gewissen zu haben, können Sie Energiefresser bändigen. Wenn Sie dies dann auch noch auf die Zeitfresser erweitern, denen Sie keine unmittelbare Rechenschaft schuldig sind, ist viel gewonnen: Lesen Sie E-Mails nicht, während Sie sich mit einem wichtigen Thema befassen. Lösen Sie Probleme erst dann, wenn Sie ausreichend Informationen gesammelt haben. Lassen Sie wichtige Dinge nicht so lange liegen, bis sie ganz eilig geworden sind. Fordern Sie andere auf, ihre Aufgaben zeitgerecht zu erledigen. Delegieren Sie! Dazu finden Sie in den Kapiteln 12 und 13 mehr.

Die Konsequenzen des eigenen Handelns bedenken

Das Handeln jedes Menschen hat Auswirkungen auf seine Umgebung und auf ihn selbst. Diese Auswirkungen können unmittelbar eintreten oder mit einiger Verzögerung. Es fördert die eigene Gelassenheit, wenn man sich die möglichen Konsequenzen seines Handelns vor Augen führt und darüber nachdenkt, ob man bereit und in der Lage ist, diese Konsequenzen zu tragen. Wenn man feststellt, dass man die möglichen Auswirkungen des eigenen Handelns lieber nicht (er)tragen möchte, ist es ratsam, das Handeln zu ändern. Das klingt einfach und überzeugend – in der Umsetzung ist es aber immer wieder eine Herausforderung für die eigene Willenskraft:

✔ Wenn ich betrunken Auto fahre, könnte ich meinen Führerschein verlieren oder andere Menschen gefährden. Will ich das? Wenn nicht: Entweder aufs Trinken verzichten oder ein Taxi nehmen/jemand anderen fahren lassen.

✔ Wenn ich ungeschützten Geschlechtsverkehr habe, könnte ich schwanger werden oder mir eine Geschlechtskrankheit zuziehen. Will ich das? Wenn nicht: Entweder Kondome benutzen oder auf wechselnde Geschlechtspartner verzichten.

✔ Wenn ich meinem Chef wütend die Meinung sage, könnte er mich kaltstellen oder auf die Abschussliste setzen. Will ich das? Wenn nicht: Entweder die Meinung gut verpacken oder meine Meinung für mich behalten.

Es ist ganz normal, dass man nicht immer überlegt oder vernünftig handelt. Im Hinblick auf größere Gelassenheit im Leben ist es aber sehr hilfreich, sich über die Tragweite der Konsequenzen unvernünftigen Handelns bewusst zu sein. Kleinigkeiten kann man sicher oft gelassen ausbügeln – doch lebensverändernde Auswirkungen des eigenen Handelns sind es wert, genau bedacht zu werden.

5 ▶ Selbsterkenntnis – der erste Schritt

»No risk, no fun« ist eine Lebenseinstellung, die ihren Reiz, aber auch ihre Gefahren hat. Es liegt an Ihnen herauszufinden, welches Maß an Risiko oder Sicherheit für Sie richtig ist und wie viel Spaß oder Vernunft Sie haben möchten!

Vorschläge statt Vorwürfe

Sowohl sich selbst als auch anderen gegenüber kann man gut auf destruktive Vorwürfe verzichten und diese durch konstruktive Vorschläge ersetzen. »Du bist ein Versager« hört niemand gerne – einer solchen Abwertung gelassen zu begegnen ist fast unmöglich. »Wir könnten dies und das künftig anders machen, um Probleme besser zu lösen« ist hingegen eine freundliche Einladung, das Handeln zu hinterfragen und gegebenenfalls zu ändern. Wer einen Vorschlag äußert, bleibt mit dem Gegenüber (oder sich selbst) auf Augenhöhe und stellt die eigene Meinung zur Diskussion. Wer hingegen einen Vorwurf macht, erhebt sich über den anderen (oder über sich selbst). Aus einer solchen asymmetrischen Beziehung heraus kann nur noch schlecht konstruktiv gemeinsam gehandelt oder entschieden werden.

Wenn Sie zu der Erkenntnis und zu dem Entschluss gekommen sind, dass Sie künftig gelassener sein möchten, können Sie sofort mit der Umsetzung anfangen. In den folgenden Kapiteln finden Sie Gelassenheitsübungen für den Alltag sowie für die unterschiedlichsten Lebenssituationen. Denken Sie daran, dass Gelassenheit gut für Ihre Gesundheit und Ihr Wohlbefinden ist! Seien Sie respektvoll und nachsichtig mit sich selbst.

Teil II
Gelassenheit im Alltag einüben

In diesem Teil ...

In diesem Teil lernen Sie zahlreiche Grundübungen für Ihr persönliches Gelassenheitstraining kennen: körperliche und geistige Übungen, Übungen für zu Hause und für unterwegs. Sie erfahren etwas über die Möglichkeit, Routinetätigkeiten oder Hobbys für Gelassenheitsübungen zu nutzen. Sie können sich einen Trainingsplan für mehr Gelassenheit anlegen und ein Gelassenheitstagebuch führen. Wichtig ist ein wenig Geduld: Wenn Sie nicht sofort gelassen und ausgeglichen sind, lassen Sie sich Zeit und fangen mit den Übungen wieder von vorn an. Analysieren Sie Rückfälle, um daraus zu lernen und sich zukünftig für ähnliche Situationen zu wappnen.

Mit Ihrem Gelassenheitstrainingsprogramm tun Sie viel für Ihre Gesundheit: Sie reduzieren Druck und Anspannung, unterbrechen die Stresshormonspirale und beugen stressbedingten Krankheiten vor. Langfristig nehmen Sie eine gelassene Grundhaltung ein und begegnen auch den schwierigsten Situationen in Ihrem Leben mit einer Haltung der inneren Stärke. Ihre Gelassenheit wird sich auch auf die Menschen in Ihrer Umgebung auswirken – Ihr Partner, Ihre Familie, Ihre Freunde, Nachbarn und Kollegen werden in Ihrer Gegenwart viel öfter ebenfalls gelassen sein.

Gelassenheitsübungen für jeden Tag

In diesem Kapitel

▶ Die Gelassenheitsgrundübung: Tief durchatmen

▶ Körperliche Übungen

▶ Geistige Übungen

▶ Alltagstaugliche Gelassenheitsübungen

▶ Ihr persönlicher Übungsplan für mehr Gelassenheit

Ihr Weg zu mehr Gelassenheit beginnt gleich heute, wenn Sie mögen: Suchen Sie sich aus den in diesem Kapitel genannten Übungen eine aus und probieren Sie sie sofort! Sie werden vielleicht ganz erstaunt sein, wie einfach es ist, Gelassenheit zu üben und neue Verhaltensweisen zu trainieren. Sie brauchen dafür weder besonders viel Zeit noch irgendwelche Hilfsmittel oder komplizierte Anleitungen. Wichtig ist nur, dass Sie es ganz bewusst tun.

Wenn Sie mit Ihrem Gelassenheitstraining begonnen haben, brauchen Sie ein wenig Ausdauer: Seien Sie geduldig mit sich selbst, erlauben Sie sich Umwege auf Ihrem Weg zu mehr Gelassenheit und bleiben Sie dran. Wenn Sie Ihre alten Gewohnheiten konsequent hinterfragen und neue Gewohnheiten bewusst einüben, wird Ihre Gelassenheit immer weiter wachsen und Sie werden entspannter und gesünder leben.

Ganz alltägliche Übungen

Die meisten Menschen verlieren in ganz alltäglichen Situationen ihre innere Ruhe. Es sind oft gar nicht die außergewöhnlichen, besonders belastenden Herausforderungen, die dazu führen, dass man in die Luft geht oder die Nerven verliert. Darum beginnt das Gelassenheitstrainingsprogramm auch mit Übungen, die in ganz alltäglichen Situationen dazu führen, dass Sie Ihre Ausgeglichenheit behalten. Für diese Übungen brauchen Sie nichts anderes als Aufmerksamkeit. Alles andere geht von selbst.

Tiefe Bauchatmung

Die einfachste und wirkungsvollste Gelassenheitsübung ist das ruhige, tiefe Atmen. Der Atem wird nicht umsonst als »Lebenshauch« bezeichnet: Er durchströmt den Körper, entfaltet die Lunge, bringt lebensnotwendigen Sauerstoff ins Blut und nimmt Abfallprodukte des Stoffwechsels auf, um sie aus dem Körper herauszutransportieren. Beim tiefen Einatmen entspannt sich die Muskulatur und der Blutfluss wird angeregt. Atmen ist eine unbewusste Körperfunktion. Ein gesunder Erwachsener atmet 16- bis 20-mal in der Minute, wobei jeder Atemzug eine Einatmung und eine Ausatmung umfasst. Die Ausatmung dauert jeweils etwa doppelt so lang wie die Einatmung. Die Atemfrequenz und -tiefe wird vom Stammhirn reguliert. Je nachdem, wie hoch der Sauerstoff- und Kohlendioxidgehalt des Blutes ist und wie »sauer« das Blut ist (pH-Wert), wird die Atmung ganz automatisch verändert. Die normale Atmung ist regelmäßig, gleichmäßig tief und geräuschlos.

Bei Stress neigt der Mensch dazu, flacher und schneller zu atmen. Auch dies wird vom Gehirn gesteuert und hat den Zweck, das Blut rascher mit Sauerstoff anzureichern, um Kampf oder Flucht (siehe Kapitel 1) zu ermöglichen. Eine flache, schnelle Atmung ist aber auf Dauer nicht gesund.

Der Mensch atmet mithilfe der Zwischenrippenmuskulatur (Brustatmung) sowie des Zwerchfells (Bauchatmung). Die ruhige, tiefe Atmung ist die Bauchatmung. Sie hilft beim Entspannen und fördert die innere Ruhe. Immer dann, wenn Sie sich auf Ihre Atmung konzentrieren, beeinflussen Sie sie bereits und können sie bewusst verändern. Die erste Gelassenheitsübung ist daher die bewusste Bauchatmung.

Sie können die Übung der bewussten tiefen Bauchatmung im Sitzen, Liegen oder Stehen durchführen. Legen Sie eine Hand auf Ihren Bauch und atmen Sie ganz bewusst tief durch die Nase ein. Ihre Bauchdecke hebt sich und Ihre Hand wird angehoben. Atmen Sie langsam und bewusst durch den leicht gespitzten Mund wieder aus. Nun senken sich Ihre Bauchdecke und somit auch Ihre Hand wieder. Atmen Sie erst dann wieder ein, wenn Sie den inneren Impuls für einen weiteren Atemzug bekommen. Wiederholen Sie das ruhige, tiefe Ein- und Ausatmen zehnmal. Sie werden spüren, wie sich in Ihrem ganzen Körper ein Gefühl der Ruhe und Gelassenheit ausbreitet.

Wenn Sie unter Erkrankungen der oberen Atemwege oder der Lunge leiden, ist die ruhige, tiefe Bauchatmung bei Ihnen möglicherweise erschwert oder behindert. Sprechen Sie mit Ihrem Arzt darüber, wie Sie am besten gesund und gelassenheitsfördernd atmen können. Vielleicht benötigen Sie Medikamente, die bei Ihnen die Atmung erleichtern. Auch Raucher haben manchmal Schwierigkeiten mit der tiefen Bauchatmung und fangen vor allem beim Ausatmen an zu husten. Der Start des Gelassenheitstrainings könnte Anlass sein, um möglichst bald mit einem Rauchstopp-Programm anzufangen!

Versuchen Sie, die Übung der ruhigen, tiefen Atmung mindestens dreimal am Tag durchzuführen. Vielleicht fangen Sie gleich morgens nach dem Aufstehen damit an, üben dann zum Beispiel nach dem Mittagessen erneut und vor dem Zubettgehen noch einmal.

 Während des tiefen, ruhigen Atmens sollten Sie an nichts anderes denken als an Ihre Atmung und sich nur auf das Atmen konzentrieren. Sie können sich dies erleichtern, indem Sie denken oder leise sprechen: »Ich atme tief und ruhig ein – ich atme tief und ruhig aus.« Dies trägt dazu bei, dass Sie ruhiger und gelassener werden. Je öfter Sie sich auf Ihren Atem konzentrieren, desto besser!

Das Geheimnis der Gelassenheit ist das Loslassen, und wenn Sie einen Moment lang an nichts anderes denken als an Ihre Atmung, lassen Sie in diesem Moment alle Sorgen, Probleme oder Ärgernisse los. Das tiefe, ruhige Atmen ist auch ein wirkungsvoller Trick, um die Reaktion auf eine Frage, einen Vorwurf oder eine Anschuldigung zu verzögern. Sie gewinnen durch die tiefe Atmung etwas Zeit und schützen sich so vor einer vorschnellen Antwort.

Gelassen Auto fahren

Viele Menschen verlieren beim Autofahren ihre Gelassenheit, sobald etwas anders läuft, als sie es gerne hätten. Autofahren hat viel mit Anspannung zu tun: Wer am Steuer sitzt, muss sich ununterbrochen konzentrieren, an alle Regeln halten, mit der Dummheit der anderen rechnen. Er trägt Verantwortung für sein eigenes Leben und das Leben der Mitmenschen und schon ein kleiner Fehler kann katastrophale Folgen haben. Dies setzt Autofahrer unter Druck, unter ständige Anspannung. Und da bedarf es nur einer kleinen zusätzlichen Irritation, und schon braucht der Druck ein Ventil. Je nachdem, ob der Autofahrer ein eher introvertierter oder ein eher extravertierter Mensch ist (siehe Kapitel 3), macht er seiner Spannung auf unterschiedliche Weise Luft. Achten Sie beim Autofahren doch einmal auf die Körpersprache der anderen Verkehrsteilnehmer: Sie werden sowohl angespannte, verkrampfte oder verbissene Gesichtszüge sehen als auch wütend rote Köpfe, schreiende Münder oder wild gestikulierende Arme.

Wie reagieren Sie, wenn Sie im Stau stehen? Oder wenn sich vor Ihnen jemand unerwartet und vielleicht regelwidrig in Ihre Spur drängelt? Wenn ein anderer Autofahrer Ihnen an der Stoßstange hängt und Sie mit der Lichthupe nervt? Wenn die Ampelschaltung mal wieder so mies ist, dass Sie an jeder Ampel anhalten müssen? Wenn die Polizei einen mobilen Blitzer aufgestellt hat und Sie mit überhöhter Geschwindigkeit erwischt werden?

Da das Autofahren mit so viel Druck und Anspannung zu tun hat, ist es ein wunderbares Übungsfeld für Ihr Gelassenheitstraining. Probieren Sie folgende vier Übungen einmal aus:

1. Halten Sie sich konsequent an alle Geschwindigkeitsbegrenzungen, sowohl innerorts wie außerhalb. Bleiben Sie dabei ganz entspannt, wenn andere Autofahrer Sie bedrängen, und denken Sie daran, dass Sie genau das Richtige tun: Sie halten sich an alle Regeln, verringern die Unfallgefahr und üben Gelassenheit. Wenn Ihre Anspannung trotzdem steigt, machen Sie die Atemübung weiter vorn in diesem Kapitel und atmen tief und bewusst in den Bauch ein und wieder aus.

2. Fahren Sie auf der Autobahn konsequent mit maximal 110 Stundenkilometern. Bleiben Sie so lange wie möglich auf der rechten Spur und überholen Sie Lastwagen oder andere Autos nur dann, wenn es wirklich nicht anders geht. Egal was passiert – bleiben Sie ruhig und entspannt.

3. Egal wohin Sie fahren – fahren Sie zehn Minuten eher los, als Sie es normalerweise tun würden. Mit dieser Übung reduzieren Sie Ihren Termindruck und erhöhen die Wahrscheinlichkeit, dass Sie auch mit unvorhergesehenen Widrigkeiten gelassen umgehen können.

4. Lächeln Sie! Schenken Sie den anderen Autofahrern Ihr schönstes Lächeln und lächeln Sie sich selbst im Rückspiegel an. Egal was passiert, bleiben Sie freundlich und nachsichtig, sich selbst und den anderen gegenüber.

 Vielleicht fallen Ihnen beim Üben im Auto noch weitere persönliche Möglichkeiten ein, um den Druck und die Anspannung selbst zu reduzieren und Ihre Gelassenheit im Straßenverkehr zu erhöhen. Wenn Sie am Ziel Ihrer Fahrt angelangt sind, können Sie hoffentlich ganz entspannt aus dem Auto steigen und Ihrer Wege gehen.

Warten müssen

Warten ist für viele Menschen eine große Herausforderung, denn warten zu müssen heißt, die Kontrolle abzugeben und sich äußeren Umständen unterzuordnen. Ob der Bus Verspätung hat, ob im Wartezimmer beim Arzt viele Kranke sitzen und den Terminplan durcheinanderbringen, ob es an der Supermarktkasse nicht vorangeht oder ob der Beginn eines Meetings sich verzögert – jeder, der einer solchen Wartesituation ausgesetzt ist, kann im Moment nichts ändern, sondern muss die Wartezeit ertragen (oder die Situation verlassen, aber das ist zumeist kaum möglich). Eine echte Herausforderung für die Gelassenheit, also für die Bereitschaft, Dinge geschehen zu lassen!

Um aus der Wartesituation eine Gelassenheitsübung zu machen, gibt es verschiedene Möglichkeiten. Probieren Sie einfach aus, was am besten zu Ihnen passt. Beginnen Sie mit der Übung der bewussten tiefen Bauchatmung. Sobald Sie tief und ruhig atmen, denken oder sprechen Sie einen gelassenheitsfördernden Satz, beispielsweise »Ich nutze die Wartezeit als Gelassenheitsübung« oder »Ich warte ganz entspannt und gelassen«. Gehen Sie dann in Gedanken in einen Raum der Gelassenheit (siehe Übung weiter hinten in diesem Kapitel) oder denken Sie an etwas Schönes wie etwa den nächsten Urlaub oder einen gemütlichen Abend zu Hause. Lächeln Sie!

Äpfel schälen und Etiketten ablösen

Alltägliche Verrichtungen, die Geduld und Konzentration erfordern, können einen Menschen einerseits um seine innere Ruhe bringen, sie können aber auch als Gelassenheitsübung genutzt werden. Dazu gehört zum Beispiel das Schälen eines Apfels mit dem Vorsatz, die Schale in einem langen Stück zu entfernen, ohne dass sie abreißt. Versuchen Sie es mal – ganz in Ruhe. Lassen Sie sich Zeit. Konzentrieren Sie sich nur auf den Apfel in Ihrer Hand, auf das Messer und auf die Schale, die Sie Runde für Runde vom Apfel entfernen. Die geschälte Schale wird immer länger und länger, und wenn sie nicht abreißt, haben Sie hinterher ein langes Stück Apfelschale in der Hand. Atmen Sie dabei tief und ruhig. Erfreuen Sie sich an dem Geruch des Apfels, an dem Gefühl der Schale, die auf der einen Seite trocken und auf der anderen Seite feucht ist.

Eine weitere Gelassenheitsübung ist es, Preisschildchen oder Etiketten von Gegenständen abzulösen, ohne dass das Papier des Schildchens einreißt und ohne dass ein Kleberückstand auf dem Gegenstand bleibt. Manche Etiketten kleben besonders dauerhaft und eignen sich daher sehr für diese Übung! Setzen Sie sich bequem hin, nehmen Sie den Gegenstand in die Hand und fangen Sie an einer Ecke des Etiketts an, mit dem Fingernagel vorsichtig das Schildchen von dem Gegenstand zu entfernen. Sie werden bald genau merken, wie kräftig Sie ziehen können, um den Klebstoff zu lösen, ohne dass das Etikett einreißt. Eine besondere Herausforderung ist es, wenn der Klebstoff Fäden zieht, die dann als Rückstand auf dem Gegenstand verbleiben könnten.

Wenn Sie im Alltag eine Gelassenheitsübung machen, konzentrieren Sie sich ausschließlich auf diese Tätigkeit. Denken Sie an nichts anderes und lassen sich nicht aus der Ruhe bringen, wenn es nicht sofort klappt. Es wird noch viele weitere Äpfel, Preisschildchen und sonstigen Übungsmöglichkeiten in Ihrem Leben geben!

Körperliche Übungen

Die tiefe und bewusste Bauchatmung ist die erste körperliche Gelassenheitsübung für Ihren Trainingsplan. Wenn Sie spüren, dass sich dadurch Ihr Körpergefühl verbessert, Sie sich selbst besser spüren können und die Gelassenheit durch das Atmen schon fast von selbst kommt, sind weitere körperliche Übungen für Sie sicher empfehlenswert. Suchen Sie sich aus den folgenden Vorschlägen eine Methode aus und probieren Sie diese einige Male. Wenn Sie merken, dass die gewählten Übungen für Sie doch nicht so gut geeignet sind, wählen Sie ein anderes Verfahren. Sie sollten jedoch besser nicht mehrere verschiedene Methoden unmittelbar nacheinander ausprobieren, da Sie dann nicht richtig beurteilen können, welches Verfahren am besten zu Ihnen passt. Lassen Sie sich Zeit – denn Gelassenheit zu üben fängt schon bei den Übungen selbst an.

Autogenes Training basiert auf Selbsthypnose

Eine der bekanntesten Entspannungstechniken, das Autogene Training, basiert auf Selbsthypnose. Das Autogene Training wurde in den 1920er-Jahren von dem Berliner Psychiater Johannes Heinrich Schultz entwickelt. Er hatte festgestellt, dass die meisten Menschen mithilfe ihrer Vorstellungskraft einen Zustand tiefer Entspannung erreichen können. Dies lässt sich sogar messen: Bei Menschen, die sich intensiv Wärme in ihren Armen vorstellen, nimmt die Hauttemperatur zu, weil die Durchblutung der Arme gesteigert wird.

Beim Autogenen Training versetzt man sich durch Selbstsuggestion in einen tiefen Entspannungszustand, den Schultz als »umgeschalteten Zustand« bezeichnete. Die Wirksamkeit der Technik beruht darauf, dass ein ruhiger Körperzustand die Beruhigung des psychischen Zustands hervorrufen kann. Autogenes Training hat drei Stufen: die Grund-, Mittel- und Oberstufe. Man kann Autogenes Training in Kursen, beispielsweise an der Volkshochschule, lernen, oder man nutzt Anleitungsbücher oder -CDs.

Die Grundstufe, die innerhalb weniger Übungsstunden erlernt werden kann, besteht aus sechs Modulen:

✔ Erleben der Schwere

✔ Erleben der Wärme

✔ Herzregulierung

✔ Atmungsregulierung

✔ Erleben der Bauchwärme

✔ Erleben der Stirnkühlung

Jede dieser Übungen basiert auf der Selbstsuggestion eines ruhigen Körperzustands. Dazu spricht oder denkt man einfache kurze Sätze: »Mein rechter Arm ist schwer, ganz schwer.« Wichtig ist es, dass man sich auf den angesprochenen Körperbereich konzentriert und ein Gefühl der Schwere »herbeidenkt«. Die einzelnen Übungen dauern jeweils nur einige Minuten. Am Ende des Übens wird die Umschaltung in den ruhigen Körperzustand wieder zurückgenommen, indem man sich selbst suggeriert, dass man wieder wach und aktiv wird. Diese Rücknahme erfolgt nur dann nicht, wenn man Autogenes Training vor dem Schlafengehen geübt hat und während oder nach dem Üben einschläft.

In der Mittelstufe des Autogenen Trainings wird die sogenannte formelhafte Vorsatzbildung eingesetzt, um das eigene Verhalten zu verändern. Nachdem man sich in den entspannten Körperzustand versetzt hat, spricht oder denkt man einen positiv formulierten, konkreten Vorsatz, zum Beispiel: »Ich bin im Gespräch mit meinem Chef gelassen und sicher« oder »Ich löse das Problem mit meiner Schwiegermutter morgen souverän«. Die Oberstufe des Autogenen Trainings spielt eine Rolle in der Psychoanalyse und kann auch für die Selbstanalyse benutzt werden, um Einblicke in das eigene Seelenleben zu bekommen. Dabei liegt der Fokus auf dem bewussten Erleben von Gefühlszuständen.

 Eine detaillierte Anleitung für Autogenes Training finden Sie in dem Buch *Autogenes Training für Dummies* von Catharina Adolphsen.

Yoga aktiviert Geist und Körper

Yoga stammt aus Indien und umfasst körperliche und geistige Übungen. Ursprünglich war Yoga ein Weg zur Erleuchtung durch Meditation. Seine Wurzeln liegen im Hinduismus und Buddhismus. Das heute bei uns im Westen gelehrte und geübte Yoga verfolgt einen ganzheitlichen Ansatz, bei dem Körper, Geist und Seele in Einklang gebracht werden sollen. Ziel sind dabei eine erhöhte Vitalität und größere Gelassenheit. Unverzichtbar beim Yoga sind Atemübungen, die dazu dienen, die Konzentration auf die Körpermitte zu erleichtern.

Yoga kann in Kursen oder im Selbststudium erlernt werden. In Fitnessstudios und Volkshochschulkursen wird zumeist das Hatha-Yoga gelehrt, bei dem körperliche Übungen im Vordergrund stehen. Beim Yoga der Stille hingegen fokussiert man sich auf die Meditation. Eine der bekanntesten Übungen des Hatha-Yoga ist der Sonnengruß, eine fließende Abfolge von zwölf Yoga-Haltungen (Asanas). Dieser Übungsablauf kann zum Aufwärmen oder Aktivieren genutzt werden und mobilisiert den ganzen Körper.

 Lesen Sie mehr über Yoga in dem Buch *Yoga für Dummies* von Georg Feuerstein und Larry Payne.

Der indische Arzt Dr. Madan Kataria entwickelte 1995 das Lach-Yoga, das auf der Erkenntnis basiert, dass der Körper beim Lachen in einen entspannten Zustand umschaltet. Lach-Yoga wird als Lachen ohne Grund in Gruppen geübt. Mittels Entspannungs-, Klatsch-, Atem-, Spiel- und Lachübungen versetzt man sich in kindliche Freude und Verspieltheit hinein und genießt die Wirkung des Lachens auf Körper und Geist. Lach-Yoga wird in Deutschland in über 150 Lach-Clubs praktiziert (siehe www.lachclub.info). Es ist wissenschaftlich erwiesen, dass schon 20 Minuten Lachen am Tag die Gesundheit fördern. Kinder lachen rund 300-mal täglich, Erwachsene hingegen nur 15-mal – vielleicht haben Sie ja Lust, es den Kindern gleichzutun? Das könnte Ihre Gelassenheit deutlich erhöhen.

»Fünf Tibeter« ist eine weitere Yoga-ähnliche Übungsabfolge, die durch Dehnung der Muskeln, langsame geführte Bewegungen und tiefe Ein- und Ausatmung Körper und Geist gesund halten soll. Sie stammt aus einem Buch des amerikanischen Weltenbummlers Peter Kelder vermutlich aus dem Jahr 1939, um den sich zahlreiche Mythen ranken. Er berichtet von Mönchen eines Himalajaklosters, die sich durch diese Übungen, durch gesunde Ernährung sowie durch das Singen des »Om« jung halten. Die Übungen (Kreisel, Kerze, Halbmond, Brücke und Berg) sollen den Energiefluss im Körper harmonisieren und daher möglichst täglich durchgeführt werden.

Fortschreitende Muskelentspannung

Die Progressive Muskelrelaxation (PMR) wurde in den 1920er-Jahren von dem amerikanischen Arzt Edmund Jacobsen entwickelt. Dieses Training basiert auf der Beobachtung, dass man durch einen Wechsel von bewusster Anspannung und bewusster Entspannung einzelner Muskelgruppen den gesamten Körper in einen Zustand tiefer Entspannung bringen kann. Progressive Muskelentspannung wird in Kursen gelehrt, kann aber auch durch Selbststudium oder Nutzung von CDs erlernt werden.

Der Übende konzentriert sich im Sitzen oder Liegen jeweils auf eine Körperregion und spannt seine Muskeln in dieser Region einige Sekunden fest an. Anschließend lässt er die Spannung los und spürt die Entspannung in der Körperregion. Wichtig ist, dass die Entspannung etwa dreimal so lange dauert wie die Anspannung. Während des Übens wird tief und ruhig geatmet.

Zum Üben zwischendurch eignet sich die Ampelübung: Atmen Sie ruhig ein und aus, richten Sie Ihre Aufmerksamkeit nach innen. Spannen Sie Ihren ganzen Körper drei Atemzüge lang an. Lassen Sie die gesamte Anspannung beim vierten Atemzug ganz bewusst los und spüren Sie, wie die Entspannung sich in den folgenden sechs Atemzügen in Ihrem ganzen Körper ausbreitet. Kehren Sie dann mit der Aufmerksamkeit nach außen zurück.

Es gibt inzwischen wissenschaftliche Studien, die sich mit der Wirkung von Progressiver Muskelrelaxation auf die körperliche und seelische Befindlichkeit befassen. Es konnte nachgewiesen werden, dass die Muskelentspannung Angst- und Spannungszustände reduziert und das körperliche Wohlbefinden verbessert.

Tai-Chi und Qigong

Tai-Chi Chuan (oder Taiji) ist eine dem Schattenboxen ähnliche chinesische Kampfkunst, die aus verschiedenen Basisübungen (langsame Bewegungsabläufe, Stand- und Atemübungen, Meditation) besteht und den ganzen Körper lockern soll. Die Bewegungsabfolgen werden »Formen« genannt und bestehen aus 24 bis über 100 »Bildern« (Bewegungen, Stellungen, Figuren). Sie tragen Namen wie Schulterstoß, Fersenkick oder »Den Tiger umarmen und zum Berg zurückkehren«. Die Wurzeln des Tai-Chi liegen im Taoismus.

Qigong (auch Chigong) ist eine weitere chinesische Bewegungskunst, die die Meditation und Konzentration fördert. Durch die Körperübungen soll die Lebensenergie Qi harmonisch fließen. Es gibt viele verschiedene Qigong-Richtungen. Allen gemeinsam ist die große Bedeutung von Entspannung, Ruhe, Atmung, Bewegung, mentaler Vorstellung und Lautgebung. Ähnlich wie beim Tai-Chi gibt es auch bei manchen Qigong-Formen Übungssequenzen mit poetischen Namen wie »Die Wolken auseinanderschieben« oder »Den Regenbogen bewegen«.

Wenn Sie sich für Tai-Chi oder Qigong interessieren, lesen Sie die Bücher *Qi Gong für Dummies* von Cornelius Hennings oder *T'ai Chi für Dummies* von Therese Iknoian.

Sport für Gelassenheitsübungen nutzen

Viele Sportarten, insbesondere Ausdauer- und leichter Kraftsport, fördern die Gelassenheit, weil sie den Körper fit halten, die Sauerstoffversorgung der Zellen verbessern, die Aufmerksamkeit auf das Hier und Jetzt lenken und Stress abbauen helfen. Wenn Sie regelmäßig – am besten zwei- oder dreimal pro Woche – Ihre Lieblingssportart mindestens 30 Minuten ausüben, werden Sie eine zunehmende Ausgeglichenheit verspüren. Während des Sports werden Ihre Gedanken kommen und gehen und Sie werden durch die körperliche Anstrengung geistig zur Ruhe kommen können. Nach dem Sport fühlen Sie sich durch und durch warm, Sie sind eins mit Ihrem Körper und Sie werden bessere Laune haben. Es lohnt sich also, den »inneren Schweinehund« immer wieder zu überwinden und sich zum Sport aufzuraffen.

Folgende Sportarten sind besonders geeignet, die Gelassenheit zu fördern:

- ✔ Walking oder Jogging
- ✔ Spazierengehen oder Wandern
- ✔ Gymnastik, Aerobic oder Zumba
- ✔ Tanzen
- ✔ Radfahren
- ✔ Schwimmen
- ✔ leichtes bis mittelschweres Training an Kraftmaschinen
- ✔ Rudern

Weniger geeignet sind Ball- und Mannschaftssportarten, da hierbei ein gewisser Konkurrenzdruck besteht, der Ihre Anspannung und damit den Stress erhöhen könnte. Wenn es Ihnen schwerfällt, sich regelmäßig selbst zum Sport zu motivieren, suchen Sie sich einen Trainingspartner, mit dem Sie sich fest verabreden. Denn es wird Ihnen sicherlich leichter fallen zum Sport zu gehen, wenn Sie wissen, dass ein anderer auf Sie wartet und sich auf Sie verlässt!

Wenn Sie bislang noch keinen oder nur sehr wenig Sport getrieben haben, sollten Sie sich zunächst ärztlich untersuchen lassen, um herauszufinden, welche Sportart am geeignetsten für Sie ist und worauf Sie achten müssen. Wenn Sie zum Beispiel Herz-Kreislauf-Probleme oder Erkrankungen der Knochen oder Gelenke haben, lassen Sie sich von Ihrem Arzt bezüglich Ihres Trainingsplans beraten.

Geistige Übungen

»Gesunder Geist in einem gesunden Körper« – mens sana in corpore sano – wussten schon die alten Römer. Körperliche und geistige Übungen ergänzen sich hervorragend, wenn es darum geht, die Gelassenheit zu erhöhen. Wenn Sie also aus den zuvor genannten körperlichen Gelassenheitsübungen eine für Sie passende Methode ausgesucht haben, ist es sinnvoll, dass Sie sich auch aus den geistigen Übungen Ihr Lieblingsverfahren wählen. Oder Sie gehen umgekehrt vor – zuerst eine geistige Übung, dann eine körperliche.

Verschiedene Formen der Meditation

Es gibt verschiedene Formen der Meditation, deren gemeinsames Ziel die Sammlung des Geistes ist, also Beruhigung, Einsicht und Versenkung. Das Bewusstsein soll sich dabei weiten und der Meditierende soll eins werden mit dem Universum. Meditation hat oft religiöse Wurzeln: Im Buddhismus und Hinduismus wird mittels der Meditation das Nirwana angestrebt, im Christentum bedeutet »meditatio« die gegenstandsfreie Anschauung und wird in einem Atemzug genannt mit Gebet und Kontemplation. Somit unterscheiden sich die verschiedenen Meditationstechniken auch nach ihrer jeweiligen Herkunft.

Im Allgemeinen versteht man unter Meditation zumeist passive Übungen, die im Sitzen oder Liegen ausgeführt werden und einen Bewusstseinszustand herbeiführen sollen, in dem man gleichzeitig hellwach und tief entspannt ist. Aber auch aktive Übungen wie Yoga, lautes Beten oder die Rezitation von Mantras können zur Meditation gezählt werden.

Wichtig beim Meditieren ist die Konzentration auf einen oder nur wenige Gedanken. Zu Beginn der Meditation nimmt der Meditierende eine Haltung ein, in der er längere Zeit still verharren kann. Die beste Haltung ist der Lotussitz, bei dem beide Füße gekreuzt auf den Oberschenkeln liegen (Abbildung 6.1, links). Dabei ist die Wirbelsäule perfekt aufgerichtet und die Sitzhaltung kann über lange Zeit beibehalten werden, ohne dass man Rückenschmerzen bekommt. Für weniger geübte Meditierende eignet sich auch der halbe Lotussitz (Abbildung 6.1, rechts), bei dem ein Fuß am Oberschenkel liegt und der andere Fuß auf dem gegenüberliegenden Unterschenkel. Auch der Schneidersitz oder das Sitzen in Schmetterlingsform sind geeignet für längere Meditationen. Wer Rücken- oder Gelenkprobleme hat, sollte auf einem Meditationskissen oder auf einer Meditationsbank Platz nehmen. Dies entlastet die Gelenke, hält den Rücken aufrecht und ist auch für weniger bewegliche Menschen geeignet.

Abbildung 6.1: Verschiedene Formen des Meditationssitzes

Sobald Sie den Meditationssitz eingenommen haben, konzentrieren Sie sich eine Weile auf die Atmung (siehe den Abschnitt »Tiefe Bauchatmung« weiter vorn in diesem Kapitel), um zur Ruhe zu kommen. Anschließend meditieren Sie über eine Textstelle, die Sie zuvor gelesen haben, über eine philosophische Fragestellung, über das Geräusch von Regentropfen, über den Duft von Maiglöckchen, über eine Frage aus dem Zen-Buddhismus – beispielsweise das Koan »Wie klingt das Klatschen einer Hand?« – oder einfach über etwas ganz Alltägliches wie ein Kochrezept, einen Gesprächsfetzen oder einen Traum. Es geht um Versenkung und Bewusstseinserweiterung, um gleichzeitiges Loslassen und Konzentrieren.

Zum Ende der Meditation lenken Sie Ihre Aufmerksamkeit langsam wieder von innen nach außen, kommen zurück in den Alltag und nehmen Ihre Umgebung wahr. Das, was Sie beim Meditieren bedacht haben, begleitet Sie möglicherweise noch eine ganze Weile weiter!

 In *Meditation für Dummies* von Stephan Bodian finden Sie viele weitere Informationen zum Thema.

Achtsamkeit verbessert die Körperwahrnehmung

Der Begriff der Achtsamkeit stammt aus der buddhistischen Meditationspraxis. Im Gegensatz zur Konzentration, bei der die Aufmerksamkeit auf ein Thema oder einen Gedanken fokussiert wird, geht es bei der Achtsamkeit um eine Ausweitung der Aufmerksamkeit. Es handelt sich gleichsam um eine ungerichtete Offenheit. Einer der wichtigsten zeitgenössischen Vertreter der Achtsamkeitstheorie ist der amerikanische Molekularbiologe Jon Kabat-Zinn. Er hat in den 1980er-Jahren die Methode der Mindfulness-Based Stress Reduction (MBSR, übersetzt etwa Achtsamkeitsbasierte Stressreduktion) entwickelt.

Das von Kabat-Zinn vorgestellte MBSR-Training, das acht Wochen dauert, enthält Übungen zur Körperwahrnehmung, Sitz- und Gehmeditationen, Yoga-Übungen und das Verharren in Stille. Im Vordergrund steht bei all diesen Übungen die aufmerksame Wahrnehmung dessen, was sich gerade im Augenblick im eigenen Körper und Geist abspielt – Gefühle, Gedanken, Stimmungen, Körperempfindungen, Sinneseindrücke. Alle Wahrnehmungen werden wertungsfrei akzeptiert. Es gibt inzwischen zahlreiche Forschungsarbeiten über die Wirkung des MBSR-Trainings. Insbesondere Schmerzpatienten, Menschen mit Depressionen, Burn-out, Panikattacken oder Schlafstörungen profitieren nachweislich von MBSR.

 Probieren Sie die Achtsamkeitsübung »Rosine« einmal aus: Nehmen Sie eine bequeme Sitzhaltung in einem ruhigen Raum ein und sorgen Sie dafür, dass Sie die nächsten 15 Minuten ungestört sind. Atmen Sie einige Male tief in den Bauch ein und aus (siehe den Abschnitt »Tiefe Bauchatmung« weiter vorn in diesem Kapitel). Legen Sie sich nun eine Rosine auf die Hand und betrachten Sie sie aufmerksam: Welche Farbe hat sie? Wie sieht ihre Oberfläche aus? Was nehmen Ihre Augen noch wahr? Lassen Sie die Rosine dann in Ihrer Handfläche hin und her rollen: Wie fühlt sich das auf Ihrer Haut an? Streichen Sie sanft mit einem Finger über die Rosine: Was nehmen Sie wahr? Denken Sie über den Prozess nach, der dazu geführt hat, dass diese Rosine heute in Ihrer Hand liegen kann – vom Wachsen der Frucht am Weinstock über die Ernte bis zur Verarbeitung –, und über die Menschen, die an diesem Prozess beteiligt waren. Schnuppern Sie anschließend an der Rosine und nehmen Sie die verschiedenen Anteile ihres Geruchs wahr. Legen Sie dann die Rosine auf Ihre Zunge und schmecken Sie sie aufmerksam – noch ohne sie zu zerbeißen! Spüren Sie, wie Ihnen das Wasser im Mund zusammenläuft? Wie groß ist der Wunsch, die Rosine zu essen? Beißen Sie dann in die Rosine hinein und kauen Sie sie langsam und aufmerksam. Was können Sie schmecken? Wie fühlen sich die Fasern der Rosine im Mund an? Können Sie den Weg der Rosine aus Ihrem Mund durch Ihre Speiseröhre bis in Ihren Magen verfolgen? Was empfinden Sie, wenn die Rosine restlos zerkaut ist?

Wenn Sie möchten, schreiben Sie sich im Anschluss an die Achtsamkeitsübungen auf, was Sie gedacht und wahrgenommen haben. Vielleicht werden Sie verwundert sein, wie intensiv die Sinneserfahrungen in einer Achtsamkeitsmeditation sein können. Und wie gelassen Sie aus der Übung in Ihren Alltag zurückkehren.

 Wenn Sie Interesse am Achtsamkeitstraining haben, lesen Sie in dem Buch *Achtsamkeit für Dummies* von Shamash Alidina weiter.

Innerer Monolog

Jedes Gespräch mit sich selbst ist ein innerer Monolog. Als Stilmittel wird der innere Monolog in der Literatur benutzt, um die Gedankengänge einer literarischen Figur zu vermitteln und einen tiefen Einblick in deren Seele zu erlauben. Als Gelassenheitsübung kann man den inneren Monolog benutzen, um mit sich selbst ins Gespräch zu kommen.

 Sie können sich in Gedanken eine Frage stellen und diese dann im inneren Monolog beantworten, beispielsweise: »Warum bin ich eigentlich so gereizt, wenn meine Kollegin nicht sofort aufblickt, wenn ich sie anspreche?« Geben Sie sich auf die gestellte Frage alle möglichen ehrlichen Antworten – seien Sie offen und schonungslos mit sich selbst. Vielleicht werden Sie erstaunt darüber sein, welche Antworten bislang unerkannt in Ihnen geschlummert haben! Nehmen Sie all Ihre Gedanken in diesem inneren Monolog vorurteils- und wertungsfrei an. Denn sie erlauben Ihnen einen tiefen Einblick in Ihre Seele. Wenn Sie bemerken, dass Sie während des inneren Monologs anfangen sich aufzuregen, dann fragen Sie sich: »Worüber rege ich mich gerade eigentlich genau auf?« Und beantworten Sie sich auch diese Frage offen und ehrlich.

Der innere Monolog kann Ihre Gelassenheit fördern, weil Sie sich ausschließlich selbst Rede und Antwort stehen. Sie sind niemand anderem als sich selbst Rechenschaft schuldig. Vielleicht gelangen Sie durch den inneren Monolog zu Erkenntnissen, die Ihren Stress verringern und Ihre Anspannung senken. Vielleicht können Sie im inneren Monolog auch über sich selbst lachen und schwierige Situationen so entzerren. Probieren Sie es aus!

Situationen umdeuten, um Stress zu reduzieren

Das Konzept der Umdeutung (englisch reframing) stammt von der US-amerikanischen Psychoanalytikerin Virginia Satir (1916–1988). Dabei geht es darum, Situationen oder Ereignisse in einen ungewohnten, neuen Zusammenhang zu stellen und ihnen dadurch eine neue Bedeutung zuzuweisen. Durch die Änderung des Blickwinkels schaut man anders als vorher auf eine Situation und bekommt dadurch ganz andere Eindrücke.

Stellen Sie sich ein Bild im Museum vor, auf das Sie aus einer ganz kurzen Entfernung schauen. Wenn Sie nun weiter von dem Bild weggehen, sehen Sie das Bild schon anders – vielleicht wirken die Farben intensiver, oder Sie erkennen Motive auf dem Bild, die Sie gar nicht gesehen haben, als Sie mit der Nase direkt davor standen. Stellen Sie sich nun vor, dass Sie fliegen könnten und von der Decke des hohen Museumsraums aus auf das gleiche Bild schauen würden: Wieder entdecken Sie Dinge, die Sie vorher nicht gesehen haben. Ähnlich ist es bei der Beurteilung von Situationen, Ereignissen, Konflikten oder Ähnlichem: Sie konzentrieren sich zumeist auf Ihren aktuellen Blickwinkel und deuten die Situation dementsprechend. Jemand anderes, der an der Situation oder an dem Konflikt beteiligt ist, schaut aus seinem eigenen Blickwinkel darauf und kommt zu seiner ganz eigenen Deutung. Beide Deutungen sind gleichwertig – und möglicherweise völlig unterschiedlich.

Ein weiteres Beispiel, um Reframing zu erläutern, sind die sogenannten Vexierbilder: Hier verstecken sich in einem Bild verschiedene Motive, die einen ganz unterschiedlichen Bildinhalt haben. Ein klassisches Beispiel sind »Krug oder zwei Gesichter« (siehe Abbildung 6.2). Je nachdem, worauf Sie sich konzentrieren, hat ein und dasselbe Bild schon für Sie selbst einen ganz anderen Inhalt – das Bild kann also umgedeutet werden.

Abbildung 6.2: Vexierbild: Sehen Sie einen Krug oder zwei Gesichter?

Nutzen Sie diese Erkenntnis, um Situationen, Konflikte oder Ereignisse umzudeuten und ihnen somit eine neue Bedeutung zuzuweisen.

Wenn Sie sich bislang ganz sicher waren, dass Ihre Mutter Sie nur deshalb jede Woche anruft, um Sie zu kontrollieren und Ihnen Vorschriften zu machen, ändern Sie Ihren gewohnten Betrachtungsrahmen doch einfach mal und deuten den wöchentlichen Anruf Ihrer Mutter um: Vielleicht ist Ihre Mutter einsam und hat Sehnsucht nach einem Gespräch? Vielleicht macht sich Ihre Mutter Sorgen um Sie? Vielleicht sind Sie Ihrer Mutter nach wie vor so wichtig, dass sie möglichst viel Anteil an Ihrem Leben haben möchte? Vielleicht möchte Ihre Mutter gerne, dass Sie sich von selbst melden, kann aber nicht so lange abwarten, bis Sie das endlich tun? Welcher Bedeutungsrahmen richtig ist, können Sie nicht wissen – aber Sie können Ihrer Mutter zunehmend gelassener begegnen, wenn Sie verschiedene Deutungen zulassen. Und vielleicht gelingt Ihnen sogar der nächste Schritt und Sie fragen Ihre Mutter, warum sie Sie eigentlich jede Woche anruft. So könnte sich ein lange schwelender Familienkonflikt möglicherweise plötzlich in Luft auflösen und Sie haben eine Baustelle weniger im Leben.

Raum der Gelassenheit

Die Gelassenheitsübung »Raum der Gelassenheit« lehnt sich an den »Inneren sicheren Ort« aus der Psychotherapie an, der insbesondere in der Traumatherapie benutzt wird. Es handelt sich dabei um eine Imaginationsübung, also eine gedankliche Vorstellung, bei der es darum geht, sich selbst einen Raum zu schaffen, in dem man sich rundum wohlfühlt und gelassen ist. Zu diesem Raum kann man jederzeit in Gedanken gehen, um seine Gelassenheit zu fördern oder wiederzuerlangen.

Stellen Sie sich vor Ihrem inneren Auge einen Raum vor, in dem Sie sich wohlfühlen: Es kann ein großer oder kleiner Raum sein, ein Baumhaus, ein Zelt, eine Höhle, ein Saal oder eine Hütte. Wo befindet sich dieser Raum – am Meer, in den Bergen, in der Stadt, an einem See, im Wald, auf einem Lavendelfeld, in der Luft oder gar auf einem anderen Stern? Was können Sie dort sehen, was können Sie riechen, was können Sie fühlen, was können Sie hören? Beschreiben Sie sich Ihren Raum der Gelassenheit so detailliert wie möglich, damit er so »lebendig« wie möglich für Sie wird. Statten Sie den Raum dann so aus, wie es Ihnen guttut. Vielleicht brauchen Sie ein Bett, eine Hängematte, ein Sofa, einen Tisch oder ein Bild an der Wand? Brauchen Sie Begleitung in Ihrem Raum der Gelassenheit (Mensch oder Tier) oder sind Sie lieber allein? Sobald Sie sich Ihren Raum der Gelassenheit geschaffen haben, atmen Sie tief in Ihren Bauch und kommen Sie zur Ruhe. Lassen Sie alle übrigen Gedanken ziehen, halten Sie nichts fest. Genießen Sie Ihren persönlichen Raum und spüren Sie, wie gelassen Sie werden. Lächeln Sie sich selbst zu!

Sobald Sie im Alltag spüren, dass Sie Ihre Gelassenheit verlieren, dass der Druck und die Anspannung steigen und dass Sie kurz davor sind, zu platzen oder sich zu verkriechen, schließen Sie kurz die Augen und versetzen sich in Ihren Raum der Gelassenheit. Dort sind Sie geschützt, nichts kann Sie aus der Ruhe bringen. Atmen Sie einige Male ein und aus und kehren Sie dann gestärkt zurück in den Alltag.

Ihr persönlicher Raum der Gelassenheit ist für alle anderen Menschen unerreichbar. Er kann nicht zerstört werden und Sie müssen ihn nie suchen, weil Sie diesen Raum in sich tragen. Wann immer Sie Ihren Raum der Gelassenheit brauchen, steht er Ihnen zur Verfügung. Ich wünsche Ihnen viel Freude und Gelassenheit in Ihrem eigenen Raum!

Hobbys für mehr Gelassenheit

Der amerikanische Psychologe Mihály Csíkszentmihályi beschrieb 1975 das Konzept des »Flow«, das einem Schaffens- oder Tätigkeitsrausch entspricht. Im Flow verschmelzen Handlung und Bewusstsein, das Gefühl für Zeitabläufe verändert sich in dem Sinne, dass die Zeit verfliegt, die Tätigkeit ist mühelos, die Konzentration ist hoch, Anforderungen und Fähigkeiten stehen in einem ausgewogenen Verhältnis zueinander und die Tätigkeit hat ein deutliches Ziel. Dieser Zustand der Selbst- und Zeitvergessenheit, der vollen Konzentration, der Sinnhaftigkeit und Kreativität kann durch unterschiedliche Tätigkeiten hervorgerufen werden. Wichtig ist dabei, dass man weder unter- noch überfordert ist.

Wenn Sie ein Hobby haben, das Ihnen viel Spaß macht und bei dem Sie sich weder unter- noch überfordern, kennen Sie das Flow-Gefühl vielleicht schon. Manche Menschen erleben auch bei der Arbeit den Zustand des Flow. Ganz egal, wo und wie Sie Flow erreichen – Flow fördert die Gelassenheit. Denn in dem Moment der Selbst- und Zeitvergessenheit leben Sie ganz im Hier und Jetzt. Sie genießen das, was Sie tun. Sie erleben Selbstwirksamkeit und Hingabe. Nichts kann Sie aufregen, nichts setzt Sie unter Druck. Versuchen Sie, möglichst jeden Tag (oder mindestens jede Woche) ein Flow-Erlebnis zu haben. Es ist herrlich!

Angeln, Basteln oder Tiere beobachten

Beobachten Sie sich selbst oder andere Menschen einmal bei Freizeitaktivitäten: Welche Hobbys befördern die Entspannung, die Selbstvergessenheit, die Gelassenheit? Sicherlich insbesondere diejenigen Tätigkeiten, für die man ein Händchen hat, die einem leichtfallen, ohne dass sie allzu einfach wären, und bei denen man ein Ergebnis sieht.

Angeln ist ein solches Hobby, das bei passionierten Anglern einen Zustand der totalen Entspannung hervorrufen kann. (Es gibt aber auch viele Menschen, die allein bei dem Gedanken ans Angeln schon ganz nervös werden ...) Ein Angler wählt sorgsam aus, zu welcher Jahres- und Tageszeit er loszieht, an welchen Fluss oder See er geht, welche Köder, welche Rolle und welche Rute er mitnimmt, welches Wetter gut geeignet ist, welche Kleidung er braucht und wie viel Zeit er sich nehmen will. Das Auswerfen der Schnur, das Beobachten und Bewegen des Köders, der Umgang mit einem Biss, das Glücksgefühl bei einem Fang – all dies fördert den Flow des Anglers. Und jeder Angler weiß, dass es nichts bringt, sich am Ufer des Wassers unter Druck zu setzen oder verrückt zu machen – denn das macht jeden Fang unmöglich. Wenn Sie Angler sind, können Sie dieses Hobby nutzen, um sich immer weiter in Gelassenheit zu üben und diese Gelassenheit auch in Ihren Alltag zu übertragen. Wenn eine Situation Sie unter Druck setzt oder nervt, werfen Sie in Gedanken einfach an Ihrer Lieblingsangelstelle die Schnur aus und warten, bis etwas anbeißt.

Gleiches gilt für Menschen, die gerne basteln, handarbeiten oder Tiere beobachten. Bei diesen Hobbys braucht man ebenfalls sorgsame Vorbereitung, entsprechende Fertigkeiten, Motivation, Ruhe und Gelassenheit. Man kann sich lange vorher auf die Tätigkeit freuen und wird anschließend belohnt durch ein Ergebnis – sei es eine gelungene Bastelarbeit, eine fertiggestellte Handarbeit oder ein tolles Tierfoto.

Welches Hobby Sie für sich wählen, ist im Grunde ganz egal. Hauptsache, Sie haben Freude dabei und vergessen alles um sich herum. Nutzen Sie die Zeit, die Sie in Ihr Hobby investieren, ganz bewusst. Machen Sie Ihr Hobby nicht einfach nur nebenbei. Nehmen Sie sich Zeit für sich selbst, lassen Sie sich nicht stören oder ablenken und genießen Sie die erfüllende Tätigkeit. Und wenn der Druck im Alltag wieder einmal groß wird und die Gelassenheit schwindet, dann reservieren Sie sich einen Termin für Ihr Hobby. Freuen Sie sich auf diesen Termin, verschieben oder streichen Sie ihn auf keinen Fall! Denn Ihr Hobby ist Ihre ganz persönliche Gelassenheitsübung.

Künstlerisch tätig sein

Auch künstlerische Aktivitäten wie Malerei, Bildhauerei, Architektur, Goldschmiederei, Videokunst, Musizieren, Gesang, Tanz, Schriftstellerei oder Theaterspiel sind Hobbys, die die Gelassenheit fördern, wenn sie nicht mit Konkurrenz- oder Leistungsdruck gepaart sind. Wer regelmäßig zur Chorprobe geht, wer hingebungsvoll mit Aquarellfarben malt, wer allein oder im Orchester ein Instrument spielt, wer Gedichte schreibt oder Ballett tanzt, kennt das Flow-Gefühl, wenn alles wieder einmal richtig gut gelingt. Diesem Gefühl immer wieder Raum zu geben fördert die Gelassenheit erheblich. Denn dabei werden im Körper Stresshormone abgebaut, Glückshormone produziert und das Herz-Kreislauf-System harmonisiert.

Kreativität und künstlerische Tätigkeit haben zudem den großen Vorteil, dass man seine Selbstwirksamkeit spüren kann: Man erlebt seine Kompetenz, seine Fähigkeiten und Fertigkeiten, man stellt sich also selbst unter Beweis und hat Erfolgserlebnisse. Man kann als Person gezielt Einfluss nehmen auf die Welt und die Menschen und erlebt sich nicht als dem Zufall oder dem Schicksal ausgeliefert. Das Selbstwirksamkeitserleben schützt wissenschaftlichen Untersuchungen zufolge vor Angststörungen und Depressionen.

Üben, üben, üben – denn meist klappt es nicht sofort mit der Gelassenheit

Mit dem Kauf dieses Buches haben Sie sich auf den Weg zu mehr Gelassenheit gemacht, oder ein lieber Mensch, der Ihnen dieses Buch geschenkt hat, wünscht Ihnen mehr Gelassenheit. Es wäre schön, wenn Sie das Buch lesen und dann sofort gelassen sein könnten, oder? Aber der Titel des Buches lautet ja *Gelassenheit lernen für Dummies* und ein Lernprozess enthält immer Übungsphasen. Seien Sie daher ganz gelassen, wenn Sie gleich nachdem Sie das Buch zur Seite gelegt haben aufgrund irgendeiner stressigen Situation Ihre innere Ruhe verlieren. Das kommt vor! Aber Sie sind ja auf dem Weg zu mehr Gelassenheit. Da ist ein kleiner Schritt zurück gar nicht schlimm, sondern völlig normal. Lassen Sie sich Zeit! Seien Sie gelassen mit sich selbst! Wie mit allem, was Sie neu lernen, ist es auch mit der Gelassenheit: Übung macht den Meister. Und irgendwann geht es ganz von selbst.

Jeder Tag bietet Übungsmöglichkeiten

Egal was Sie tun – Sie können in jede Alltagsverrichtung eine Gelassenheitsübung einbauen. Sie können beim Kochen und Aufräumen tief in Ihren Bauch atmen und sich in Gedanken in Ihren Raum der Gelassenheit begeben. In einem Meeting können Sie die Äußerungen Ihrer Kollegen mit dem Reframing umdeuten und ihnen einen neuen Rahmen geben, der Ihre Anspannung senkt. Beim Sport können Sie ganz bewusst gelassenheitsfördernde Übungen machen. Wenn Sie irgendwo warten müssen, können Sie die Wartezeit für eine Gelassenheitsübung nutzen. Wenn es Krach in der Familie gibt, können Sie sich in einem inneren Monolog die Frage beantworten, was Sie gerade ganz besonders aufregt und warum. Sie können hingebungsvoll einen Apfel schälen oder auf der Autobahn maximal 110 Stundenkilometer fahren. So füllt sich Ihr Gelassenheitstrainingsplan fast von selbst.

Nicht aufgeben

Seien Sie nachsichtig mit sich selbst. Lieb gewordene Gewohnheiten, auch wenn sie noch so schädlich oder sinnlos sind, lassen sich nicht von heute auf morgen ablegen. Sie haben vielleicht jahrelang Missverständnisse mit Ihren Kindern gehabt – da wird das Reframing Ihnen nicht innerhalb von ein paar Tagen ein Rundumverständnis der Familiendynamik bieten können. Sie haben sich vielleicht einfach daran gewöhnt, dass die tägliche Pendelei im Auto zur Arbeit Sie Nerven kostet – nun brauchen Sie Zeit, um sich gelassenheitsfördernde Methoden zu überlegen, damit Sie morgens entspannt am Arbeitsplatz ankommen.

Auch wenn Sie merken, dass Sie immer wieder in gewohnte Abläufe und Rituale verfallen, dass Sie sich nicht so schnell von Glaubenssätzen verabschieden können und dass die Beziehungen zu Ihren Mitmenschen manchmal richtig festgefahren sind: Geben Sie nicht auf. Bleiben Sie dran, denn je größer Ihre Gelassenheit wird, desto gesünder werden Sie und desto positiver ist Ihr Einfluss auf Ihre Umgebung. Es lohnt sich!

Immer wieder von vorn anfangen

Wenn Sie merken, dass Sie mit bestimmten Stresssituationen trotz intensiver Gelassenheitsübung noch immer nicht zurechtkommen, und wenn Ihr Stresspegel in bestimmten Lebenssituationen gleich hoch bleibt, obwohl Sie versucht haben, etwas zu ändern, wenden Sie sich zunächst einer anderen Situation zu. Gehen Sie mit neuer Energie an diese neue Situation heran und schauen Sie, ob Sie hier jetzt mehr Erfolg haben. Denn Gelassenheit breitet sich zum Glück fast von selbst immer weiter aus. Wenn Sie im Familienleben gelassener sind, wird es einfacher, auch im Berufsleben mehr Gelassenheit zu erreichen.

Und manchmal werden Sie vielleicht auch merken, dass bestimmte Situationen durch Gelassenheitsübungen einfach nicht zu beherrschen sind. Dann ist es möglicherweise an der Zeit, diese Situationen grundsätzlich infrage zu stellen: Vielleicht wäre es doch sinnvoll, sich nach einem neuen Job umzuschauen? Vielleicht wäre eine Paartherapie doch der richtige Schritt, um die Beziehung wieder ins Lot zu bringen? Vielleicht ist Angeln doch nicht das richtige Hobby für Sie?

Der individuelle Weg zu mehr Gelassenheit

Ihr Weg zu mehr Gelassenheit ist einzigartig, weil Sie einzigartig sind. Übungen, die bei Ihnen ganz besonders gut wirken und Ihre Gelassenheit erheblich verbessern, sind bei anderen Menschen vielleicht nicht sehr effektiv – und umgekehrt. Nur Sie selbst können entscheiden, was gut für Sie ist. Nur Sie selbst können sich, Ihre Gewohnheiten, Ihre Glaubenssätze ändern – wenn Sie das überhaupt wollen.

Sie tragen Verantwortung für sich, für Ihr Handeln und für Ihre Gesundheit. Diese Verantwortung können (und wollen) Sie niemand anderem übertragen. Sie sind der Experte für sich und Sie brauchen sich von niemand anderem hineinreden zu lassen. Gehen Sie Ihren Weg zu mehr Gelassenheit aufrecht und voller Zuversicht. Auch wenn andere Menschen Sie vielleicht für total unentspannt halten – diese anderen Menschen kennen nur einen Ausschnitt Ihrer Wirklichkeit.

Jeder ist anders

Es ist verlockend, die Menschen in Kategorien einzuteilen – beispielsweise in die Big-Five-Kategorien:

- ✔ extra- und introvertierte,
- ✔ zufriedene und ängstliche,
- ✔ unkonventionelle und konventionelle,
- ✔ egozentrische und altruistische sowie
- ✔ zuverlässige und unzuverlässige Persönlichkeiten.

So vereinfacht man die Vielfalt der Persönlichkeiten. Doch es ist wichtig zu akzeptieren, dass jeder Mensch anders ist. Keine zwei Individuen, nicht einmal eineiige Zwillinge, sind vollkommen gleich. Daher ist auch der Weg zu mehr Gelassenheit für jeden Menschen ganz individuell. Seien Sie deshalb nicht enttäuscht, wenn eine Übung, die Sie beim Lesen als besonders geeignet empfinden, vielleicht bei Ihnen überhaupt nicht funktioniert. Probieren Sie einfach eine andere Übung aus.

 Was bei allen Menschen jedoch gleich ist, ist die Tatsache, dass Gelassenheit die Gesundheit fördert. Wer gelassen mit Stress umgeht, hat weniger Herz-Kreislauf-Krankheiten, weniger Depressionen, weniger Immunstörungen und weniger Schmerzen. Wenn Sie also Ihren ganz persönlichen Weg zu mehr Gelassenheit gefunden haben und konsequent weitergehen, tun Sie sehr viel für Ihre Gesundheit.

Herausfinden, was zu einem passt

Probieren Sie die verschiedenen körperlichen und geistigen Übungen, die ich in diesem Kapitel vorgestellt habe, in aller Ruhe aus. Lassen Sie sich Zeit und werfen Sie die Flinte nicht allzu schnell ins Korn, wenn es mal nicht so richtig klappt. Irgendetwas ist auch für Sie dabei! In den Teilen III und IV finden Sie darüber hinaus zahlreiche weitere Übungen und Anregungen für bestimmte Lebenssituationen. Wenn also bisher noch nichts für Sie dabei war – lesen Sie einfach weiter.

Trainingsplan für mehr Gelassenheit

Jetzt haben Sie schon viel Material für Ihren ganz persönlichen Trainingsplan für mehr Gelassenheit im Alltag. Wenn Sie möchten, können Sie sich einen konkreten Übungsplan machen. Notieren Sie in Tabelle 6.1 diejenigen Alltagssituationen, in denen Sie bislang besonders häufig die Nerven verloren haben, und schreiben Sie mit Bleistift eine oder mehrere Übungen daneben, die Ihnen helfen könnten, mehr Gelassenheit zu gewinnen. Wenn Sie merken, dass eine Übung gut zu Ihnen passt, notieren Sie sich, wie oft Sie diese Übung in Zukunft trainieren wollen. Wenn eine Übung nicht passt, radieren Sie sie aus und schreiben eine neue Übung hin.

Schreiben Sie sich zu Beginn des Trainingsprogramms auf, wie groß (oder gering) Ihre Gelassenheit in der jeweiligen Situation ist (auf einer Skala von 1 (sehr wenig gelassen) bis 10 (sehr gelassen)). Üben Sie einige Wochen lang und bewerten Sie dann Ihre Gelassenheit in dieser Situation erneut. Ist der Wert gestiegen? Sehr gut – dann sind Sie genau auf dem richtigen Weg. Ist er gleich geblieben oder sogar gesunken? Dann sollten Sie sich eine andere Übung aussuchen. Viel Erfolg!

Situation	Symptome	Übung	Häufigkeit	Gelassenheit vorher	Gelassenheit nachher
Stau auf der Autobahn bei der Fahrt zur Arbeit	Herzrasen, Aggressivität, Magenschmerzen	1. Tiefe Bauchatmung 2. Zehn Minuten eher losfahren 3. Raum der Gelassenheit	1. täglich dreimal 2. zweimal pro Woche 3. täglich einmal	3	8

Tabelle 6.1: Trainingsplan für mehr Gelassenheit im Alltag

Gelassen bleiben

In diesem Kapitel

▶ Gelassenheitsübungen im Alltag
▶ Das Gelassenheitstagebuch
▶ Geduldig mit sich selbst sein
▶ Umgang mit Rückfällen

*W*enn Sie Gelassenheit lernen wollen, können Sie sich einen Trainingsplan zusammenstellen und sollten möglichst regelmäßig üben. Je besser die Übungen in Ihren täglichen Alltag passen, desto größer ist die Chance, dass Sie Ihr Trainingsprogramm durchhalten. Haben Sie Geduld mit sich und nutzen Sie Rückfälle in alte Verhaltensmuster der Stressverarbeitung, um noch mehr über sich zu lernen.

Auch wenn Ihr Alltag Sie immer wieder vor große Herausforderungen stellt und Ihre innere Balance dadurch gefährdet wird – Sie haben jeden Tag aufs Neue die Chance, Gelassenheit zu üben und gelassen zu bleiben. Dadurch stärken Sie Ihren Seelenfrieden, pflegen gute Beziehungen zu anderen Menschen und tun viel für Ihre Gesundheit.

Gelassenheitsübungen in den Alltag integrieren

Um dauerhaft gelassen zu bleiben, brauchen Sie eine gelassene Lebenseinstellung, also eine Haltung Menschen, Situationen und Dingen gegenüber, die von Loslassen und Seinlassen geprägt ist: Sie können Menschen so sein lassen, wie sie eben sind. Sie können Situationen so annehmen, wie sie sich darstellen, ohne sich daran festzuklammern, dass bestimmte Situationen immer so oder immer anders sein müssten. Sie können Dinge in Ihrem Leben loslassen, die Ihnen nicht mehr guttun oder die Sie beschweren. So erhalten Sie sich Ihre innere Ruhe und Ausgeglichenheit. Um diese Lebenseinstellung zu bekommen und zu behalten, ist es wichtig, Gelassenheitsübungen in den Alltag einzubauen. Nutzen Sie so viele Gelegenheiten wie möglich, um Ihr eigenes Befinden zu erspüren, den Grad Ihrer Anspannung zu erkennen und gelassen zu werden.

Regelmäßig tief atmen

Die wichtigste Gelassenheitsübung für den Alltag ist die tiefe Bauchatmung (siehe Kapitel 6). Gewöhnen Sie sich an, sich Ihre Atmung – die im Wesentlichen unbewusst ist – immer wieder bewusst zu machen und sich für einige Atemzüge darauf zu konzentrieren, tief in den Bauch zu atmen. Es gibt verschiedene Möglichkeiten, sich im Laufe des Tages immer wieder an die tiefe Bauchatmung zu erinnern:

- ✔ Atmen Sie tief ein und aus, sobald das Telefon klingelt. Wenn Sie einen Beruf haben, in dem Sie oft angerufen werden, können Sie diese Übung mehrmals in der Stunde machen: Es klingelt und statt sofort abzuheben, atmen Sie zunächst zwei- oder dreimal tief in Ihren Bauch. Spüren Sie, wie sich Ihre Bauchdecke hebt und senkt, und denken Sie »Ich bin gelassen und ruhig«. Nehmen Sie dann den Hörer ab und führen Sie das Telefonat gelassen und ruhig.

- ✔ Atmen Sie tief ein und aus, wenn es an der Tür klingelt. Diese Übung eignet sich sowohl für das Berufsleben als auch für den häuslichen Alltag. Die Türklingel wird zu Ihrem Erinnerungssignal: Tief ein- und ausatmen, die innere Ruhe spüren und denken »Ich bin gelassen und ruhig«.

- ✔ Atmen Sie alle halbe Stunde einige Male tief ein und aus. Vielleicht haben Sie einen Kirchturm in der Nähe und hören die Kirchenglocken, die Sie an Ihre Atemübung erinnern. Oder Sie schauen regelmäßig auf eine Uhr, die in Ihrem Büro oder zu Hause hängt. Oder Sie stellen sich den Wecker am Computer oder im Smartphone. Wenn Sie im Auto unterwegs sind, können Sie das Radio einschalten und die Nachrichten, den Verkehrsfunk oder die Werbepausen als Erinnerung für die tiefe Bauchatmung nutzen.

- ✔ Wenn Sie eine Tätigkeit beendet haben, atmen Sie tief ein und aus. Egal, ob Sie kochen, spülen, Wäsche waschen, putzen, eine E-Mail schreiben oder am Fließband arbeiten: Sobald eine Tätigkeit fertig ist, konzentrieren Sie sich auf die Bauchatmung und denken »Ich bin ruhig und gelassen«.

- ✔ Nutzen Sie Wartezeiten für die tiefe Bauchatmung. Wenn Sie an der Bushaltestelle oder in der U-Bahn stehen, wenn Sie auf einen Termin warten müssen, wenn Sie im Stau aufgehalten werden, wenn Sie im Auto sitzen und auf Ihre Kinder warten: Atmen Sie tief in den Bauch und denken Sie »Ich bin ruhig und gelassen«.

- ✔ Atmen Sie an jeder roten Ampel tief ein und aus, egal ob Sie als Fußgänger, Radfahrer oder im Auto unterwegs sind.

Durch diese regelmäßigen tiefen Atemzüge geht Ihnen die tiefe Bauchatmung quasi in Fleisch und Blut über und sie wird Bestandteil Ihres Tagesablaufs. Sie halten immer wieder inne, konzentrieren sich auf Ihre Atmung, wenden Ihre Aufmerksamkeit nach innen und stärken sich. Nach wenigen Sekunden sind Sie spürbar ruhiger und können Ihren gewohnten Tätigkeiten mit größerer Gelassenheit nachgehen.

Auszeiten fest einplanen

Nehmen Sie sich ganz bewusst regelmäßig Auszeiten im Alltag, um zur Ruhe zu kommen, um alles loszulassen, was Sie belastet, und um neue Kraft zu schöpfen. Es ist hilfreich, sich diese Auszeiten fest in den Kalender zu schreiben oder jeden Tag bestimmte Zeitfenster für sie zu reservieren. Je verbindlicher Sie sich diese Pausen vornehmen, desto besser – versuchen Sie sich so weit zu disziplinieren, dass Sie wenigstens zweimal in der Woche eine halbe Stunde Zeit ganz für sich allein haben. Und es darf natürlich gerne auch mehr sein!

Ihre ganz persönliche Auszeit können Sie mit all dem füllen, was Ihnen guttut: Sport, Hobbys, Meditation. Wählen Sie diejenigen Tätigkeiten aus, von denen Sie wissen, dass Sie dabei besonders gut zur Ruhe kommen und gelassener werden. Sobald Sie sich an die regelmäßigen Auszeiten gewöhnt haben und diese fest in Ihrer Wochenroutine verankert sind, werden Sie merken, dass Sie ohne Ihre privaten Pausen gar nicht mehr leben möchten. Denn diese freien Zeiten schaffen Ihnen Freiräume, in denen Sie sich ausschließlich um Ihr Wohlbefinden kümmern.

Hüten Sie sich vor dem schlechten Gewissen, das sich einstellen könnte, wenn Sie Zeit für sich selbst reservieren! Wenn Sie anfangen abzuwägen, ob die freie Zeit Ihnen zusteht oder doch vielleicht Ihrer Familie, Ihrem Beruf, Ihren sonstigen Verpflichtungen, sagen Sie sich ganz bewusst »Stopp!«. Dieses Abwägen ist eine Falle, in die Sie vielleicht insbesondere dann leicht hineintappen, wenn Sie daran gewöhnt sind, die Bedürfnisse anderer Menschen über Ihre eigenen Bedürfnisse zu stellen.

Seien Sie mutig, seien Sie auch einfach mal egoistisch – letztlich nützt es allen Menschen um Sie herum, wenn Sie gelassener werden und mit neuer Kraft gestärkt durchs Leben gehen.

Tagebuch führen

Für manche Menschen ist es hilfreich, gute Vorsätze schriftlich festzuhalten. Wenn Sie gerne schwarz auf weiß sehen möchten, wie Ihre Gelassenheit wächst, könnte ein Gelassenheitstagebuch das Richtige für Sie sein. Besorgen Sie sich einen Taschenkalender mit ausreichend Platz für jede Woche oder ein Notizbuch. Wenn Sie Ihren Gelassenheitsübungsplan beginnen, notieren Sie Ihre Vorsätze, Ihre ausgewählten Übungen und Ihre Termine mit sich selbst darin. Sie können dann mit einer anderen Farbe aufschreiben, wie es Ihnen jeden Tag in Bezug auf Ihre Gelassenheit ergangen ist. Stichwörter reichen aus – halten Sie sowohl Erfolge als auch Rückschläge kurz fest.

Schreiben Sie auf, wann Sie besonders gelassen waren

Wenn Sie stichpunktartig notieren, welche Gelassenheitsübungen Sie sich vorgenommen haben, was Sie genau getan haben und wie es Ihnen ging, werden Sie schon nach wenigen Wochen in Ihrem Tagebuch erkennen können, welche Übungen bei Ihnen gut funktionieren und welche Situationen in Ihrem Leben noch mehr Aufmerksamkeit brauchen, damit Ihre Gelassenheit wächst. Abbildung 7.1 zeigt ein Beispiel für die Wocheneinträge in einem Gelassenheitstagebuch.

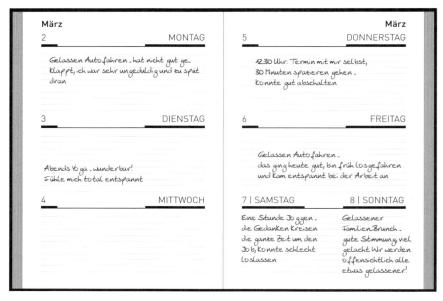

Abbildung 7.1: Gelassenheitstagebuch

In Ihrem Tagebuch können Sie von Woche zu Woche festlegen, wie Ihr Übungsplan für mehr Gelassenheit aussehen soll. Einen Gelassenheitsübungsplan finden Sie in Kapitel 6 – probieren Sie aus, was Ihnen am besten gefällt.

Vielleicht entwickeln Sie Ihren eigenen Code mit Symbolen für Gelassenheitsübungen, die sich besonders gut für Sie eignen. Oder Sie erfinden Warnzeichen für regelmäßig wiederkehrende Situationen, in denen Sie Ihre Gelassenheit leicht verlieren könnten. Dann können Sie sich auf solche schwierigen Situationen vorbereiten und diese bewusst nutzen, um Ihre Gelassenheit zu trainieren.

Wenn es gar nicht klappt mit der Gelassenheit

Vielleicht stehen Sie an einem Punkt in Ihrem Leben, an dem es besonders schwer ist, gelassen zu bleiben: Wenn Sie beruflich stark belastet sind, wenn Sie Konflikte in der Familie haben, wenn das Geld knapp ist, wenn Sie sich um Ihre eigene Gesundheit oder die Gesundheit Ihrer Angehörigen sorgen, wenn große Veränderungen anstehen – das alles sind Lebensumstände, in denen die Anspannung steigt. Doch gerade in solchen Situationen ist Gelassenheit besonders wichtig. Denn Sie können schwierige Lebensphasen besser meistern, wenn Sie ihnen gelassen begegnen und sich nicht aus der Ruhe bringen lassen.

Es ist ganz normal, wenn Sie in solchen Phasen große Schwierigkeiten haben, Gelassenheitsübungen in Ihren Alltag zu integrieren. Wahrscheinlich fällt es Ihnen schwer, sich Zeit für solche Übungen zu nehmen, sich in Ruhe auf sich selbst zu konzentrieren und der Gelassenheit Raum zu geben. Akzeptieren Sie das einfach! Es wäre wenig erfolgversprechend, sich mit Gewalt zur Gelassenheit zwingen zu wollen. Denn das ist ein Widerspruch in sich: Der Gedanke »Ich muss jetzt unbedingt gelassen sein« führt zu noch mehr Anspannung.

Seien Sie geduldig mit sich

Anstatt sich durch den Wunsch nach mehr Gelassenheit unter Druck zu setzen, können Sie die schwierige Situation und Ihre Anspannung zu einer Gelassenheitsübung umdeuten mit folgendem Gedanken: »Ich kann jetzt gerade nicht gelassen sein – dann ist das eben so!« Paradoxerweise wird sich daraufhin vermutlich ein kleines bisschen mehr Gelassenheit bei Ihnen einstellen.

Haben Sie Geduld mit sich und prüfen Sie jeden Tag oder jede Woche aufs Neue, ob Gelassenheitsübungen einen Platz in Ihrer derzeitigen Situation bekommen könnten. Wenn nicht, dann nicht – und wenn doch, dann fangen Sie einfach an. In den Kapiteln 16 bis 18 in diesem Buch finden Sie weitere Gedanken und Tipps für Gelassenheit in besonders schwierigen Lebenssituationen.

Umgang mit Rückfällen

Vielleicht haben Sie sich schon einen Gelassenheitsübungsplan erstellt und eine Zeit lang erfolgreich damit Ihre Gelassenheit trainiert. Sie haben gemerkt, wie gut es Ihnen tut, wenn Sie sich auf sich selbst und Ihre Bedürfnisse konzentrieren. Sie sind ruhiger geworden, Ihre innere Balance ist ausgeglichener und Sie haben genügend Kraft für Ihren Alltag. Doch dann erleben Sie eine Situation, die Sie völlig aus der Bahn wirft: Vielleicht stellt Ihr Chef Sie vor versammelter Mannschaft bloß. Oder ein naher Angehöriger erkrankt schwer. Oder Ihre Frau verlässt Sie. Oder Sie treffen einen Menschen aus Ihrer Vergangenheit wieder, der Sie mit alten Konflikten konfrontiert. Was auch immer – Sie sind jedenfalls mit einem Schlag wieder total angespannt und unausgeglichen.

 Es ist normal und nachvollziehbar, dass Sie in einer belastenden Situation einen Rückfall in alte Verhaltensschemata erleben. Auch hier gilt: Ruhig Blut! Wenn Sie explodiert sind, wenn Sie sich frustriert zurückgezogen haben, wenn Sie toben oder weinen, schreien oder mit den Nerven am Ende sind: Haben Sie Geduld mit sich! Sie sind ein Mensch, der Höhen und Tiefen erlebt. Rückschläge gehören zum Leben dazu. Es kann nicht immer alles perfekt nach Plan laufen.

Fangen Sie einfach wieder von vorn an

Was würden Sie einem guten Freund raten, der mit dem Rauchen aufgehört hatte und sich dann doch wieder eine Schachtel Zigaretten kauft? »Du hast es schon einmal geschafft aufzuhören, dann schaffst du es auch noch mal!«, wäre eine mögliche Reaktion. Oder: »Schmeiß die Schachtel einfach weg und lass das Rauchen sein, du kannst das!« Oft fällt es deutlich leichter, einem Freund solche Ermunterungen und Bestätigungen mit auf den Weg zu geben als sich selbst.

Seien Sie sich selbst ein guter Freund: Ermuntern Sie sich, den Gelassenheitsübungsplan wieder von vorn anzufangen oder an dem Punkt fortzusetzen, an dem Sie rückfällig geworden sind. Sie haben sich selbst bewiesen, dass Sie es schaffen können, gelassener zu sein. Ein Rückfall ist kein Beinbruch, sondern eine Chance zu noch mehr Gelassenheit.

Aus Rückfällen lernen

Aus einem Rückfall können Sie sogar noch etwas lernen: Was hat Sie aus der Bahn geworfen? Welcher Mensch hat Ihnen Ihre innere Ruhe geraubt? Was waren die ersten Anzeichen dafür, dass Sie Ihre Balance verlieren? Wie haben Sie sich gefühlt, als die Anspannung stieg? Wie hat Ihr Körper reagiert? Analysieren Sie die Rückfallsituation, sobald sich Ihre Nerven ein wenig beruhigt haben. Wenn es Ihnen hilft, schreiben Sie Ihre Erkenntnisse in Ihrem Gelassenheitstagebuch auf. Beschreiben Sie möglichst genau, was Sie gespürt, gefühlt und gedacht haben, wer beteiligt war und wie die Situation sich entwickelt hat:

- ✔ Körperliche Symptome: Unruhe, Herzklopfen, Atemnot, Schweißausbrüche, Tunnelblick, Infektanfälligkeit, Schlafstörungen, Abgeschlagenheit, Konzentrationsschwierigkeiten

- ✔ Gefühle: Panik, Unsicherheit, Versagens- oder Verlustängste, Wut, Leere, Niedergeschlagenheit, Trauer oder sogar die Unfähigkeit, Gefühle überhaupt wahrzunehmen

- ✔ Gedanken: Grübeln, Gedankenkreisen, Einengung der Gedanken, Selbstabwertung, gedankliches Spiegelfechten, Ausweglosigkeit

- ✔ Beteiligte Menschen: Familienangehörige, Vorgesetzte, Mitarbeiter, Kollegen, Amtsträger, Nachbarn, Unbekannte, unbeteiligte Dritte

- ✔ Schwierige Situationen: im Berufsalltag, in der Familie, in der Freizeit, im Urlaub, mit Ämtern, auf der Straße

Vielleicht notieren Sie auch, was Sie getan haben, um wieder zur Ruhe zu kommen. Solche Tagebucheinträge können Ihnen dabei helfen, Ihren Gelassenheitsübungsplan anzupassen und noch mehr über sich selbst zu lernen. Setzen Sie Ihr Gelassenheitstraining fort, sobald Sie das Gefühl haben, es sei an der Zeit, dass Sie sich wieder um sich selbst kümmern. Viel Erfolg!

Teil III

Gelassenheit in der Familie

In diesem Teil ...

In diesem Teil lesen Sie über ein gelassenheitsförderndes Miteinander in Partnerschaft, Familie und Verwandtschaft. Ihren Freundeskreis können Sie sich aussuchen und gegebenenfalls wechseln, in Ihren Lebenspartner haben Sie sich verliebt und sich bewusst für ihn entschieden. Ihre Familie aber begleitet Sie Ihr Leben lang. Finden Sie heraus, welche Aspekte im Umgang mit Partner und Angehörigen Ihre Gelassenheit auf die Probe stellen. Werden Sie sich über Konflikte, Missverständnisse und Kränkungen bewusst und setzen Sie sich mit Ihren eigenen Bedürfnissen auseinander. Je gelassener Sie an Ihre Partnerschaft, an die Kindererziehung, an den Umgang zwischen den Generationen sowie an den Kontakt mit der lieben Verwandtschaft herangehen, desto größer ist die Chance, dass diese Beziehungen gut gelingen. In diesem Teil finden Sie Gelassenheitsübungen für das Miteinander in der Familie. Außerdem bekommen Sie Tipps, wie Sie Ihren Urlaub gelassenheitsfördernd gestalten können.

Gelassenheit in der Partnerschaft

In diesem Kapitel
▶ Verschiedene Partnerschaftsmodelle
▶ Ansprüche an die Partnerschaft hinterfragen
▶ Gelassenes Miteinander
▶ Streiten lernen
▶ Warnsignale in der Beziehung und Beziehungskiller

In einer Liebesbeziehung gelassen zu sein und zu bleiben ist mal leichter, mal schwerer. Zu Beginn einer Partnerschaft ist es einfach, den Partner so sein zu lassen, wie er ist – denn wer verliebt ist, der ist zumeist auch sehr entspannt. Im Laufe der Jahre gilt es dann, die Vorstellungen von Partnerschaft immer wieder aufs Neue abzugleichen und die Beziehung auf ein festes Fundament von Vertrauen und Verbindlichkeit zu stellen. Hierbei hilft Gelassenheit sehr.

Es ist für die allermeisten etwas Wunderbares und Erstrebenswertes, einen Menschen zu finden, mit dem sie ihr Leben teilen möchten. War es in früheren Generationen eine Entscheidung für das ganze Leben, sich an einen Partner zu binden, so ist es heute durch die Auflösung traditioneller Lebensentwürfe und Rollenmodelle sowie durch die veränderten gesellschaftlichen Rahmenbedingungen ganz normal geworden, sich durchaus mehrmals im Leben auf einen neuen Partner einzulassen.

Partnerschaftsmodelle im Wandel

Früher hatte eine Ehe eine hohe Verbindlichkeit – heute muss jede Partnerschaft täglich neu mit Leben und Inhalt gefüllt werden, um beständig zu sein. Denn es ist viel einfacher geworden, sich voneinander zu trennen, den Lebensunterhalt allein zu bestreiten, die Kinder gemeinsam zu erziehen, ohne zusammenzuleben, und den Alltag ohne traditionelle Rollenverteilung zu meistern. Kaum eine Frau muss heutzutage mehr mit einem Mann zusammenleben, nur weil sie wirtschaftlich nicht auf eigenen Beinen stehen könnte. Kaum ein Mann braucht heutzutage mehr eine Frau, nur weil er nicht mit dem Haushalt zurechtkäme. Diese neue Entscheidungsfreiheit macht das Leben vielleicht nicht einfacher als früher, aber es werden vermutlich auch nicht mehr so viele Partnerschaften am Leben gehalten, in denen Liebe und Respekt längst gestorben sind.

Ganz gleich, ob es um eine Partnerschaft zwischen Mann und Frau, zwischen Mann und Mann oder zwischen Frau und Frau geht – für alle Lebens-(abschnitts)beziehungen gilt, dass sie von einer gelassenen Haltung der beteiligten Partner profitieren. Im Folgenden nutze ich der Einfachheit halber den Begriff »Partnerschaft« für jede Form der ernst gemeinten Liebesbeziehung, egal ob hetero- oder homosexuell, offiziell oder informell, jung oder alt, mit oder ohne Nachwuchs. Außerdem nutze ich den Begriff »der Partner« sowohl für Männer als auch für Frauen.

Es lohnt sich, Kraft und Zeit in die Partnerschaft zu investieren – auch für die eigene Gesundheit. Studien von deutschen Demografieforschern zeigen: Die höchste Lebenserwartung haben Verheiratete. Singles, Witwen und Geschiedene haben eine deutlich geringere Lebenserwartung. Dies wird durch verschiedene Faktoren begründet: weniger Zuwendung, mehr Stress, ungesunder Lebensstil – und niemand, der sich um sie kümmert, wenn sie krank sind.

Menschliche Reibung erzeugt Kälte

In jeder zwischenmenschlichen Beziehung entstehen Konflikte, Missverständnisse oder Reibereien – auch wenn sich die beteiligten Menschen sehr lieben und achten. Dies hat unterschiedliche Gründe:

✔ mangelnde oder missverständliche Kommunikation

✔ Unaufrichtigkeit

✔ unterschiedliche Annahmen

✔ unklare Absprachen

✔ Wertekollisionen

✔ unterschiedliche Prioritäten

✔ Tagesform

... und viele mehr. Menschliche Reibungen erzeugen, wie der polnische Satiriker Stanislaw Jerzy Lec so treffend sagt, Kälte. Da aber in jeder Partnerschaft ein ausreichendes Maß an menschlicher Wärme für das Wohlbefinden unverzichtbar ist, sollten die Kältequellen minimiert werden. Dies gelingt am besten, wenn sich beide Partner gelassen mit ihrem Konfliktpotenzial auseinandersetzen und in akuten Konfliktsituationen versuchen, so gelassen wie möglich zu bleiben.

Ehrlicher Umgang miteinander

Gelassenheit lässt sich am ehesten in einer Partnerschaft verwirklichen, in der beide Beteiligte grundsätzlich ehrlich und wertschätzend miteinander umgehen. Unaufrichtigkeit, Lügen und Abwertungen lassen keinen Menschen unbeeinflusst. Sie führen zu Vertrauensbruch, Angst, Verteidigungshaltung oder Fluchtimpuls. Und dies wiederum aktiviert das archaische Kampf-oder-Flucht-Programm (siehe Kapitel 1) und erhöht den Stress. Jeder entstehende Konflikt und jedes weitere Missverständnis bedingen dann noch mehr Anspannung, bis irgendwann der Kessel explodiert.

Wer sich hingegen auf seinen Partner verlassen kann, wer sich der Achtung und Liebe seines Gegenübers sicher sein darf, kann viel entspannter mit Konflikten umgehen. Er ist auch in der Lage, Missverständnisse auszuräumen, eigene Fehler einzugestehen und Fehler des anderen zu verzeihen. Liebe, Ehrlichkeit und Wertschätzung sind somit die Grundpfeiler einer gelingenden Partnerschaft, die auch stürmische Zeiten überdauern kann.

»Wisse alles, was du sagst, aber sage nicht alles, was du weißt«, so lautet ein Sprichwort, das man auch auf Ehrlichkeit in der Partnerschaft beziehen kann: Nicht alles, was man denkt, muss man auch sagen!

Ansprüche an die Partnerschaft hinterfragen

Um das Konfliktpotenzial einer Partnerschaft auszuloten, ist es hilfreich, wenn sich beide Partner über ihre jeweiligen Ansprüche an die Partnerschaft klar werden und austauschen. Es gibt große zwischenmenschliche Unterschiede bei zahlreichen Spannungsfeldern, beispielsweise:

✔ Distanz und Nähe

✔ Offenheit und Abgrenzung

✔ Gemeinsamkeit und Individualismus

✔ Sicherheit und Risikobereitschaft

✔ Gestaltung des gemeinsamen Lebensraums und der gemeinsamen Zeit

✔ Familienplanung

✔ Einsatz im Beruf

Je offener diese Themen angesprochen werden, desto größer ist die Chance, dass man tragfähige Kompromisse in der Partnerschaft findet. Wenn es bereits Konflikte in diesen wichtigen Bereichen gibt, fällt ein gelassener Umgang ungleich schwerer, als wenn die Unterschiede bereits im Vorfeld besprochen werden.

Lebenskonzepte thematisieren

Ist Ihnen selbst überhaupt bewusst, wie Sie leben wollen und was für Sie wichtig ist? Damit Sie Ihr Lebenskonzept mit Ihrem Partner thematisieren können, brauchen Sie ein gutes Verständnis für Ihre eigenen Bedürfnisse und Werte. Versuchen Sie, sich bewusst zu machen, was Ihnen in einer Partnerschaft wichtig ist und guttut:

✔ Wie nah möchten Sie Ihrem Partner körperlich, seelisch und geistig sein? Und wie nah soll Ihnen Ihr Partner kommen?

✔ Wie viel Zeit brauchen Sie am Tag, in der Woche, im Jahr ganz für sich allein? Und wie viel Zeit möchten Sie am Tag, in der Woche, im Jahr mit Ihrem Partner verbringen?

✔ Über welche Themen reden Sie gerne mit Ihrem Partner? Welche Themen behalten Sie lieber für sich? Ist es Ihnen überhaupt wichtig, mit Ihrem Partner zu sprechen?

✔ An welchen Entscheidungsprozessen möchten Sie Ihren Partner teilhaben lassen? Welche Entscheidungen machen Sie lieber mit sich allein aus?

✔ Welche Unternehmungen genießen Sie mit Ihrem Partner? Was machen Sie lieber allein?

✔ Wünschen Sie sich einen gemeinsamen Freundeskreis? Oder bevorzugen Sie es, wenn Sie und Ihr Partner jeweils einen eigenen Freundeskreis haben? Oder möchten Sie sowohl einen gemeinsamen als auch eigene Freundeskreise?

✔ Wie wichtig ist es Ihnen, ein gesichertes Einkommen zu haben? Denken Sie oft über Ihre Rentenansprüche nach? Ist es Ihnen wichtig, für Eventualitäten gerüstet zu sein? Oder können Sie gut mit Unwägbarkeiten umgehen?

✔ Wie lange planen Sie im Voraus? Machen Sie lieber spontan Urlaub oder freuen Sie sich jetzt schon auf den Urlaub im nächsten Jahr?

8 ➤ Gelassenheit in der Partnerschaft

✔ Wie möchten Sie am liebsten leben – in der Stadt oder auf dem Land? In einer Mietwohnung oder in einem Eigenheim? Zusammen mit Ihrem Partner oder in getrennten Lebensbereichen? Machen Sie gerne mal die Tür hinter sich zu? Oder ist es Ihnen wichtig, Ihren Partner jederzeit sehen und hören zu können?

✔ Wie gestalten Sie die gemeinsame Zeit mit Ihrem Partner am liebsten – spontan oder geplant? Nur Sie beide oder mit anderen zusammen? Miteinander oder nebeneinander?

✔ Wie wichtig ist Ihnen Abwechslung? Wie viel Wert legen Sie auf verlässliche Abläufe?

✔ Ist Ihnen eine klare Aufgabenverteilung im Haushalt wichtig? Wer sollte für was zuständig sein?

✔ Möchten Sie gemeinsame Kinder haben? Wenn ja, wann? Und wer soll welche Rolle in der Kindererziehung übernehmen? Welche Werte in der Kindererziehung sind Ihnen wichtig?

✔ Wenn Sie bereits Kinder mit einem früheren Partner haben, welche Rolle sollte Ihr derzeitiger Partner Ihren Kindern gegenüber spielen? Wie geht es Ihnen in Bezug auf frühere Lebensgefährten Ihres jetzigen Partners sowie auf Kinder aus dessen früheren Beziehungen?

✔ Arbeiten Sie eher viel oder eher wenig? Gerne oder nur gezwungenermaßen? Welche Bedeutung hat Ihr Beruf für Ihr Selbstbild? Welchen Anteil Ihrer Lebenszeit verbringen Sie im Beruf? Wie wichtig sind Ihnen Ihre Kollegen? Soll Ihr Partner Ihre Kollegen kennen oder lieber nicht?

✔ Erzählen Sie Ihrem Partner gerne von Ihrem Berufsalltag? Wünschen Sie sich seine Anteilnahme? Fragen Sie ihn vielleicht sogar um Rat? Oder behalten Sie berufliche Themen lieber für sich? Interessiert es Sie, was Ihr Partner in seinem beruflichen Umfeld erlebt?

Wenn Sie sich diese und ähnliche Fragen offen und ehrlich beantwortet haben, sind Sie gut gerüstet und gelassen für klärende Gespräche mit Ihrem Partner. Nehmen Sie sich Zeit dafür, nutzen Sie entspannte Gelegenheiten und versuchen Sie nicht, alles auf einmal zu besprechen. Das würde Sie beide nur überfordern. Besser ist es, anhand konkreter Situationen die unterschiedlichen Lebenskonzepte zu diskutieren und gemeinsame Wege zu suchen, damit jeder zu seinem Recht kommt. Dies fördert die Gelassenheit im gemeinsamen Leben und klärt viel Ungesagtes auf.

Wichtig nehmen, was einem wichtig ist

In vielen Lebensbereichen werden Sie vermutlich sehr flexibel sein und sich gut auf Ihren Partner einstellen können beziehungsweise tragfähige Kompromisse finden. Aber es gibt sicherlich auch Themen, bei denen Sie kein Pardon kennen. Nehmen Sie sich ernst! Versuchen Sie, zwei oder drei Punkte, zu denen Sie tief verwurzelte Überzeugungen haben oder die für Sie ganz besonders wichtig sind, mit Ihrem Partner anzusprechen. Machen Sie deutlich, warum Ihnen diese Themen so wichtig sind und was Sie sich von Ihrem Partner wünschen oder was Sie von ihm erwarten. Je offener und ehrlicher Sie sind, desto leichter wird es Ihrem Partner fallen, Sie zu verstehen.

Denken Sie bei Partnerschaftsgesprächen an die Grundübung der Gelassenheit: Tief in den Bauch atmen! Bevor Sie etwas sagen, bevor Sie auf eine Frage antworten, atmen Sie zuerst tief ein und aus. Achten Sie gerade in einem konfliktträchtigen Gespräch auf Ihre körperlichen Signale: Wenn sich Ihre Muskeln verspannen, wenn Ihr Herz schneller schlägt, wenn Ihr Blickfeld sich verengt, geht es Ihnen in dem Gespräch nicht gut. Sagen Sie Ihrem Partner möglichst umgehend, dass Sie eine Pause brauchen.

Wünsche äußern und Wünsche erfüllen

Jeder Mensch hat Wünsche an seinen Partner. Zwar können nicht alle Wünsche erfüllt werden, aber es ist ein wichtiger Vertrauensbeweis, in einer Partnerschaft Wünsche äußern zu können und zu dürfen. Versuchen Sie zunächst, das Bedürfnis, das hinter Ihrem Wunsch steht, zu verstehen und in Beziehung zu den Bedürfnissen Ihres Partners zu stellen: Wenn Sie sich mehr Zeit miteinander wünschen, haben Sie vielleicht ein größeres Bedürfnis nach Nähe als Ihr Partner. Wenn Sie sich einen gemeinsamen Traumurlaub wünschen, ist Ihr Bedürfnis nach verlässlicher Planung oder gemeinsam verbrachter Zeit vielleicht größer als das Ihres Partners. So gerüstet, können Sie gelassen in ein Gespräch über Ihre Wünsche gehen.

Auch Ihr Partner wird möglicherweise unausgesprochene Wünsche an Sie haben. Versuchen Sie ein Gesprächsklima zu schaffen, in dem Sie sich gegenseitig Ihre Bedürfnisse schildern können. Erfüllen Sie die Wünsche Ihres Partners, sofern diese nicht mit Ihren Bedürfnissen kollidieren. Bei Bedürfniskollisionen sind offene Gespräche wichtig, bei denen Sie und Ihr Partner sich gegenseitig Raum geben und ernst nehmen. In solchen Gesprächen können Sie viel über sich und über Ihren Partner lernen und Ihre Partnerschaft bleibt lebendig und kann wachsen.

Die Beziehung nicht überfrachten

Viele Beziehungen scheitern daran, dass ein Partner dem anderen alles im Leben sein soll: bester Freund, Vertrauter, Geliebter, Seelsorger, Versorger, Berater, Kümmerer und so weiter. In den seltensten Fällen geht das gut, denn zumeist kann nicht eine Person alle Beziehungsrollen im Leben eines anderen übernehmen, sondern ist davon heillos überfordert. Wenn Sie Ihre aktuelle Partnerschaft betrachten und sich fragen, welche Rollen Ihr Partner in Ihrem Leben spielen soll, werden Sie vielleicht feststellen, dass Sie eigentlich drei oder mehr Menschen in einer Person haben möchten.

Reduzieren Sie Ihre Ansprüche an Ihren Partner auf ein realistisches Maß und geben Sie auch anderen Menschen die Chance, eine wichtige Rolle in Ihrem Leben zu spielen. Damit entlasten Sie Ihren Partner, überfrachten Ihre Partnerschaft nicht und bekommen immer wieder neue Impulse. Umgekehrt sollten Sie auch nicht der Versuchung erliegen, Ihrem Partner alles sein zu wollen: Konzentrieren Sie sich vielmehr auf Ihre Stärken und darauf, was Ihnen in der Partnerschaft am wichtigsten ist. Geben Sie Ihrem Partner Zeit und Raum für die Pflege der Beziehungen zu anderen Menschen. Seien Sie großzügig und versuchen Sie, den Beziehungskiller Eifersucht zu vermeiden (siehe weiter hinten in diesem Kapitel), indem Sie den Menschen im Leben Ihres Partners wohlwollend und interessiert begegnen. Je mehr Sie über Ihren Partner, seine Bedürfnisse und seine Wünsche wissen, desto größer wird das gegenseitige Vertrauen und desto stabiler wird Ihre Beziehung.

Jeder kann nur sich selbst ändern, nicht den Partner

Gelassenheit in der Partnerschaft umfasst auch die Kunst, den Partner so sein zu lassen, wie er ist. Sie haben sich zu irgendeinem Zeitpunkt in Ihren Partner verliebt, haben sich für ihn entschieden und sind bereit, Ihr Leben oder einen Lebensabschnitt mit ihm zu teilen. Je besser Sie ihn kennenlernen, desto mehr liebenswerte Eigenschaften werden Sie an ihm finden – aber Sie werden auch immer wieder auf Ecken und Kanten Ihres Partners stoßen, die Ihnen nicht so gut gefallen. Wissen Sie was? Ihrem Partner geht es bei Ihnen genauso!

Vom Vorwurf zur Ich-Botschaft

Wenn Ihnen etwas an Ihrem Partner nicht gefällt, wenn Sie sich über ihn geärgert haben oder wenn Sie sich verletzt fühlen, ist es wichtig für Ihre eigene Befindlichkeit, aber auch für das Bestehen Ihrer Partnerschaft, dass Sie sich äußern und für Klarheit sorgen. Wenn Sie Konflikte vermeiden, wenn Sie Ärgernisse unter den Teppich kehren, wenn Sie Kränkungen hinunterschlucken, leidet Ihre Gelassenheit. Der Beziehungsstress wächst und irgendwann gibt es wegen einer Kleinigkeit einen Riesenkrach. Besser ist es daher, Konflikte zeitnah zu klären und auszuräumen.

»Immer hörst du weg, wenn ich mit dir rede!« oder »Nie bringst du den Müll raus!« sind Klassiker aus der stereotypen Beziehungskiste – Vorwürfe, bei denen der Adressat sofort abschaltet. Denn was heißt schon »immer« oder »nie«? Das hat mit einer aktuellen Situation überhaupt nichts zu tun! Wenn Sie schon einen Vorwurf zu machen haben, dann machen Sie ihn konkret: »Gerade habe ich dir von meiner Arbeit erzählt, aber du hast sofort das Thema gewechselt!« oder »Der Mülleimer läuft über und du bist diese Woche dran mit Küchendienst!«. Noch besser ist es allerdings, auf Vorwürfe zu verzichten und Ich-Botschaften zu formulieren.

Die Formulierungen »Du bist immer ...« oder »Du hast wieder ...« oder »Du machst nicht ...« sind deutliche Angriffe auf Ihr Gegenüber. Ihr Partner wird bei einem solchen Angriff vermutlich in die Verteidigungshaltung gehen oder sich der Situation entziehen. Also: Kampf-oder-Flucht-Programm (siehe Kapitel 1), Beziehungsstress, mangelnde Gelassenheit auf beiden Seiten. Ähnlich geht es Ihnen vermutlich auch, wenn Sie von Ihrem Partner mit solchen Anschuldigungen konfrontiert werden.

Wenn Sie hingegen über Ihre Gefühle oder über konkrete Kränkungen sprechen, halten Sie Ihrem Partner eine Tür auf, durch die er auf Sie zugehen kann: »Ich möchte dir gerne etwas erzählen und brauche deinen Rat. Wenn du dann aber das Thema wechselst, fühle ich mich nicht ernst genommen« – eine solche Formulierung nimmt Ihren Partner in die Verantwortung und zeigt ihm, dass er Ihnen wichtig ist. Vielleicht ist ihm gar nicht aufgefallen, wie wichtig Ihnen das Thema war, das Sie angesprochen haben. Vielleicht hat er gar nicht geahnt, dass Sie seinen Rat brauchen. Oder vielleicht ging ihm sein eigenes Thema schon so lange durch den Kopf, dass er endlich darüber sprechen wollte. Durch Ihre Offenheit und Ihre Ich-Botschaft ermöglichen Sie ein offenes Gespräch. Sie strahlen Gelassenheit aus und fördern durch den Verzicht auf Angriffe den gelassenen Umgang miteinander.

8 ► Gelassenheit in der Partnerschaft

Streiten lernen

Konflikte gehören zu einer Beziehung mit dazu. Vielleicht ist gerade der Umgang mit Konflikten, also die individuelle Streitkultur, ein Gradmesser für die Qualität einer Partnerschaft. Denn es gehören viel Gelassenheit, Vertrauen und Großzügigkeit dazu, einen Streit fair zu führen. Egal wie wütend Sie auf Ihren Partner sind oder wie stark verletzt Sie sich fühlen – atmen Sie tief durch und versuchen Sie, den Konflikt aus der Vogelperspektive zu betrachten: Worum geht es wirklich? Welche Grenzen hat Ihr Partner überschritten? Welche Ihrer Bedürfnisse wurden missachtet? Und vor allem: Wie fühlt sich Ihr Partner im Hinblick auf den Konflikt?

Das Hineinversetzen in den anderen ist ein sicherer Weg, um das Verständnis füreinander zu erhöhen. Selbstverständlich sind beide Partner gefragt, ihren Teil dieses Weges zu gehen. Eine Partnerschaft, in der sich immer nur der eine in den anderen Partner hineindenkt, während der andere munter sein eigenes Ding dreht und sich nicht um die Gefühlswelt seines Partners schert, ist zum Scheitern verurteilt.

Nehmen Sie sich regelmäßig Zeit zur Selbstreflexion in Bezug auf Ihre Partnerschaft. Fragen Sie sich:

✔ Wie wirkt mein Verhalten vermutlich auf meinen Partner?

✔ Wie kommt meine Kommunikation bei ihm an?

✔ Wie fühlt mein Partner sich mit mir?

Je ehrlicher Sie sich selbst gegenüber sind und je besser Sie Ihrem Partner zuhören, desto näher werden Sie sich in der Partnerschaft kommen können und desto intensiver und belastbarer wird Ihre Bindung im Laufe der Zeit werden. In schwierigen Zeiten werden Sie sich dann blind auf Ihren Partner verlassen können – ein gutes und gelassenheitsförderndes Gefühl.

Checkliste: Was Sie an Ihrem Partner mögen

Je länger Sie bereits in einer Partnerschaft leben, desto selbstverständlicher wird Ihnen alles, was an Ihrem Partner gut und liebenswert ist. Die störenden Eigenschaften Ihres Partners nehmen erfahrungsgemäß hingegen im Alltag immer größeren Raum ein. Da ist es hilfreich, sich immer wieder vor Augen zu führen, was Sie an Ihrem Partner lieben:

✔ Welche körperlichen Eigenschaften mögen Sie an Ihrem Partner besonders?

✔ Welche Charaktereigenschaften Ihres Partners sind Ihnen wichtig?

✔ Fühlen Sie sich bei Ihrem Partner sicher und verstanden?

✔ Können Sie gemeinsam mit Ihrem Partner lachen und weinen?

✔ Dürfen Sie bei Ihrem Partner so sein, wie Sie eben sind?

✔ Können Sie Ihrem Partner alles erzählen?

✔ Wenn Sie sich die Männer/Frauen in Ihrer Umgebung anschauen, würden Sie Ihren Partner gegen irgendwen eintauschen wollen? Oder möchten Sie gerne Single sein?

Wenn Sie bei der Reflexion über diese und ähnliche Fragen ein gutes und warmes Gefühl bekommen, wenn Ihnen spontan viele Antworten einfallen und wenn Sie anfangen zu lächeln und ruhiger zu werden, ist Ihre Partnerschaft jede Anstrengung wert! Wenn Sie mögen, schreiben Sie sich einige Punkte, die Sie an Ihrem Partner lieben, in Ihr Gelassenheitstagebuch (vergleiche Kapitel 7). Wenn Sie sich dann wieder einmal über ihn ärgern, schlagen Sie nach, was Sie aufgeschrieben haben. Vielleicht verfliegt der Ärger dann ganz schnell, denn zumeist sind es im Alltag ja doch leider die vielen kleinen Ärgernisse, die die großen Glücksmomente in den Hintergrund drängen können.

Gelassenes Miteinander immer wieder neu vereinbaren

Veränderung liegt im Wesen der Partnerschaft: So wie sich die Lebensumstände ändern, wie Partner sich weiterentwickeln und wie immer wieder andere Dinge im Leben wichtig werden, so verändert sich auch die Partnerschaft. Denn wäre sie statisch, würde sie an der äußeren Dynamik zerbrechen.

Mit einer gelassenen Haltung als Grundeinstellung der Partner ist es möglich, das Miteinander jeden Tag aufs Neue zu hinterfragen, anzupassen und weiterzuentwickeln. Und das lohnt sich, denn: »Das Ganze ist mehr als die Summe der einzelnen Teile« – diese Annahme gilt auch für eine dynamische Partnerschaft. Wenn Ihre Partnerschaft mit Ihnen und Ihrem Partner mitwächst, werden Sie mehr erleben und erreichen, als Sie das allein jemals könnten.

Intro- oder extravertiert: Unterschiede zulassen

Um sich zusammen und nicht auseinanderzuentwickeln, brauchen beide an einer Partnerschaft Beteiligten einen wachen Blick für ihre Unterschiede. Insbesondere was die Persönlichkeitseigenschaft der Intro-/Extraversion angeht (siehe Kapitel 3), ist große Aufmerksamkeit erforderlich, um sich gegenseitig in einer Partnerschaft nicht zu überfordern. Denn ein introvertierter Mensch geht ganz anders mit Konflikten um als ein extravertierter und braucht ganz andere Schutzzonen in seiner Lebensgemeinschaft.

Sind beide Partner introvertiert oder beide extravertiert, ist das Verständnis füreinander oft intuitiv gegeben. Bei einer Intro-/Extra-Partnerschaft gibt es hingegen besondere Anforderungen für die Partner: Der Introvertierte braucht hinreichend Verständnis für das Kommunikationsbedürfnis seines extravertierten Partners, und der Extravertierte sollte dem Introvertierten ausreichend Rückzugsmöglichkeiten einräumen. Hier gilt die alte Regel: Sprechen hilft! Es ist wenig sinnvoll, dass der Introvertierte in Konfliktfällen die Kommunikation verweigert oder dass der Extravertierte in solchen Fällen Geschirr zerschlägt. Hilfreicher ist es, wenn beide die Chance zum Gespräch nutzen, bevor einer von ihnen (oder beide) den »Point of no Return« erreicht haben und kein Gespräch mehr möglich ist. Tief durchatmen!

Die Suche nach der besseren Hälfte

Viele Menschen tragen eine tiefe Sehnsucht nach Vereinigung in sich. Sie erleben das Alleinsein als Mangelzustand und wünschen sich eine Körper- und Seelenverwandtschaft mit einem Partner. Sie sind auf der Suche nach ihrem Gegenstück – nach der anderen, der vielleicht besseren Hälfte von sich selbst, analog zu dem Kugelmenschenkonzept des griechischen Philosophen Platon.

Es besteht die Gefahr, dass ein Partner aufgrund dieser tiefen Sehnsucht idealisiert wird: Er soll jeden Mangel ausgleichen und die eigenen Schwächen vergessen machen, sodass die Partnerschaft in jeder Hinsicht »rund« wird. Doch das wirkliche Leben ist anders: Jeder Mensch hat Schwächen, jeder trägt seinen individuellen Mangel mit sich herum, niemand ist perfekt. Und zwei unperfekte Menschen zusammen werden auch nicht einfach so, im Sinne von »Minus und Minus gibt Plus«, perfekt!

Wer mit sich selbst gelassen umgeht, der ist auch in der Lage, mit seinem Partner gelassen zu bleiben. Wenn Sie zu Ihren Schwächen und Mängeln stehen, wenn Sie an sich arbeiten, wenn Sie nach Weiterentwicklung streben, werden Sie auch in der Lage sein, die Schwächen und Mängel Ihres Partners liebevoll zu akzeptieren, gemeinsam mit ihm an der Partnerschaft zu arbeiten und sich zusammen weiterzuentwickeln. Überfrachten Sie Ihren Partner oder die Partnerschaft nicht mit dem Wunsch nach Perfektion.

Der Kugelmensch (nach Platon: Das Symposion)

Ursprünglich gab es drei Geschlechter von Menschen: das männliche, das weibliche und ein drittes, das männlich und weiblich in sich vereinte, das Mannweib. Dessen Gestalt war rund: Rücken und Seiten schlossen sich ringsum zu einem Kugelmenschen zusammen. Vier Arme und vier Beine hatte dieses Wesen und zwei Gesichter auf kreisrundem Hals. Es lief aufrecht wie heute und nach Belieben vorwärts oder rückwärts. Die Kugelmenschen waren stark, schnell, hatten verwegene Gedanken und wurden deshalb selbst den Göttern gefährlich. Deswegen zerschnitt der Göttervater Zeus jeden von ihnen in zwei Hälften. Seitdem gehen die beiden Teile getrennt aufrecht auf zwei Beinen und beide sehnen sich danach, sich mit der jeweils anderen Hälfte wieder zu vereinen. Seit uralter Zeit ist also der Eros zueinander in die Menschen eingepflanzt. Er führt sie zu ihrem ursprünglichen Wesen zurück, macht aus zweien eins und heilt die menschliche Natur.

Unverzichtbare Gesten

»Du weißt doch, dass ich dich liebe!« oder »Spürst du nicht, wie wichtig du mir bist?« sind hilflose Äußerungen von Menschen, die nicht gelernt haben, ihren Gefühlen sprachlichen Ausdruck zu verleihen. Es ist notwendig und wichtig, sich in einer Partnerschaft mit Worten sowie kleinen und großen Gesten der gegenseitigen Liebe, Achtung und Wertschätzung zu versichern. Außerdem macht es sehr viel Spaß, die Freude des Partners zu sehen, wenn ein kleines Geschenk genau richtig war, oder die Dankbarkeit des Partners zu erleben, wenn das liebevoll zubereitete Essen gut schmeckt.

Es fördert die Gelassenheit eines Menschen, sich angenommen und geliebt zu fühlen. Ihm dies in einer Partnerschaft immer wieder zu vermitteln – mit Worten, Gesten und Taten –, ist ein wichtiger und gelassenheitsfördernder Teil des Miteinanders. Vielleicht können Sie dies in Ihren Gelassenheitsübungsplan mit aufnehmen: Nehmen Sie sich vor, Ihrem Partner mehrfach in der Woche etwas Liebevolles zu sagen oder ihm mit anderen Gesten Ihre Wertschätzung zu vermitteln. Achten Sie darauf, wie es Ihnen geht, wenn Sie Ihre Partnerschaft auf diese Weise pflegen – und achten Sie auch darauf, wie Ihr Partner reagiert! Ihre Gelassenheit fördert seine Gelassenheit und umgekehrt.

Auch eine befriedigende Sexualität fördert die Gelassenheit

Zu einer Partnerschaft gehört fast immer auch die körperliche Vereinigung mit dazu. Die Sexualität ist eine starke Triebfeder des Menschen. Beim Geschlechtsverkehr werden zahlreiche Hormone ausgeschüttet, die das Wohlbefinden und die Partnerbindung fördern und das Belohnungssystem im Gehirn stimulieren. Wer in einer Partnerschaft lebt, in der die Sexualität eine für beide Partner ähnlich wichtige Rolle spielt und befriedigend ausgelebt werden kann, begegnet vielen Herausforderungen des Lebens viel gelassener. Denn er schöpft Kraft aus dem körperlichen Miteinander und findet im Bett (oder wo auch immer die Vereinigung stattfindet) einen verlässlichen Schutz- und Rückzugsraum vor der Unbill der Welt.

 Wenn Sie in Ihrer Partnerschaft Probleme mit der Sexualität erleben, lohnt es sich, diesen Problemen auf den Grund zu gehen. Oft stecken Konflikte auf anderen Ebenen dahinter. Sobald diese Konflikte thematisiert und gelöst werden können, klappt es zumeist auch im Bett wieder.

Warnsignale in der Beziehung erkennen und ernst nehmen

Auch wenn Sie sich sehr um Ihre Partnerschaft bemühen und stetig an sich arbeiten, kann es vorkommen, dass die Beziehung in Gefahr gerät. Achten Sie daher auf Warnsignale, die Risse in Ihrer Partnerschaft ankündigen. Oft können solche Risse gekittet werden, wenn beide Partner das wollen. Wenn Sie hingegen zu lange abwarten, werden die Risse zu Brüchen und irgendwann ist so viel Porzellan zerschlagen, dass Ihre Beziehung nicht mehr gerettet werden kann.

Aktives Zuhören fördert das Verständnis

Mangelnde, missverständliche oder fehlende Kommunikation ist das wichtigste Warnsignal in einer Partnerschaft. Wenn Sie keine Lust mehr haben, sich Ihrem Partner mitzuteilen, oder wenn Ihr Partner seine Abende lieber allein im Hobbykeller als mit Ihnen verbringt, sollten die Warnlampen anfangen zu leuchten.

Richten Sie Ihren Blick möglichst frühzeitig auf die Art, wie Sie und Ihr Partner miteinander kommunizieren:

- ✔ Lassen Sie sich gegenseitig ausreden?
- ✔ Bleiben Sie beim Thema?
- ✔ Hören Sie aufmerksam zu und stellen sich gegenseitig Fragen?
- ✔ Signalisieren Sie sich gegenseitig Interesse an dem, was der andere sagt?

Das sogenannte aktive Zuhören, das von dem amerikanischen Psychologen Carl Rogers in den 1980er-Jahren als psychotherapeutisches Werkzeug beschrieben wurde, kann auch in einer Partnerschaft Wunder wirken: Es fördert das Vertrauen und den wertschätzenden Umgang miteinander und trägt erheblich dazu bei, Missverständnisse zu vermeiden.

Beim aktiven Zuhören

- ✔ haben beide Kommunikationspartner eine offene Grundhaltung zueinander,
- ✔ treten beide Kommunikationspartner authentisch auf und verstellen sich nicht,
- ✔ akzeptieren und wertschätzen sich die beiden Kommunikationspartner,
- ✔ versuchen sich die Kommunikationspartner ineinander hineinzuversetzen,
- ✔ nutzen die Kommunikationspartner insbesondere die nonverbale Kommunikation (Blickkontakt, Hinwendung, Mimik und Gestik), um ihre Aufmerksamkeit zu signalisieren,
- ✔ gibt der Zuhörer dem Sprecher Rückmeldung über das Gehörte und Verstandene, vor allem über die emotionalen Anteile der Äußerungen.

Es fördert Ihre Gelassenheit, aber auch die Ihres Partners, wenn Sie sich Zeit zum Zuhören nehmen und die Kommunikation in Ihrer Partnerschaft pflegen. Sie müssen nicht ständig und über alles sprechen – aber wenn Sie miteinander sprechen, sollten Sie beide aufmerksam, achtsam und zugewandt sein.

Hilfe annehmen

Wenn Sie in Ihrer Partnerschaft einen Punkt erreichen, an dem der Beziehungsstress zu groß wird und Sie sich trotz aller Gelassenheitsübungen keinen Rat mehr wissen, um den Druck zu senken, können Sie sich Hilfe suchen:

- ✔ Paarberatung: Es gibt sowohl kostenlose als auch kostenpflichtige Anbieter von Ehe-, Paar- oder Familienberatung. In Eheberatungsstellen, die von Gemeinden, Verbänden oder Kirchen angeboten werden, arbeiten zumeist Sozialpädagogen, Seelsorger oder Psychologen. Auch niedergelassene Psychotherapeuten oder Psychiater bieten Paarberatung an. Ziel ist die professionelle und diskrete Begleitung eines Paares oder einer Familie in Konfliktsituationen oder Krisen.

✔ Paartherapie: In schweren Krisensituationen kann eine professionelle Therapie dem Paar helfen. Die Paartherapie wird von ärztlichen oder psychologischen Psychotherapeuten und Familientherapeuten angeboten. Sie nutzt verschiedene Methoden, deren gemeinsames Merkmal die Lösungsorientierung ist. Gemeinsam mit dem Therapeuten versuchen die Partner, die Gründe für ihre Konflikte zu erforschen und offenzulegen, um dann Wege aus der Krise zu finden.

✔ Mediation: Unter Mediation versteht man ein strukturiertes Verfahren zur Konfliktlösung, das von einem allparteilichen Dritten moderiert wird. Das Verfahren übernimmt unter anderem Methoden der Psychotherapie und wird in Deutschland vor allem genutzt, um Rechtsstreitigkeiten außergerichtlich beizulegen. Die Verantwortung für die Lösung des Konflikts liegt ausschließlich bei den beteiligten Parteien; der Mediator ist zuständig für den geregelten Ablauf der Mediation und macht keine Lösungsvorschläge. Bei Beziehungskonflikten wird eine Mediation insbesondere im Rahmen bevorstehender Trennungen oder Scheidungen angewandt.

Beziehungskiller – und der Umgang damit

Um eine langjährige Partnerschaft lebendig zu erhalten, ist es wichtig, mögliche Beziehungskiller zu kennen und ihnen aktiv zu begegnen. Viele Probleme kommen schleichend und werden ganz langsam größer. Wenn Sie aufmerksam sind und bleiben, wenn Sie sich kleineren Problemen gelassen stellen und diese nicht unter den Teppich kehren, sondern lösen, tun Sie viel für sich und Ihren Partner. Es lohnt sich: Eine glückliche Beziehung ist ein wichtiger Faktor für Ihre Gesundheit!

Gedankenlosigkeit kann verletzen

Ein achtlos hingeworfenes Wort, eine gedankenlose Geste, ein vergessener Termin, ein gebrochenes Versprechen – all das kann einen Partner sehr verletzen. Je länger eine Beziehung dauert und je mehr man sich aneinander gewöhnt, desto wichtiger ist es, sich aufeinander zu konzentrieren, um an der Entwicklung des anderen, an seinem Alltag, seinen Sorgen und seinen Freuden Anteil zu nehmen. Wenn Sie berufstätig sind, verbringen Sie vermutlich deutlich mehr Zeit mit Ihren Kollegen als mit Ihrem Partner und Ihrer Familie. Diese wenige Zeit jedoch bewusst zu gestalten ist für Ihr eigenes Wohlergehen und das Ihres Partners besonders wichtig. Es fördert Ihre Gelassenheit, wenn Sie die gemeinsamen Momente im Hier und Jetzt erleben und genießen.

Unaufmerksamkeit zerstört Beziehungen

Aufmerksam dem Partner gegenüber zu sein ist eine gelassenheitsfördernde Übung: Schließen Sie die Augen und denken Sie an Ihren Partner. Geht es Ihrem Partner heute gut? Ist er fröhlich, ausgeglichen und gesund? Hat er eine neue Frisur? Was hat er Ihnen über seine Pläne für den heutigen Tag erzählt? Wie klang seine Stimme, als Sie zuletzt miteinander gesprochen haben? Sehen Sie sein Lächeln, seine Augen, seine Körperhaltung vor sich? Was lösen die Gedanken an Ihren Partner bei Ihnen aus? Wenn Sie bemerken, dass Sie nur (noch) ein verschwommenes Bild Ihres Partners vor Ihrem inneren Auge sehen, ist es höchste Zeit, aufmerksamer zu sein. Denn Unaufmerksamkeit zerstört eine Beziehung langsam, aber sicher.

Eifersucht löst Verlustangst aus

Eifersucht ist ein schmerzhaftes Gefühl mangelnder Aufmerksamkeit, insbesondere dann, wenn ein geliebter Partner seine Zuneigung einer anderen Person schenkt. Eifersucht löst Verlustängste aus und wird als Gefährdung der Beziehung wahrgenommen. Ob der Partner sich nun tatsächlich oder nur vermeintlich intensiver mit einem anderen Menschen befasst, ist für den eifersüchtigen Partner unerheblich. Sein Gefühl ist so stark, dass er darunter leidet: »Eifersucht ist eine Leidenschaft, die mit Eifer sucht, was Leiden schafft«. Der Eifersucht in einer Beziehung gelassen zu begegnen, ist eine wichtige Aufgabe für beide Beteiligten: Derjenige, der eifersüchtig ist, sollte einen gelassenen Blick auf den anderen einüben und ihm seine Freiheiten lassen. Derjenige, der Eifersucht auslöst, sollte seinen Partner ernst nehmen und ihn regelmäßig seiner Liebe, Treue und Aufmerksamkeit versichern. Eifersucht ist einer der häufigsten Gründe für häusliche Gewalt. Bei einem großen Teil der Morde und Totschlagsdelikte ist Eifersucht das Tatmotiv.

Wenn Ihr Partner zu Eifersucht neigt, nutzen Sie dies keinesfalls aus, um ihn absichtlich eifersüchtig zu machen. Ein solches Verhalten verletzt den anderen grundlos und ist ein Zeichen von Unreife. Denken Sie an das Sprichwort »Was du nicht willst, das man dir tu', das füg auch keinem anderen zu«.

Konkurrenz – nein danke

Konkurrenz belebt das Geschäft – aber sie gefährdet partnerschaftliche Beziehungen. Denn Konkurrenz bezeichnet Rivalität und Wettbewerb. Beides hat in einer Liebesbeziehung nichts verloren. Partnerschaften wachsen durch liebevolle Akzeptanz der eigenen Stärken und Schwächen sowie der Stärken, Schwächen und Grenzen des anderen. Der Partner sollte sich angenommen und geborgen fühlen, er sollte schwach sein dürfen und nicht ständig zur Bestform auflaufen müssen. Im Leben außerhalb der Partnerschaft spielt Konkurrenz eine bedeutende Rolle – es fördert daher die Gelassenheit, in der Partnerschaft man selbst sein zu können. Wenn Sie Konkurrenzdruck in Ihrer Beziehung erleben, sprechen Sie Ihren Partner darauf an und versuchen Sie gemeinsam herauszufinden, woher dieses Gefühl kommt. Meinen Sie, sich gegenseitig etwas beweisen zu müssen? Wenn ja, warum? Versuchen Sie, sich gegenseitig genügend Raum zu geben für das, was Ihnen jeweils besonders wichtig ist. Wenn der eine Partner gerne kocht, muss der andere ja nicht unbedingt besser kochen, sondern gemeinsames Kochen könnte eine wunderbare Lösung der (vielleicht unbewussten) Konkurrenzsituation sein.

Gleichgültigkeit ist gefährlich

Wenn Ihnen das Wohlbefinden Ihres Partners egal ist, ist dies ein sicheres Zeichen dafür, dass Ihre Beziehung kurz vor dem Ende steht. Denn Gleichgültigkeit, also die Abwesenheit von Gefühlen (egal ob positiv oder negativ), belegt, dass Sie am Leben Ihres Partners nicht mehr teilnehmen. Wenn Sie befürchten, dass Sie Ihrem Partner gleichgültig geworden sind, sprechen Sie ihn offen darauf an: Ist er Ihnen gegenüber wirklich teilnahmslos? Oder sind seine Energien derzeit woanders so sehr gebunden, dass er sich Ihnen nicht mehr widmen kann? Bevor Sie anfangen, nebeneinanderher zu leben, versuchen Sie mit großer Gelassenheit, sich wieder aufeinander zuzubewegen. Es lohnt sich – denn eine gelingende Partnerschaft zählt zu den am meisten sinnstiftenden Lebensverhältnissen.

Beziehungen beenden

Wenn eine Beziehung unwiderruflich zerrüttet ist, ist es für alle Beteiligten meist besser, diese Beziehung zu beenden. Da viele Gefühle, Verletzungen und Schmerzen damit verbunden sind, ist es schwierig, in einer Trennungssituation gelassen und fair zu bleiben. Trennungen werden in der Medizin zu den »Top Ten« der Stressfaktoren gezählt. Sie betreffen nicht nur die beiden Partner, sondern auch das Umfeld: Kinder, Großeltern, Freunde – sie alle nehmen Anteil und vielleicht auch Schaden. Wenn Sie in einer Trennungssituation stecken, achten Sie gut auf sich selbst und auf Ihre Gefühle. Geben Sie Ihrer Trauer, Ihrem Schmerz und Ihrer Wut Raum, konzentrieren Sie sich auf das, was Ihnen guttut, und nehmen Sie Hilfe an. Ihre Gelassenheit wird in einer solchen Situation auf eine harte Probe gestellt. Aber Sie haben auch die Chance, gestärkt aus der Trennung hervorzugehen und aus der gescheiterten Beziehung zu lernen. In Kapitel 17 finden Sie weitere Gelassenheitstipps für Trennungssituationen.

Gelassene Kindererziehung

In diesem Kapitel

▶ Kindererziehung kann man lernen
▶ Grenzen setzen
▶ Familienregeln fördern die Gelassenheit
▶ Kinder ins Leben gehen lassen

Auch bei noch so guten Vorsätzen fällt es Eltern gelegentlich schwer, die Nerven zu behalten, wenn ihre Kinder schreien, toben, sich streiten oder uneinsichtig sind. Dann ist es manchmal schnell vorbei mit der Gelassenheit und Vater oder Mutter fangen an zu schimpfen, zu drohen, zu bestrafen oder ebenfalls zu schreien und zu toben. So kann sich ganz schnell eine Stressspirale in der Familie entwickeln: Es wird nur noch mit erhobener Stimme und in erhöhter Lautstärke miteinander kommuniziert, der Kampf-oder-Flucht-Mechanismus (vergleiche Kapitel 1) ist bei allen Beteiligten aktiviert und niemand fühlt sich mehr wirklich wohl. Wenn Sie Kinder haben, werden Sie immer wieder die Erfahrung machen, dass Gelassenheit in der Kindererziehung eine große Herausforderung ist. Gelassenheitsübungen können Ihnen das Leben als Vater oder Mutter sehr erleichtern.

Gelassener Umgang mit Kindern – vom ersten Tag an

Kinder können ihre Eltern an die Grenzen ihrer Belastbarkeit bringen. Die lieben Kleinen brauchen zumindest in den ersten Lebensjahren fast rund um die Uhr Aufmerksamkeit, Liebe, Zuwendung, Anerkennung und Unterstützung. Sie fordern völlig selbstverständlich, Mittelpunkt der Welt ihrer Eltern zu sein. All das ist ganz normal und notwendig – und dafür geben Kinder ihren Eltern auch viel zurück: Die Welt noch einmal mit Kinderaugen sehen zu können, eine kleine Kinderhand in der eigenen Hand zu spüren, einem Kind die Tränen zu trocknen, das Kind beim Heranwachsen zu begleiten und täglich seine Freude, aber auch sein Leid zu teilen – das ist es wert, als Eltern immer und überall sein Bestes zu geben.

Als (werdende) Eltern Verantwortung übernehmen

Auch in der Kindererziehung kann man als Eltern oder Erziehender Gelassenheit lernen. Erinnern Sie sich noch an die Grundübung? Tief durchatmen! Nicht gleich losbrüllen! Das schraubt die Stressspirale ganz automatisch ein wenig herunter und hilft, auf dem Teppich zu bleiben, anstatt auf die Palme zu gehen – sowohl den Eltern als auch den Kindern.

Die Verantwortung für Gelassenheit in der Familie liegt zunächst ausschließlich bei den Erwachsenen, bis die Kinder irgendwann einsichtig genug sind, um selbst Gelassenheit zu üben. Die Eltern sind Vorbild für ihre Kinder: Gelassene Eltern haben zumeist auch gelassene Kinder.

Gelassenheit im Umgang mit Kindern ist vom allerersten Tag an wichtig: Sobald zwei Menschen wissen, dass sie Eltern werden – ob geplant oder ungeplant –, ändert sich ihr Leben und ihre Gelassenheit wird auf die Probe gestellt. Eine Schwangerschaft betrifft Frau und Mann gleichermaßen. Sie ordnet die Partnerschaft neu und verschiebt die Prioritäten: Die Frau trägt Verantwortung für das neue Leben in ihrem Bauch, verzichtet auf ungesunde Lebensweisen, horcht mehr in sich hinein als vorher und übernimmt die Rolle der Ernährerin des neuen Menschenwesens. Der Mann findet sich in der Rolle des Beschützers wieder, er macht Platz in seinem Leben für einen neuen Menschen und erlebt, dass er die Aufmerksamkeit seiner Partnerin künftig wird teilen müssen.

»Vater werden ist nicht schwer, Vater sein dagegen sehr ...«

In der Zeit der Schwangerschaft ist es für die werdenden Eltern wichtig, ihre Bedürfnisse ernst zu nehmen und sich gegenseitig mit großer Gelassenheit zu begegnen. Denn eine Schwangerschaft ist für die werdende Mutter und den werdenden Vater eine Zeit des Um- und Aufbruchs. Ein neuer Lebensabschnitt fängt an und viele ganz neue Erfahrungen warten. Da sind Unsicherheiten und Ängste ganz normal, aber auch Euphorie und die Beschränkung aller Interessen auf das Thema Kind.

Wenn das Kind dann geboren ist, geht es richtig los: Schläft das Baby im eigenen Bettchen oder im Elternbett? Wer steht nachts auf? Was tun, wenn der Säugling schreit? Wann darf Besuch kommen und wann nicht? Welcher Elternteil arbeitet wann wieder? Viele dieser Fragen können zwar im Vorfeld besprochen werden, aber die Praxis sieht dann oft ganz anders aus als die ausdiskutierte Theorie. Flexibilität ist in dieser Phase besonders gelassenheitsfördernd: Nehmen Sie jeden Tag so, wie er kommt, denn mit einem Baby ist jede Planung ohnehin oft überflüssig, weil sich vieles ganz anders entwickelt als gedacht. Je mehr Sie loslassen können, desto gelassener können Sie sein.

Verabschieden Sie sich von den Weisheiten, die Ihnen von wohlmeinenden Verwandten oder Freunden vermittelt werden. Finden Sie Ihren eigenen Weg als Familie. Streben Sie nicht nach Idealbildern, die unerreichbar sind, weil sie nichts mit Ihrer Realität zu tun haben. Freuen Sie sich über jeden gemeinsamen Tag mit Ihrem Kind und Ihrem Partner und erleben Sie die Welt noch einmal ganz neu.

Eltern sein und Partner bleiben

In manchen jungen Familien vergessen die Eltern, dass sie ein Paar sind. Sie kümmern sich nur noch um das Baby und stellen alle eigenen Wünsche hintenan. Das ist eine Zeit lang völlig in Ordnung und trägt zu großer Nähe zwischen Eltern und Kind bei. Irgendwann meldet sich dann aber bei einem der beiden Partner (oder – idealerweise – bei beiden gleichzeitig) der Wunsch nach einem Abend »so wie früher«, also in trauter Zweisamkeit ohne Kind. Nehmen Sie diesen Wunsch ernst! Denn er ist Ausdruck großer Verbundenheit und Nähe.

Es fördert Ihre Gelassenheit als Eltern und als Partner, wenn Sie sich gemeinsame Auszeiten gönnen. Suchen Sie sich einen vertrauenswürdigen Babysitter, fangen Sie mit kurzen Vergnügungen an, bei denen Sie notfalls auch rasch wieder nach Hause fahren können, falls irgendwas zu Hause nicht klappt, und genießen Sie ein ungestörtes Gespräch beim Abendessen oder einem Spaziergang.

Tauschen Sie sich als Eltern viel über Ihr Kind, über Ihre Hoffnungen und Sorgen, über Ihre Wünsche und Träume aus – denn nur so können Sie Ihre unterschiedlichen Vorstellungen von Kindererziehung abgleichen und einen gemeinsamen Weg finden. Versuchen Sie auch, Ihre eigenen durch Erziehung erworbenen Glaubenssätze zu hinterfragen (vergleiche Kapitel 1): Welche haben Ihnen im Leben weitergeholfen? Welche haben Sie an Ihrer Entfaltung gehindert? Geben Sie Ihrem Kind nur das weiter, was auch gut für Sie selbst war.

Alle Eltern machen Fehler in der Erziehung – das ist unvermeidbar, auch wenn man es noch so gut mit dem Nachwuchs meint. Fatal ist jedoch, wenn Fehler unreflektiert von Generation zu Generation weitergegeben werden. Dazu gehören insbesondere Gewalt, Unterdrückung, Gefühlskälte und Liebesentzug. Wenn Sie solche Dinge in Ihrer eigenen Kindheit erleben mussten, versuchen Sie, vielleicht sogar mit professioneller Hilfe, Ihren Kindern besonders viel Liebe und Geborgenheit zu vermitteln. Auch wenn Sie dies nicht selbst in Ihrer Kindheit erfahren und somit erlernt haben, so haben Sie doch die Chance, das fatale Rad der generationsübergreifenden Fehler und Schrecken anzuhalten.

Kindererziehung als Hobby

Wer Auto fahren möchte, muss einen Führerschein machen. Wer Kinder erziehen will, braucht nichts dergleichen, sondern kann einfach loslegen. Manche Eltern sind ganz unbekümmert, andere machen sich viele Gedanken. Um in der Kindererziehung gelassen zu bleiben und die Kinder wachsen und gedeihen lassen zu können, braucht man viel Ruhe, Kraft und Unterstützung: »Es braucht ein Dorf, um ein Kind großzuziehen« lautet ein afrikanisches Sprichwort. Doch in unserer Gesellschaft sind die meisten Eltern ganz allein auf sich gestellt bei dem Abenteuer Kindererziehung.

Vielleicht hilft es Ihnen, sich die Kindererziehung als Hobby vorzustellen. Bevor man ein neues Hobby aufnimmt, informiert man sich über alles, was man für dieses Hobby braucht. Man schafft sich entsprechende Ausrüstung an, bittet Erfahrene um Rat, sucht sich einen Gleichgesinnten, um das Hobby gemeinsam auszuüben, und beginnt mit der neuen Beschäftigung. Meist ist man nicht gleich perfekt, sondern macht Fehler. Und vor allem heißt es: üben, üben, üben. Vielleicht gibt es zwischendurch Rückschläge oder man ist kurz davor, das Hobby aufzugeben. Wenn man es dann aber geschafft hat, schaut man voll Stolz auf das Erreichte.

Ähnlich wie beim Erlernen einer neuen Sprache oder einer neuen Sportart verhält es sich auch mit der Kindererziehung: Um gelassen an diese Lebensaufgabe heranzugehen, sollten Sie sich umfassend informieren, Rat suchen, Unterstützung annehmen, erfahrene Eltern beobachten und Ihren eigenen Weg finden. Geben Sie niemals auf! Wenn Sie merken, dass eine Erziehungsmethode nicht funktioniert, probieren Sie eine andere aus.

Grenzen setzen und gelassen bleiben, wenn Kinder Grenzen überschreiten

Kinder zu erziehen bedeutet, ihnen Liebe und Geborgenheit zu geben, ihre Bedürfnisse zu befriedigen, ihnen Werte zu vermitteln, auf ihre körperliche, geistige und seelische Gesundheit achtzugeben und sie dabei zu unterstützen, ihren ganz eigenen Lebensweg zu finden. Aus meiner Sicht sind zwei Dinge dabei unverzichtbar: einerseits bedingungslose Liebe, andererseits klare Grenzen. Gelassene Eltern schaffen es, diese Gratwanderung jeden Tag aufs Neue zu meistern – zum Wohle ihrer Kinder.

Bedingungslos zu lieben bedeutet, einen Menschen so anzunehmen, wie er ist, und keine Bedingungen an das Geschenk der Liebe und Wertschätzung zu knüpfen. Wenn ein Kind zur Welt kommt, wird im gleichen Moment bei den allermeisten Eltern diese bedingungslose Liebe zu ihrem Kind mit geboren.

Der erste Blick auf das Neugeborene löst bei Mutter und Vater eine Hormonausschüttung aus, die archaische Instinkte in Gang setzt: Beschützerinstinkt, Nestbauinstinkt, Versorgungs-, Pflege- und Schutzinstinkte. Das dafür verantwortliche Hormon Oxytocin fördert zusätzlich den Stressabbau und die Bereitschaft, tragfähige soziale Kontakte zu knüpfen. Obwohl gerade die erste Zeit mit einem neugeborenen Kind zumeist sehr anstrengend und aufregend ist, sind gleichzeitig gute Voraussetzungen für Gelassenheit gegeben. Tief durchatmen und das Baby immer wieder liebevoll anschauen, in den Arm nehmen, an ihm schnuppern – das sind Gelassenheitsübungen mit Baby!

Grenzen gemeinsam definieren

Für eine gelassene Kindererziehung ist es hilfreich, wenn Vater und Mutter sich einig sind über den Erziehungsstil, die zu vermittelnden Werte und die zu ziehenden Grenzen. Besprechen Sie mit Ihrem Partner, was Ihnen für die Erziehung der gemeinsamen Kinder wichtig ist:

✔ Erziehen Sie eher autoritär oder eher nachgiebig?
✔ Welche Regeln soll Ihr Kind erlernen?
✔ In welchen Bereichen möchten Sie Ihrem Kind Freiheiten lassen?
✔ Wie möchten Sie in Konfliktsituationen gerne reagieren?

✔ Welche Erfahrungen haben Sie selbst gemacht, als Sie von Ihren Eltern erzogen wurden? Was war gut, was möchten Sie anders machen?

Es fördert die Gelassenheit, wenn Sie sich darauf einstellen, dass Sie Ihre Vorstellungen von Kindererziehung immer wieder mit Ihrem Partner und mit der Realität abgleichen müssen – manchmal vielleicht sogar von Tag zu Tag. Denn Kinder sind einzigartige Individuen. Sie können noch so viele Ratgeber gelesen oder Diskussionen geführt haben:

Ihr Kind wird Sie immer wieder überraschen und vor neue Herausforderungen stellen! Begegnen Sie diesen Herausforderungen neugierig und entspannt. Und wenn Sie merken, dass Sie von einer Situation überfordert sind, atmen Sie tief durch, bitten Sie Ihren Partner um Unterstützung, nehmen Sie sich eine Auszeit oder vertagen Sie die Lösung eines Problems. Sie müssen nicht perfekt sein – denn Kinder sind belastbar und halten es aus, dass Eltern Fehler machen.

Konsequent sein

Kinder brauchen verlässliche Bindungserfahrungen, um gesund heranzuwachsen. Die primären Bindungspersonen sind Mutter und Vater. Aber auch Großeltern, Paten, deutlich ältere Geschwister oder Kinderfrauen beziehungsweise Tagesmütter können die Rolle einer Bindungsperson übernehmen. Wichtig ist, dass ein Kind sich auf seine Beziehungsperson verlassen kann. Es braucht die Sicherheit, dass jemand für es da ist und dass es einen verlässlichen Ansprechpartner für seine Fragen, Sorgen, Ängste und Nöte hat, der es ernst nimmt und begleitet.

Idealerweise ist die Beziehungsperson berechenbar und konsequent, denn für jedes Kind ist die Erfahrung unverzichtbar, dass seine Handlungen Konsequenzen haben. Es muss wissen, dass es gelobt wird, wenn es etwas gut gemacht hat, und dass Regelverstöße bestimmte Folgen nach sich ziehen.

Versuchen Sie, sich gemeinsam mit Ihrem Partner oder mit einer anderen an der Kindererziehung beteiligten Bezugsperson auf konsequentes Handeln zu einigen. Überfordern Sie sich und Ihr Kind dabei aber nicht und konzentrieren Sie sich auf wenige, aber konkrete Maßnahmen. Dies könnten sein:

✔ Die (vor-)schulischen Aufgaben des Kindes haben höchste Priorität. Sobald diese Aufgaben erledigt sind, ist Zeit für Freizeitaktivitäten.

- ✔ Das Kind bekommt bestimmte altersentsprechende Aufgaben in der Familie, die es regelmäßig durchführt und für die es gelobt wird.
- ✔ Elektronische Medien werden in altersentsprechender Menge und nach Absprache genutzt.
- ✔ Mahlzeiten werden gemeinsam eingenommen.
- ✔ Die Schlafenszeit wird eingehalten. Am Wochenende können die Kinder später ins Bett gehen als an Wochentagen.

Diese Regeln mögen ein wenig nach »Hausordnung« klingen, sind aber sehr hilfreich, um sich auf die wesentlichen Bereiche zu fokussieren, bei denen Sie als Eltern klare Ansagen machen und die Leitplanken festlegen, zwischen denen die Kinder sich bewegen können. In den übrigen Lebensbereichen können Sie Ihren Kindern dann mehr Freiheiten lassen, damit der Nachwuchs sich ausprobieren und seine eigenen Erfahrungen machen kann.

Je klarer Sie sich darüber sind, was Ihnen wichtig ist, desto gelassener können Sie ein Auge zudrücken, wenn Ihr Kind in anderen Bereichen auch mal über die Stränge schlägt und Grenzen testet. Das gehört zur gesunden Entwicklung mit dazu.

Familienregeln gemeinsam aufstellen

Es hilft Kindern sehr, wenn ihnen klar und verständlich gesagt wird, was von ihnen erwartet wird. Schwammige Ansagen sind missverständlich und führen dazu, dass das Kind unsicher wird. Ich habe mit meinen Söhnen altersentsprechende Familienregeln erarbeitet, die alle paar Jahre angepasst wurden: Anfangs waren diese Regeln noch sehr einfach formuliert – die Kinder haben sie in ihrer eigenen Sprache ausgedrückt und der Zettel mit den Regeln hing gut sichtbar im Wohnzimmer. Später wurden die Regeln differenzierter. Wichtig war aber immer, dass die Regeln für uns alle, also Eltern und Kinder gleichermaßen, galten! Und im Kern handelte es sich um folgende Punkte:

- ✔ Wir lassen uns gegenseitig ausreden und nehmen uns ernst.
- ✔ Unser Umgangston ist höflich.
- ✔ Gemeinsame Aktivitäten werden gemeinsam und störungsfrei durchgeführt.
- ✔ Kritik ist erlaubt und erwünscht.
- ✔ Wir haben uns lieb und sagen uns das auch!

Meine Söhne sind mittlerweile empathische, tolerante und beziehungsfähige junge Männer. Und schriftliche Regeln brauchen wir heute nicht mehr!

Erwünschtes Verhalten belohnen

Aus der Lerntheorie ist bekannt, dass positive Verstärkung den größten Nutzen beim Lernen hat. Das erwünschte Verhalten wird belohnt und prägt sich dadurch ein. Konkret heißt das: Lob zeigt viel mehr Erfolg als Strafe!

Auch für eine gelassene Kindererziehung ist diese Strategie sehr geeignet. Sobald Ihr Kind etwas geschafft hat, verdient es Lob und Anerkennung: Greift ein Baby zur Rassel und schüttelt sie, strahlen die Eltern und klatschen in die Hände. Macht ein Kleinkind seinen ersten Schritt, sind die Eltern begeistert und loben das Kind. Sitzt das Kind ruhig am Tisch und löffelt seinen Brei, bekommt es noch etwas Süßes hinterher. Baut ein Kindergartenkind einen Turm aus Bauklötzen, sind die Eltern voller Anerkennung. Macht ein Schulkind seine Hausaufgaben ordentlich und fehlerfrei, darf es eine halbe Stunde fernsehen. Kommt ein Jugendlicher pünktlich zur verabredeten Uhrzeit nach Hause, erlauben die Eltern ihm künftig mehr Freiheiten.

Auch zum Einüben erwünschten Verhaltens bei Kindern, die Schwierigkeiten haben, ist das Belohnen sehr erfolgreich. Hierzu zählen beispielsweise das Trockenbleiben in der Nacht, der friedliche Umgang mit anderen Kindern, die Übernahme von Aufgaben in der Familie oder die zeitnahe Erledigung von Hausaufgaben.

Bewährt hat sich das »Punktekonto«: Für jedes erwünschte Verhalten gibt es einen (gemalten oder aufgeklebten) Punkt. Im Vorfeld vereinbaren Eltern und Kind, welche Belohnung mit den Punkten angespart werden kann. Für zehn Punkte gibt es zum Beispiel ein Eis, für 20 Punkte einen Kinobesuch und für 30 Punkte einen Shopping-Trip. Probieren Sie es aus – Sie werden erstaunt sein, wie gut diese Methode funktioniert! Ein Beispiel für solch ein Punktekonto finden Sie in Abbildung 9.1.

Unverzichtbar ist dabei natürlich, dass Sie als Eltern konsequent sind. Belohnen Sie jeden Erfolg (und vielleicht auch schon jeden ernst gemeinten Versuch, Erfolg zu erzielen – je nachdem, wie schwierig dem Kind das erwünschte Verhalten fällt). Geben Sie Ihrem Kind unmittelbar nach Erreichen der abgesprochenen Punktezahl die versprochene Belohnung. Denn für Kinder ist ein enger zeitlicher Zusammenhang zwischen erwünschtem Verhalten und Belohnung unverzichtbar. Eine verschobene Belohnung ist so wie ein gebrochenes Versprechen für ein Kind immer eine große Enttäuschung.

9 ➤ Gelassene Kindererziehung

Abbildung 9.1: Positive Verstärkung in der Kindererziehung: das Punktekonto

 Studien haben gezeigt, dass die wirksamste Methode, um ein Kind vom Rauchen abzuhalten, der »Führerscheinvertrag« ist: Wenn Sie im Alter von etwa zwölf Jahren mit Ihrem Kind einen (schriftlichen oder mündlichen) Vertrag abschließen, dass Sie ihm die Führerscheinausbildung bezahlen, wenn es bis zum 18. Lebensjahr nicht raucht, ist die Chance groß, dass Sie einen Nichtraucher heranziehen. Denn Jugendliche, die bis 18 nicht mit dem Rauchen angefangen haben, tun dies später dann auch kaum mehr. Auch diese Methode beruht auf der positiven Verstärkung.

Gelassener Umgang mit Konflikten

Kinder lernen am Modell: Sie imitieren ihre Eltern und ahmen deren Verhalten nach. Wenn Sie also gelassen sind, ist die Chance groß, dass auch Ihre Kinder gelassen werden! Insofern legen Sie mit Ihrem Gelassenheitstraining einen wichtigen Grundstein für die Entwicklung Ihres Kindes zu einem gelassenen Menschen.

In der Kindererziehung – wie auch in allen anderen Lebensbereichen – ist es eine besondere Herausforderung, in Konfliktsituationen gelassen zu bleiben. Aber in der Kindererziehung ist es umso wichtiger, in Konfliktsituationen gelassen zu bleiben, weil Sie das Vorbild für Ihre Kinder sind.

Beugen Sie der Stressspirale in der Familie vor und fördern Sie so Ihre eigene seelische und körperliche Gesundheit, aber auch die Gesundheit Ihres Kindes. Wenn Sie merken, dass eine Situation eskalieren könnte, gibt es einige einfache Möglichkeiten, solche Situationen zu entspannen:

✔ Die Situation reflektieren: Bevor Sie sich über Ihr Kind aufregen, bevor Sie laut werden oder anfangen zu schimpfen, atmen Sie zwei- oder dreimal tief ein und aus. Sammeln Sie sich und fokussieren Sie Ihre Aufmerksamkeit auf sich selbst: Was passiert gerade mit Ihnen? Worüber regen Sie sich genau auf? Steckt hinter der Aufregung über ein unaufgeräumtes Kinderzimmer vielleicht etwas ganz anderes, beispielsweise ein Konflikt mit Ihrem Partner oder Ärger über ein berufliches Problem? Warum kann das unaufgeräumte Zimmer Sie gerade jetzt so in Rage bringen?

✔ Die Situation von außen betrachten: Nehmen Sie eine andere Perspektive ein und betrachten Sie die Situation aus einem neuen Blickwinkel. Was ist gerade im Moment so schlimm? Wie könnte man die Situation neu interpretieren? Wenn Sie einem Freund oder einer Freundin, der/die in einer ähnlichen Situation steckt, einen Rat geben wollten, was würden Sie ihm/ihr sagen?

✔ Die Situation unterbrechen: Um die Gemüter der Beteiligten abzukühlen, ist es sinnvoll, sich eine kurze Auszeit zu geben. Entweder Sie verlassen für kurze Zeit das Zimmer oder Sie schicken Ihr Kind hinaus. Dabei ist der »Stille Stuhl« eine gute Hilfe: Vereinbaren Sie mit Ihrem Kind, dass es sich fünf Minuten lang auf einen bestimmten Stuhl setzt und nichts tut außer tief durchzuatmen, bis es sich beruhigt hat (und Sie sich auch). Gehen Sie dann wieder auf Ihr Kind zu und klären Sie den Konflikt.

Miteinander im Gespräch bleiben

Je älter Ihr Kind wird, desto mehr Freiheiten braucht es und desto länger sollte die »Erziehungsleine« werden, an der Sie es laufen lassen. Vertrauen Sie Ihrem Kind – es wird seinen Weg schon machen! Es ist jedoch wichtig, dass Sie Ihr Kind weiterhin begleiten: Zeigen Sie Interesse an seinen Hobbys, verbringen Sie gemeinsame Zeit, fragen Sie es nach seinen Erlebnissen und seien Sie in schwierigen Situationen immer für Ihr Kind da.

Ermuntern Sie Ihr Kind, seine Freunde nach Hause einzuladen. Wenn Sie wissen, mit wem Ihr Kind Umgang hat, können Sie eingreifen, wenn Sie der Ansicht sind, dass es sich möglicherweise die falschen Freunde aussucht. Denn die gleichaltrige Bezugsgruppe hat bei Jugendlichen eine wichtige Erziehungsfunktion. Junge Menschen orientieren sich aneinander, ahmen Vorbilder nach und entwickeln ihre eigenen Werte. Bleiben Sie gelassen und aufmerksam, stellen Sie sich der Diskussion und akzeptieren Sie die unterschiedlichen Sichtweisen.

 Wenn sich in der Bezugsgruppe Ihres Kindes eine Tendenz zeigt, die Ihrer Lebenseinstellung ganz grundsätzlich entgegenläuft, sollten Sie das Gespräch mit Ihrem Kind suchen und ihm mögliche Alternativen aufzeigen. Beispiele für solche negativen Entwicklungen sind Drogenkonsum, Komasaufen, Selbstverletzung, körperliche Gewalt oder Kriminalität.

Kinder und Jugendliche müssen sich abgrenzen, um ihre eigene Persönlichkeit zu entwickeln und erwachsen zu werden. Je fester dabei ihr Familienfundament ist und je belastbarer die familiären Wurzeln sind, desto größer ist die Chance, dass sie sich in eine gute Richtung entwickeln. Sie können stolz darauf sein, wenn Ihr Kind eine kritische Haltung einnimmt und einen eigenen Blick auf die Welt bekommt! Denken Sie daran, wie Sie sich von Ihren Eltern abgegrenzt haben und wie wichtig es für Sie war, Ihren eigenen Weg zu gehen.

Kinder loslassen können

Irgendwann kommt der Tag, an dem Sie genau spüren: Ihr Kind ist auf dem Weg ins eigene Leben. Dieser Tag wird nicht überraschend kommen, denn Sie mussten Ihr Kind ja auch vorher schon immer wieder loslassen: Der Beginn der Kindergartenzeit, die Einschulung, die Kommunion oder Konfirmation, der Schulwechsel, der erste Urlaub ohne Eltern, der Beginn einer Ausbildung, der erste feste Freund beziehungsweise die erste feste Freundin – all das sind Gelegenheiten, bei denen Sie Ihr Kind bereits eigene Wege gehen lassen müssen.

Bleiben Sie gelassen, wenn Sie Ihr Kind loslassen. Vertrauen Sie darauf, dass es seinen individuell richtigen Weg finden wird. Geben Sie ihm aber auch die Gewissheit, dass Sie immer für es da sind. Die bedingungslose Liebe der Eltern ist der Fels, auf den Jugendliche ihre Welt bauen können. Wenn Sie Ihr Kind ernst nehmen, ihm klare Grenzen setzen und seine Entwicklung aufmerksam und liebevoll begleiten, hat es alle Grundvoraussetzungen für ein erfolgreiches eigenes Leben.

Kindern und Jugendlichen Verantwortung übertragen

Geben Sie Ihrem Kind schon frühzeitig Verantwortung, ohne es zu überfordern. Auch ein kleines Kind kann erste Aufgaben übernehmen und wird stolz sein, wenn es diese Aufgaben geschafft hat. Achten Sie darauf, dass Ihre Anforderungen altersgemäß sind.

Die fünfjährige große Schwester kann und soll noch nicht auf ihren zweijährigen Bruder aufpassen – damit wäre sie vollkommen überfordert. Aber sie kann der Mutter dabei helfen, den kleinen Bruder abends bettfertig zu machen. Und vielleicht singt sie ihm ein Schlaflied vor. Wenn das Brüderchen dann schläft, bekommt die Schwester wohlverdientes Lob und vielleicht auch noch eine halbe Stunde ganz allein mit Mutter oder Vater.

Geben Sie Ihrem Kind die Möglichkeit, Aufgaben auf seine eigene Weise zu erledigen. Die Wäsche muss nicht unbedingt auf eine bestimmte Art gefaltet werden – wenn Ihr Kind seine eigene kreative Methode entwickelt, um Handtücher zu falten und platzsparend im Schrank zu verstauen, können Sie vielleicht sogar selbst noch etwas lernen.

Akzeptieren Sie, dass Ihr Kind ein anderes Zeitgefühl hat als Sie. »Ich räume gleich auf« bedeutet bei Ihnen vielleicht, dass Sie jetzt gleich, also *sofort*, aufräumen wollen. Bei Ihrem Kind bedeutet »gleich« aber vielleicht »in einer halben Stunde« oder »wenn ich die Musik zu Ende gehört habe«. Geben Sie Ihrem Kind die Zeit, die es braucht, oder setzen Sie ihm eine klare Frist. Dass »gleich« bei vielen Kindern »nie« bedeutet, wissen Sie natürlich – das müssen und sollten Sie wiederum nicht akzeptieren!

Freiheiten als Eltern nutzen

Je älter Ihr Kind wird, desto weniger braucht es Sie. Sehen Sie dies als Chance für sich selbst: Sie haben nach und nach wieder mehr Zeit für sich. Bereiten Sie sich darauf vor, dass Ihr Kind Ihnen zunehmend Freiräume lassen wird. Vielleicht arbeiten Sie wieder mehr, machen eine Umschulung, beginnen ein neues Hobby oder verbringen mehr Zeit als Paar mit Ihrem Partner. Überlegen Sie sich auch, wie Sie das leere Nest füllen werden, wenn Ihr Kind aus dem Haus geht.

9 ➤ Gelassene Kindererziehung

Lassen Sie sich nicht von der Leere überraschen oder gar verunsichern, sondern nehmen Sie die neue Situation positiv an.

Es fördert Ihre Gelassenheit, wenn Sie schon frühzeitig anfangen, sich Freiheiten zu nehmen. Lassen Sie Ihr Kind ruhig mal am Wochenende bei Freunden übernachten, auch wenn es noch kleiner ist. Wenn Ihr Kind größer ist und sich bereits selbst zu helfen weiß, fahren Sie selbst auch mal übers Wochenende weg. Sie werden sehen: Ihr Kind kommt gut zurecht! Denn mit Ihrer gelassenen und klaren Erziehung haben Sie ihm alles mitgegeben, was es braucht. Dass es seine eigene Vorstellung von Ordnung oder Tagesablauf hat, wird Sie bestimmt nicht aus der Ruhe bringen können, wenn Sie daran denken, wie Sie selbst als Jugendlicher waren. Und Ihre Eltern wussten sicherlich auch nicht bis ins letzte Detail, wie Sie Ihre Zeit verbracht haben, oder?!

Hinaus ins Leben

Auch wenn Ihr Kind sich auf seinen Weg hinaus ins Leben macht, bleiben Sie ein wichtiger Ansprechpartner. Ihr Kind weiß, dass es sich auf Sie verlassen kann und dass Sie zu ihm stehen, auch wenn es mal eng wird. Die Beziehung zwischen Ihnen und Ihrem Kind wird sich zunehmend auf Augenhöhe abspielen. Sie werden sich als Erwachsene begegnen und schätzen. Natürlich bleibt Ihr Kind für Sie immer *Ihr Kind* – aber Sie werden sicherlich zunehmend auch den Erwachsenen in Ihrem Kind sehen und wertschätzen können.

 Bleiben Sie mit Ihrem Kind im Gespräch, tragen Sie Konflikte offen und fair miteinander aus und gehen Sie immer wieder den ersten Schritt auf Ihr Kind zu, wenn Sie Ärger miteinander hatten. Akzeptieren Sie die Menschen, mit denen sich Ihr Kind umgibt, und nehmen Sie auch den Partner oder die Partnerin Ihres Kindes mit offenen Armen in die Familie auf.

Kinder gelassen zu erziehen und ins Leben hinauszubegleiten ist aus meiner Sicht eine der schönsten und wertvollsten Aufgaben. Meine Werte und Ideale an die nächste Generation zu vermitteln und zu beobachten, was meine Söhne daraus machen, verschafft mir große Freude und Zufriedenheit. Und dies wiederum stärkt meine Gelassenheit – ein wunderbarer Kreislauf.

Gelassener Umgang mit der Verwandtschaft

10

In diesem Kapitel

▶ Stress mit der Verwandtschaft vermeiden
▶ Unterschiedliche Lebensformen akzeptieren
▶ Miteinander im Gespräch bleiben

---

*F*reunde sucht man sich aus, Familienangehörige nicht. Im Verwandtenkreis treffen viele unterschiedliche Charaktere aufeinander – Konflikte sind vorprogrammiert. Atmen Sie tief durch und schauen Sie sich gelassen an, in welchen Bereichen Ihres Lebens die Konflikte mit der Verwandtschaft Sie Kraft kosten. Sie haben verschiedene Möglichkeiten, Spannungen abzubauen und die Beziehungen zu klären. Dies erhöht Ihre Gelassenheit.

Die Familie ist für viele Menschen sehr wichtig. Eltern, Geschwister, Onkel und Tanten, Cousins und Cousinen, Großeltern, weitere Verwandte – sie alle nehmen vielleicht auch in Ihrem Leben einen bedeutenden Platz ein. Doch Familienangehörige können auch Stressfaktoren sein: die Schwiegermutter, die sich in alles einmischt, der Bruder, der schon immer unzuverlässig war, die erwachsene Tochter, die ganz anders lebt, als Sie sich das vorgestellt haben, die Tante, die schlecht über Sie redet, der Cousin, der Ihnen noch Geld schuldet, und so weiter. Für einen gelassenen Lebensstil ist es daher möglicherweise wichtig, dass Sie im Umgang mit der Verwandtschaft Wege finden, um Konflikte auszuräumen und ein positives Miteinander zu fördern.

Familienrituale erkennen und hinterfragen

Zu welchen Gelegenheiten haben Sie Kontakt mit Ihren Verwandten? Leben Sie mit Familienangehörigen verschiedener Generationen zusammen? Pflegen Sie und Ihre Familie regelmäßigen oder eher seltenen Austausch? Wenn Sie das Gefühl haben, dass der Umgang mit der Verwandtschaft Ihnen Stress bereitet und Ihre Gelassenheit gefährdet, versuchen Sie doch einmal, die Stressfaktoren genau zu benennen:

- ✔ Welche Angehörigen können Sie nur schlecht oder gar nicht ertragen und warum?
- ✔ Zu welchen Anlässen und wie oft treffen Sie diese Angehörigen?
- ✔ Gibt es immer wieder dieselben Konflikte mit Ihrer Verwandtschaft? Welche sind das?
- ✔ Wie gestaltet sich die Kommunikation mit den schwierigen Verwandten? Gibt es bestimmte Reizthemen, die garantiert für Konflikte sorgen? Welche Themen sind das?
- ✔ Bestehen zwischen Ihnen und den anstrengenden Familienangehörigen irgendwelche Abhängigkeiten, etwa finanzieller Art?
- ✔ Sind Sie auf die weniger gern gesehenen Verwandten in irgendeiner Form angewiesen?
- ✔ Was passiert mit Ihnen, wenn es Konflikte in der Verwandtschaft gibt? Wie fühlen Sie sich, wie gehen Sie mit den Konflikten um und wie denken Sie darüber?

Solche und ähnliche Fragen können dabei helfen, aus dem Strudel negativer Gefühle herauszufinden und klar über die möglichen Stressoren im Verwandtenkreis nachzudenken. Konzentrieren Sie sich dabei zunächst auf Konflikte, die tatsächlich viel Kraft kosten und Sie aus der Ruhe bringen. Vernachlässigen Sie die vielen kleinen Alltagskonflikte, die zwar nervig sind, aber nicht so sehr an die Substanz gehen.

Hinterfragen Sie dann, was genau hinter den Konflikten stecken könnte, zum Beispiel:

- ✔ Kränkungen
- ✔ Missverständnisse
- ✔ unliebsame Abhängigkeiten
- ✔ Konkurrenz
- ✔ unterschiedliche Lebenseinstellungen
- ✔ Antipathie

Solche Konfliktursachen werden zum Teil sogar von Generation zu Generation weitergegeben (»Die angeheiratete Seite war schon immer so komisch ...«) oder die Gründe für die Konflikte liegen schon lange zurück und wurden nie geklärt.

Sprechen hilft

Vielleicht erkennen Sie bei der Analyse der Konflikte, die Ihnen das Leben schwer machen, dass unausgesprochene Dinge zwischen Ihnen und den Angehörigen, mit denen Sie immer wieder Streit bekommen, stehen. Es kann für alle Beteiligten sehr entlastend sein, wenn diese Themen endlich einmal angesprochen werden. Haben Sie Mut und machen Sie den ersten Schritt! Überlegen Sie sich einen günstigen Zeitpunkt, den Sie für ein Gespräch nutzen könnten.

Vielleicht gibt es immer wieder Krach zwischen Ihnen und Ihrer Schwester, wenn der Geburtstag Ihrer Mutter ansteht und geklärt werden soll, wie die Geburtstagsfeier gestaltet wird. Sie möchten Ihre Mutter gerne ins Restaurant einladen, aber Ihre Schwester bevorzugt ein Kaffeetrinken im Elternhaus. Jahr für Jahr entzündet sich an dieser unterschiedlichen Auffassung ein Streit zwischen Ihnen und Ihrer Schwester, der damit endet, dass Sie beim Geburtstagsfest kein Wort mehr miteinander sprechen.

Über ein solches eingefahrenes Familienritual einmal offen zu sprechen kann Wunder wirken! Warten Sie nicht ab, bis der Geburtstag schon wieder kurz bevorsteht, sondern thematisieren Sie den Konflikt schon ein halbes Jahr vorher. Legen Sie die Karten offen auf den Tisch und sprechen Sie ausschließlich über sich selbst und Ihre Gefühle, ohne Ihr Gegenüber anzuklagen und Vorwürfe zu äußern. Überlegen Sie sich vorher schon einige Lösungsalternativen, die Sie Ihrer Schwester anbieten können. Und seien Sie offen für das, was Ihr Konfliktpartner zu sagen hat. Vielleicht erfahren Sie Dinge, die Sie noch gar nicht wussten, oder Sie lernen Ihre Schwester von einer ganz neuen Seite kennen. Beziehen Sie auch andere Familienmitglieder ein: Welche Wünsche hat denn eigentlich Ihre Mutter, die Hauptperson des Festes?

Ändern, was man ändern kann

Viele Konflikte lassen sich durch empathische und offene Gespräche aus der Welt räumen, wenn beide Seiten guten Willen zeigen. Oft braucht man dafür mehr als nur ein Gespräch, denn wenn sich über längere Zeit Missverständnisse oder Kränkungen angesammelt haben, sind vielleicht Wunden entstanden, die nicht so schnell heilen. Geben Sie sich Zeit! Ein Konflikt, der schon über Jahre aufrechterhalten wurde, lässt sich möglicherweise auch nur über Jahre langsam ausräumen, Schritt für Schritt.

Wenn Sie merken, dass Sie auf einem guten Lösungsweg sind, bleiben Sie dran. Bringen Sie das Thema immer wieder auf den Tisch, bis alles gesagt ist und sich jeder Beteiligte aussprechen konnte. Einigen Sie sich auf bestimmte Spielregeln und probieren Sie einen neuen Umgang miteinander aus.

Wenn Sie aber merken, dass der Konflikt durch offene Gespräche nicht zu klären ist, haben Sie mehrere Möglichkeiten:

- ✔ Bitten Sie einen unbeteiligten Dritten um Vermittlung. Vielleicht hilft es, wenn die beiden Konfliktparteien einem Vertrauten ihre Sicht der Dinge erzählen, der dann aus seinem eigenen Blickwinkel einen Lösungsvorschlag macht.

- ✔ Suchen Sie einen Weg, um den Konflikt für Sie ganz persönlich besser erträglich zu machen. Vielleicht spart es Kraft und Nerven, wenn Sie die Organisation der Geburtstagsfeier künftig Ihrer Schwester überlassen?

- ✔ Lassen Sie den Kontakt eine Weile ruhen. Vermeiden Sie die Gelegenheiten, zu denen es immer wieder Krach gibt. Vielleicht muss dann einfach mal ein Geburtstagsfest ohne Sie stattfinden.

- ✔ Brechen Sie den Kontakt ab. Es ist zwar schmerzhaft, sich einzugestehen, dass man mit einer nahestehenden Person unüberwindbare Konflikte hat, aber für Ihre Gelassenheit und seelische Gesundheit ist es vielleicht besser, wenn Sie künftig auf die Begegnungen mit Ihrer Schwester verzichten.

Es ist in jedem Fall besser, einen Änderungsversuch zu unternehmen und vielleicht zu scheitern, als einfach immer so weiterzumachen wie bisher.

Unterschiedliche Lebensformen akzeptieren

Freunde sucht man sich aus und Freundeskreise können in verschiedenen Lebensphasen sehr unterschiedlich sein. Die Angehörigen sind hingegen einfach da – Sie haben sich weder Ihre Eltern noch Ihre Kinder noch Ihre Tanten, Onkel, Großeltern, Cousins und Cousinen ausgesucht! Wenn ein Freund Ihnen nicht mehr guttut, können Sie sich ohne große Gewissensbisse von ihm verabschieden oder ihn einfach nicht mehr anrufen. Wenn es aber einen schier unüberwindbaren Konflikt mit einem Familienangehörigen gibt, ist es deutlich schwerer, den Kontakt abzubrechen.

Auch wenn es manchmal unumgänglich ist, dass Sie einen Verwandten aus Ihrem Leben verbannen, weil Sie spüren, dass er Ihren Seelenfrieden und Ihre Gelassenheit dauerhaft beeinträchtigt, so ist es doch ratsam, vor einem endgültigen Bruch noch einmal einen gelassenen Blick auf den anderen Menschen zu werfen: Vielleicht steckt hinter all dem Ärger, den Sie mit dieser Person haben, die Tatsache, dass Sie beide ganz unterschiedliche Lebenseinstellungen haben. Dann könnte es bei Ihrem Konflikt gar nicht um das vermeintliche Konfliktthema gehen, sondern darum, dass Sie die Lebensform des jeweils anderen nicht akzeptieren können.

Leben und leben lassen

Wenn Sie beispielsweise feststellen, dass Ihnen Ihr Bruder hauptsächlich deshalb auf die Nerven geht, weil er ganz anders lebt als Sie, brauchen Sie gar nicht viel Energie in die Klärung einzelner Konflikte zu investieren. Es ist dann einfacher, wenn Sie ganz bei sich bleiben und sich mit der Tatsache auseinandersetzen, dass Ihr Bruder einen völlig anderen Weg eingeschlagen hat als Sie.

Prüfen Sie offen und ehrlich im stillen Kämmerlein, was Sie im Hinblick auf die Lebensform des Verwandten, mit dem Sie immer wieder Konflikte haben, so ärgert, verunsichert oder enttäuscht:

✔ Finden Sie die andere Lebensform spießig oder unangemessen?

✔ Macht die andere Lebensform Sie unsicher?

✔ Sind Sie insgeheim vielleicht neidisch auf die andere Lebensform?

✔ Empfinden Sie die andere Lebensform als egoistisch?

✔ Haben Sie das Gefühl, dass Ihr Verwandter sich mehr Freiheiten nimmt als Sie?

Wenn Sie sich mit Ihren Gefühlen und Einstellungen auseinandersetzen, werden Sie vielleicht irgendwann den Punkt erreichen, an dem Sie feststellen, dass die Lebensform Ihres nervigen Verwandten letztlich die gleiche Daseinsberechtigung hat wie Ihre eigene.

Von diesem Punkt ist es kein großer Schritt mehr hin zur Akzeptanz: Ihr Angehöriger ist zwar anders als Sie, aber er ist nicht besser oder schlechter als Sie. Ihre bisherigen Konflikte waren möglicherweise nur Nebenkriegsschauplätze – viel wichtiger wäre es, grundsätzlich Frieden miteinander zu machen.

Konflikte zwischen Eltern und ihren erwachsenen Kindern

Die geschilderten Vorgehensweisen sind insbesondere dann wichtig, wenn es um Konflikte zwischen Eltern und ihren erwachsenen Kindern geht – und zwar in beide Richtungen. Oft ist es für Eltern nicht einfach zu akzeptieren, dass ihre Kinder ganz andere Wege gehen, als die Eltern es gerne hätten. Doch gerade dann ist ein gelassenes Miteinander besonders wichtig. Denn sonst besteht die Gefahr, dass sich die erwachsenen Kinder ganz von ihren Eltern abwenden. Und welche Mutter, welcher Vater möchte das schon riskieren?

Auch erwachsenen Kindern kann es passieren, dass ihre Eltern Verhaltensweisen an den Tag legen, die nur schwer zu ertragen oder zu akzeptieren sind. Sich damit positiv auseinanderzusetzen ist eine große Herausforderung, nicht zuletzt, weil die meisten Eltern-Kind-Beziehungen auch nach Jahrzehnten noch asymmetrisch sind, also nicht auf Augenhöhe. Hier könnte es ein Ansatzpunkt sein, sich bewusst als Erwachsene zu begegnen und zu thematisieren, dass sich die Lebensentwürfe zwar unterscheiden, dass man sich aber gegenseitig nach wie vor schätzt und liebt.

Miteinander im Gespräch bleiben – mit Humor und Gelassenheit

Sie kennen die Grundübung der Gelassenheit sicherlich mittlerweile auswendig: tief durchatmen. Diese Übung wirkt auch bei Konflikten mit Verwandten sehr gut. Springen Sie nicht auf jede Provokation sofort an. Atmen Sie erst einmal tief durch und sammeln Sie sich. Versuchen Sie, schwierige Situationen mit Humor zu nehmen und auch die skurrilen Seiten Ihrer Verwandten zu sehen. Und vor allem: Bleiben Sie miteinander im Gespräch. Oft wird viel zu viel interpretiert und viel zu wenig gesprochen beziehungsweise zugehört. Und je mehr Missverständnisse, Konflikte und Kränkungen unausgesprochen bleiben, desto schwieriger wird es, einen guten Weg miteinander zu finden.

Ein gesunder Abstand fördert die Gelassenheit

Manchmal ist es hilfreich, bei schwierigen Verwandten auf Abstand zu gehen. Wenn Sie sich seltener treffen, gibt es vielleicht auch weniger Anlass für Konflikte, die Sie aus der Ruhe bringen. Nehmen Sie Ihre Verwandtschaft so an wie das

Wetter, denn das Wetter können Sie auch nicht ändern. Sie können aber dafür sorgen, dass Sie nicht so oft bei Gewitter draußen sind – und genauso können Sie den immer wiederkehrenden Konflikten innerhalb der Verwandtschaft aus dem Weg gehen. Wenn es Sie dann doch wieder einmal erwischt, werden Sie halt im übertragenen Sinne nass und es blitzt und donnert, aber das geht auch wieder vorbei.

Wenn Ihre Verwandtschaftskonflikte vor allem auf finanzielle oder organisatorische Abhängigkeiten zurückzuführen sind, versuchen Sie, diese Abhängigkeiten zu verändern: Suchen Sie sich andere Kinderbetreuungsmöglichkeiten, wenn Sie Ärger mit den Großeltern haben, leihen Sie sich von anderen Menschen Geld als von Ihren Verwandten oder ziehen Sie aus dem Haus Ihrer Geschwister aus. Sobald die Abhängigkeiten aus der Welt sind, können Sie viel gelassener auf Ihre Verwandten zugehen – oder sich von ihnen verabschieden, wenn die Konflikte unlösbar sind.

Gelassen Urlaub machen

In diesem Kapitel

▶ Urlaub mit der Familie oder mit Freunden planen

▶ Gelassenheit am Urlaubsort

▶ Gemeinsame Erfahrungen sammeln

▶ Gelassen allein reisen

Um gelassen Urlaub machen zu können, ist insbesondere die Vorbereitung wichtig. Je klarer die Vorstellungen der Beteiligten im Vorfeld geäußert und abgeglichen werden, desto größer ist die Chance, dass der Urlaub entspannt und erholsam wird. Egal ob Familienangehörige, Partner oder Freunde zusammen wegfahren: Damit jeder auf seine Kosten kommt, ist es sinnvoll, sich ausreichend Zeit für die Planung zu nehmen.

Freizeit und Urlaub sind unverzichtbar – doch gerade im Urlaub gibt es besonders häufig Streit und Konflikte, wenn Menschen zusammen wegfahren, die im Alltag fast nie ununterbrochen Zeit miteinander verbringen. Vater, Mutter, Kinder sind auf einmal 24 Stunden am Stück zusammen, oft auf deutlich kleinerem Raum als zu Hause. Eigentlich will sich jeder erholen und die Zeit genießen, doch es gibt immer wieder Krach um Kleinigkeiten. Oder ein berufstätiges Paar fährt zusammen weg und stellt im Urlaub fest, dass die unterschiedlichen Vorstellungen vom Reisen kaum vereinbar sind. Oder Freunde, die sich beim Bier oder dem gemeinsamen Feiern gut verstehen, bekommen in der Skihütte Streit darüber, wer mit dem Kochen dran ist und wann die Nachtruhe beginnt.

Die richtige Wahl treffen: Was, wann, wo

Wenn Sie mit Ihrem Partner, Ihrer Familie oder Ihren Freunden in Urlaub fahren möchten, fangen Sie am besten früh genug mit der Planung an:

✔ Welche Art von Urlaub wünschen sich die Beteiligten – in der Natur, mit viel Kultur, mit Sportangebot oder mit organisiertem Programm?

✔ Welche Urlaubszeit ist für alle am günstigsten? Wenn Berufstätige mitfahren, muss der Jahresurlaub möglicherweise sogar schon ein Jahr im Voraus mit den Kollegen abgesprochen werden, gerade in der Schulferienzeit!

✔ Welcher Urlaubsort bietet sich an – am Meer, in den Bergen, im In- oder Ausland, mit dem Auto erreichbar oder möglichst weit weg?

✔ Welche Art der Unterbringung wird gewünscht – im Ferienhaus, im Hotel, auf dem Campingplatz, mit dem Wohnmobil oder auf dem Bauernhof?

Oft sind nicht alle Wünsche unter einen Hut zu bringen. Dann bietet es sich an, einen Kompromiss zu suchen, der für alle gut tragbar ist. Oder Sie verbringen einen Urlaub auf dem Bauernhof, weil Ihre Kinder das am liebsten mögen, und den nächsten Urlaub dann am Meer, weil Sie so gerne am Strand liegen. Sprechen Sie offen über die Kompromissmöglichkeiten und beziehen Sie alle Beteiligten in die Diskussion ein. Denn dann gibt es im Urlaub weniger Enttäuschung und somit weniger Stress.

Die Verantwortung gemeinsam tragen

Schon in der Planungsphase ist es sinnvoll, die Verantwortung für den gelingenden Urlaub auf mehrere Schultern zu verteilen. So werden alle mit eingebunden und jeder ist für etwas zuständig. Wenn Ziel und Zeit feststehen, kann einer beispielsweise Hotelangebote recherchieren, während ein anderer sich um die Hin- und Rückreisemöglichkeiten kümmert und der dritte Vorschläge für das Programm vor Ort zusammenstellt. Hierbei können sich schon Kinder gut beteiligen – und wenn sie wissen, was auf sie zukommt, oder wenn sie sogar selbst Entscheidungen treffen konnten, gibt es im Urlaub wahrscheinlich weniger Gequengel.

Hilfreich sind Checklisten für den Urlaub, damit es nicht in letzter Minute noch Stress gibt, weil ein Visum fehlt oder das Fluggepäck das erlaubte Maximalgewicht überschreitet. Auch dabei können alle mitmachen:

✔ Planen Sie möglichst detailliert, was vor dem Urlaub noch erledigt werden muss.

✔ Machen Sie eine Packliste und planen Sie wechselhaftes Wetter ein.

✔ Notieren Sie, was Sie vor Ort brauchen könnten, um sich zu beschäftigen.

✔ Informieren Sie sich über die Einreisebedingungen und die Gesundheitsversorgung am Urlaubsziel.

✔ Denken Sie an eine Reiseapotheke und Kopien Ihrer Reisedokumente.

✔ Organisieren Sie, wer zu Hause die Blumen gießt und sich um die Post kümmert.

Je besser Sie vorbereitet sind, desto entspannter können Sie starten. Und wenn dann doch irgendetwas anders läuft als erwartet, wird Sie das hoffentlich auch nicht aus der Ruhe bringen.

Die Erwartungen nicht zu hoch schrauben

Gerade für Berufstätige ist der Jahresurlaub ein kostbares Gut. Wenn dann nicht alles so läuft wie gewünscht, ist die Gefahr der Enttäuschung groß. Daher sollten Sie Ihre Erwartungen möglichst realistisch halten: Wenn Sie mit Kindern in den Urlaub fahren, werden Sie weniger Zeit zum Bücherlesen haben als allein. Wenn Sie mit Freunden unterwegs sind, werden Sie Seiten an den Mitreisenden erleben, die Sie im Alltag noch nie gesehen haben. Und wenn Sie eine Gruppenreise machen, könnten Menschen mit dabei sein, die Ihnen total unsympathisch sind. Stellen Sie sich auf solche Eventualitäten ein, damit Sie im Urlaub nicht frustriert werden! Je gelassener Sie Ihre Reise antreten, desto entspannter werden Sie unterwegs sein.

 Gerade auf Reisen kann der Mensch ganz Mensch sein – probieren Sie im Urlaub einfach mal etwas ganz Neues aus. Lassen Sie sich auf ein fremdes Land ein, lernen Sie eine Sprache, beginnen Sie mit einer neuen Sportart. Seien Sie neugierig auf ungewohnte Begegnungen, sammeln Sie Erfahrungen. Sie werden mit neuer Gelassenheit in Ihren Alltag zurückkommen.

Ein Geheimnis der Gelassenheit ist bekanntlich, die Dinge so sein lassen zu können, wie sie eben sind. Wenn Sie fest davon ausgehen, dass die Sonne zwei Wochen lang scheinen wird, könnte Regenwetter Sie aus der Fassung bringen oder wütend machen. Wenn Sie aber mit der gelassenen Einstellung starten, dass Sie sich bei jedem Wetter gut beschäftigen können, wird der Urlaub umso erholsamer. Versuchen Sie, diese Einstellung auch Ihren Mitreisenden zu vermitteln: Freuen Sie sich gemeinsam auf den Urlaub und nehmen Sie sich vor, alles so anzunehmen, wie es kommt.

Für jeden etwas – zusammen oder allein

Damit im Urlaub jeder auf seine Kosten kommt, kann es hilfreich sein, Zeiten zu vereinbaren, in denen jeder etwas allein tun kann. Wollen die Kinder beispielsweise unbedingt an den Strand, während Sie als Mutter gerne shoppen gehen möchten, könnten Sie besprechen, dass der Vater einen Vormittag am Strand mit den Kindern spielt. In dieser Zeit genießen Sie einen Bummel durch die Boutiquen des Urlaubsorts und trinken in Ruhe einen Cappuccino. Am nächsten Tag beaufsichtigen Sie dann vielleicht die Kinder eine Weile allein am Meer, während der Vater eine Fahrradtour unternimmt. Und am dritten Tag ist dann die ganze Familie wieder gemeinsam am Strand.

Es läuft nicht immer alles gleich gut

Es fördert die Gelassenheit aller Beteiligten, wenn es genügend Raum für spontane Entscheidungen gibt. Sie können nicht alles im Vorfeld besprechen und fest vereinbaren – vor Ort werden sich immer wieder Situationen ergeben, die anders laufen als geplant. Sicherlich gehen Sie umso entspannter mit solchen Gegebenheiten um, je realistischer Ihre Erwartungen an den Urlaub sind. Typische unrealistische Erwartungen sind beispielsweise:

✔ Das Wetter wird ununterbrochen gut sein.

✔ Vor Ort ist alles genau so, wie es im Reisekatalog angepriesen wird.

✔ Wir werden die ganze Zeit gut gelaunt sein.

✔ Nichts wird schiefgehen.

✔ Wir werden alles zusammen machen.

✔ Im Urlaub können wir endlich mal in Ruhe über all unsere Probleme sprechen.

✔ Wir kommen auf jeden Fall braun gebrannt und bestens erholt aus dem Urlaub zurück.

Diese Erwartungen sind überspitzt formuliert – aber vielleicht erkennen Sie sich in der einen oder anderen Erwartungshaltung ja wieder. Atmen Sie wie üblich tief durch und lassen Sie sich darauf ein, dass nicht alles perfekt sein kann und wird.

Gemeinsame Erfahrungen sammeln

Das Schöne am Urlaub mit anderen Menschen ist, dass man Erfahrungen sammelt und Geschichten erlebt, die Teil der gemeinsamen Erinnerungen werden. Diese Erinnerungen können unvergänglich sein: »Wisst ihr noch, wie wir ... « – so beginnen dann eines Tages die Berichte über gemeinsame Urlaube. Gerade Dinge, die schiefgegangen sind, oder Beinaheunglücke werden im Rückblick mit ausreichendem zeitlichem Abstand oft zu den beliebtesten Urlaubsgeschichten.

Im Urlaub Tagebuch führen

So wie Sie möglicherweise bereits ein Gelassenheitstagebuch führen (vergleiche Kapitel 7), so können Sie auch ein Urlaubstagebuch anlegen und notieren, zu welchen Gelegenheiten Sie sich besonders entspannt gefühlt haben und welche Urlaubspläne besonders gut umgesetzt werden konnten. Einerseits hält ein solches Tagebuch die Erinnerungen lebendig, ähnlich wie ein Fotoalbum. Andererseits können Sie bei der Planung des nächsten Urlaubs auf Ihr Tagebuch zurückgreifen und dafür sorgen, dass Sie auch bei der nächsten Reise möglichst viele Gelegenheiten schaffen, in denen Sie sich wohlfühlen werden. Wenn Sie Ihre Urlaubserinnerungen dann noch mit den Eindrücken Ihrer Mitreisenden abgleichen, ist die Chance groß, dass Ihre Gelassenheit im Urlaub von Mal zu Mal steigt.

Eine ganz besondere Erinnerung an den Urlaub ist ein Fotobuch, das Sie selbst gestalten. Wählen Sie Ihre schönsten Urlaubsfotos aus, scannen Sie Prospektseiten oder Eintrittskarten ein, kopieren Sie Landkarten und schreiben Sie kurze Texte. Fotobücher können Sie im Internet bei vielen Anbietern gestalten, beispielsweise unter www.cewe-fotobuch.de, www.posterxxl.de, www.pixum.de oder anderen.

Gelassen allein reisen

Wenn Sie nicht mit anderen Menschen verreisen können oder wollen, sondern Ihren Urlaub allein verbringen, können Sie ebenfalls durch realistische Planung und eine gelassene Haltung dafür sorgen, dass Ihr Urlaub entspannt und erholsam wird. Rechnen Sie damit, dass Sie als Alleinreisender bei manchen Gelegenheiten schlechter behandelt werden – etwa im Hotel, wo Einzelzimmer oft unverhältnismäßig klein und teuer sind, oder im Restaurant, wo Sie einen Katzentisch bekommen könnten. Überlegen Sie sich im Vorfeld, wie Sie gelassen damit umgehen können:

✔ Wenn Sie es sich leisten können, buchen Sie ein Doppelzimmer zur Einzelbelegung.

✔ Gehen Sie eher mittags als abends auswärts essen, dann ist die Chance größer, dass Sie auch allein einen guten Tisch und zuvorkommenden Service erhalten.

✔ Wenn Sie nicht angesprochen werden möchten, während Sie essen, Kaffee trinken oder sich im Freien entspannen, setzen Sie sich Kopfhörer auf oder vertiefen sich in ein Buch.

✔ Wenn Sie Gesellschaft suchen, setzen oder stellen Sie sich im Café oder in der Kneipe an die Theke und drehen sich mit dem Gesicht zum Gastraum. Sprechen Sie andere offensichtlich allein Reisende an, beispielsweise im Museum, beim Flanieren oder im Hotel.

✔ Lächeln Sie.

Finden Sie Ihre eigene Reisephilosophie

Nutzen Sie Ihre Urlaubszeit als Auszeit vom Alltag. Steigen Sie ganz bewusst aus dem Hamsterrad der täglichen Anforderungen aus, geben Sie Ihren inneren Bedürfnissen Raum. Brauchen Sie im Urlaub eher Aktivität oder eher Ruhe? Nervenkitzel oder Sicherheit? Wählen Sie die Urlaubsform, die zu Ihrer Persönlichkeitsstruktur passt. Wenn Sie eher introvertiert sind, achten Sie darauf, beim Reisen genügend Gelegenheiten für Rückzug und Stille einzuplanen. Sind Sie eher extravertiert, können Sie im Urlaub Ihre im Alltag vielleicht wenig ausgelebten Wünsche nach Spannung, Action und Abenteuer ausleben. Gerade das Alleinreisen ermöglicht es Ihnen, nur auf sich selbst und Ihre eigene Reisephilosophie Rücksicht zu nehmen.

Rainer Spallek reist seit vielen Jahren allein durch die Welt. Seine Reisen sind nicht vorgeplant, nur Hin- und Rückflug sind vorab klar. Der Rest ist Improvisation, Unklarheit, Unsicherheit, Offenheit, Freiheit. Vor Ort sieht er sich um und organisiert, was zu organisieren ist, nicht selten mithilfe von Einheimischen. Weil er mit dem Rucksack reist, muss er sich beim Packen auf das Wesentliche beschränken. Seine Reisephilosophie ist die Bescheidenheit. Voller Neugier und romantischem Entdeckergeist reist er durch eine ganz andere, fremde Welt. Für ihn das Wichtigste überhaupt: erfahren, erleben, dabei sein, spüren, sich berühren lassen, sich einlassen. Er hat Durst nach Erlebnissen, Hunger auf Erfahrungen, Neugier auf Begegnungen mit Mensch, Tier und Landschaft. Gelegentlich ist ihm, als sei das Unterwegssein sein Zuhause und das Zuhause die Fremde. Seine Art zu reisen ist aber auch mit vielen Anstrengungen verbunden, mit Ärgernissen und mit Ratlosigkeit, aber er wird reich belohnt: mit Einsicht, Verständnis, Begegnungen, Erlebnissen, Eindrücken und mit vielen unvergessenen Augenblicken. Rainer Spallek beschreibt das innere Reisen (Spiritualität, Meditation, Achtsamkeit) und das äußere Reisen in fremde Weltregionen als ein wunderbar sich ergänzendes Ganzes. »Es gibt keine Fremden, nur Freunde, denen du noch nicht begegnet bist«, zitiert er den Dalai Lama.

Gönnen Sie sich eine gute Zeit

Wenn Sie allein in Urlaub fahren, sind Sie einerseits ganz allein für das Gelingen Ihres Urlaubs verantwortlich. Andererseits brauchen Sie auf niemanden Rücksicht zu nehmen. Sie können tun und lassen, was Sie wollen. Vielleicht machen Sie Ihren Urlaub zu einem Gelassenheitstraining und tun all das, was Ihre Gelassenheit fördert? Setzen Sie sich nicht selbst unter Druck, sondern gönnen Sie sich wirklich Ferien – vielleicht schaffen Sie das besonders gut, wenn Sie nicht erreichbar sind, dienstliche E-Mails nicht lesen und somit Abstand vom Alltag halten.

Finden Sie heraus, in welchen Situationen Sie besonders entspannt sind, und führen Sie genau diese Situationen ganz bewusst immer wieder herbei. Meiden Sie Stressfaktoren und gehen Sie möglichen Konflikten aus dem Weg. Der Urlaub gehört allein Ihnen.

Teil IV
Gelassenheit im Beruf

In diesem Teil ...

Berufstätige Menschen verbringen einen großen Teil ihrer Zeit am Arbeitsplatz – oft deutlich mehr Stunden, als sie für ihre Familie oder ihre Hobbys aufbringen. Rechnen Sie selbst einfach mal nach: Wenn Sie einen Vollzeitjob haben, sind das üblicherweise acht Stunden Arbeitszeit und eine halbe Stunde Pause, dazu noch die Fahrzeit zur Arbeitsstelle und wieder zurück, also grob geschätzt zehn Stunden am Tag. Acht Stunden sollten Sie täglich schlafen und die übrigen sechs Stunden verteilen Sie vermutlich auf Familie, Haushalt, Hobbys, weitere Verpflichtungen und Erledigungen. Wenn Sie in Teilzeit berufstätig sind, wird die Rechnung etwas anders aussehen, aber auch in diesem Fall hat der Berufsalltag vermutlich eine prägende Bedeutung für Ihren Tagesablauf.

Für die Gelassenheit spielt es also eine große Rolle, wie sich der Arbeitsalltag gestaltet. Fahren Sie morgens gerne zur Arbeit und freuen sich auf die Kollegen und auf Ihre Aufgaben? Dann strahlen diese Freude und Gelassenheit sicherlich auch in Ihr Privatleben aus. Sind Sie hingegen morgens schon angespannt, wenn Sie nur an die Arbeit denken, und kommen Sie genervt, erschöpft oder frustriert von der Arbeit nach Hause? Dann ist es vermutlich schwer, in der Freizeit schnell abzuschalten und gelassen zu sein.

In diesem Teil des Buches erfahren Sie, wie Sie Ihre Arbeit gelassenheitsfördernd gestalten können, wie Sie schwierige Situationen erkennen und bewältigen und wann Sie die Notbremse ziehen sollten, um einen Burn-out zu vermeiden.

Gelassenheit in den beruflichen Alltag integrieren

In diesem Kapitel

▶ Den Beruf auf sein Gelassenheitspotenzial analysieren

▶ Gelassenheitsförderndes Zeitmanagement kennenlernen

▶ Hinterfragen, wer für Gelassenheit am Arbeitsplatz verantwortlich ist

▶ Gelassenheitskiller im Job kennenlernen

*W*enn Sie berufstätig sind und Ihr Job eine mehr oder weniger große Bedeutung in Ihrem Leben hat, hängt Ihre gelassene Lebenseinstellung sicherlich auch zu einem mehr oder weniger großen Teil mit Ihrer Arbeit zusammen. Um gelassen durchs Leben zu gehen, lohnt es sich also, den Arbeitsalltag gelassenheitsfördernd zu gestalten.

Ist-Analyse: Das Gelassenheitspotenzial des Berufslebens

Starten Sie mit einer Ist-Analyse: Wie gelassen sind Sie im Arbeitsalltag? Für die Einschätzung ist eine Gelassenheitsskala von 1 bis 10 hilfreich: Der Wert 1 steht für »total angespannt und gestresst«, der Wert 10 steht für »total entspannt und gelassen«. Legen Sie möglichst spontan fest, bei welchem Wert Ihre Gelassenheit im Job derzeit liegt, und notieren Sie sich diesen Wert, vielleicht in Ihrem Gelassenheitstagebuch.

Überlegen Sie dann, welche Teilbereiche Ihres Berufslebens unterschiedliche Gelassenheitswerte haben könnten:

✔ Wie gelassen sind Sie im Umgang mit Ihren Kollegen?

✔ Wie gelassen sind Sie im Umgang mit Ihrem Vorgesetzten?

✔ Wie gelassen sind Sie im Hinblick auf Ihre Arbeitszeitgestaltung?

✔ Wie gelassen sind Sie im Hinblick auf die fachlichen Anforderungen, die an Sie gestellt werden?

✔ Wie gelassen sind Sie im Umgang mit Fehlern?

✔ Wie gelassen sind Sie im Hinblick auf Ihren Lohn/Ihr Gehalt?

✔ Wie gelassen sind Sie in Bezug auf die Rahmenbedingungen Ihrer Arbeit?

✔ Wie gelassen sind Sie im Hinblick auf die Zukunftsperspektive Ihrer Arbeit?

Ihnen werden noch viel mehr Fragen einfallen, mit deren Hilfe Sie das Gelassenheitspotenzial Ihrer Arbeit analysieren können. Schreiben Sie diese Fragen auf und notieren Sie sich den Skalenwert Ihrer aktuellen Gelassenheit. Sie werden sehen, dass Gelassenheit oft auch viel mit Zufriedenheit zu tun hat. Wenn Sie mit Ihrem Gehalt zufrieden sind, werden Sie bei dieser Frage vermutlich auch einen hohen Gelassenheitswert erreichen. Schauen Sie sich dann Ihre Werte an und markieren Sie die einzelnen Teilbereiche:

✔ Wenn Sie auf Ihrer Gelassenheitsskala einen Wert zwischen 1 und 3 notiert haben, stellt dieser Bereich derzeit eine Problemzone dar. Markieren Sie diesen Bereich mit einem deutlichen Warnzeichen (zum Beispiel mit einem roten Blitz).

✔ Wenn Sie auf Ihrer Gelassenheitsskala einen Wert zwischen 4 und 6 notiert haben, könnte es sinnvoll sein, diesen Bereich genauer unter die Lupe zu nehmen. Markieren Sie diesen Bereich mit einem neutralen Zeichen (zum Beispiel mit einem gelben Fragezeichen).

✔ Wenn Sie auf Ihrer Gelassenheitsskala einen Wert zwischen 7 und 10 notiert haben, ist in diesem Bereich aktuell alles in Ordnung. Markieren Sie diesen Bereich mit einem positiven Zeichen (zum Beispiel mit einem grünen Smiley).

Teilbereiche des Berufslebens analysieren

Schauen Sie sich anschließend die einzelnen Bereiche an und überlegen Sie, wie groß deren Bedeutung jeweils für Ihre Gesamtgelassenheit im Berufsleben ist. Vielleicht ist Ihr Gelassenheitswert für den Umgang mit Kollegen hoch, aber der Umgang mit den Kollegen spielt eine eher untergeordnete Rolle für Ihre Gesamtgelassenheit, weil Ihr Chef Ihnen deutlich wichtiger ist als Ihre Kollegen. Dann hat der Wert auf der Gelassenheitsskala, den Sie derzeit im Umgang mit Ihrem Vorgesetzten erreichen, eine größere Bedeutung als der Wert für den Umgang mit Ihren Kollegen.

12 ➤ Gelassenheit in den beruflichen Alltag integrieren

Sortieren Sie die Fragen nach Wichtigkeit der einzelnen Teilbereiche: Welche Bereiche sind besonders wichtig für Ihre Gesamtgelassenheit im Beruf? Welche Bereiche sind mittelwichtig, welche sind unwichtig? Schauen Sie dann, wo Ihre Problembereiche liegen, auf die Sie sich konzentrieren sollten:

✔ Wichtige Teilbereiche mit rotem Blitz sind Ihre aktuellen Stressfaktoren. Hier lohnt es sich, genauer hinzuschauen und etwas zu verändern.

✔ Wichtige Teilbereiche mit grünem Smiley sind starke gelassenheitsfördernde Faktoren. Aus diesen Bereichen ziehen Sie positive Energie. Pflegen Sie diese Bereiche.

✔ Mittel- und unwichtige Teilbereiche mit rotem Blitz sind kleine bis mittlere Ärgernisse. Hier könnten Sie Ihre Einstellung verändern, um den Stress zu minimieren.

✔ Mittel- und unwichtige Teilbereiche mit grünem Smiley stellen die kleinen Freuden des Alltags dar. Genießen Sie diese Bereiche.

✔ Alle Teilbereiche mit gelbem Fragezeichen sind ausbaufähig, egal ob sie wichtig, mittelwichtig oder unwichtig sind. Entscheiden Sie selbst, in welche Teilbereiche Sie Kraft investieren wollen, um von einem gelben Fragezeichen zu einem grünen Smiley zu kommen, und welche Teilbereiche Sie einfach so laufen lassen wie bisher.

Abbildung 12.1 zeigt die Analyse einer Krankenschwester, die sich mit acht Teilbereichen ihrer Arbeit auseinandergesetzt hat und zu dem Schluss gekommen ist, dass sie ihr Hauptaugenmerk zunächst auf den Umgang mit ihren Kollegen richten wird, um ihre Gelassenheit im Berufsalltag zu erhöhen.

Gelassenheitsfördernde Faktoren im Job

Gelassenheit im Beruf hängt vor allem mit drei Faktoren zusammen: Selbstvertrauen, Anerkennung und Sicherheit. Selbstvertrauen bedeutet, dass Sie wissen, was Sie können, dass Sie die Erfahrung gemacht haben, die unterschiedlichen Situationen Ihres Berufsalltags gut meistern zu können, und dass Sie die Ergebnisse Ihrer Arbeit sehen und wertschätzen. Anerkennung heißt, dass Sie positives Feedback von Vorgesetzten, Kollegen und Kunden bekommen und dass Ihre Arbeit angemessen bezahlt wird. Sicherheit bezieht sich sowohl auf die Zukunftsperspektive Ihres Arbeitsplatzes als auch auf den Umgang Ihrer Vorgesetzten und Kollegen mit Ihren Fehlern oder Misserfolgen.

Teilbereich	Gelassenheitswert	Bewertung
Umgang mit Kollegen	3	☹
Umgang mit Stationsleitung	8	☺
Arbeitszeitgestaltung	7	☺
fachliche Anforderungen	9	☺
Umgang mit Fehlern	6	?
Gehalt	5	?
Rahmenbedingungen	7	☺
Zukunftsperspektive	6	?

Abbildung 12.1: Gelassenheitspotenzial des Berufsalltags einer Krankenschwester

Schauen Sie sich zunächst die Teilbereiche Ihres Berufs an, in denen Sie hohe Gelassenheitswerte notiert haben. Prüfen Sie diese Bereiche im Hinblick auf Selbstvertrauen, Anerkennung und Sicherheit – vermutlich werden Sie feststellen, dass Sie in den mit einem grünen Smiley (oder einem ähnlichen positiven Zeichen) markierten Bereichen selbstbewusst agieren, positive Rückmeldungen bekommen und sich darauf verlassen können, dass Ihr Job sicher ist. Machen Sie sich bewusst, was Ihnen konkret guttut und woraus Sie die Gelassenheit in diesen Bereichen ziehen. Vielleicht notieren Sie sich dazu Stichwörter in Ihrem Gelassenheitstagebuch. Denn wenn Sie künftig das Gefühl haben, dass sich Ihr Gelassenheitswert verschlechtert, sehen Sie anhand Ihrer Notizen genau, auf welche Faktoren Sie einwirken sollten, um wieder gelassener zu werden.

Mehr Gelassenheit im Berufsalltag ist aktive Gesundheitsprävention: Je entspannter Sie in Ihrer Arbeitszeit sind, desto ausgeglichener ist das Verhältnis zwischen Ruhe- und Aktivitätsnerv (Parasympathikus und Sympathikus) in Ihrem vegetativen Nervensystem. Dies ist wichtig für Ihr Herz-Kreislauf-System, Ihren Verdauungsapparat, Ihr Immunsystem, Ihre Haut, Ihre Psyche und Ihre Sexualfunktion.

Betrachten Sie dann die Teilbereiche Ihres Arbeitsalltags, in denen Sie niedrige Gelassenheitswerte erreichen. Fehlt es Ihnen in diesen Bereichen möglicherweise an Selbstvertrauen, an Anerkennung oder an Sicherheit? Notieren Sie sich auch hierzu Stichwörter in Ihrem Gelassenheitstagebuch. Was könnten Sie ändern? Wenn Sie nicht genug Selbstvertrauen im Beruf haben, könnten Sie beispielsweise Fortbildungen besuchen oder Fachliteratur lesen. Bei mangelnder Anerkennung hilft möglicherweise ein Gespräch mit Ihrem Vorgesetzten oder mit dem Betriebsrat. Bei fehlender Sicherheit könnte es notwendig sein, über einen neuen Job nachzudenken. Klären Sie für sich selbst, auf welche Faktoren Sie Einfluss nehmen können. Entwickeln Sie einen Aktionsplan und versuchen Sie aktiv, Ihre Gelassenheit und Zufriedenheit zu erhöhen.

Wenn Sie mittlere Gelassenheitswerte in einigen Teilbereichen Ihres Arbeitslebens notiert haben, sind diese Bereiche sozusagen Ihre Spielwiese: Investieren Sie Zeit und Kraft in Bereiche, die Sie entweder sehr gerne mögen oder bei denen Sie vermuten, dass es einfach sein wird, die Gelassenheit zu erhöhen. Rasche Erfolge tragen zur Gelassenheit bei!

Mögen, ändern oder beenden – was man selbst tun kann

»Love it, change it or leave it« lautet eine griffige englische Formulierung, um die verschiedenen Handlungsmöglichkeiten zu benennen, die jeder von uns in den allermeisten Lebenssituationen hat: mögen, ändern oder beenden. Neben der Handlungsmöglichkeit bezeichnet dies aber auch die innere Haltung, die Sie einnehmen können: Sie können sich aktiv dafür entscheiden, eine Situation zu akzeptieren (und möglicherweise sogar zu mögen), sie zu verändern oder sie zu verlassen. Das ist in manchen Fällen zwar leichter gesagt als getan, aber es hilft sich immer wieder vor Augen zu führen, dass Sie handeln könnten, wenn Sie wollten.

Es ist sehr bequem, immer die anderen verantwortlich zu machen für das eigene Wohl und Wehe: Wenn mein Chef netter wäre, würde mir die Arbeit mehr Spaß machen. Wenn meine Kollegen kooperativer wären, hätte ich auch bessere Laune. Wenn ich mehr Geld verdienen würde, würde ich mich auch mehr anstrengen. Wenn die Kunden nicht so nervig wären, würde ich nicht so schlecht gelaunt nach Hause gehen. Finden Sie sich in der einen oder anderen Formulierung wieder? Ganz bestimmt – und das ist auch ganz normal. Denn wir alle neigen dazu, lieber die Umstände zu verändern (oder zu hoffen, dass die Umstände sich verändern) als uns selbst.

Können Sie das Wetter verändern? Leider nicht – Sie können sich nur wettergemäß kleiden. Ebenso wenig können Sie Ihre Kollegen, Ihren Vorgesetzten oder Ihre Kunden verändern. Sie können sich nur auf deren Ansprüche, Bedürfnisse und Eigenarten einstellen. Halten Sie sich nicht daran fest, wie Sie sich Ihre Mitmenschen vorstellen. Lassen Sie los – und lassen Sie die Menschen so sein, wie sie eben sind. Genauso wie Sie das Wetter so hinnehmen müssen, wie es eben ist.

Über die Erkenntnis, dass man nur sich selbst ändern kann und nicht einen anderen Menschen, haben Sie möglicherweise schon in Kapitel 8 gelesen und sie vielleicht mittlerweile verinnerlicht. Sie selbst sind für Ihre Gelassenheit verantwortlich. Fordern Sie sich, ohne sich zu überfordern: Fangen Sie bei den mittelwichtigen Teilbereichen Ihres Berufslebens an, sich selbst und Ihre Haltung zu verändern. Werden Sie zuerst da aktiv, wo es nicht so wehtut und wo die Aussicht auf Erfolg vergleichsweise groß ist. Wenn Sie dann in einem mittelwichtigen Teilbereich erfolgreich waren und sich in diesem Teilbereich Ihr Gelassenheitswert von Gelb oder Rot (also ein Skalenwert von 1 bis 6) auf Grün (also 7 bis 10) verbessert hat, wenden Sie sich einem wichtigeren Teilbereich zu.

Vielleicht stoßen Sie in einem wichtigen Teilbereich mit niedrigem Gelassenheitswert auf große Widerstände, wenn Sie versuchen, eine andere Haltung einzunehmen oder Ihre Rahmenbedingungen zu verändern. Entscheiden Sie dann möglichst nüchtern, was die Konsequenz sein könnte: Ist es besser, die Situation so, wie sie ist, zu akzeptieren? Oder ist es besser zu versuchen, die Situation zu verlassen – also die Abteilung oder den Job zu wechseln? Bei so schwerwiegenden Entscheidungen ist es außerordentlich hilfreich, Menschen Ihres Vertrauens einzubeziehen. Bitten Sie Ihren Partner / Ihre Partnerin oder einen guten Freund darum, mit Ihnen über Ihre Handlungsmöglichkeiten nachzudenken und zu diskutieren. Oft bringt ein Außenstehender Sie auf Gedanken, die Sie selbst gar nicht haben konnten, weil Sie zu tief in die Situation verstrickt sind. Nehmen Sie sich Zeit.

Pausen und Auszeiten sind unverzichtbar

Studien weltweit haben gezeigt, dass sich das Berufsleben in den letzten Jahrzehnten immer weiter beschleunigt hat. Wir alle müssen immer mehr in immer kürzerer Zeit bewältigen, müssen unser Wissen immer schneller vergrößern und unsere Effizienz steigern. Die Personaldecke wird immer dünner, es mangelt an Fachkräften und Nachwuchs. Die Folgen dieser Beschleunigung und Arbeitsverdichtung sind körperliche und seelische Krankheiten, Burn-out oder

Frühverrentung. Zwar wird in der Politik, bei Arbeitnehmer- und Arbeitgebervertretungen, Krankenkassen und Rentenversicherungen längst über diese Gefahr diskutiert, jedoch ändert sich nicht viel. Daher bleibt jedem von uns kaum etwas anderes übrig, als auf sich selbst aufzupassen und im eigenen Einflussbereich Dinge zu verändern.

Als Vorgesetzter einen Teil der Verantwortung delegieren

Wenn Sie Chef sind, können Sie sowohl auf Ihre eigene Gelassenheit und Gesundheit Einfluss nehmen als auch auf die Ihrer Mitarbeiter: Sorgen Sie für ein Klima der Anerkennung, der Fehlerkultur, der Angstfreiheit und der offenen Diskussion. Beziehen Sie Ihre Mitarbeiter ein in Überlegungen, wie die Arbeit besser verteilt werden kann, welche Zeitfresser ausgemerzt werden können und welche Möglichkeiten zur Effizienzsteigerung genutzt werden können, ohne die Arbeit für jeden Einzelnen zu verdichten.

 Gelassener Chef – gelassene Mitarbeiter: Seien Sie als Vorgesetzter ein Vorbild an Gelassenheit, um bei Ihren Mitarbeitern über die Aktivierung der Spiegelneuronen (siehe Kapitel 1) ebenfalls Gelassenheit auszulösen. Dies setzt eine Gelassenheitsspirale in Gang, die für alle Beteiligten hilfreich und für den Unternehmenserfolg unverzichtbar ist.

Machen Sie sich bewusst, dass Ihre Mitarbeiter am besten arbeiten können, wenn sie unter einer mittelhohen Anspannung stehen (siehe Kapitel 2). Sorgen Sie dafür, dass niemand unter- oder überfordert wird. Nutzen Sie darüber hinaus die Erkenntnisse der Chronobiologie: Die inneren Uhren Ihrer Mitarbeiter ticken unterschiedlich. Manche Menschen arbeiten eher vormittags besonders erfolgreich, andere eher nachmittags. Aber alle Mitarbeiter brauchen regelmäßige Pausen und Auszeiten. Richten Sie möglichst flexible Arbeitszeiten ein und übertragen Sie die Verantwortung für die Zeitgestaltung im Rahmen der betrieblichen Möglichkeiten Ihren Mitarbeitern oder der Mitarbeitervertretung. Je mehr die Arbeitnehmer einbezogen werden, desto größer ist ihre Zufriedenheit und Gelassenheit.

Am eigenen Arbeitsplatz etwas verändern

Als Arbeitnehmer sind Sie bestimmten Rahmenbedingungen unterworfen, auf die Sie nur zum Teil Einfluss haben. Doch irgendetwas können Sie immer beeinflussen – entweder die konkrete Ausgestaltung der äußeren Vorgaben oder Ihre innere Einstellung.

Wie läuft Ihr Berufsalltag eigentlich genau ab? Viele können diese Frage gar nicht präzise beantworten, sondern haben nur das Gefühl, dass sie von einem Termin zum nächsten und von einer Aufgabe zur anderen hetzen. Finden Sie heraus, wie es bei Ihnen wirklich läuft: Führen Sie drei Tage lang Buch über die Gestaltung Ihrer Arbeitszeit. Notieren Sie sich, wann Sie welche Aufgabe begonnen und beendet haben, wie oft und von wem Sie unterbrochen wurden, wann Sie eine Pause gemacht haben, wann eine Besprechung stattfand, wann und mit wem Sie gesprochen haben und wie Sie sich dabei fühlten, wie oft Sie in Ihre E-Mails geschaut haben (das geht mit einer Strichliste am einfachsten), wann Sie geraucht oder sich Kaffee geholt haben, was Sie selbstbestimmt tun konnten und was Ihnen aufgetragen wurde und so weiter. Versuchen Sie, drei möglichst typische Arbeitstage zu protokollieren – also nicht unbedingt den ersten Tag nach Ihrem Urlaub, einen Tag, an dem drei Kollegen sich krankgemeldet haben, oder den Tag des Betriebsausflugs.

Schauen Sie sich dann in Ruhe Ihr Protokoll an – mit welchen Arbeitsabläufen waren Sie zufrieden? Wie oft am Tag waren Sie angespannt, wie oft genervt, wie oft gelassen? Und vor allem: Wie viele Pausen haben Sie gemacht und wie haben Sie diese Pausen gestaltet? Als Faustregel kann man sagen, dass nach einer 90-minütigen Arbeitsphase eine kurze Pause sinnvoll ist und in der Mitte des Arbeitstags (also bei einem Achtstundentag nach vier Stunden) eine etwa halbstündige Pause eingelegt werden sollte. Diese Pausen sollten ungestört sein und dazu dienen, dass Sie abschalten und durchatmen, lachen, essen, trinken und sich bewegen können.

Die innere Uhr der Menschen tickt unterschiedlich, haben die Untersuchungen von Chronobiologen ergeben. Ob man Frühaufsteher oder Nachteule ist, wird bereits vor der Geburt genetisch festgelegt und lässt sich im Laufe des Lebens kaum ändern. Da sich aber auch das Zeitgefüge des Berufsalltags kaum ändern lässt, sind eigene Kompensationsmechanismen hilfreich: Frühaufsteher sollten die Gleitzeit nutzen und möglichst früh ins Büro gehen, um ihre kreativsten und produktivsten Zeiten auszukosten. Nachteulen sind hingegen eher nachmittags oder am frühen Abend fit und brauchen daher entweder einen späteren Start in den Tag oder längere Pausen.

Versuchen Sie, Ihren Arbeitstag so zu gestalten, dass Sie ihn mit positiven Gefühlen beginnen und beenden. Versuchen Sie auch, Unterbrechungen bei einer Tätigkeit zu minimieren, indem Sie beispielsweise nur zu bestimmten Zeiten in Ihre E-Mails schauen, und sprechen Sie Kollegen, die Sie besonders oft bei Ihrer Arbeit stören, darauf an. Führen Sie von Zeit zu Zeit erneut Buch über einen

Arbeitstag und prüfen Sie, ob Sie schon etwas verändern konnten – und wie sich diese Veränderung anfühlt.

Selbstständig – entweder selbst und ständig oder selbst und verantwortlich

Wenn Sie selbstständig tätig sind, gilt möglicherweise auch für Sie die Beobachtung, dass jeder Selbstständige sein eigener Sklave ist und »selbst und ständig« beschäftigt ist. Gerade dann können Sie aber etwas verändern, denn Sie müssen sich ja nicht mit einem Chef herumärgern, der Ihnen vorschreibt, wie und wann Sie etwas zu tun haben. Klar, auch der Kunde macht Ihnen Vorgaben. Aber in der Gestaltung Ihres Arbeitstags sind Sie freier als ein Angestellter. Nutzen Sie diese Freiheit – legen Sie Ihre Pausen so, wie sie am besten zu Ihrem Arbeitsrhythmus passen. Vielleicht gönnen Sie sich sogar einen Mittagsschlaf? Tipps für einen Power-Nap finden Sie in Kapitel 15.

Erledigen Sie Routinearbeiten möglichst in Zeiten, in denen Sie nicht mehr ganz so frisch sind, also beispielsweise nach dem Mittagessen. Nutzen Sie Ihre Kreativitätsphasen für neue Projekte, Akquise oder Kundenkontakte. Und schalten Sie Ihr Smartphone zu bestimmten Zeiten aus, damit Arbeit und Freizeit voneinander unterscheidbar sind. Denn nichts ist stressiger als die ständige Erreichbarkeit – Sie setzen sich damit unter Dauerdruck und gehen mit Non-stop-Aktivierung des Kampf-oder-Flucht-Mechanismus (siehe Kapitel 1) durchs Leben. Das ist ähnlich schädlich für Ihre Gesundheit wie ständiges hochtouriges Fahren für den Motor Ihres Autos wäre. Übernehmen Sie Verantwortung für Ihre Gelassenheit – das könnte Ihr wichtigstes Projekt werden.

Selbstbestimmung statt Fremdbestimmung

Eine europäische Erhebung über Arbeitsbedingungen (EWCS) hat gezeigt, dass Arbeitnehmer, die ihre Aufgaben und Arbeitsabläufe selbstbestimmt planen können, eher in der Lage sind, sich für ihre Tätigkeit zu motivieren und gute Leistungen zu erbringen. Je mehr Sie also selbst bestimmen können, wie Ihr Arbeitstag verläuft, in welchem Tempo Sie arbeiten und in welcher Reihenfolge Sie Ihre Aufgaben erledigen, desto zufriedener werden Sie voraussichtlich an Ihrem Arbeitsplatz sein. Und mit der Zufriedenheit wächst in der Regel auch die Gelassenheit.

Die Erhebung zeigte aber auch, dass im europäischen Durchschnitt nur 44 Prozent der Arbeitnehmer ihre Arbeit in den Punkten Vorgehensweise, Reihenfolge und Rhythmus selbstbestimmt ausüben. Detaillierte Analysen zeigen, dass sich der Grad der Selbstbestimmung je nach Tätigkeit stark unterscheidet: In Wirtschaftszweigen und Berufsgruppen, in denen vor allem an Maschinen oder im Handwerk gearbeitet wird, ist der Grad der Selbstbestimmung niedriger als in Büroberufen. Weit mehr als die Hälfte der angestellten Arbeitnehmer muss demnach ein hohes Maß an Fremdbestimmung in Kauf nehmen.

 Sie können die Haltung, die Sie Ihrer Arbeit gegenüber einnehmen, selbst bestimmen, auch wenn bei Ihrer Arbeit alles andere fremdbestimmt ist: Sie entscheiden, ob Sie Ihre Arbeit mögen oder hassen, und Sie entscheiden auch, ob Sie Ihre Tätigkeiten mit Hingabe erledigen oder nur so nebenbei. Probieren Sie es aus: Gehen Sie mit einem Lächeln an die Arbeit, erfreuen Sie sich an einer Kleinigkeit und achten Sie auf das, was gut gelingt und Spaß macht. Mit dieser inneren Haltung werden Sie vermutlich gelassen und gut gelaunt arbeiten können, auch wenn die Rahmenbedingungen alles andere als perfekt sind.

Was bedeutet das für die Gelassenheit am Arbeitsplatz? Zunächst einmal ist es möglicherweise beruhigend zu wissen, dass man nicht der einzige Arbeitnehmer im Lande ist, der fremdbestimmt wird, sondern dass fast alle Berufstätigen mehr oder weniger fremdbestimmt arbeiten. Außerdem könnte das Wissen darum, dass Fremdbestimmung in unserem Gesellschaftssystem an der Tagesordnung steht, die Entscheidung zwischen »ertragen, ändern oder beenden« (siehe weiter vorn in diesem Kapitel) erleichtern. Andererseits zeigt die Untersuchung auch, dass Selbstbestimmung am Arbeitsplatz durchaus möglich ist. Versuchen Sie, möglichst viele Faktoren der Selbstbestimmung in Ihrem Job umzusetzen: Arbeitsabläufe, Reihenfolge und Rhythmus Ihrer Arbeit.

Für die eigenen Bedürfnisse einstehen

Klären Sie dafür zunächst Ihre eigenen Bedürfnisse: In welchen Bereichen ist es Ihnen wichtig, Ihre Arbeit selbst zu bestimmen? In welchen Bereichen können Sie Fremdbestimmung hingegen gut akzeptieren? Gehen Sie Ihre Aufgaben und Ihre Arbeitsplanung in Ruhe durch und notieren Sie sich, wie hoch das Maß der Selbstbestimmung dabei ist:

✔ Wer teilt Ihnen Ihre Aufgaben zu? Wie viel Mitspracherecht haben Sie dabei? Wie oft können Sie eigene Ideen einbringen und eigene Projekte erarbeiten?

12 ➤ Gelassenheit in den beruflichen Alltag integrieren

✔ Wer bestimmt, in welcher Reihenfolge Sie Ihre Aufgaben erledigen müssen? Wie frei sind Sie in der Bestimmung der Abfolge einzelner Arbeitsschritte? Wer erwartet wann welche Ergebnisse von Ihnen?

✔ Wer legt Ihren Arbeitsrhythmus fest, bestimmt Ihre Pausen und Ihr Arbeitstempo?

Wenn Sie diese Ist-Analyse erarbeitet haben, bewerten Sie, wie zufrieden Sie mit der jetzigen Situation sind – vielleicht nutzen Sie dafür wieder eine Skala von 1 bis 10 (1 bedeutet »sehr unzufrieden«, 10 bedeutet »sehr zufrieden«). Bei all jenen Bereichen, die Sie mit Zahlen von 7 bis 10 bewertet haben, gibt es ein für Sie persönlich ausgewogenes Maß an Selbst- und Fremdbestimmung. Die Bereiche mit Skalenwerten von 1 bis 6 sind hingegen verbesserungsbedürftig: Ihr Bedürfnis nach Selbstbestimmung ist höher als die reale Möglichkeit der Selbstbestimmung.

Versuchen Sie, in den »roten Bereichen« konkrete Vorschläge zu formulieren, wie Sie Ihre Selbstbestimmung erhöhen könnten. Seien Sie dabei realistisch und überlegen Sie, wer Ihnen dabei helfen könnte, Ihre Bedürfnisse umzusetzen. Denn am Arbeitsplatz kommen Sie oft schneller und weiter voran, wenn Sie Allianzen schmieden und sich mit mehreren Kollegen für Änderungen einsetzen.

Allianzen schmieden

Gemeinsam ist man am Arbeitsplatz zumeist stärker – sei es in kleineren Betrieben, in denen sich einzelne Arbeitnehmer mit gleichen Interessen zusammentun, oder in größeren Betrieben, in denen ein Betriebs- oder Personalrat sich für die Interessen der Arbeitnehmer einsetzt. Gehen Sie auf Kollegen oder Betriebsratsmitglieder zu, wenn Sie konkrete Veränderungs- und Verbesserungsvorschläge im Hinblick auf die Gestaltung von Arbeitsabläufen und -rhythmen haben. Formulieren Sie, was Sie erreichen möchten, und welches Ziel Sie dabei verfolgen. Je detaillierter Sie Ihre Pläne darstellen, desto größer ist die Chance, dass Sie Gleichgesinnte finden, denn auch wenn ein Kollege vielleicht nicht mit allen Ihren Vorschlägen einverstanden ist, so wird er vielleicht trotzdem bestimmte Einzelschritte begrüßen und bereit sein, sich mit einzubringen.

In der Presseabteilung eines großen Unternehmens herrscht Frust: Der für die Presse- und Öffentlichkeitsarbeit zuständige Geschäftsführer Dieter Hoffmann besteht darauf, alle Pressemitteilungen persönlich freizugeben. Er bekommt die freizugebenden Texte mit der Hauspost und einem Dringlichkeitsvermerk, doch oft dauert es tagelang, bis er sie bearbeitet. Dadurch verlieren die Texte an Aktualität und die Presseresonanz sinkt. Im Presseteam werden verschiedene Lösungsmöglichkeiten diskutiert und anschließend der Geschäftsführungssekretärin Julia Marx vorgetragen. Pressesprecher Stefan Holle und Julia Marx vereinbaren, dass alle Pressemitteilungen künftig in knallroten Umlaufmappen an Dieter Hoffmann gegeben werden – so kann dieser sie auf seinem übervollen Schreibtisch nicht mehr übersehen. Kleiner Schritt, große Wirkung: Die Pressemitteilungen werden seither binnen Tagesfrist freigegeben und das Presseteam arbeitet mit neuer Motivation.

Haben Sie Geduld, denn Veränderungen am Arbeitsplatz, die erhöhte Selbstbestimmung zum Ziel haben, stoßen oft auf erhebliche Widerstände. Behalten Sie Ihr Ziel im Auge: eine größere Gelassenheit durch höhere Zufriedenheit. Wenn Sie feststellen, dass Sie in einzelnen Bereichen nicht vorankommen, ändern Sie Ihre Strategie oder fokussieren sich auf andere Bereiche. Denken Sie daran, dass Gelassenheit immer etwas mit Loslassen zu tun hat. Wenn Sie etwas nicht beeinflussen können, lassen Sie es lieber los, als dass Sie sich mit fruchtlosen Veränderungsversuchen aufreiben.

Langsames Denken als Erfolgsfaktor

In seinem Erfolgsbuch »Schnelles Denken, langsames Denken« erläutert der amerikanische Volkswirtschaftler Daniel Kahnemann, der 2002 den Nobelpreis für Wirtschaft erhielt, den Unterschied zwischen intuitivem und analytischem Denken: Unser schnelles, intuitives, emotional geprägtes Denksystem (Kahnemann nennt es »System 1«) reagiert auf Veränderungen in der Umgebung, indem es blitzartig die aktuellen Wahrnehmungen mit dem gespeicherten Wissen und den bislang gemachten Erfahrungen abgleicht. Es arbeitet unter anderem nach dem Prinzip »Häufige Dinge sind häufig, seltene Dinge sind selten« und ermöglicht es, intuitive Lösungen zu finden und Routinetätigkeiten ohne großen Aufwand zu erledigen. Das rationale, analytische Denksystem hingegen (»System 2« in Kahnemanns Nomenklatur) kommt zum Zuge, wenn unerwartete Dinge passieren, knifflige Aufgaben zu lösen sind, eine Situation verdächtig erscheint oder man sich besonders anstrengen muss, um mit einer Herausforderung zurechtzukommen. System 2 ist jedoch eher faul und verlässt sich gerne auf System 1, sodass man oft geneigt ist, die erste in den Sinn kommende Lösung für ein Problem als die richtige Lösung zu werten.

12 ➤ Gelassenheit in den beruflichen Alltag integrieren

Gerade im Arbeitsumfeld ist es jedoch oft sinnvoll, nicht sofort alles für bare Münze zu nehmen, sondern zu hinterfragen: Ist ein Vorschlag wirklich gut, nur weil er freundlich und überzeugend vorgetragen wird? Ist jemand, der dreimal hintereinander recht hatte, immer im Recht? Gibt es noch weitere Hintergrundinformationen, bevor eine wichtige Entscheidung getroffen werden kann? Das analytische Denksystem immer wieder bewusst einzuschalten trägt zur Gelassenheit am Arbeitsplatz bei. Denn so können Sie vermeiden, dass Sie Entscheidungen im Nachhinein bereuen, weil Sie zu schnell und ohne alle Fakten zu kennen entschieden haben. Außerdem gehen Sie Manipulationen und Schönfärberei nicht auf den Leim, wenn Sie sich nicht vom äußeren Schein blenden lassen, sondern eine leuchtende Fassade kritisch hinterfragen.

Der Nobelpreisträger Daniel Kahnemann weist darauf hin, dass das intuitive Denksystem sich gerne »ankern« lässt und einmal vorgegebene Größenordnungen oder Zusammenhänge als richtig abspeichert. Wenn man bei Verhandlungen mit höheren Forderungen einsteigt, fällt das Endergebnis zumeist deutlich höher aus, als wenn man mit einer niedrigeren (und vermeintlich realistischeren) Einstiegsforderung startet. Nutzen Sie diese Erkenntnis für Gehaltsverhandlungen.

Umgang mit Gelassenheitskillern

So verschieden die Berufe, Arbeitsplätze und Anforderungsprofile der Menschen sind, so ähnlich sind doch die Gelassenheitskiller, mit denen die meisten von uns konfrontiert werden. Eine Studie der Bundesanstalt für Arbeitsschutz und Arbeitsmedizin aus dem Jahr 2012 zeigte, dass Multitasking, Zeitdruck, Monotonie und Störungen bei der Arbeit mit starken psychischen Belastungen einhergehen. Eine Untersuchung des Bundesministeriums für Arbeit und Soziales aus dem Jahr 2007 widmete sich den positiven Faktoren: Die weltweit größte Studie dieser Art, bei der über 37.000 Mitarbeiter in den zwölf unternehmens- und mitarbeiterstärksten Branchen in Deutschland befragt wurden, bewies, dass das Geheimnis des Erfolgs eines Unternehmens maßgeblich in einer mitarbeiterorientierten Unternehmenskultur liegt. Den größten Einfluss auf das Engagement der Mitarbeiter haben dabei Mitarbeiterorientierung, die Schaffung von Teamgeist, das Erleben von Zugehörigkeit zum Unternehmen sowie die Wertschätzung und das gezeigte Interesse an der Person der Beschäftigten. Somit stellen Multitasking, Zeitdruck, Monotonie, Unterbrechungen der Arbeit und mangelnde Wertschätzung vermutlich die wichtigsten Gelassenheitskiller dar. Wie können Sie damit umgehen, um Ihre Gelassenheit am Arbeitsplatz zu erhöhen?

Multitasking ist eine Illusion

Unser Gehirn arbeitet seriell, es beschäftigt sich also in jeder Hirnhälfte mit jeweils einer Aufgabe nach der anderen (siehe Kapitel 5). Mehrere Dinge gleichzeitig zu tun ist zwar modern, aber nicht sehr sinnvoll: Die Fehlerhäufigkeit steigt, die Anspannung nimmt zu und die Gelassenheit ab, wenn Sie versuchen, verschiedene Aufgaben gleichzeitig zu erledigen. Probieren Sie es einfach mal aus: Atmen Sie zuerst einige Male tief in den Bauch ein und langsam wieder aus, bis Sie sich innerlich ruhig und gelassen fühlen. Messen Sie dann Ihren Puls am Handgelenk (siehe Abbildung 12.2) und notieren Sie sich die Zahl Ihrer Herzschläge pro Minute (der Normalwert in Ruhe liegt bei 60 bis 80 Schlägen pro Minute). Lassen Sie dann das Radio laufen, während Sie gleichzeitig fünf Minuten lang versuchen, ein Kreuzworträtsel zu lösen, einen Apfel zu schälen, sich mit einem Angehörigen oder Kollegen zu unterhalten und ein Glas Wasser zu trinken. Messen Sie nach diesen fünf Multitasking-Minuten wieder Ihren Puls. Vermutlich wird der Wert deutlich höher liegen als Ihr Ruhewert. Ihre Anspannung ist beim Multitasking also gestiegen – und damit auch Ihr Stressniveau. Und mehr Stress bedeutet weniger Gelassenheit, das wissen Sie ja längst.

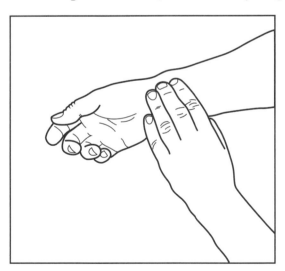

Abbildung 12.2: Messen Sie Ihren Puls am Handgelenk – zwischen 60 und 80 Schläge pro Minute sind in Ruhe normal.

Versuchen Sie konsequent, am Arbeitsplatz eines nach dem anderen zu erledigen. Dazu ist Selbstdisziplin erforderlich und Sie können versuchen, sich selbst ein wenig auszutricksen, indem Sie ablenkende Faktoren minimieren. Schalten Sie also beispielsweise den E-Mail-Alarm für eingehende Nachrichten aus, das Radio ab und legen Sie die Tageszeitung weg, wenn Sie eine Aufgabe erledigen möchten. Machen Sie sich eine Liste der zu erledigenden Arbeiten und fangen Sie erst dann eine neue Tätigkeit an, wenn die vorherige abgeschlossen ist. Es lohnt sich – Ihr Stresslevel wird deutlich sinken, wenn Sie kein Multitasking mehr machen.

Zeitdruck schadet der Arbeitsqualität

Vergleichen Sie einmal, wie lange Sie für eine bestimmte Aufgaben brauchen und welchen Zeitaufwand Sie für diese Aufgabe vorher geschätzt hatten. War Ihre Schätzung realistisch? Haben Sie länger gebraucht als erwartet? Oder waren Sie schneller fertig, als Sie dachten? Prüfen Sie dann, ob das Ergebnis zu Ihnen passt: Wissen Sie üblicherweise recht genau, wie lange Sie für eine Arbeit brauchen, oder sind Sie zumeist eher zu optimistisch (Sie unterschätzen den Zeitbedarf) oder zu pessimistisch (Sie überschätzen den Zeitbedarf)? Ihre Selbsteinschätzung wird möglicherweise gut zu Ihrer sonstigen Lebenseinstellung passen – realistisch, optimistisch oder pessimistisch.

Nehmen Sie sich so an, wie Sie sind. Und lernen Sie, mit Ihrer Zeiteinschätzung geschickt umzugehen: Wenn Sie Realist sind, werden Sie vermutlich nur selten unter Zeitdruck geraten, und wenn, dann wahrscheinlich überwiegend aufgrund unrealistischer Terminziele durch Dritte. Wenn Sie Pessimist sind, haben Sie vermutlich öfter Zeit übrig, weil Sie Ihre Aufgaben schneller erledigt haben als gedacht. Nutzen Sie die gewonnene Zeit für Gelassenheitsübungen. Sind Sie aber Optimist und geraten Sie öfter unter Zeitdruck, weil Sie doch nicht ganz so schnell fertig werden wie gedacht, bauen Sie sich bewusst Zeitpuffer in den Tagesablauf ein. Und wenn Sie Terminvorgaben von Dritten bekommen, denken Sie nicht »Das schaffe ich doch viel schneller«, sondern nehmen Sie die Vorgaben an. Zumeist sind die Vorgaben ohnehin zu knapp. Wenn Sie absehen können, dass die Zeit nicht reichen wird, melden Sie so früh wie möglich den höheren Zeitbedarf an. Nicht bis zum letzten Drücker warten, das erhöht nur Ihren Stress.

 Eine kompakte Übersicht über gutes Zeitmanagement im Arbeitsalltag finden Sie in *Zeitmanagement im Job für Dummies* von Jeffrey J. Mayer und Reinhardt Christiansen.

Wenn Zeitdruck bei Ihnen ein Belastungsfaktor ist, der von außen – also von Kollegen, Kunden oder Vorgesetzten – gemacht wird, sollten Sie über einen längeren Zeitraum hinweg Tagebuch führen über die Zeitvorgaben und die tatsächlich benötigte Zeit für einzelne Aufgaben oder Projekte. Suchen Sie anschließend das Gespräch mit den Menschen, die Zeitdruck auf Sie ausüben, und belegen Sie sachlich, aber deutlich, dass die Vorgaben nicht zu schaffen sind.

Monotonie erzeugt Langeweile

Neben dem Phänomen Burn-out gibt es auch den Begriff des »Bore-out«, also der Erschöpfung durch Unterforderung oder langweilige Eintönigkeit (Monotonie). Wenn Sie einen Job haben, bei dem Sie immer wieder die gleichen Arbeitsschritte erledigen und lange Zeit am Stück immer das Gleiche tun müssen, könnte Monotonie für Sie zum Gelassenheitskiller werden. Überlegen Sie sich, wie Sie der Einförmigkeit begegnen könnten: Haben Sie Gestaltungsmöglichkeiten, was Ihre Arbeitsumgebung angeht? Dürfen Sie bei der Arbeit beispielsweise Radio oder Hörbücher hören? Keine Sorge, Sie werden nicht Gefahr laufen, sich durch Multitasking zu überfordern, denn wenn Sie eine routinemäßig ablaufende, mechanische Aufgabe erledigen, haben Sie noch Kapazität im Gehirn, um gleichzeitig etwa akustische Außenreize (Radio oder Hörbuch hören) zu verarbeiten. Prüfen Sie aber kritisch, ob sich durch die Ablenkung nicht doch Fehler in Ihrer Arbeit einschleichen.

Unterbrechung senkt die Arbeitszufriedenheit

Führen Sie an einem beliebigen Arbeitstag eine Strichliste: Wie oft unterbricht Sie jemand persönlich, telefonisch oder per E-Mail bei der Arbeit? Und wie oft können Sie diese Unterbrechungen ignorieren? Wenn Sie zu den glücklichen Menschen gehören, die entweder nur ganz selten unterbrochen werden oder die solche Unterbrechungen bestens ignorieren können, dann überspringen Sie diesen Abschnitt. Wenn Sie aber unter häufigen und drängenden Unterbrechungen leiden, überlegen Sie sich, wie Sie künftig mit diesem Gelassenheitskiller umgehen wollen. Sind es immer wieder dieselben Leute, von denen Sie gestört werden? Sind deren Anliegen wirklich so wichtig und unaufschiebbar?

 Fangen Sie beim Umgang mit Unterbrechungen bei sich selbst an: Wie häufig unterbrechen Sie eine begonnene Arbeit und womit? Und vor allem: Warum unterbrechen Sie sich selbst? Versuchen Sie, einzelne Arbeitsschritte bewusst ununterbrochen zu erledigen, und prüfen Sie, ob sich dies besser anfühlt und Ihre Zufriedenheit erhöht. Gerne genutzte Unterbrechungen und Ablenkungen sind die Zigaretten- oder Kaffeepause, E-Mails, Telefonate und Gespräche mit Kollegen.

Suchen Sie das Gespräch mit den Unterbrechern und sprechen Sie sie so konkret wie möglich auf die Arbeitsunterbrechungen an. Es hilft vermutlich wenig, wenn Sie Ihrem Chef oder einem Kollegen sagen: »Bitte unterbrechen Sie mich künftig nicht mehr so oft, das stört mich.« Können Sie hingegen deutlich belegen, dass eine bestimmte Arbeit länger gedauert hat, weil Sie sie nicht am Stück erledigen konnten, wird die Bereitschaft von Chef oder Kollegen wahrscheinlich größer sein, Sie künftig in Ruhe arbeiten zu lassen. Wenn möglich, suchen Sie sich Verbündete, und finden Sie gemeinsame Lösungen. Vielleicht einigen Sie sich darauf, dass jeder, der sich eine Zeit lang ungestört auf eine Aufgabe konzentrieren muss (oder möchte), ein »Bitte nicht stören«-Schild an seine Bürotür hängt. Oder Sie nutzen den Kalender im Intranet, um ungestörte Arbeitszeiten für alle sichtbar zu markieren. Seien Sie erfinderisch – Ihre Gelassenheit wird steigen, wenn Sie öfter konsequent an einer Sache arbeiten und sie zügig beenden können.

Mangelnde Wertschätzung hemmt die Motivation

»Nicht geschimpft ist genug gelobt« – dieses schwäbische Sprichwort scheint auch in vielen anderen Landesteilen gültig zu sein. Dabei sind Lob, Anerkennung und Wertschätzung sehr wesentliche Erfolgs- und Motivationsfaktoren. Wenn Sie Vorgesetzter sind, achten Sie einmal darauf, wie oft Sie Ihren Mitarbeitern täglich positives Feedback geben und wie oft Sie sie auf Fehler aufmerksam machen oder kritisieren. Halten Lob und Tadel sich die Waage oder nicht? Wie reagieren Ihre Mitarbeiter darauf? Wie gelassen sind Sie selbst, wenn Sie loben? Und wenn Sie kritisieren? Vielleicht fühlt es sich ja sogar gut an, wenn Sie andere loben? Wenn Sie Arbeitnehmer sind, achten Sie doch einmal darauf, was Lob bei Ihnen auslöst und wie Sie auf Tadel oder Kritik reagieren. Vermutlich fördert eine positive Rückmeldung Ihre Gelassenheit und erhöht Ihre Motivation.

 Die Kunst Feedback zu geben kann man lernen – zahlreiche Tipps und Tricks dazu finden Sie in *Feedback für Dummies* von Rüdiger Klepsch.

Wichtig ist, dass Lob und Anerkennung als Unternehmenswerte in eine Unternehmenskultur eingebettet sind. Denn nur dann wird die Wertschätzung den Arbeitnehmern gegenüber glaubhaft gelebt und kann den Unternehmenserfolg, aber auch die Mitarbeiterzufriedenheit deutlich erhöhen. Mangelnde Wertschätzung hingegen signalisiert den Mitarbeitern, dass ihr Befinden und ihre Leistung nicht wahrgenommen werden – und warum sollen die Mitarbeiter sich dann eigentlich überhaupt anstrengen?

Haben Sie einen Vorgesetzten, der seine Mitarbeiter einfach nicht lobt, sorgen Sie selbst für Anerkennung: Gönnen Sie sich eine Pause, wenn Sie etwas gut geschafft haben. Bringen Sie Kuchen mit ins Team, wenn Sie einen Erfolg errungen haben. Sagen Sie Ihren Kollegen, dass Sie deren Arbeit schätzen. Auch im Kleinen kann eine Kultur des Lobes und der Wertschätzung etabliert werden. Diese Kultur fördert die Zufriedenheit und Gelassenheit aller Beteiligten.

Schwierige Situationen frühzeitig erkennen

13

In diesem Kapitel

- Stresssituationen möglichst frühzeitig entschärfen
- Die eigenen Antreiber berücksichtigen und den inneren Druck verringern
- Zeitfresser im Berufsalltag kennenlernen
- Kommunikationsfallen im Arbeitsumfeld erkennen
- Aktive Burn-out-Vorbeugung betreiben

*E*s fördert Ihre Gelassenheit im Berufsleben, wenn Sie typische Stresssituationen analysieren und sich vornehmen, künftig anders mit diesen Situationen umzugehen. Dazu gehört ein klarer Blick auf die Situation und Ihre eigenen Anteile daran. Überlegen Sie sich in Ruhe, welche Handlungsmöglichkeiten Sie haben und wo Sie Verbündete finden können. Wenn sich eine Stresssituation erneut anbahnt, atmen Sie tief durch, richten Ihre Aufmerksamkeit kurz nach innen und handeln dann probehalber einmal ganz anders als sonst. Die Konsequenzen können überraschend sein – und vielleicht sind Sie schlagartig viel gelassener als sonst.

Stress und Anspannung im Berufsalltag kommen zumeist nicht von jetzt auf gleich, sondern schleichen sich ein und werden immer größer. Wenn Sie sich eine kürzlich erlebte Stresssituation vor Augen führen, werden Sie das sicher bestätigen können, und vielleicht sehen Sie rückblickend sogar einen Punkt, an dem alles begann. An diesem Ausgangspunkt hätten Sie vielleicht das Ruder noch herumreißen können. Aber irgendwann erreichte vermutlich alles einen »Point of no Return«, von dem aus das Unheil seinen Lauf nahm, sich verselbstständigte und nicht mehr aufzuhalten war.

»Hätte ich das heikle Thema doch nur frühzeitig angesprochen ...«

Andreas Kaufmann ist ein erfolgreicher Produktmanager in einer Pharmafirma. Er ist viel beruflich unterwegs, gönnt sich kaum Freizeit und geht ganz in seinem Job auf. Sein Chef ließ ihm jahrelang freie Hand und er bekam viel Anerkennung und regelmäßige Gehaltserhöhungen. Eines Tages bekommt Andreas jedoch zufällig mit, dass der Chef seine Ehefrau mit einer Kollegin aus der Firma betrügt. Er lässt sich zwar nichts anmerken, aber offensichtlich weiß der Chef, dass er etwas weiß. Anstatt offen darüber zu reden, tut Andreas so, als sei nichts gewesen. Sein Vorgesetzter belauert ihn nun zunehmend und kontrolliert seine Arbeit sehr intensiv. Wenn er einen Fehler findet, macht er ihn fertig – nicht selten sogar vor den Kollegen. Andreas schuftet und schuftet, wird immer nervöser und macht zunehmend Fehler. So kommt eine Abwärtsspirale in Gang, die damit endet, dass Andreas mit einem Nervenzusammenbruch in die Klinik eingewiesen wird. Rückblickend hat er sich überlegt, dass er das gute Vertrauensverhältnis zu seinem Chef vielleicht hätte nutzen können, um die Stresssituation zu entschärfen: Ein Gespräch »unter Männern« hätte möglicherweise viel Misstrauen verhindert.

Eigene Ressourcen schonen: Nicht immer 150 Prozent geben

Negativer Stress beginnt im Kopf: Wenn Sie in einer Situation das Gefühl haben, überfordert zu sein, die an Sie gestellten Anforderungen nicht erfüllen zu können oder weder Entscheidungs- noch Handlungsspielraum zu haben, geraten Sie in den archaischen »Kampf-oder-Flucht-Modus« (siehe Kapitel 1). Die dritte Möglichkeit unserer Vorfahren, die uns dieses Programm vererbt haben, ist der Totstellreflex. Den kennen Sie vielleicht auch. Also: Der Druck erhöht sich, Sie fühlen sich bedrängt und beginnen mit der Stressbewältigung. So lange Sie erfolgreich mit dem Stress umgehen können, ist alles in Ordnung (siehe auch das Stressmodell in Kapitel 2). Aber wenn Sie spüren, dass der Druck zu groß wird und Sie ihm ausgeliefert sind, empfinden Sie Angst, werden nervös und angespannt – der Stress fängt an Sie krank zu machen.

Je früher Sie merken, dass Sie auf dem Weg in die Abwärtsspirale sind, desto besser. Denn dann haben Sie noch viele Möglichkeiten, um die Situation zu verändern. Im Arbeitsalltag ist es daher gut, regelmäßig in sich hineinzuhorchen: Wie geht es mir heute? Welche Aufgaben habe ich mit Leichtigkeit erfüllt? Welche Anforderungen haben mich vor Probleme gestellt? Mit welchen Menschen hatte ich Kontakt und wie lief die Kommunikation mit ihnen? Wo lauert ein Stressfaktor, der vielleicht größer werden und mich in die Ecke drängen könnte?

Die Selbstreflexion ist eine der wichtigsten Maßnahmen im Gelassenheitstraining. Seien Sie aufmerksam mit sich, achten Sie auf die Signale Ihres Körpers, nehmen Sie Ihre Befindlichkeitsstörungen ernst. Durch die tiefe Bauchatmung (siehe Kapitel 6) unterstützen Sie diese Fokussierung und fördern Ihre Gesundheit.

Machen Sie diese Selbstbefragung zu einem regelmäßigen Tagesordnungspunkt Ihres Alltags. Notieren Sie sich entweder täglich oder an einem festgelegten Termin jede Woche, welche Problembereiche Sie erkannt haben. Richten Sie Ihre Aufmerksamkeit immer wieder auf diese Bereiche: Wie entwickeln sie sich? Steigt der Druck oder lösen sich die Probleme auf? Sobald Sie merken, dass eine Stressspirale in Gang kommt, werden Sie aktiv. Warten Sie nicht zu lange ab.

Die Antreiber berücksichtigen

Jeder Mensch hat individuelle Antreiber, die ihn sein Leben lang begleiten. Zumeist werden diese Antreiber in der Kindheit durch die Erziehung angelegt. Sie bestimmen die Art und Weise, mit welchem Selbstbild man Herausforderungen begegnet und wie man schwierige Situationen bewältigt. Eine ausführliche Darstellung der typischen Antreiber finden Sie in Kapitel 4. Sie lauten: »Sei stark!«, »Sei perfekt!«, »Mach es allen recht!«, »Beeil dich!« und »Streng dich an!«.

Wenn Sie spüren, dass eine Stresssituation aus dem Ruder läuft und Ihre Gelassenheit in Gefahr ist, versuchen Sie herauszufinden, welcher Ihrer Antreiber gerade im übertragenen Sinne die Peitsche schwingt: Verlangen Sie vielleicht zu viel von sich? Meinen Sie, die Situation allein bewältigen zu müssen? Wollen Sie fehlerfrei sein? Achten Sie auch darauf, ob einer der Menschen, die an der Situation beteiligt sind, bewusst oder unbewusst einen Ihrer Antreiber gegen Sie ausnutzt: Hängt Ihr Chef die Messlatte gerade bei Ihnen besonders hoch, weil er um Ihren Ehrgeiz weiß? Lässt Ihr Kollege Sie im Stich, weil er weiß, dass Sie sich sowieso für alles verantwortlich fühlen?

Pfeifen Sie Ihre Antreiber zurück und erlauben Sie sich den Abschied von manchen Glaubenssätzen: Sie müssen nicht immer und überall stark, perfekt und überpünktlich sein. Sie dürfen Hilfe annehmen, Fehler machen, länger brauchen als erwartet und auch mal anderen Menschen auf die Füße treten. Sie müssen nicht all Ihre Kraft investieren und immer 150 Prozent geben – in vielen Situationen reichen 80 Prozent völlig aus.

Das Neinsagen üben

Viele schwierige Situationen im Berufsalltag hängen damit zusammen, dass Sie etwas tun, was Sie eigentlich gar nicht machen wollten. Vielleicht haben Sie eine Aufgabe übernommen, die sonst keiner übernehmen will, oder Sie haben sich für einen Job gemeldet, für den Sie gar keine Zeit haben. Möglicherweise haben Sie auch nur niemanden enttäuschen wollen oder Sie haben befürchtet, dass Sie schlecht dastehen, wenn Sie nicht das tun, was Ihnen angetragen wurde.

 Wenn Sie abends im Bett liegen, schätzen Sie bitte einmal, wie oft Sie an dem vergangenen Tag »Nein« gesagt haben und wie oft Sie »Nein« sagen wollten, dann aber doch ein »Vielleicht« oder »Ja« aus Ihrem Mund herauskam. Nehmen Sie sich für den folgenden Tag vor, einmal mehr »Nein« zu sagen.

Es gibt einen einfachen Trick, mit dem man sich vor der Übernahme unliebsamer Aufgaben schützen kann: Wenn die Frage kommt »Wer macht's?«, sollten Sie entspannt aus dem Fenster schauen, sich auf Ihre Hände setzen (damit Sie nicht voreilig aufzeigen) und den Mund halten. Irgendjemand anders wird die angespannte Stille nach der Frage nicht aushalten und sich melden – aber das sind dann nicht Sie. Wenn sich wider Erwarten doch niemand meldet und aller Augen sich auf Sie richten, lächeln Sie freundlich in die Runde und sagen weiterhin nichts. Falls Sie dann doch jemand direkt anspricht, hatten Sie schon mindestens 60 Sekunden Zeit, um sich genau zu überlegen, ob Sie den Job machen möchten oder nicht. Sie möchten ihn nicht machen? Dann sagen Sie das klar und deutlich – und zwar ohne sich zu rechtfertigen. Nein sagen ist für viele Menschen nicht leicht, aber man kann es üben. Fangen Sie am besten schon morgen damit an.

Den Kalender entrümpeln

Sie können als Führungskraft frühzeitig absehen, dass es in Ihrem Arbeitsalltag eng werden wird, wenn Ihr Kalender zu mehr als 70 Prozent gefüllt ist – es sei denn, Sie sind niedergelassener Arzt, Psychologe, Rechtsanwalt oder Ähnliches und leben von kurz getakteten Kunden-, Mandanten-, Klienten- oder Patiententerminen. Es ist mit einem entspannten Arbeitsleben nicht zu vereinbaren, von Termin zu Termin rennen zu müssen. Sie brauchen Zeit für die Vor- und Nachbereitung von Meetings oder Projekten, Sie brauchen Ruhe, um sich auf dem neuesten Stand der Informationen zu halten, Sie brauchen Pausen und Sie brauchen Pufferzeiten, um unerwarteten Herausforderungen zu begegnen.

Sind von Ihren acht Arbeitsstunden am Tag fünfeinhalb Stunden oder mehr fest verplant, ziehen Sie unbedingt die Notbremse. Sie gefährden sonst Ihre Gelassenheit und damit Ihre Gesundheit. Schauen Sie Ihren Tageskalender kritisch durch: Welche Termine können Sie delegieren, welche können Sie streichen, welche können Sie verlegen? Planen Sie vorausschauend – legen Sie Ihre Termine so, dass ausreichend unverplante Zeit (mindestens ein Drittel der täglichen Arbeitszeit) übrig bleibt. So vermeiden Sie Zeitdruck und Terminstress und bleiben viel gelassener.

Zeitfresser erkennen und ausschalten

Anspannung und Stress am Arbeitsplatz haben oft mit Termindruck zu tun: Die Zeit reicht einfach nicht aus, um gründlich und gelassen eine Aufgabe zu bearbeiten und zu beenden. Ständig kommt etwas dazwischen, dauernd wird man unterbrochen, immer wieder ist etwas anderes als die gerade begonnene Arbeit wichtiger – und irgendwann muss die Aufgabe dann doch zügig erledigt sein und man gerät unter Druck. Hier hilft eine Analyse der Zeitfresser, damit Sie erkennen, wo und mit wem Sie Zeit verplempern, die Sie entweder für die intensive und ungestörte Beschäftigung mit wichtigen Themen brauchen oder als Pausen und Auszeiten für sich selbst nutzen könnten.

Durchschnittlich wird jeder Arbeitnehmer alle elf Minuten in seiner Arbeit unterbrochen, was die US-amerikanische Wirtschaft einer Studie zufolge jährlich fast 600 Milliarden Dollar an Produktivitätseinbuße kostet. Unterbrechungen kosten also nicht nur Nerven, sondern auch bares Geld.

Führen Sie eine Woche lang bei der Arbeit ein Zeitfresser-Tagebuch: Notieren Sie darin, für welche Aufgaben Sie deutlich länger gebraucht haben als erwartet oder als normal, und schreiben Sie sich auf, wer oder was Sie vom zügigen, konzentrierten Arbeiten abgehalten hat. Wenn Sie nach einer Woche dann Ihr Tagebuch durchsehen, werden Sie vermutlich Zeitfresser finden, die beinahe täglich Ihr Zeitkontingent schmälern. Suchen Sie sich die drei Zeitfresser aus, die Ihnen am meisten auf die Nerven gehen, und überlegen Sie, wie Sie künftig damit umgehen wollen.

Zeitfresser Nummer eins: Die Technik funktioniert nicht

In vielen Fällen kommen Sie möglicherweise nicht zügig voran, weil die Hilfsmittel, die Sie für Ihre Arbeit brauchen, nur unzureichend funktionieren. Stürzt Ihr Computer dauernd ab? Arbeiten die technischen Geräte, die Sie benutzen, oft unzuverlässig? Kommen Sie nicht ins Warenwirtschaftssystem, wenn Sie es dringend brauchen würden, oder fehlen Ihnen wichtige Daten? Ist die EDV-Hotline ständig besetzt? Gibt es zu wenig wichtige Werkzeuge oder vielleicht nicht genügend Ersatzteile? Solche Probleme sind im Alltag oft die Zeitfresser Nummer eins. Sie kosten Zeit und Geld – und sie betreffen oft nicht nur einen Arbeitnehmer im Betrieb, sondern mehrere oder sogar alle.

Um solche Zeitfresser zu eliminieren, brauchen Sie Verbündete. Beschreiben Sie das Problem möglichst genau und sammeln Sie konkrete Beispiele. Sprechen Sie das Thema dann bei einer Abteilungsrunde, auf dem Flur, am Kaffeeautomaten oder in der Teeküche an und fragen Sie, ob Ihr Problem anderen Kollegen bekannt vorkommt. Bitten Sie diese Kollegen darum, ebenfalls konkrete Beispiele zu sammeln, und gehen Sie dann gemeinsam auf die nächste Führungsebene zu. Versuchen Sie möglichst anschaulich darzulegen, welche Konsequenzen das Technikproblem für den Betrieb hat. Am schlagkräftigsten ist es, wenn Sie finanzielle Auswirkungen aufzeigen können. Wenn beispielsweise jeden Tag bei 20 Mitarbeitern der Computer für zehn Minuten streikt oder jeweils dreimal wieder hochgefahren werden muss (was etwa zehn Minuten dauert), kostet dieser Fehler den Betrieb täglich mehr als drei Arbeitsstunden.

Ein großer Zeitfresser bei Büroangestellten ist die private Nutzung des Internets während der Arbeitszeit. Aktuelle Untersuchungen haben gezeigt, dass privates Surfen bis zu 40 Prozent Produktivitätsausfall verursachen kann.

Bleiben Sie an dem Thema dran und lassen Sie sich nicht abwimmeln. Schalten Sie notfalls die nächsthöhere Führungsebene ein oder wenden Sie sich an den Betriebs- oder Personalrat. Machen Sie Verbesserungsvorschläge und beziehen Sie auch Nachbarabteilungen mit ein. Gemeinsam sind Sie stärker als allein. Ihre Gelassenheit wird steigen, wenn ein Zeitfresser aus der Kategorie Technik nach dem anderen eliminiert wird. Nutzen Sie die gewonnene Zeit für Ihre Kernaufgaben oder als zusätzliche Zeitpuffer im Alltag.

Zeitfresser Nummer zwei: Die lieben Kollegen

Wenn Sie das Gefühl haben, dass Ihre Kollegen Ihnen die Zeit stehlen, führt das rasch dazu, dass Sie unzufrieden und genervt werden und Ihnen die Ruhe am Arbeitsplatz abhanden geht. Horchen Sie aufmerksam in sich hinein: Was genau stört Sie an der Kommunikation mit bestimmten Kollegen? Die Zeitfresser aus dem Kollegenkreis gehören oft zu den folgenden vier Typen:

- ✔ Die Klatschtante: Sie weiß alles über alle oder tut zumindest so. Unaufhörlich ist sie auf der Suche nach neuem Tratsch, sie streut Gerüchte und mischt sich in alles ein.

- ✔ Der Jammerlappen: Er ist ständig schlecht gelaunt, fühlt sich überfordert oder verkannt. An allem hat er etwas auszusetzen, immer sind die anderen schuld und nie läuft bei ihm etwas richtig rund.

- ✔ Die Ulknudel: Sie hat immer gute Laune, scherzt und lacht den ganzen Tag. Sie verbreitet lustige Geschichten über die Kollegen und organisiert den Betriebsausflug oder die Weihnachtsfeier.

- ✔ Der Intrigant: Er redet bevorzugt im Flüsterton, versucht vertrauliche Informationen zu bekommen und sich bei den Vorgesetzten immer ins rechte Licht zu setzen. Wenn es um seine eigenen Interessen geht, geht er über Leichen.

Wenn Sie solche Typen kennen und sich von ihnen gestört fühlen, grenzen Sie sich künftig deutlicher von ihnen ab. Es ist Ihr gutes Recht, sich von Klatsch und Tratsch, Intrigen, Gejammer oder Büroklamauk zu distanzieren. Machen Sie deutlich, dass Sie daran kein Interesse haben, und beenden Sie zeitraubende Gespräche freundlich, aber konsequent.

Sobald Sie eine neue Arbeitsstelle antreten, haben Sie die Gelegenheit, den Umgang mit Kollegen ganz neu zu gestalten. Wenn Sie bisher den Zeitfressern im Kollegenkreis hilflos ausgeliefert waren, können Sie in einem neuen beruflichen Kontext andere Umgangsformen und Strategien ausprobieren:

- ✔ Das freundliche »Sie« unter Kollegen ist oft hilfreich, um sich besser abzugrenzen. Das »Du« sorgt leider gelegentlich für plumpe Kumpanei.

- ✔ Die offene Bürotür lädt Quasselstrippen ein, bei Ihnen einen Zwischenstopp auf der Flurrunde einzulegen. Machen Sie Ihre Tür ruhig öfter zu, um zu signalisieren, dass Sie konzentriert arbeiten.

- ✔ Lenken Sie den Blick der jammernden Kollegen auf das, was im Betrieb gut läuft. Erzählen Sie von Ihren Erlebnissen an anderen Arbeitsplätzen und betonen Sie, was Sie im neuen Umfeld als besonders positiv erleben.
- ✔ Erzählen Sie nur das von sich, was nicht gegen Sie verwendet werden kann. Arbeitskollegen müssen keine Busenfreunde werden.

Zeitfresser Nummer drei: Der innere Schweinehund

Ihre eigene Unlust kann Ihnen gelegentlich auch die Zeit rauben – wenn Sie eben doch lieber mal im Internet surfen oder privat telefonieren, weil die anstehenden Aufgaben nicht gerade attraktiv sind, bringt das Vermeidungsverhalten Sie möglicherweise in Zeitnot. Versuchen Sie eine Belohnungsstrategie: Nehmen Sie sich eine unangenehme Aufgabe vor, setzen Sie sich eine zeitliche Frist für die Bearbeitung und versprechen Sie sich selbst eine Belohnung, wenn Sie die Aufgabe in der vorgesehenen Frist erledigt haben. Vielleicht müssen Sie dringend eine Kundenbeschwerde bearbeiten, haben aber keine Lust dazu. Dann könnten Sie sich selbst damit ködern, dass Sie nach der Erledigung der Beschwerde eine Kaffeepause einlegen, eine Gelassenheitsübung machen oder mit einer Kollegin plaudern (falls diese Zeit hat und Sie ihr nicht die Zeit stehlen).

Lach-Yoga gehört zu den wirksamsten Gelassenheitsübungen (siehe Kapitel 6). Nutzen Sie die Erkenntnis, dass das gemeinsame Lachen verbindend wirkt und ein Gemeinschaftsgefühl unter Kollegen stiften kann – lachen Sie bei der Arbeit so oft wie möglich miteinander. Dies erhöht Ihre Arbeitsmotivation und steigert die Freude an der Arbeit.

Sorgen Sie dafür, dass Sie jeden Tag Erfolgserlebnisse haben, denn das steigert Ihre Zufriedenheit am Arbeitsplatz und damit auch Ihre Gelassenheit. Freuen Sie sich über die kleinen, alltäglichen Erfolge und loben Sie sich selbst. Viele Menschen neigen dazu, ihre eigenen Leistungen für selbstverständlich zu halten und nur das zu sehen, was sie nicht geschafft haben. Darüber hinaus gibt es in vielen Unternehmen keine Kultur des Lobens und der Wertschätzung, sodass auch die Anerkennung von außen fehlt. Beides zusammen sorgt für Unzufriedenheit, Enttäuschung und Demotivation. Steuern Sie dem aktiv entgegen, indem Sie am Ende eines Arbeitstags Bilanz ziehen: Was haben Sie heute geschafft? Was hat gut geklappt? Haben Sie positives Feedback bekommen? Ist Ihnen eine Aufgabe besonders leicht von der Hand gegangen? Wenn Sie mit guten Gefühlen von der Arbeit nach Hause fahren, werden Sie wahrscheinlich auch in Ihrer Freizeit entspannter und zufriedener sein.

Verkäufer ohne Kunden, Ärzte ohne Patienten

Das Arbeitsleben könnte so schön sein, wenn man nicht mit anspruchsvollen und kritischen Kunden, Klienten, Patienten oder Auftraggebern zu tun hätte. Diese – zugegebenermaßen sehr ironische – Feststellung machen Sie vielleicht auch immer wieder. Aber mal ganz ehrlich: Was wäre das Arbeitsleben ohne Kunden, Klienten, Patienten und Auftraggeber? Öde und leer und vor allem: Es gäbe gar keine Arbeit. Andererseits sind Sie in Ihrem Leben außerhalb Ihrer Arbeit ja auch oft Kunde, Klient, Patient oder Auftraggeber. Und dann ärgern Sie sich vielleicht über desinteressierte oder unmotivierte Verkäufer, Berater, Ärzte oder Dienstleister. Darum hilft ein Perspektivwechsel, wenn Sie gerade mal wieder besonders genervt sind von den Ansprüchen Ihrer Klientel.

Richten Sie einen entspannten, wertschätzenden Blick auf Ihr Gegenüber: Was will der Kunde wirklich von Ihnen? Was braucht Ihr Klient jetzt gerade? Welche Nöte hat Ihr Patient und wie viel Vertrauen hat er zu Ihnen? Wie können Sie Ihren Auftraggeber davon überzeugen, dass er bei Ihnen in den besten Händen ist? Atmen Sie tief durch, lächeln Sie und denken Sie schon im Voraus an das Erfolgserlebnis, das auf Sie wartet, wenn der nervige Kunde, der anspruchsvolle Klient, der klagsame Patient oder der ungeduldige Auftraggeber begeistert von Ihrer Arbeit ist. Je kompetenter und aufmerksamer Sie Ihrem Gegenüber begegnen, desto zügiger kommen Sie ans Ziel.

Aufgaben nach Dringlichkeit und Bedeutung unterscheiden

Der US-amerikanische General Dwight D. Eisenhower, der von 1953 bis 1961 Präsident der Vereinigten Staaten war, etablierte ein Prinzip, um wichtige und dringliche Aufgaben von unwichtigen zu unterscheiden. Dieses Prinzip wird heute auch im Management angewandt (siehe Abbildung 13.1). Sie können es sowohl im Privat- als auch im Berufsleben nutzen, um zu entscheiden, in welcher Reihenfolge Sie Aufgaben abarbeiten, welche Aufgaben Sie delegieren und welche Sie ruhig ignorieren können. Lassen Sie sich nicht dazu verführen, alle Aufgaben in der Reihenfolge des Eingangs zu bearbeiten, sondern setzen Sie Prioritäten: Alles, was wichtig und dringlich ist (im Diagramm: das rechte obere Viertel), sollten Sie umgehend erledigen. Dringliche, aber weniger wichtige Aufgaben (rechtes unteres Viertel des Diagramms) kann jemand anders für Sie übernehmen. Für wichtige Arbeiten, die nicht so eilig sind (linkes oberes Viertel), sollten Sie sich einen ruhigen Moment aussuchen, um sich konzentriert und mit Muße damit zu beschäftigen.

Oft hilft die Unterscheidung zwischen »wichtig« und »wesentlich«, um Aufgaben zu priorisieren: Wichtig nimmt jeder die Dinge, die ihn gerade intensiv beschäftigen – aber sind diese Dinge auch wesentlich, also für das Wesen Ihrer Arbeit oder Ihrer Person nützlich? Beschäftigen Sie sich künftig vermehrt mit dem Wesentlichen, damit Ihre Gelassenheit wächst.

Sie können ganz gelassen Dinge liegen lassen, die weder wichtig noch dringlich sind (linkes unteres Viertel in Abbildung 13.1). Denn danach wird Sie vermutlich kein Mensch mehr fragen und Sie sparen viel Zeit, wenn Sie künftig solche unwichtigen und aufschiebbaren Aufgaben einfach in den Papierkorb werfen.

	wichtig, aber nicht dringlich	**wichtig und dringlich**
Wichtigkeit ↑	exakt terminieren und selbst erledigen	sofort selbst erledigen
	weder wichtig noch dringlich	**nicht wichtig, aber dringlich**
	nicht bearbeiten	delegieren

Dringlichkeit →

Abbildung 13.1: Das Eisenhower-Prinzip

Die eingesparte Zeit sinnvoll nutzen

Wenn Sie all Ihre Zeitfresser im Griff haben oder zumindest die größten von ihnen bändigen konnten, werden Sie viel Arbeitszeit gewinnen, die Sie sinnvoll nutzen können. Vor allem werden Sie dann nicht mehr so oft wie vorher in Stresssituationen hineinschlittern, sondern Nerven sparen und Ihre Gelassenheit erhöhen. Nutzen Sie die gewonnene Zeit und die größere Gelassenheit für sich: Machen Sie mehr Pausen, gehen Sie früher nach Hause, beschäftigen Sie sich mit angenehmen Aufgaben und erledigen Sie Dinge, die Ihnen Freude machen. Jede Atempause stärkt Ihre Gelassenheit. Und Ihre Ausstrahlung wird auch den Kollegen guttun. Vielleicht nutzen Sie einige Gelassenheitsübungen im beruflichen Umfeld gemeinsam mit Ihren Kollegen – denn Gelassenheit hilft allen weiter.

 Eine geistige Gelassenheitsübung ist das Umdeuten von Situationen (Reframing, siehe Kapitel 6). Diese Übung funktioniert hervorragend unter Kollegen: Schildern Sie eine Stresssituation, die allen Beteiligten gut bekannt ist, und fragen Sie: »Was hätte ein Außenstehender zu dieser Situation gesagt, wie hätten wir anders reagieren können und was wären die Konsequenzen gewesen?« Lassen Sie alle Kollegen ausreden und sammeln Sie Vorschläge, wie Sie gemeinsam beim nächsten Mal besser und entspannter mit der Situation umgehen werden.

Regeln hinterfragen und verstehen

Im Arbeitsalltag gibt es sowohl offene als auch versteckte Regeln, nach denen Teams funktionieren. Zu den offenen Regeln gehören:

✔ Dienstwege

✔ Hierarchien

✔ Arbeitsanweisungen

✔ Teamabsprachen

Versteckte Regeln können sein:

✔ Abgrenzung zu anderen Teams

✔ inoffizielle Hierarchien

✔ Gewohnheiten (»Das haben wir schon immer so gemacht«)

✔ Beachtung von Tabus

Je besser Sie diese Regeln kennen und mit ihnen umgehen können, desto klarer sehen Sie die möglichen Konfliktfelder und Stressfaktoren. Denn wenn Sie erkennen, welches Spiel in Ihrem Arbeitsumfeld gespielt wird, können Sie aktiv eingreifen, wenn Sie unter Druck geraten.

Alle für einen oder jeder gegen jeden

Erleben Sie an Ihrer Arbeitsstelle eine vertrauensvolle Zusammenarbeit oder gibt es viel Konkurrenz? Wird in Ihrem Unternehmen Wert auf ein Wirgefühl gelegt oder haben Sie den Eindruck, dass die Mitarbeiter austauschbar sind? Haben

Sie Mitspracherecht oder wird über Ihren Kopf hinweg entschieden? Versuchen Sie, die Unternehmenskultur nüchtern zu hinterfragen, und überlegen Sie, ob diese Kultur zu Ihnen passt: Identifizieren Sie sich mit Ihrem Arbeitgeber? Empfinden Sie Ihre Arbeit als sinnvoll und motivierend? Können Sie sich auf Ihre Kollegen verlassen? Haben Sie einen fairen Vorgesetzten?

Wenn Sie ein positives Fazit ziehen und feststellen, dass Sie zum richtigen Zeitpunkt am richtigen Ort arbeiten, gehen Sie vermutlich mit großer Gelassenheit zur Arbeit und können sich dort verwirklichen. Stellen Sie aber fest, dass Ihnen viele Aspekte zuwiderlaufen, ist der Zeitpunkt gekommen zu überlegen, ob Sie etwas ändern können oder ob Sie den Arbeitsplatz wechseln sollten.

 Auch wenn Sie noch nicht konkret über den Wechsel Ihrer Arbeitsstelle nachdenken, können Sie bei Stellenangebotssuchmaschinen im Internet ein Profil anlegen und sich regelmäßig per E-Mail passende Stellenangebote schicken lassen. Vielleicht klingt eine Ausschreibung so interessant, dass Sie sich ganz unverbindlich dort bewerben – je geringer Ihr Erfolgsdruck bei einer Bewerbung ist, desto gelassener können Sie sein. Beispiele für solche Suchmaschinen sind www.stepstone.de, www.monster.de, www.fazjob.net, www.jobworld.de, www.experteer.de und viele weitere Anbieter.

Ein wichtiger Faktor für die Arbeitszufriedenheit ist der Umgang der Kollegen miteinander. Hier ist jeder Einzelne gefragt – also auch Sie. Sind Sie zuverlässig, teamfähig, kooperativ, freundlich und zuvorkommend? Aus einer gelassenen und entspannten Haltung heraus wird es Ihnen leichtfallen, Ihren Kollegen positiv zu begegnen. Und Sie werden dann in aller Regel auch positive Rückmeldungen bekommen, denn wie man in den Wald hineinruft, so schallt es bekanntlich heraus. Selbstverständlich sollten Sie sich nicht die Butter vom Brot nehmen lassen, aber Sie müssen ja auch nicht über Leichen gehen. Setzen Sie sich für Ihre Interessen ein und seien Sie gleichzeitig ein fairer Kollege. Mit einer Haltung der Wertschätzung für sich selbst und für die anderen wird Ihnen das leichter gelingen.

Die Botschaft hinter dem gesprochenen Wort verstehen

In Kapitel 1 lernen Sie die vier Seiten einer Botschaft kennen: Jede Kommunikation enthält eine Sachebene, eine Beziehungsebene, eine Ebene der Selbstoffenbarung und eine Appellebene. Es fördert Ihre Gelassenheit im Arbeitsumfeld, wenn Sie aufmerksam kommunizieren und die verschiedenen Ebenen berücksichtigen: Wenn Ihr Vorgesetzter Ihnen sagt: »Schauen Sie mal, ich habe hier ein besonders interessantes Projekt!«, könnte die Botschaft hinter diesem Satz recht unterschiedlich sein.

Vielleicht möchte Ihr Chef Ihnen mitteilen, dass er Sie für am besten geeignet hält, sich um dieses Projekt zu kümmern, oder er möchte, dass Sie sich besonders intensiv um dieses Projekt kümmern, weil es ihm so wichtig ist – oder er hat noch niemanden gefunden, den dieses Projekt auch interessiert, und möchte es Ihnen daher gerne schmackhaft machen. Sie sollten also zunächst versuchen herauszufinden, welche Botschaft hinter seiner Botschaft steckt, bevor Sie darauf eingehen.

Im Berufsalltag entsteht viel Stress dadurch, dass Menschen aneinander vorbeireden oder vorschnell antworten, weil sie vermeintlich schon wissen, was der andere sagen will. Um diesen Stress zu vermeiden, hilft das aktive Zuhören (siehe Kapitel 8) – fragen Sie nach, was genau gemeint ist, und seien Sie aufmerksam für Zwischentöne. So ersparen Sie sich viele Konflikte.

Liebe am Arbeitsplatz

Etwa 30 Prozent aller Paare in Deutschland haben sich am Arbeitsplatz kennengelernt. Das berufliche Umfeld ist also durchaus auch ein Heiratsmarkt – wenngleich nicht ganz ohne Tücken. Wann dürfen die Kollegen merken, dass sich unter ihnen ein Paar gefunden hat? Wie eng kann man als Paar (noch) zusammenarbeiten? Wie steht es mit der Vertraulichkeit und Loyalität? Funktionieren Liebesbeziehungen über verschiedene Führungsebenen hinweg?

Es erhöht die Gelassenheit, wenn ein Paar am Arbeitsplatz möglichst offen mit der Tatsache umgehen kann und darf, dass es ein Paar ist – denn zumeist bleiben die Bemühungen, eine Liebesbeziehung geheim zu halten, ohnehin nicht lange erfolgreich. Und je mehr getuschelt und vermutet wird, desto anstrengender wird es für alle Beteiligten. Offenheit bedeutet auch, dass das Paar mögliche Konfliktbereiche aktiv im Kollegenkreis anspricht und sich an die im Unternehmen bestehenden Regeln hält.

Endet eine Liebesbeziehung zwischen Arbeitskollegen, vergrößern sich die Probleme, die mit einer Trennung ohnehin einhergehen, leider in vielen Fällen. Denn man kann sich in einer solchen Situation zwar im Privatleben aus dem Weg gehen, aber nicht im Job. Je nachdem, mit wie viel Schmerz und Verletzung die Trennung verbunden war, mag es notwendig werden, dass einer der Expartner das Unternehmen oder die Abteilung verlässt.

Verheiratet in der gleichen Abteilung – geschieden und versetzt

Manuela und Thomas Brinkmann haben sich in der Firma kennen und lieben gelernt. Sie arbeiten beide seit Jahren in der Abteilung für Beschwerdemanagement und können Berufs- und Privatleben gut trennen. Dann zerbricht ihre Ehe jedoch, weil Thomas sich im Sportverein in eine andere Frau verliebt hat. Manuela nimmt ihren Mädchennamen nach der Scheidung wieder an. Sie kann es kaum ertragen, Thomas fast jeden Tag im Büro zu treffen. Als sie erfährt, dass er mit der neuen Frau ein Kind erwartet, bricht für sie eine Welt zusammen, denn Thomas hatte ihren eigenen Kinderwunsch nie ernst genommen. Sie überlegt zu kündigen und spricht ihre Teamleiterin an. Diese hat Verständnis für Manuelas Problem und besorgt ihr eine andere Stelle im gleichen Unternehmen. Nun sehen Thomas und Manuela sich nur noch gelegentlich durch Zufall. Manuela kann sich wieder gut auf ihre Arbeit konzentrieren und mit der Vergangenheit abschließen.

Aktiv gegensteuern statt innerlich kündigen

Die Fluktuation am Arbeitsmarkt ist heute deutlich größer als früher. Kaum jemand beendet sein Arbeitsleben heutzutage noch da, wo er es begonnen hat. Einerseits bedeutet dies zwar eine größere Unsicherheit und erfordert ein hohes Maß an Flexibilität, aber andererseits bietet ein Stellenwechsel immer auch neue Chancen. Wenn Sie merken, dass Ihre Begeisterung für die Arbeit abnimmt oder Sie es kaum abwarten können, bis der Arbeitstag vorbei beziehungsweise endlich Wochenende ist, ist es sicherlich an der Zeit, das innere Engagement für Ihren Job zu überprüfen und zu schauen, ob Sie nicht längst innerlich gekündigt haben.

Als Vorgesetzter sollten Sie auf folgende Warnzeichen bei Ihren Mitarbeitern achten: steigender Krankenstand, vermehrte Minusstunden, mangelndes Engagement, Desinteresse an Feedback, fehlende Begeisterung, unkritisches Jasagen. Sprechen Sie Mitarbeiter an, bei denen Sie solche Symptome sehen, und fragen Sie nach, was diese Mitarbeiter sich konkret wünschen oder welche Unterstützung sie brauchen.

Innere Kündigung oder Emigration ist ein häufiger Vorbote für Burn-out. Stark engagierte Mitarbeiter, denen irgendwann alles egal ist, die an nichts mehr Freude haben und sich auch im Urlaub nicht mehr ausreichend erholen können, brauchen Hilfe. Wenn Sie solche Symptome bei sich selbst bemerken, sollten Sie schleunigst professionellen Rat einholen. Besser ist es aber, es gar nicht erst so weit kommen zu lassen: Nehmen Sie sich in regelmäßigen Abständen Zeit, Ihre Zufriedenheit mit Ihrem Job zu hinterfragen, und Problemen, die sich abzeichnen, möglichst aktiv gegenzusteuern. So beugen Sie einem Burn-out langfristig und erfolgreich vor.

Umgang mit schwierigen Chefs

Ein Großteil der deutschen Arbeitnehmer ist einer Studie der Unternehmensberatung Kienbaum zufolge unzufrieden mit den Vorgesetzten und deren Führungs- und Kommunikationskultur. Diese Unzufriedenheit führt auf längere Sicht zu Stress und Anspannung – die Gelassenheit sinkt. Was können Sie tun, wenn Sie einen Chef haben, mit dem Sie nicht gut zurechtkommen? Schwierige Vorgesetzte gehören oft zu einer der folgenden Kategorien:

- ✔ Der Choleriker: Er fährt wegen Kleinigkeiten aus der Haut, brüllt seine Untergebenen an und tobt herum. Fehler seiner Mitarbeiter sieht er als persönlichen Angriff.

- ✔ Der Überforderte: Ihm ist in der Führungsrolle gar nicht wohl. Er hat Probleme, den Überblick zu behalten, und macht viele Fehler, die er versucht, seinen Mitarbeitern in die Schuhe zu schieben oder zu vertuschen.

- ✔ Die Egoistin: Sie interessiert ausschließlich ihr persönlicher Vorteil. Sie stellt die Erfolge ihrer Mitarbeiter als die ihren dar. Wenn sie Fehler macht, ist immer jemand anders schuld. Die Egoistin geht über Leichen.

- ✔ Die Desinteressierte: Sie ist froh, wenn sie als Chefin ihre Ruhe hat. Die Themen ihrer Untergebenen interessieren sie nur am Rande. Wenn es Probleme gibt, sucht sie immer jemanden, der diese Probleme möglichst geräuschlos löst.

- ✔ Der Inkompetente: Er hat keine Ahnung von dem, was seine Mitarbeiter tun, und verfügt nicht über ausreichendes Fachwissen. An seine Führungsposition ist er nur gekommen, weil er die richtigen Verbindungen hat.

- ✔ Die Ängstliche: Sie hat Angst vor Verantwortung und führt, ohne zu führen. Von ihr gibt es keine klaren Ansagen, sie scheut Auseinandersetzungen, sie legt sich ungern fest. Wenn es Probleme gibt, ist sie wieder mal von ihren inkompetenten Mitarbeitern missverstanden worden.

✔ Der Kontrollfanatiker: Er kann nicht delegieren und macht am liebsten alles selbst. Niemand genügt seinen Ansprüchen. Er möchte über alle Details informiert sein. Alles muss über seinen Tisch gehen, obwohl er in Akten ertrinkt und die Arbeit aller aufhält.

✔ Die Launische: Wenn sie morgens ins Büro kommt, merken ihre Mitarbeiter sofort, wie ihre Stimmungswetterlage ist. Bei Gewitter ziehen alle lieber den Kopf ein, bei Sonnenschein kann man ihr jeden Kompromiss abringen.

Vielleicht erkennen Sie Ihren Chef in einer der Charakterisierungen bereits wieder oder er ist eine Mischung aus verschiedenen Anteilen? Entspannen Sie sich – die Probleme mit Ihrem Vorgesetzten liegen nicht in Ihnen begründet. Denn ein schwieriger Chef hat die meisten Probleme mit sich selbst. Das zu wissen, entlastet Sie vielleicht schon erheblich. Nun geht es darum, wie Sie zu einem gelassenen Umgang mit Ihrem Vorgesetzten finden, damit Sie nicht gestresst und krank werden.

Wenn Sie wissen, wie Ihr Chef tickt, können Sie eine Strategie erarbeiten, mit seinen Eigenheiten gut umzugehen. Gehen Sie ihm aus dem Weg, wenn der cholerische Chef tobt. Nutzen Sie die Freiheiten, die Ihnen die desinteressierte Chefin lässt. Arbeiten Sie an Ihrem eigenen Aufstieg, wenn der inkompetente Chef nicht weiterkommt. Beruhigen Sie die ängstliche Chefin durch Ihre Zuverlässigkeit. Und denken Sie immer daran: Die schlechte Laune Ihres Vorgesetzten hat allerhöchstwahrscheinlich erst einmal nichts mit Ihnen zu tun. Akzeptieren Sie ihn so wie das Wetter, denn das Wetter können Sie auch nicht ändern.

Entweder – oder? Sowohl – als auch

Oft hängt Stress und Anspannung im Job damit zusammen, dass man denkt, es gäbe immer nur zwei Möglichkeiten: richtig oder falsch, gut oder schlecht, sinnvoll oder unnötig, billig oder teuer. Diese Entweder-oder-Denkweise kann ein Gelassenheitskiller sein, denn das Berufsleben ist fast nie schwarz-weiß, sondern bietet eine Menge Grautöne an. Es fördert Ihre Gelassenheit, wenn Sie Ihre Herangehensweise an Herausforderungen und Probleme nicht nur auf zwei entgegengesetzte Pole fokussieren, sondern möglichst viele Optionen suchen und finden. Meist gibt es nicht nur eine Lösung, sondern mindestens zwei gleichwertige oder sogar noch mehr.

Wenn Sie davon überzeugt sind, die richtige Lösung gefunden zu haben, besprechen Sie das Problem oder die Herausforderung mit einem Kollegen und hören Sie sich an, welche Lösung er vorschlägt. Sind beide Lösungen gleichwertig?

Können Sie von der Lösungsstrategie Ihres Kollegen Teile übernehmen? Finden Sie gemeinsam vielleicht sogar noch eine dritte Lösung?

Notieren Sie sich möglichst viele unterschiedliche Lösungsansätze und greifen Sie immer wieder auf Ihre Notizen zurück. Denn viele Probleme am Arbeitsplatz tauchen nicht nur einmal auf, sondern in gleicher oder ähnlicher Form immer wieder. In Stresssituationen erinnern Sie sich vielleicht gar nicht mehr daran, wie viele Ideen Sie bereits entwickelt hatten. Da kann ein Lösungstagebuch sehr nützlich und gelassenheitsfördernd sein.

Probieren Sie die gelassenheitsfördernde Kreativitätsübung »Freie Assoziation« aus: Schreiben Sie ein Stichwort auf ein großes Blatt Papier und notieren Sie mindestens fünf Minuten lang alles, was Ihnen zu diesem Stichwort einfällt. Lassen Sie Ihrer Fantasie freien Lauf und bewerten Sie nicht, was Sie aufschreiben. Schauen Sie sich Ihre Ideensammlung einen Tag später wieder an und ergänzen Sie weitere Einfälle. Sie werden sich wundern, wie Ihre Kreativität sprudeln wird.

Über die eigenen Rechte informieren

Anspannung am Arbeitsplatz kann damit zu tun haben, dass Sie sich Ihrem Vorgesetzten ausgeliefert fühlen oder dass Sie Angst um Ihren Arbeitsplatz haben. Solche Befürchtungen aktivieren möglicherweise nicht das archaische Kampf- oder-Flucht-Programm (siehe Kapitel 1), sondern lösen einen Totstellreflex bei Ihnen aus. Werden Sie lebendig und wach. Informieren Sie sich über Ihre Rechte.

Die Gesetzgebung ist heutzutage sehr arbeitnehmerfreundlich. Sie haben ein Recht auf Teilzeit, ein Recht auf Erziehungs- oder Pflegezeiten, ein Recht auf Interessenvertretung, ein Recht auf Gründung eines Betriebsrats (ab einer bestimmten Unternehmensgröße). Sie brauchen sich bei ein und demselben Arbeitgeber nicht mehrfach befristet anstellen zu lassen. Sie können sich bei juristischen Auseinandersetzungen mit Ihrem Arbeitgeber anwaltlich vertreten lassen – eine entsprechende Rechtsschutzversicherung minimiert die Kosten dafür. Ab einer bestimmten Betriebszugehörigkeit sind Sie nahezu unkündbar und wenn Sie selbst im Betriebsrat aktiv sind, gilt für Sie ein besonderer Kündigungsschutz.

Das Wissen um Ihre Rechte kann Ihre Gelassenheit deutlich erhöhen. Denn wenn Sie genau wissen, was Ihnen zusteht, kann Ihr Vorgesetzter Sie nicht mit wilden Drohungen ins Bockshorn jagen.

Ein Neustart ist in jedem Alter möglich

Bemerken Sie, dass Ihre Gelassenheit am Arbeitsplatz gegen null geht und die Anspannung ins Unerträgliche? Dann wird es höchste Zeit, dass Sie Konsequenzen ziehen, bevor Sie sich Ihre Gesundheit ruinieren. Oft ist der Gedanke an einen möglichen Arbeitsplatzwechsel mit großen Ängsten verbunden, insbesondere dann, wenn Sie nicht mehr ganz so jung sind. Doch ein Schrecken ohne Ende ist auf jeden Fall deutlich belastender und gefährlicher als ein Ende mit Schrecken.

Vielleicht stellen Sie fest, dass die Arbeit gar nicht mehr eine so große Bedeutung für Sie hat wie früher? Dass Sie möglicherweise auch mit weniger Geld oder einem geringeren beruflichen Status ganz gut leben könnten? Seien Sie mutig und vertrauen Sie auf Ihre Lebenserfahrung. »Etwas Besseres als den Tod finden wir überall«, wussten schon die Bremer Stadtmusikanten aus Grimms Märchen.

Ingrid Werner hat drei Kinder großgezogen, viele Jahre als Laborassistentin gearbeitet und ihre kranken Eltern bis zu deren Tod gepflegt. Nachdem die Kinder aus dem Haus gegangen sind, trennt ihr Mann sich von ihr, weil er eine jüngere Partnerin gefunden hat. Für Ingrid Werner bricht die Welt zusammen und sie erkrankt mit 52 Jahren an einer schweren Depression. In der Rehabilitationsklinik wird ihr bewusst, dass sie die Arbeit an der Laborbank noch nie wirklich gerne gemacht hat, weil ihr dabei der Austausch mit Menschen fehlt. Sie beginnt die berufliche Wiedereingliederungsphase mit einem Praktikum im Altenheim und schließt daran eine von der Arbeitsagentur geförderte Umschulung an. In ihrer neuen Tätigkeit als Altenpflegehelferin erlebt sie viel Bestätigung und sieht wieder einen Sinn und eine Aufgabe in ihrem Leben.

Fragen Sie sich, was Ihnen im Leben wirklich wichtig ist: Ihre Familie? Ihre zwischenmenschlichen Beziehungen? Ihre Gesundheit? Ihre Freiheit? Ihr Wohlstand? Die meisten Menschen antworten auf die Frage, was sie tun würden, wenn sie wüssten, dass sie nur noch drei Monate zu leben hätten: »Ich würde nicht mehr arbeiten, sondern mich nur noch meiner Familie (meinen Freunden, meinen Tieren, meinen Hobbys, meinen Reisen oder Ähnlichem) widmen.« Der Stellenwert der Arbeit scheint also doch deutlich geringer zu sein, wenn es um existenzielle Fragen geht.

Richten Sie Ihr Arbeitsleben immer konsequenter danach aus, wie Sie sich selbst und Ihren Werten treu bleiben können. Das klingt einfacher, als es ist, aber Sie sind es wert! Wenn Sie gelassen und voller Freude durch Ihren Arbeitsalltag gehen, bleiben Sie sicherlich länger gesund und sind öfter entspannt.

Schluss mit der Selbstausbeutung 14

In diesem Kapitel

▶ Techniken, um eigene Ziele gelassen zu verfolgen

▶ Hinweise, um die Gefahr der Selbstausbeutung im Beruf abzuwenden

▶ Tipps, um Konflikte frühzeitig zu erkennen und dagegen einzuschreiten

▶ Anleitung, um den Überblick zu behalten, realistische Pläne zu machen und nicht alles persönlich zu nehmen

---

Wer sich selbst immer zur Höchstleistung antreibt und keine eigenen Fehler duldet, der kann kaum gelassen bleiben. Denn er steht ständig unter Strom. Es kann daher sehr wichtig sein, sich selbst immer wieder eine Pause zu gönnen, die eigenen Prioritäten zu hinterfragen und sich zu bremsen, wenn man ununterbrochen auf dem Gaspedal steht.

Die Gefahr der Selbstausbeutung

Arbeitnehmer in Deutschland leisten jährlich mindestens eine Milliarde unbezahlter Überstunden. Die Zahlen der Krankenkassen belegen, dass mittlerweile rund 13 Millionen Berufstätige von Burn-out betroffen sind oder waren. Zwischen diesen Zahlen drängt sich ein Zusammenhang auf: Wer immer mehr arbeitet, immer weniger Freizeit hat, immer unklarere Grenzen zwischen Berufs- und Privatleben zieht, der beutet sich auf Dauer möglicherweise selbst aus und gefährdet seine Gesundheit erheblich. Wenn dazu noch eine Null-Fehler-Toleranz kommt, die dazu führt, dass man sich selbst kein Versagen und kein Scheitern mehr erlauben kann, ist der Crash vorprogrammiert. Hier hilft nur Gelassenheit. Erlauben Sie sich, dass Sie künftig beispielsweise

✔ regelmäßig Pausen machen,

✔ langsamer arbeiten,

✔ mehr Zeit mit Ihrer Familie und Ihren Hobbys verbringen,

✔ Fehler machen dürfen,

- ✔ Krankheiten zu Hause auskurieren,
- ✔ einfach mal nichts tun,
- ✔ zu bestimmten Zeiten (insbesondere nach Dienstschluss, am Wochenende und in den Ferien) nicht erreichbar sind.

Wenn Sie bereits einige Gelassenheitsübungen aus diesem Buch ausprobiert haben, wissen Sie, wie sich eine gelassene Grundstimmung anfühlt: Sie ruhen in sich selbst, atmen tief, lassen Ihren Gedanken freien Lauf, sind heiter und entspannt und werfen einen achtsamen, liebevollen Blick auf sich selbst und Ihre Umgebung. Diese Grundstimmung kann zu einer Haltung, zu einer neuen Lebenseinstellung werden, die Sie künftig vor der Selbstausbeutung bewahrt.

Gefährliche Köder erkennen

Wie kommt es eigentlich zu einer flächendeckenden Selbstausbeutung der Arbeitnehmer? Die Köder dafür sind vielfältig, etwa:

- ✔ Aussicht auf Beförderung oder Gehaltserhöhung
- ✔ Glücksversprechen
- ✔ Angst um den Arbeitsplatz
- ✔ Ehrgeiz, Geltungsbedürfnis
- ✔ Wunsch nach Anerkennung und Gebrauchtwerden
- ✔ Arbeit als Selbstverwirklichung
- ✔ fehlender Ausgleich im Leben
- ✔ Überidentifikation mit dem Arbeitgeber
- ✔ Gruppendruck
- ✔ zunehmende Kontrolle durch den Arbeitgeber

Finden Sie sich in einigen der genannten Punkte wieder? Fallen Ihnen noch weitere Köder ein, mit denen Sie sich selbst zur Höchstform anspornen? Wenn Sie mögen, legen Sie das Buch kurz zur Seite, schließen die Augen und stellen sich vor, dass Sie nur noch drei Tage zu leben hätten. Was würden Sie tun, mit wem würden Sie diese drei Tage verbringen und worauf wären Sie stolz in Ihrem Leben?

14 ► Schluss mit der Selbstausbeutung

Diese Imaginationsübung kann Ihnen dabei helfen, sich auf das Wesentliche in Ihrem Leben und auf Ihre eigenen Ziele zu konzentrieren. Ist es wirklich die Arbeit? Die Fehlerlosigkeit? Die Selbstaufgabe zugunsten fragwürdiger Gratifikationen? Oder sind es die Beziehungen zu anderen Menschen, Familienangehörigen, Freunden? Die Momente, in denen Sie eins sind mit sich und Ihrer Umgebung? Das Glück der Liebe, die Freude an kleinen Dingen, das Bewusstsein, dass Sie Ihr Leben gemäß Ihren selbst gewählten Werten leben?

Der Gipfel des Glücks

Der US-amerikanische Psychologe Abraham Maslow (1908–1970) hat eine Hierarchie der menschlichen Bedürfnisse erstellt (Bedürfnispyramide nach Maslow, siehe Kapitel 1). In seinem Buch »Psychologie des Seins« beschreibt er den Gipfel des individuellen Glücks und nennt dafür folgende Kriterien:

✔ Die Gipfel-Glückserfahrung ist selbstlos und selbstvergessen, darin kann der Einzelne sich als übermenschlich erfahren.

✔ Die Glückserfahrung beseitigt alle menschlichen Ängste und lässt die Welt als Einheit erscheinen.

✔ In der Glückserfahrung werden Raum und Zeit unwichtig, sie besitzt einen Wert an sich und ist Ehrfurcht gebietend.

Haben Sie in Ihrem Leben schon solche Glückserfahrungen gemacht? Versuchen Sie sich in diese Erfahrungen erneut hineinzufühlen: Wie lange hielt die Erfahrung jeweils an? Mit welchen Sinneseindrücken war sie verbunden? Können Sie das Glücksgefühl erneut aufrufen? Welche Auswirkungen hatte diese Gipfel-Glückserfahrung auf Ihr weiteres Leben?

Je bewusster Sie Glückserfahrungen erleben und abspeichern, desto gelassener werden Sie im Alltag. Denn Sie wissen, dass das große Glück immer wieder auf Sie wartet und dass Sie sich in Glücksmomenten vollkommen fallen lassen können.

Schreiben Sie sich auf, was Ihnen im Leben wirklich etwas bedeutet. Stecken Sie sich diesen Zettel ins Portemonnaie oder kleben Sie ihn an den Badezimmerspiegel oder den Computermonitor. So können Sie immer dann innehalten, wenn Sie wieder einmal der sprichwörtlichen Mohrrübe hinterherrennen, die Sie zu Höchstleistungen anspornen soll, und sich auf Ihre eigenen Prioritäten fokussieren: Nützt es Ihren Kindern wirklich, wenn Sie jetzt noch zwei Überstunden machen und dadurch vielleicht nächstes Jahr eine Gehaltserhöhung bekommen? Ist Ihr Mann wirklich stolz auf Sie, wenn Sie noch ein neues Projekt übernehmen und noch mehr Wochenenden auf Dienstreisen verbringen? Wird Ihre Frau Sie mehr lieben, wenn Sie das Auto zum zweiten Mal diese Woche auf Hochglanz bringen?

Krankgeschrieben statt hustend am Arbeitsplatz

Selbstausbeutung erschöpft sich nicht nur in Entgrenzung und übermäßiger Zeitinvestition, sondern ist oft ganz wörtlich zu nehmen: Die Krankenkassen melden steigende Zahlen von Menschen, die krank am Arbeitsplatz erscheinen. Anstatt sich zu Hause in Ruhe auszukurieren, praktizieren diese Menschen körperliche Selbstausbeutung, also beinahe Sklaventreiberei. Sie schleppen sich hustend, röchelnd, niesend, mit Bauch- und Kopfschmerzen oder sogar mit Fieber an den Arbeitsplatz, weil sie sich unverzichtbar fühlen, Angst um den Job haben oder den Helden spielen wollen.

Aus medizinischer Sicht ist dies ein völlig falsch verstandenes Überengagement. Denn Kranke am Arbeitsplatz gefährden sowohl sich selbst als auch ihre Kollegen. Sie riskieren eine Verschlechterung ihrer Erkrankung und mögliche Dauerschäden. Sie nehmen aber auch in Kauf, dass sie andere Menschen anstecken. Der Gesetzgeber gewährt mit Absicht eine Zwei- oder Dreitagesfrist, in der ein Erkrankter ohne Attest vom Arzt zu Hause bleiben darf, um sich rasch auszukurieren. So sollen gerade Bagatellerkrankungen wie Erkältung, Magen-Darm-Verstimmung oder Kreislaufprobleme niederschwellig ausheilen können. Wer ahnt, dass er innerhalb von zwei oder drei Tagen wieder fit sein wird, braucht sich nicht in eine Arztpraxis zu schleppen, wo er sich im Wartezimmer möglicherweise weitere Krankheitskeime einfangen könnte. Er darf im Bett bleiben, soll sich mit Hausmitteln und viel Schlaf selbst behandeln und dann fit wieder zurück in den Job gehen.

Gelassenheit ist aktive Gesundheitsvorsorge: Forschungsergebnisse der Psycho-Neuro-Immunologie, die sich insbesondere mit den Auswirkungen von Stress auf das Immunsystem beschäftigt, haben ergeben, dass Entspannung die Krankheitsabwehr stärken kann. Je gelassener Sie sind, desto weniger können Viren und Bakterien Ihnen anhaben.

Diese Möglichkeit wird jedoch offensichtlich nicht immer als echte Chance angesehen. Wie viele Menschen sich einfach so und bevorzugt montags oder freitags krankmelden ohne wirklich krank zu sein, möchte ich außer Acht lassen. Jeder Freiraum wird erfahrungsgemäß leider gelegentlich ausgenutzt. Viel dramatischer erscheint mir hingegen die Tatsache, dass vielen Berufstätigen die eigene Gesundheit nicht wichtig genug ist. Wenn Sie bei der nächsten Erkältungswelle spüren, dass es Sie auch erwischt hat, tragen Sie sich in Ihrem Gelassenheitstagebuch ein großes rotes Ausrufezeichen ein und gehen nicht zur Arbeit. Melden Sie sich krank, trinken Sie Tee mit Honig und Zitrone, nehmen Sie vielleicht Vitamin C und Zinktabletten, schlafen Sie sich gesund.

Weg von der Selbstausbeutung hin zur Selbstachtung

Wenn Sie sich eingestehen, dass Sie sich schon öfter selbst ausgebeutet und nicht genügend geschont haben, könnte Selbstachtung für Sie ein wichtiges Gelassenheitsziel sein. Je wichtiger Sie Ihre Gesundheit, Ihre innere Ruhe, Ihr persönliches Glück und Ihre Verantwortung für die Ihnen anvertrauten Menschen nehmen, desto gelassener werden Sie sein können. Denn dann hetzen Sie nicht länger fremdbestimmten Vorgaben hinterher, streben nicht mehr nach den fragwürdigen Zielen Dritter und verabschieden sich von der Selbstausbeutung.

 In vielen asiatischen Glücksphilosophien spielt das Schweigen eine wichtige Rolle, um zu innerer Erleuchtung zu gelangen. Gönnen Sie sich ab und zu eine Schweigestunde: Stellen Sie Türklingel, Telefon, Computer, Handy, Radio und Fernsehen ab. Hängen Sie ein »Bitte nicht stören«-Schild an Ihre Türklinke. Tun Sie ganz einfach gar nichts. Schweigen Sie. Lassen Sie Ihre Gedanken kommen und gehen, ohne irgendetwas zu tun oder zu sagen. Wenn Sie möchten, gehen Sie umher oder legen Sie sich hin. Halten Sie das Schweigen aus. Wie fühlen Sie sich danach? Wenn es Ihnen guttut zu schweigen, machen Sie ein »Seminar der Stille« im Kloster (Angebote finden Sie im Internet).

Notieren Sie sich die Lebensbereiche, in denen Sie bislang zur Selbstausbeutung neigten. Sortieren Sie diese Bereiche nach dem Ausmaß Ihrer Selbstausbeutung. Überlegen Sie sich dann für den Bereich mit der geringsten Selbstausbeutung, wie Sie die Ausbeutung künftig durch Selbstachtung ersetzen können. Nehmen Sie sich so konkret wie möglich vor, was Sie künftig tun, um sich nicht mehr auszubeuten. Führen Sie Tagebuch darüber, wie Ihnen die Änderung Ihres Handelns gelingt.

Wenn Sie im ersten Lebensbereich die Selbstausbeutung gestoppt haben, nehmen Sie sich den nächsthöheren Bereich der Selbstausbeutung vor. So arbeiten Sie sich von unten nach oben weiter. Wenn Sie sich eines Tages dann gar nicht mehr selbst ausbeuten, werden Sie Ihr Leben vielleicht viel intensiver, achtsamer und gelassener leben können. Aber auch wenn Sie die Selbstausbeutung nicht ganz auf null bringen können, hat sich Ihre Haltung sicherlich grundlegend verändert: Sie verfolgen nun Ihre eigenen Glücksziele und machen sich nicht mehr zum Sklaven der Ziele anderer.

Gelassener Umgang mit Kränkungen im Berufsalltag

Wer oft gekränkt wird, beginnt irgendwann an sich selbst zu zweifeln: Mache ich wirklich so viele Fehler? Bin ich tatsächlich so wenig liebenswert? Vielleicht bin ich ganz falsch an meinem Arbeitsplatz? Wer sich ständig solche Fragen stellt und darauf keine positiven Antworten findet, läuft Gefahr, irgendwann zu resignieren oder sich selbst auszubeuten unter der irrigen Vorstellung »Vielleicht werde ich mehr geschätzt, wenn ich mich noch mehr anstrenge«. Gelassen mit Kränkungen umzugehen und sich auch bei Kränkungen nicht dauernd selbst infrage zu stellen kann helfen, der Resignation, der Selbstausbeutung und letztlich einem Burn-out vorzubeugen.

Es kann nicht immer alles gelingen

Auch wenn Sie sich noch so anstrengen – jeder macht Fehler und gelegentlich geht irgendetwas schief. Wenn Sie sich selbst Fehler zugestehen und sich vornehmen, aus Fehlern zu lernen, tun Sie schon viel für Ihre Gelassenheit im Job. Außerdem schützen Sie sich davor, durch ungerechtfertigte Kritik an Ihrer Arbeit oder Überbewertung Ihrer Fehler gekränkt zu werden.

 Sehen Sie jeden Fehler als Lernchance: Wenn Sie analysieren, was schiefgelaufen ist, können Sie beim nächsten Mal in einer vergleichbaren Situation anders und besser handeln. So können Sie einen Fehler umdeuten und dankbar dafür sein, dass er sie vor künftigen Missgriffen bewahrt.

Haben Sie Kollegen, die nur darauf lauern, Ihnen einen Fehler nachzuweisen? Dann sind diese Kollegen vielleicht neidisch auf Ihren Erfolg, Ihre Karriere oder gar auf Ihre Gelassenheit. Macht Ihr Vorgesetzter aus jedem Fehler ein Drama und versucht, Sie vor versammelter Mannschaft bloßzustellen? Dann demonstriert er nur seine Führungsschwäche. Wenn Sie sich zwar über einen eigenen Fehler ärgern, aber offensiv damit umgehen, nehmen Sie missgünstigen Kollegen und führungsschwachen Chefs den Wind aus den Segeln. Reagieren Sie gelassen auf Kritik und erläutern Sie, wie Sie künftig den Fehler, der gerade passiert ist, vermeiden werden.

Selbsterfüllende Prophezeiungen

Vielleicht kennen Sie Murphys Gesetz: »Was schiefgehen kann, geht schief«. Oder etwas humorvoller ausgedrückt: »Lächele und sei froh, es könnte schlimmer kommen. Ich lächelte und war froh – und es kam schlimmer.« Wenn Sie mit dem Gefühl »Das klappt ja sowieso nicht« an eine Aufgabe herangehen, werden Sie die Aufgabe mit großer Sicherheit nicht lösen können. Es handelt sich dann um eine selbsterfüllende Prophezeiung. Der folgerichtige Gedanke hinterher ist: »Ich hab's ja gleich gewusst, das wird nichts.«

Diesen Mechanismus können Sie aber sehr leicht umkehren, denn selbsterfüllende Prophezeiungen funktionieren auch positiv: Starten Sie mit dem Gedanken »Heute wird mir alles gelingen« in Ihren Arbeitstag und Sie werden erstaunt sein, wie leicht Ihnen die Arbeit von der Hand gehen wird. Machen Sie solche Prophezeiungen zu einer Gelassenheitsübung. Sprechen Sie sich selbst Mut zu, polen Sie sich positiv und nehmen Sie sich vor, gelassen und entspannt zu sein.

Mit Humor geht vieles leichter

Wenn Sie den Tag lächelnd beginnen, haben Sie vermutlich schon gewonnen. Denn eine gelassene Grundhaltung und ein entspanntes Lächeln bewahren Sie davor, in Stress zu geraten und sich angreifbar zu machen. Humor kann ein wunderbarer Schutzschild sein und kann Ihnen dabei helfen, Menschen, die Ihnen nicht wohlgesonnen sind, zu entwaffnen.

»Lachen ist auch eine Möglichkeit, anderen die Zähne zu zeigen« heißt ein Sprichwort. Es drückt aus, dass Humor eine sehr aktive Komponente besitzt. Nutzen Sie Ihr schönstes Lächeln, um Ihren Kollegen zu sagen, wo es langgeht.

Versuchen Sie, auch in schwierigen Situationen die komische Seite zu finden, oder über Kränkungen mit einem Lachen hinwegzugehen. Lachen ist außerdem ansteckend – Sie müssen keinesfalls zur Ulknudel oder zum Pausenclown mutieren, doch Sie können mit Ihrem Humor Ihre Umwelt mitreißen. Bringen Sie sich mit Musik, mit Lach-Yoga (siehe Kapitel 6) oder mit der Witzseite in der Tageszeitung in eine fröhliche Stimmung und retten Sie diese Stimmung über Ihren Arbeitstag, indem Sie sich immer wieder an etwas Lustiges erinnern.

Konfliktpotenziale erkennen und Konflikte gelassen lösen

Sind Sie schon einmal einem Berufstätigen begegnet, der mit seiner Arbeit rundum zufrieden ist, nichts an Kollegen, Vorgesetzten, Aufgabenstellung oder Rahmenbedingungen auszusetzen hat und ausnahmslos jeden Morgen gelassen und engagiert zur Arbeit geht? Wenn ja, ist das sicherlich eine glückliche Ausnahme, denn nur einem von sechs Berufstätigen geht es so gut. 17 Prozent aller Arbeitnehmer in Deutschland sind laut einer Gallup-Studie, die 2014 veröffentlicht wurde, sehr unengagiert bis hin zur inneren Kündigung. 67 Prozent sind »eher unengagiert« und machen Dienst nach Vorschrift.

Kränkungen, Konflikte, mangelnde Wertschätzung, störende Rahmenbedingungen, unsichere Zukunftsperspektiven, schlechte Kommunikation und Führung sowie Unter- oder Überforderung scheinen die Regel im bundesdeutschen Arbeitsalltag zu sein. Vielleicht gehören Sie zu den 84 tendenziell unzufriedenen Prozent der Berufstätigen? Dann finden Sie hier Tipps, wie Sie Konflikte künftig besser lösen und gelassener mit den Unzulänglichkeiten Ihres Jobs umgehen können.

Aufmerksam sein und Ruhe bewahren

Ahnen Sie oft im Vorhinein, dass es an Ihrem Arbeitsplatz gleich Ärger geben wird? Dann haben Sie vermutlich gute Antennen für die möglichen Konflikte in Ihrem beruflichen Alltag. Nutzen Sie diese Antennen und versuchen Sie, sich anbahnende Konflikte möglichst frühzeitig zu entschärfen. Oft hilft schon ein kurzes klärendes Gespräch. Je gelassener Sie selbst sind, desto eher können Sie ein Fels in der Brandung sein und Ihre Ruhe auf andere übertragen.

Warten Sie nicht darauf, dass die anderen Menschen sich ändern. Denn jeder kann nur sich selbst ändern. Hinterfragen Sie Ihre innere Haltung, analysieren Sie Ihre inneren Antreiber und Glaubenssätze, überprüfen Sie Ihre Motivatoren. Diese Selbstreflexion ist der erste Schritt zur Änderung der Lebenseinstellung – lassen Sie los, dann gewinnen Sie Gelassenheit.

Hören Sie auf Ihre innere Stimme. Sie sagt Ihnen zumeist sehr präzise, wenn Vorsicht geboten ist, denn diese innere Stimme ist ein archaisches Programm zur Gefahrenabwehr. Sicher erinnern Sie sich an Gelegenheiten, bei denen Sie dieses Warnsignal ignoriert haben und prompt die Quittung bekamen. Nehmen

Sie sich vor, Ihre innere Stimme künftig nicht mehr zu überhören. Im Gegenteil: Geben Sie Ihrer Intuition Raum und hinterfragen Sie die Situation, wenn Sie ein Störgefühl empfinden.

Wenn der Klügere stets nachgibt, hat immer der Dümmere recht

Setzen Sie sich aktiv für Ihre Rechte ein, auch wenn Sie dafür Gegenwind bekommen. Denn Ihre Gelassenheit hängt üblicherweise auch damit zusammen, wie zufrieden Sie sind und wie gerecht Sie sich behandelt fühlen. Wenn Sie wissen, dass Sie im Recht sind, stecken Sie nicht nur um des lieben Friedens willen zurück. Es gibt ganz verschiedene Möglichkeiten, zu seinem Recht zu kommen – es muss ja nicht mit dem Holzhammer oder der Besserwisserei sein.

Probieren Sie verschiedene Formulierungen aus, um Ihr Recht einzufordern, beispielsweise:

✔ Ich bin mir sicher, dass wir mit dieser Methode auch früher schon erfolgreich waren.

✔ Ich erinnere mich daran, dass wir diese Abmachung auch schriftlich festgehalten haben.

✔ Ich empfehle dringend, dass wir die Vorsichtsmaßnahmen einhalten, um uns nicht angreifbar zu machen.

✔ Wir haben zwar eine gute Statistik vorgelegt bekommen, aber es gibt auch Daten, die genau das Gegenteil belegen.

Je ruhiger Sie bleiben, wenn Sie Ihre Anliegen vortragen, desto überzeugender werden Sie ankommen. Achten Sie auf Ihre Stimme und auf Ihre Körperhaltung: Deutlich, in mittlerer Tonlage, laut genug und mit aufrechtem Rücken vorgetragen, finden Ihre Aussagen am ehesten Gehör. Wenn Sie spüren, dass Sie unter Druck sind, atmen Sie erst einmal bewusst tief in den Bauch ein und aus. Erden Sie sich, indem Sie den Boden unter Ihren Füßen bewusst wahrnehmen. Schauen Sie Ihrem Gegenüber dann mit einem freundlichen Gesicht in die Augen und warten Sie einen Moment ab, bevor Sie ganz gelassen zu sprechen beginnen.

Hilfe und Unterstützung von außen annehmen

Konflikte im Berufsalltag erreichen manchmal so große Ausmaße, dass eine Klärung intern nicht mehr herbeigeführt werden kann, weil die Fronten völlig verhärtet sind. In solchen Fällen ist es sinnvoll, Unterstützung durch Dritte zu organisieren. Das können ein Kollege aus der Nachbarabteilung oder eine Betriebsrätin sein, aber auch ein professioneller Berater, Coach oder Mediator. Welche Möglichkeiten in Ihrem Arbeitsumfeld sinnvoll sind, können Sie im Gespräch mit vertrauten Kollegen diskutieren. So oder so: Nehmen Sie das Heft in die Hand, wenn Sie merken, dass Ihre Gelassenheit am Arbeitsplatz unter den sich aufstauenden Konflikten leidet.

Das Pflegeteam der chirurgischen Intensivstation eines mittelgroßen Krankenhauses hat immer wieder Probleme damit, dass Schichten kurzfristig neu besetzt oder Nachtdienste getauscht werden müssen. Die Stationsleiterin Sigrid Thun ruft in solchen Fällen ihre Kolleginnen und Kollegen auf dem Privathandy an, um sie kurzfristig zum Dienst zu bestellen. Einige Teammitglieder gehen daher grundsätzlich in ihrer Freizeit nicht mehr ans Telefon. Darunter leiden diejenigen Schwestern und Pfleger, die immer wieder spontan einspringen müssen, weil sie telefonisch erreichbar waren. Teaminterne Gespräche haben bislang nicht geholfen, dieses Problem zu lösen. Daher bittet der dienstälteste Krankenpfleger die Stationsleiterin, mit externer Unterstützung eine Regelung zu erarbeiten. Diese wird bei der nächsten Stationsbesprechung vorgestellt, diskutiert und verabschiedet: Künftig gibt es einen festen Rotationsplan für Personalengpässe und die Anfrage für den Tausch von Dienstzeiten wird nur noch per SMS verschickt.

Den Überblick behalten

Wenn man den Wald vor lauter Bäumen nicht mehr sieht, sollte man sich rasch auf einen Hügel stellen, um wieder den Überblick zu bekommen. Dies gilt im übertragenen Sinne auch für den Berufsalltag: Je mehr Sie sich in Details verlieren, desto weniger sehen Sie das große Ganze. Um immer mal wieder zu prüfen, ob Sie noch auf dem richtigen Weg sind, hilft es, aus der Alltagssituation herauszutreten und zu reflektieren.

Der Vorteil der Vogelperspektive

Nehmen Sie regelmäßig die Vogelperspektive ein und schauen Sie von oben auf sich, auf Ihre Kollegen, Ihre Vorgesetzten und Ihre gemeinsamen Aufgaben herab. Wie stellt sich die Situation aus dieser Perspektive für Sie dar? Wissen alle, worum es geht, und ziehen an einem Strang? Oder wurschtelt jeder vor sich hin? Oder arbeiten einzelne Mitarbeiter möglicherweise sogar gegeneinander? Solche Erkenntnisse gewinnen Sie nur, wenn Sie aus der Alltagssituation heraustreten. Das erfordert zwar Mut und Muße, fördert Ihre Gelassenheit aber erheblich. Denn wenn Sie wissen, dass alles gut läuft, können Sie munter weiterarbeiten. Wenn Sie aber sehen, dass sich etwas in die falsche Richtung entwickelt, können Sie frühzeitig gegensteuern.

Notieren Sie sich, was Sie aus der Vogelperspektive gesehen haben, und nutzen Sie diese Notizen für Teamrunden oder Gespräche an der Kaffeemaschine. Bleiben Sie bei solchen Gesprächen möglichst in der Ich-Form, begründen Sie Ihre Beobachtungen und vermeiden Sie Anschuldigungen. Mögliche Formulierungen können sein:

- ✔ Ich habe den Eindruck, dass wir im Moment das Ziel aus den Augen verloren haben, weil ...
- ✔ Ich befürchte, dass die Zeit für das Projekt nicht reichen wird, weil ...
- ✔ Ich schlage vor, dass wir uns bald mit den Verantwortlichen zusammensetzen, um ...

So machen Sie es Ihren Gesprächspartnern leichter, Ihre Anregungen aufzugreifen und mit Ihnen gemeinsam die Vogelperspektive einzunehmen.

Gute Planung ist der halbe Erfolg

Um den Überblick über Ihre Aufgaben nicht zu verlieren, bietet es sich an, eine möglichst realistische Zeitplanung vorzunehmen. Nutzen Sie das Eisenhower-Prinzip (siehe Kapitel 13), um Ihre Tätigkeiten zu priorisieren. Delegieren Sie, wenn möglich, Teilaufgaben oder nutzen Sie Teamarbeit, um einzelne Arbeitsschritte auf mehrere Schultern zu verteilen.

Überlegen Sie, wie Sie bei Terminsachen am sinnvollsten arbeiten: Sind Sie eher der sicherheitsliebende Typ, der möglichst schon eine Woche vor dem Termin fertig ist und in Ruhe noch mal alles durchsieht? Oder brauchen Sie den Druck des nahenden Fristablaufs, um so richtig auf Betriebstemperatur zu kommen? Egal wie Sie strukturiert sind – planen Sie auf jeden Fall Zeitpuffer ein. Denn dann sind Sie auch für unvorhersehbare Komplikationen gewappnet.

»Leben ist das, was passiert, während du eifrig Pläne schmiedest« oder »Mach nur einen Plan und mach noch einen zweiten Plan – gehn tun sie beide nicht« – diese Sätze enthalten zwar viel Wahrheit, sollten Sie aber trotzdem nicht entmutigen, Ihre Aufgaben sorgfältig zu planen und so Ihre Gelassenheit zu erhöhen. Wenn Sie sich nicht von Ihrer Planung versklaven lassen, sondern Raum lassen für Flexibilität und Improvisation, finden Sie sicherlich einen guten Mittelweg.

Frühzeitig einschreiten

Ergibt Ihr Blick von oben auf die laufende Arbeit oder Ihr Abgleich der Planung mit der Realität, dass irgendetwas aus dem Ruder läuft, so können Sie ganz gelassen einschreiten. Atmen Sie tief durch. Überlegen Sie sich einen Plan B, suchen Sie Verbündete, thematisieren Sie Ihre Erkenntnisse und ergreifen Sie Maßnahmen, um Fehlentwicklungen vorzubeugen. Alles ist besser, als kopflos vor die Wand zu rennen. Wenn Sie frühzeitig gegensteuern, haben Sie gute Chancen, dass alles letztlich doch zum gewünschten Ziel führt.

Haben Sie auf diese Weise möglicherweise sogar ein Projekt gerettet oder Ihre Abteilung nach vorn gebracht? Dann feiern Sie diesen Erfolg gebührend. Wenn niemand Sie lobt, loben Sie sich eben selbst. Und eine Belohnung haben Sie auf jeden Fall verdient: Vielleicht nehmen Sie sich kurzfristig einen freien Tag und unternehmen etwas mit Ihrer Familie? Oder Sie gönnen sich ein Wellnesswochenende? Je öfter Sie für solche Auszeiten sorgen, desto größer ist Ihre Chance für Glücksmomente. Und von Glücksmomenten zehren Sie erfahrungsgemäß länger als von jeder Gehaltserhöhung.

Nicht alles persönlich nehmen

Viele Menschen neigen dazu, Kritik sehr persönlich zu nehmen, auch wenn sie gar nicht persönlich gemeint ist. Andere haben den Eindruck, dass hinter ihrem Rücken schlecht über sie geredet wird. Oder sie befürchten, dass ihnen bewusst Informationen vorenthalten werden, damit sie Fehler machen. Oft haben solche Ängste keinen realen Hintergrund, sondern sind Ausdruck von Unsicherheit oder mangelndem Selbstvertrauen.

Prüfen Sie einmal ganz in Ruhe, wie oft Sie Dinge auf sich beziehen, die ganz allgemein gesagt wurden. Haben Sie schon einmal spontan überreagiert und dann von Kollegen oder Vorgesetzten gehört: »Aber du warst damit doch gar nicht gemeint«? Dann könnte es Ihrer Gelassenheit nutzen, wenn Sie künftig eine gelassenheitsfördernde Distanzübung machen und sich klarmachen, dass die Welt sich nicht um Sie dreht.

Sobald Sie den Impuls spüren, eine Aussage auf sich zu beziehen, auch wenn diese nicht explizit auf Sie gemünzt war, atmen Sie dreimal tief ein und aus, lächeln Sie möglichst entspannt und denken Sie: »Die Welt dreht sich nicht um mich.« Richten Sie dann Ihre Aufmerksamkeit auf die Person, die die Aussage gemacht hat, und fragen Sie: »Wie haben Sie das genau gemeint?« Mit dieser Übung distanzieren Sie sich von Ihrem Selbstbezug und bekommen die Chance, eine Aussage richtig einordnen zu können, bevor Sie darauf reagieren.

Sachebene und Beziehungsebene beachten

Wie schon in Kapitel 1 ausgeführt, hat jede gesprochene oder geschriebene Botschaft vier Ebenen: die Sachebene, die Beziehungsebene, die Appellebene und die Ebene der Selbstoffenbarung. Oft entstehen Missverständnisse dadurch, dass man Sach- und Beziehungsebene mischt oder gar verwechselt.

Das klassische Beispiel dafür ist die Kommunikation eines Ehepaares am Esstisch. Er fragt: »Womit hast du die Suppe gewürzt?«, und sie ist sofort aufgebracht und ruft: »Schmeckt dir das Essen nicht, das ich dir gekocht habe?« Dem Mann geht es allerhöchstwahrscheinlich erst einmal wirklich nur um die Sachebene, also die Frage nach den Gewürzen in der Suppe. Die Frau vermutet ein Beziehungsproblem und sofort kommt ein Wortgefecht in Gang.

In dem Sketch »Das Frühstücksei« von Loriot wird sehr anschaulich gezeigt, wie ein Gespräch über den Härtegrad des Frühstückseis bei einem Ehepaar zur Katastrophe führen kann, die darin gipfelt, dass der Mann am Ende des Sketches sagt: »Irgendwann bringe ich sie um …« Schauen Sie sich diesen Sketch beispielsweise auf www.youtube.de an!

Wenn Sie sich angegriffen fühlen, hinterfragen Sie zunächst, ob Sie möglicherweise eine Botschaft mit dem »falschen Ohr« gehört haben, also mit dem Beziehungsohr statt mit dem Sachohr. Antworten Sie dann auf der Sachebene – wahrscheinlich können Sie ganz gelassen mit Ihrem Gesprächspartner über das Sachthema reden. War doch die Beziehungsebene angesprochen, haben Sie zumindest die Chance, das Gespräch auf die Sachebene zu lenken.

Schuld sind nicht immer nur die anderen

»Ich könnte so gelassen sein, wenn meine Kollegen nicht so viele Fehler machen würden«, ist ein Satz, den ich im Einzelcoaching oft höre. Die Fehler der anderen sind mögliche Zeitfresser, das steht außer Frage. Aber sind diese Fehler es wirklich wert, die eigene Gelassenheit aufzugeben? Oder hat mangelnde eigene Gelassenheit nicht vielleicht doch ganz andere Ursachen als die Fehler der Kollegen?

Wenn Sie im Beruf gelassener sein möchten, versuchen Sie ganz bei sich zu bleiben. Sie selbst sind für Ihre Gelassenheit verantwortlich. Suchen Sie die Schuld für Ihre Anspannung nicht zuerst bei den anderen. Was können Sie selbst tun, um Situationen zu entschärfen? Sie werden Ihre Kollegen und Ihre Vorgesetzten nicht ändern können. Sie können nur sich selbst, Ihre Haltung und Ihre Erwartungen ändern, wenn Sie das wollen. Ihr Gelassenheitstraining wird Ihnen dabei helfen, jeden Tag ein wenig gelassener zu werden. In Kapitel 15 finden Sie viele Gelassenheitsübungen für den Berufsalltag.

Abgrenzen statt untergehen

Je mehr Sie sich von den anderen, den Umständen, den Unzulänglichkeiten und den versäumten Möglichkeiten abgrenzen, desto selbstsicherer, zufriedener und gelassener werden Sie sein. Sie reiben sich dann nicht mehr an Konflikten oder Missverständnissen auf und sparen Kraft und Nerven. Nutzen Sie Ihre Gelassenheit für die schönen Dinge im Leben. Gönnen Sie sich Pausen und Auszeiten.

Harald Leistner ist Gymnasiallehrer für Biologie. Er hat eine eigene Klasse, betreut die Garten-AG der Schule und ist verantwortlich für die Ausstattung des Biologiesaals. Bislang kannten seine Schüler, deren Eltern sowie das ganze Lehrerkollegium seine private E-Mail-Adresse – wer eine Frage, Anregung oder Bitte hatte, bekam rasch und zuverlässig Antwort von Lehrer Leistner. Dies erhöhte die Ansprüche bei manchen Kollegen oder Schülereltern und setzte den Biologielehrer unter erheblichen Druck: »Ich habe Ihnen doch gestern Abend noch eine E-Mail geschrieben«, hieß es morgens oft mit vorwurfsvollem Unterton. Um sich abzugrenzen und vor den hohen Erwartungen zu schützen, richtete Harald Leistner sich eine neue E-Mail-Adresse für Schulbelange ein und informierte alle Nutzer dieser Adresse darüber, dass er Mails künftig nur noch zwischen 8 und 17 Uhr abruft und beantwortet.

Ihre Gesundheit wird es Ihnen danken: Gelassenheitstraining ist aktive Burn-out-Prävention. Denn ein ausgeglichenes Gefühlsleben sorgt für den Abbau von Stresshormonen, die Sie auf Dauer krank machen können. Sobald Sie spüren, dass der Druck steigt, grenzen Sie sich ab, gehen Sie eine Runde um den Block, entziehen Sie sich der Situation oder distanzieren Sie sich innerlich durch eine Gelassenheitsübung. Sobald Sie wieder klar denken können, finden Sie für fast jedes Problem eine Lösung.

Gelassenheitsübungen am Arbeitsplatz

15

In diesem Kapitel

▶ Geistige und körperliche Übungen für mehr Gelassenheit am Arbeitsplatz

▶ Die große Bedeutung der Entschleunigung

▶ Tipps für mehr Gelassenheit bei Vorträgen, Gehaltsverhandlungen und Vorstellungsgesprächen

---

*I*n Kapitel 6 lernen Sie unterschiedliche Gelassenheitsübungen kennen, von denen Sie einige sicherlich auch am Arbeitsplatz durchführen können, wie den Inneren Monolog und die Achtsamkeitsübungen. Wenn Sie mit bestimmten Übungen im Alltag gute Erfahrungen gemacht haben, versuchen Sie, diese auch in Ihren Arbeitstag einzubauen. Nutzen Sie Ihr Gelassenheitstagebuch (siehe Kapitel 7), um sich Ziele zu setzen und Übungspläne zu erstellen. Im Folgenden lernen Sie noch weitere Übungen kennen, die speziell für den Arbeitsplatz geeignet sind.

Geistige Übungen

Stress fängt im Kopf an: Wenn Sie in einer Situation das Gefühl haben, über zu wenig Ressourcen oder Informationen zu verfügen, um die Situation beherrschen zu können, verspannen Sie sich und fühlen sich unter Druck gesetzt (siehe Stressmodell in Kapitel 2). Entspannung und Gelassenheit beginnen ebenfalls im Kopf: Versetzen Sie sich in eine heitere Stimmung, denken Sie an etwas Schönes, atmen Sie tief durch und lächeln Sie in sich hinein, und schon geht Ihnen der Arbeitsalltag leichter von der Hand. Die folgenden Übungen können Ihnen helfen, in Ihrem Kopf den Gelassenheitsknopf zu drücken.

 Die tiefe Bauchatmung ist die einfachste und wirkungsvollste Gelassenheitsübung. Sie kann an jedem Ort, im Stehen und im Sitzen ganz ohne Hilfsmittel durchgeführt werden: Atmen Sie tief durch die Nase bis tief in Ihren Bauch ein und dann durch den leicht gespitzten Mund

ganz langsam und vollständig wieder aus. Dabei hebt und senkt sich Ihre Bauchdecke. Denken Sie an nichts anderes als an Ihren Atem und folgen Sie ihm ganz in Ruhe.

Perspektivwechsel für einen neuen Blickwinkel

Immer dann, wenn ein Kollege oder Ihr Vorgesetzter Sie aus der Ruhe bringt, unter Druck setzt oder Ihre Gelassenheit gefährdet, können Sie einen Moment innehalten und die Perspektive wechseln, um einen neuen Blick auf die anstrengende Situation zu werfen:

- ✔ Gehen Sie in die Vogelperspektive und schauen Sie wie ein unbeteiligter Dritter von oben auf die stressige Situation: Wo liegt das Problem? Wie kommunizieren die Beteiligten miteinander? Wer steht wo und wer will wohin?

- ✔ Schlüpfen Sie in die Haut Ihres Kollegen oder Vorgesetzten: Womit ist dieser gerade beschäftigt? Steht er selbst unter Druck? Was will er Ihnen wirklich sagen?

- ✔ Stellen Sie sich neben sich selbst und tun Sie so, als wären Sie Ihr bester Freund, der gerade unter Druck gesetzt wird: Was würden Sie Ihrem besten Freund in dieser Situation raten? Welche Handlungsalternativen hätte er? Was könnte ihn beruhigen?

Der Perspektivwechsel klappt nicht immer sofort. Wenn der Druck hoch ist oder Sie unter sehr großer Anspannung stehen, werden Sie vermutlich oftmals ganz automatisch so reagieren, wie Sie immer reagieren. Nutzen Sie den Perspektivwechsel dann in der Rückschau und spielen Sie die Situation aus einer anderen Perspektive im Geiste noch mal durch. Nehmen Sie sich vor, in der nächsten ähnlichen Situation dann doch einmal ganz anders zu reagieren.

Entschleunigung senkt den Zeitdruck

Ihre Gelassenheit ist immer dann in Gefahr, wenn das Tempo am Arbeitsplatz steigt. Wer schnell arbeitet, macht auch schnell Fehler. Unter erhöhtem Tempo erhöht sich auch der Druck. Und wenn Sie sich abhetzen, können Sie nicht in Ruhe über Situationen, Probleme oder Herausforderungen nachdenken – und schon gar nichts zulassen oder einfach geschehen lassen. Versuchen Sie daher, anstrengende Situationen ganz bewusst zu entschleunigen.

15 ➤ Gelassenheitsübungen am Arbeitsplatz

✔ Zählen Sie bis zehn, bevor Sie etwas sagen, tun oder lassen. Atmen Sie tief durch und achten Sie auf Ihre Körperreaktionen. Wenn Sie spüren, dass Sie bestimmte Muskelgruppen an- oder verspannen, atmen Sie in diese Muskelgruppen hinein.

✔ Zerlegen Sie eine komplizierte Aufgabe in mindestens drei Teilaufgaben und erledigen Sie die Teilaufgaben nacheinander. Sobald Sie eine Teilaufgabe abgearbeitet haben, schauen Sie sich das Ergebnis an: Sind Sie auf dem richtigen Weg? Sind Sie zufrieden mit dem Teilergebnis? Bringt Sie das Teilergebnis weiter?

✔ Wählen Sie eine beliebige Routinetätigkeit aus, die Sie an Ihrem Arbeitsplatz mehrfach täglich oder wöchentlich durchführen. Prüfen Sie, wie lange Sie üblicherweise brauchen, um diese Tätigkeit durchzuführen. Nehmen Sie sich einmal am Tag oder in der Woche genau die doppelte Zeit, um diese Tätigkeit zu absolvieren, und achten Sie dabei genau auf das, was Sie tun. Während Sie viel langsamer arbeiten als normalerweise, erhöht sich Ihre Achtsamkeit für das, was Sie tun. Wie fühlen sich die Arbeitsgeräte an, welche Gedanken gehen Ihnen bei der Routine durch den Kopf, wie reagieren die beteiligten Menschen auf das langsamere Tempo – und vor allem: Wie geht es Ihnen, wenn Sie entschleunigen?

✔ Tragen Sie in Ihren Kalender mehrmals in der Woche einen »Termin mit mir selbst« ein. Nehmen Sie sich mindestens eine halbe Stunde Zeit, um eine länger liegen gebliebene Aufgabe ganz in Ruhe zu erledigen, um Pläne zu schmieden, Konzepte zu erarbeiten oder über komplizierte Probleme nachzudenken. Lassen Sie sich in dieser Zeit nicht stören und vermeiden Sie jede Ablenkung.

 Das Konzept der Achtsamkeit reduziert nachweislich Stress und Druck. Dabei geht es darum, sich auf sich selbst und auf seine Körperreaktionen zu konzentrieren. Mit dem Body Scan können Sie beobachten, wie Ihr Körper sich in bestimmten Situationen verändert: Wandern Sie mit Ihrer Aufmerksamkeit langsam von den Zehenspitzen bis zum Scheitel durch Ihren Körper und nehmen Sie Anspannung und Entspannung wahr, ohne zu bewerten. Spüren Sie Ihren Atem und Ihren Herzschlag, bleiben Sie nur bei sich und lassen Sie Ihre Gedanken kommen und gehen. Kehren Sie dann gestärkt mit Ihrer Aufmerksamkeit zurück nach außen.

Das Zauberwort nutzen

Wenn Sie spüren, dass Ihre Gelassenheit schwindet und Sie anfangen sich zu ärgern, dann nutzen Sie im Gespräch mit Kunden, Kollegen oder Vorgesetzten eines der folgenden Zauberworte, um sich wieder in eine gelassene Gemütsverfassung zurückzubefördern:

- ✔ »Darüber muss ich erst mal nachdenken.«
- ✔ »Das werde ich mir in Ruhe überlegen.«
- ✔ »Dazu kann ich spontan jetzt nichts sagen.«
- ✔ »Ich komme so bald wie möglich wieder auf Sie/dich zu.«

Mit diesen Formulierungen verschaffen Sie sich höflich, aber klar einen Freiraum, um nicht unter Druck reagieren zu müssen, in ein Streitgespräch zu geraten oder eine Aufgabe zu übernehmen, die Sie gerade nicht übernehmen können oder wollen. Vielleicht fällt Ihnen auch eine ganz individuelle Formulierung ein, mit der Sie sich elegant aus einer stressigen Situation entfernen können. Nutzen Sie Ihr Zauberwort regelmäßig.

Imaginationsübung »Raum der Gelassenheit«

Die Imaginationsübung »Raum der Gelassenheit« stelle ich Ihnen in Kapitel 6 ausführlich vor. Um diesen sicheren Ort auch am Arbeitsplatz nutzen zu können, ist es sinnvoll, ihn mit einer Arm-, Hand- oder Kopfbewegung zu verbinden, mit der Sie sich im Bruchteil einer Sekunde in Ihren Raum der Gelassenheit versetzen können. Während Sie sich Ihren ganz persönlichen sicheren Ort ausmalen und ausschmücken, machen Sie eine bestimmte, immer gleiche Bewegung mit Ihrem Arm (zum Beispiel anwinkeln oder die Arme kreuzen), Ihrer Hand (kreisen oder spreizen oder Handflächen zusammenlegen) oder mit Ihrem Kopf (nicken oder zu einer Seite neigen). Diese Bewegung ist der Trigger oder Anker für Ihre Imaginationsübung. Verbinden Sie die Bewegung immer wieder in Gedanken mit dem Raum der Gelassenheit, bis Sie merken, dass die Bewegung und der sichere Ort zusammengehören. Sobald Sie am Arbeitsplatz in eine Stresssituation geraten, aus der Sie sich im Geiste entfernen möchten, machen Sie Ihre Trigger-Bewegung – und schon sind Sie in Gedanken da, wo Sie Gelassenheit tanken können.

Körperliche Übungen

Gelassener Geist in einem entspannten Körper – denn Geist und Körper stehen in engster Wechselwirkung. Körperliche Gelassenheitsübungen am Arbeitsplatz können daher dazu beitragen, dass Sie sich nicht mehr aus der Ruhe bringen lassen. Prüfen Sie, ob Ihr Arbeitsplatz für solche Übungen geeignet ist. Wenn nicht, legen Sie Ihre Übungen in die Pausen.

 Führen Sie ein Gelassenheitstagebuch (siehe Kapitel 7), um die Übungen, die Ihnen Spaß machen und die bei Ihnen gut wirken, zu dokumentieren. Üben Sie möglichst täglich und verfolgen Sie Ihren Fortschritt.

Ein kurzer Mittagsschlaf zum Auftanken

Ein kurzer Mittagsschlaf, auch Power-Nap genannt, kann Wunder wirken und Ihre Lebensgeister in der Tagesmitte wiederbeleben. Sie brauchen weder besonders tief noch besonders lange zu schlafen – und Sie brauchen sich auch nicht unbedingt hinzulegen. Eine Ruhepause mit geschlossenen Augen geht auch im Sitzen. Stellen Sie sich den Handywecker auf 15 oder 20 Minuten ein.

✔ Wenn Sie sich mittags an einem ungestörten Ort hinlegen können, schließen Sie die Augen, atmen tief in den Bauch und sagen sich selbst mehrfach in Gedanken: »Ich bin ganz ruhig und völlig entspannt.« Lassen Sie alle Gedanken kommen und wieder gehen. Ob Sie einschlafen oder nur ruhig und entspannt werden, ist im Grunde völlig egal. Wichtig ist, dass Sie abschalten und loslassen können.

✔ Im Sitzen nehmen Sie eine bequeme Position ein, stellen die Füße fest auf den Boden, lassen die Schultern fallen und schließen Ihre Augen oder schauen auf einen Punkt auf der Wand oder auf dem Boden. Atmen Sie tief in den Bauch und sagen Sie sich in Gedanken: »Ich kann, ich darf, ich will ganz ruhig sein.« Genießen Sie die Auszeit und zwingen Sie sich zu nichts.

✔ Falls Sie am Arbeitsplatz Schwierigkeiten mit dem Abschalten haben, suchen Sie sich einen Duft aus, der Ihnen besonders angenehm ist. Lavendel, Pfefferminze, Zitrone oder Melisse sind gute Kandidaten für einen Lieblingsduft! Träufeln Sie einen Tropfen Aromaöl auf ein Papiertaschentuch, schließen Sie die Augen und atmen Sie den Duft durch die Nase ein. Wahrscheinlich rückt der Arbeitsalltag schon nach wenigen Atemzügen in die Ferne und Sie werden ruhiger.

✔ Wenn Sie bei Ihrem kurzen Mittagsschlaf keinen Wecker benutzen können oder wollen, nehmen Sie einen Schlüsselbund in die Hand. Sobald Sie ganz entspannt sind, wird Ihre Hand sich öffnen und der Schlüssel fällt auf den Boden – davon werden Sie wieder wach.

Progressive Muskelrelaxation im Sitzen

Das Entspannungsverfahren PMR (Progressive Muskelrelaxation nach Jacobsen) stelle ich in Kapitel 6 ausführlich vor. Am Arbeitsplatz können Sie die Übungen der gezielten An- und Entspannung einzelner Muskelgruppen gut im Sitzen durchführen:

✔ Ballen Sie die Hände zu Fäusten, halten Sie die Spannung drei Atemzüge lang an und lassen Sie die Hände dann bewusst locker. Spüren Sie der Entspannung mindestens sechs Atemzüge lang nach. Wiederholen Sie dies zwei- oder dreimal.

✔ Ziehen Sie die Schultern zu den Ohren, atmen Sie dreimal ein und aus und lassen Sie Ihre Schultern anschließend ganz entspannt fallen. Sechs Atemzüge lang spüren Sie, wie sich die körperliche Entspannung über Ihre Schultern in Ihre Arme und den Oberkörper ausbreitet. Zwei- oder dreimal wiederholen.

✔ Spannen Sie das Gesäß und die Oberschenkel an und ziehen Sie Ihre Zehen Richtung Nase. Halten Sie die Spannung drei Atemzüge lang an und entspannen Sie dann mit dem Ausatmen Ihre Beine ganz bewusst. Genießen Sie die sich ausbreitende Entspannung in Ihren Beinen mindestens sechs Atemzüge lang. Die Übung machen Sie zwei- oder dreimal hintereinander.

Übersprungshandlungen bewusst einsetzen

Beobachten Sie sich selbst oder Ihre Kollegen einmal, wenn der Druck größer wird – was tun Sie beziehungsweise sie, um unbewusst Druck abzubauen? Viele Menschen führen Übersprungshandlungen aus: Sie kritzeln auf der Schreibtischunterlage herum, verbiegen Büroklammern, spielen mit ihrer Armbanduhr, zerknüllen Papier, laufen im Kreis herum, werfen Dinge in die Luft und fangen sie wieder auf oder Ähnliches. Solche Übersprungsreaktionen können Sie auch bewusst einsetzen, um in einer anstrengenden Situation Dampf abzulassen, gelassener zu werden oder sich nach starker Anspannung wieder zu entspannen:

✔ Zeichnen Sie freundliche Smileys, Blümchen, Herzchen oder andere Symbole, die für Sie mit Glück und Freude verbunden sind.

✔ Büroklammern verhaken sich gerne zu einem großen Klammerhaufen. Befreien Sie langsam und sorgfältig alle Büroklammern, ohne sie zu verbiegen.

✔ Zerschneiden Sie Schmierpapier zu Notizzetteln: Nutzen Sie eine lange Schere und schneiden Sie die Bogen einmal längs und dreimal quer durch. Atmen Sie bei jedem Scherenschnitt ganz bewusst durch den Mund aus.

✔ Kneten Sie einen Igelball oder jonglieren Sie mit drei kleinen Gummibällen.

✔ Laufen Sie herum, wenn Sie telefonieren oder nachdenken – und wechseln Sie dabei öfter die Laufrichtung und das Gehtempo.

Wenn Ihre Kollegen Sie auf Ihre bewussten Übersprungsreaktionen ansprechen, erläutern Sie ihnen doch einfach, was Sie da tun und warum Sie es machen. Vielleicht haben die Kollegen eigene Ideen und Vorschläge – auf jeden Fall kommt am Arbeitsplatz ein Gespräch über An- und Entspannung in Gang.

 Am Arbeitsplatz über Gelassenheitsübungen zu sprechen, ist bereits eine Gelassenheitsübung: Sie und Ihre Kollegen nehmen sich einen Moment Zeit füreinander, tauschen sich aus, reflektieren sich und die Arbeit, wechseln die Perspektive und lachen vielleicht gemeinsam. Das verbindet, stärkt das Wirgefühl und erhöht die Gelassenheit aller Beteiligten.

Tipps für besondere Situationen

In jedem Arbeitsbereich gibt es besondere Situationen, in denen es schwierig ist, gelassen zu bleiben. Entweder sind solche Situationen mit übermäßig großer körperlicher oder geistiger Anstrengung verbunden oder es hängt extrem viel von der Situation ab. Um bei solchen Gelegenheiten die eigene Gelassenheit nicht gänzlich zu verlieren, lohnt es sich, in die Vorbereitung viel Kraft und Zeit zu investieren. Je klarer Sie wissen, was auf Sie zukommt, je besser Sie vorbereitet sind und je sicherer Sie sich im Vorfeld fühlen, desto entspannter und gelassener werden Sie auch in diesen besonders herausfordernden Situationen sein.

Sprechen vor vielen Menschen

Müssen Sie Kunden von Ihrer Projektidee überzeugen, die neuen Eltern in Ihrer Schule begrüßen, eine Werksbesichtigung einleiten, einem Ausschuss Rede und Antwort stehen oder einen Vortrag halten? Gelegenheiten, bei denen man vor vielen, überwiegend fremden Menschen möglichst frei und überzeugend sprechen muss, gibt es in zahlreichen Berufen. Und bei diesen Gelegenheiten stehen die meisten Berufstätigen unter hohem Druck und großer Anspannung. Übung macht den Meister – je öfter Sie vor Menschengruppen sprechen, desto routinierter werden Sie und desto geringer wird Ihr Lampenfieber. Mit einigen einfachen Tricks können Sie sich das Leben als Vortragender leichter machen und ganz gelassen vor großen Gruppen sprechen:

- ✔ Bereiten Sie sich gut vor. Erarbeiten Sie eine Gliederung für Ihren Vortrag und notieren Sie sich zu jedem Unterpunkt Ihrer Gliederung die Kernaussagen. Sie können Ihren Vortrag ausformulieren, wenn Sie sich damit sicherer fühlen. Eine PowerPoint-Präsentation kann hilfreich sein, um den roten Faden aufzuzeigen oder Grafiken vorzuführen – aber nur, wenn solche Präsentationen in Ihrem Arbeitsumfeld üblich sind. Ansonsten wirken sie eher störend.

- ✔ Wenn Sie Ihren Text ablesen möchten, drucken Sie ihn in großer Schrift auf DIN-A5-Seiten im Querformat aus und fügen Sie mit Textmarker oder Farbstift Atem- und Kunstpausen ein. Üben Sie das Ablesen mehrmals, am besten vor vertrauten Menschen. Lassen Sie sich Feedback geben über Ihr Lesetempo, die Betonungen und die Verständlichkeit des Textes. Kurze klare Sätze sind besser als Schachtelsätze.

- ✔ Wenn Sie Ihren Text frei sprechen möchten, bereiten Sie Karten oder kleine Zettel mit der Gliederung und den Kernaussagen vor. So stellen Sie sicher, dass Sie nichts vergessen und gleichzeitig eine Gedankenstütze haben, falls Sie beim Sprechen einmal den Faden verlieren. Halten Sie den freien Vortrag übungsweise vor vertrauten Menschen und bitten Sie um Feedback.

- ✔ Ist der große Tag gekommen, stellen Sie sicher, dass Sie ausgeschlafen und pünktlich am Ort des Geschehens sind. Tragen Sie Kleidung, in der Sie sich wohlfühlen und Kompetenz ausstrahlen. Frauen sollten bei Vorträgen vor vielen Menschen eher Hosenanzüge als Röcke oder Kleider tragen, damit die Blicke der Zuhörer nicht abgelenkt werden (klingt altmodisch, ist aber nach wie vor sehr hilfreich).

15 ➤ Gelassenheitsübungen am Arbeitsplatz

✔ Bevor Sie sprechen, prüfen Sie Ihre Hilfsmittel. Funktioniert die Technik einwandfrei? Haben Sie Ihre Notizzettel oder das Redemanuskript in der richtigen Reihenfolge griffbereit? Falls Sie eine Lesebrille brauchen – wo ist sie? Legen Sie sich einen Stift bereit, damit Sie Rückfragen der Zuhörer notieren können.

✔ Sprechen Sie, wenn möglich, im Stehen. So sind Sie präsent, lenken die Aufmerksamkeit auf sich, können tiefer atmen und behalten den Boden unter Ihren Füßen. Bleiben Sie ruhig und aufrecht stehen. Wohin mit Ihren Händen? Allein über diese Frage gibt es ganze Bücher. Kurz gesagt: Halten Sie Ihre Hände ruhig, egal wo und wie Sie sie halten. Sonst lenken Sie Ihre Zuhörer unnötig ab. Ein oft zitiertes Beispiel ist Bundeskanzlerin Angela Merkel, die ihre Hände vor dem Bauch zur »Merkel-Raute« faltet.

✔ Fangen Sie erst dann an zu sprechen, wenn es ruhig geworden ist. Schauen Sie freundlich zu Ihren Zuhörern und warten Sie ein wenig ab, dann stellt die Ruhe sich meist von allein ein.

✔ Suchen Sie beim Sprechen Blickkontakt zu Ihren Zuhörern. Schauen Sie immer wieder einzelnen Menschen in die Augen. So können Sie Rückmeldung darüber bekommen, wie Ihr Vortrag aufgenommen wird, und die Zuhörer fühlen sich persönlich angesprochen. Suchen Sie sich Menschen aus, die Ihnen wichtig erscheinen, und lächeln Sie sie beim Sprechen an. Wenn Sie ein Argument vertreten, halten Sie Blickkontakt und nicken Sie leicht mit dem Kopf. Ihr Gegenüber wird aller Wahrscheinlichkeit auch anfangen zu nicken.

✔ Klären Sie vorher, ob Sie Ihren Vortrag an einem Stück halten sollen oder ob Zwischenfragen erwünscht beziehungsweise erlaubt sind. Oder machen Sie selbst eine Vorgabe, wie Ihr Vortrag laufen wird.

✔ Wenn Fragen kommen, hören Sie aufmerksam zu und machen Sie sich Notizen zu den Fragen, damit Sie keine vergessen. Platzen Sie mit der Antwort nicht heraus, sondern nehmen Sie sich einen oder zwei Atemzüge Zeit. Beantworten Sie die Fragen kurz und schlüssig. Wenn Sie keine Antwort parat haben, brauchen Sie sich nicht dafür zu rechtfertigen, sondern können freundlich sagen: »Das habe ich gerade nicht präsent, ich werde Ihnen die Information aber umgehend nachreichen. Bitte kommen Sie gleich kurz zu mir, damit ich mir Ihre E-Mail-Adresse notieren kann.«

✔ Bedanken Sie sich nach Ihrem Vortrag für die Aufmerksamkeit der Zuhörer und nehmen Sie etwaigen Applaus souverän entgegen: Bleiben Sie stehen, lächeln Sie besonders gewinnend, schauen Sie wieder einigen Ihrer Zuhörer in die Augen und genießen Sie die Anerkennung.

Viele weitere hilfreiche Tipps finden Sie in den Büchern *Erfolgreich präsentieren für Dummies* und *Erfolgreich Reden halten für Dummies* von Malcolm Kushner.

Gehalts- oder Vertragsverhandlungen

Arbeitnehmer müssen immer wieder Verhandlungen zu den eigenen Gunsten führen. Das fällt vielen Menschen erfahrungsgemäß schwerer als Verhandlungen zugunsten der Firma oder zugunsten Dritter. Es setzt sie unter Druck, gefährdet ihre Gelassenheit und bereitet ihnen schlaflose Nächte. Denn den eigenen Wert gut verkaufen kann man nur, wenn man sich dieses Wertes bewusst ist und dazu steht. Und daran hapert es leider bei vielen Menschen, die ihr Licht beständig unter den Scheffel stellen, nicht genügend Anerkennung für die eigenen Leistungen und Fähigkeiten haben und denen es schwerfällt, ihr Können in Worte zu fassen. Kein Wunder also, wenn dann auch der Arbeitgeber den Wert seines Angestellten nicht richtig schätzt und honoriert.

Wenn Verhandlungen über Ihren Vertrag oder Ihr Gehalt, eine leistungsabhängige Bonuszahlung oder Gratifikation anstehen, bereiten Sie sich gut darauf vor: Sammeln Sie einerseits Fakten, die belegen, wie gut Sie arbeiten, und trainieren Sie andererseits Ihr Selbstwertgefühl. Die Faktensammlung sollten Sie am besten kontinuierlich erweitern:

- ✔ Führen Sie wöchentlich oder monatlich Buch über Ihre Erfolge. Sammeln Sie Feedback und notieren Sie möglichst wörtlich, wer sich wann positiv über Ihre Arbeit geäußert hat.

- ✔ Halten Sie fest, welchen Profit Ihr Unternehmen durch Ihre Arbeit macht. Das kann materiell oder ideell sein – denn auch wenn Sie ein guter Botschafter Ihrer Firma sind, ist das wichtig!

- ✔ Machen Sie Verbesserungsvorschläge, damit die Arbeitsabläufe in Ihrem Bereich optimiert werden können. Manche Firmen haben ein internes Vorschlagswesen – nutzen Sie dies, so oft es geht. Dokumentieren Sie Ihre Vorschläge und was daraus geworden ist.

- ✔ Bringen Sie Ideen für neue Projekte in ein Verhandlungsgespräch mit. Zeigen Sie so Ihr Interesse und Engagement für das Unternehmen.

- ✔ Bereiten Sie sich auch darauf vor, welche Kritikpunkte in einem Verhandlungsgespräch kommen könnten. Analysieren Sie Ihre Fehler kritisch und erläutern Sie, was Sie daraus gelernt haben oder wie solche Fehler künftig vermieden werden.

15 ➤ Gelassenheitsübungen am Arbeitsplatz

✔ Wenn Sie Einfluss auf den Termin des Gesprächs haben, wählen Sie einen günstigen Zeitpunkt, zu dem Ihr Vorgesetzter erfahrungsgemäß entspannt ist (Montagmorgen ist sicherlich nie ein günstiger Termin).

✔ Wenn Sie wissen, dass Sie bei Verhandlungsgesprächen gerade am Anfang sehr aufgeregt sind, bereiten Sie einen Einstiegssatz vor. So starten Sie diplomatisch in das Gespräch und fallen nicht mit der Tür ins Haus.

Mit einer solchen Faktensammlung können Sie im Verhandlungsgespräch auf jeden Fall punkten. Kein Erfolg ist zu klein und keine Idee zu unwichtig, als dass diese nicht Thema einer Diskussion sein könnten, in der es um Ihre Interessen geht.

Genauso wichtig wie die inhaltliche Vorbereitung ist das Selbstwerttraining. Wenn Sie von sich selbst überzeugt sind, werden Sie auch Ihren Vorgesetzten überzeugen können! Wenn Sie wissen, was Sie wert sind, können Sie die entsprechende Gegenleistung mit Fug und Recht einfordern. Sollten Sie kein Problem mit Ihrem Selbstwertgefühl haben, können Sie die folgende Liste getrost überspringen und sich ganz gelassen auf die nächste Gehaltsverhandlung freuen, denn dann sind Sie bereits gut gerüstet. Wenn Sie aber öfter schon gemerkt haben, dass Sie sich unter Wert verkaufen, probieren Sie es mit diesen Übungen:

✔ Die Selbstwertformel: Formulieren Sie einen persönlichen Satz, mit dem Sie Ihren Wert im Arbeitsumfeld beschreiben. Feilen Sie so lange an diesem Satz, bis er genau das enthält, was Ihnen wichtig ist, und bis er richtig gut zu Ihnen passt. Der Satz sollte ausschließlich positiv formuliert sein (also nicht etwas enthalten, was Sie nicht sind) und die Gegenwartsform (Präsens) nutzen (also nicht sagen, was Sie einmal waren oder irgendwann sein werden). Beispiele könnten sein: »Ich bin zuverlässig, kompetent und genau die richtige Frau am richtigen Platz.« Oder: »Ich bin der beste Werkzeugmacher in der ganzen Firma und weiß genau, wie alles funktioniert.« Schreiben Sie sich diesen Satz auf und sagen Sie ihn mindestens dreimal täglich, gerne öfter und unbedingt laut! Sie können ihn auch als Bildschirmschoner nutzen oder als Begrüßungssatz in Ihr Handy programmieren.

✔ Regelmäßiges Eigenlob: Das Sprichwort »Eigenlob stinkt!« ist fatal, wenn es dazu führt, dass man seinen eigenen Wert unterschätzt. Wenn Sie mit diesem Sprichwort groß geworden sind, sollten Sie sich künftig regelmäßig loben, damit Ihr Selbstwertgefühl steigt. Formulieren Sie das Lob an sich selbst so konkret wie möglich, zum Beispiel: »Diese Schulstunde habe ich besonders gelungen gestaltet, weil ich die stillen Schüler optimal eingebunden habe und meine Begeisterung für den Stoff auf alle übergesprungen ist.

Das habe ich toll gemacht.« Seien Sie großzügig mit sich und sparen Sie nicht mit Lob. Auch hier gilt: mindestens dreimal am Tag, gerne öfter.

✔ Die Selbstwertliste: Legen Sie eine Liste der Dinge an, die Sie gut können, die Sie an sich mögen und mit denen Sie Erfolg haben. Am Anfang werden vermutlich erst einmal nur drei bis fünf Punkte auf Ihrer Liste stehen. Seien Sie zuversichtlich: Ihnen werden täglich mehr Punkte einfallen. Ergänzen Sie die Liste regelmäßig und lesen Sie sie immer wieder von vorn bis hinten durch. Das Fazit dieser Übung liegt auf der Hand: Sie sind fantastisch.

Nutzen Sie im Verhandlungsgespräch dann noch die Erkenntnis, dass Sie durch die zuerst genannte Verhandlungssumme die Einschätzung Ihres Vorgesetzten verankern können (siehe Kapitel 12, Abschnitt »Langsames Denken als Erfolgsfaktor«). Gehen Sie mit einer hohen (aber natürlich nicht unrealistischen) Forderung in das Gespräch. Entweder haben Sie so gute Argumente vorgebracht, dass diese Forderung erfüllt wird, oder Sie müssen Abstriche machen. Dann ist die Chance jedoch immer noch gut, dass das Ergebnis höher sein wird, als wenn Sie mit einer niedrigeren Summe gestartet wären. Im Marketing und in der Werbung wird diese Erkenntnis übrigens auch oft und erfolgreich genutzt.

Vorstellungsgespräche: Der erste Eindruck zählt

Wenn Sie sich um einen neuen Job bewerben und zum Vorstellungsgespräch eingeladen wurden, haben Sie bereits eine wichtige Hürde genommen. Das Vorstellungsgespräch ist allerdings eine Situation, die bei den meisten Menschen zu erheblicher Anspannung führt, sodass es ihnen schwerfällt, im Gespräch gelassen – und damit überzeugend – zu wirken. Es gibt zahlreiche Ratgeber für die erfolgreiche Vorbereitung auf Vorstellungsgespräche und viele Tipps, wie man sich im Vorstellungsgespräch verhalten soll. Im Sinne der Gelassenheitsförderung sind folgende Punkte wichtig:

✔ Die Vorbereitung: Warum haben Sie sich auf die ausgeschriebene Stelle beworben? Was wissen Sie über das Unternehmen und warum möchten Sie gerne für diese Firma arbeiten? Weshalb sind Sie der richtige Mann/die richtige Frau für den Job? Beantworten Sie sich diese Fragen zunächst möglichst ausführlich selbst. Erzählen Sie dann einer vertrauten Person, was Sie über das Unternehmen und die ausgeschriebene Position wissen und weshalb Sie sich für geeignet halten. Überlegen Sie gemeinsam, welche Fragen vonseiten des potenziellen neuen Arbeitgebers kommen könnten. Sammeln Sie weitere Informationen.

15 ➤ Gelassenheitsübungen am Arbeitsplatz

✔ **Die Anreise:** Wenn Sie zu spät oder abgehetzt ins Vorstellungsgespräch kommen, können Sie gar nicht gelassen sein – und Sie sammeln darüber hinaus Minuspunkte bei Ihren Gesprächspartnern. Planen Sie also genügend Anfahrtszeit ein. Wenn der Weg weit oder der Vorstellungstermin sehr früh ist, übernachten Sie am besten vor Ort. Sollten Sie aufgrund höherer Gewalt trotz allem zu spät kommen, kündigen Sie dies rechtzeitig von unterwegs an. Vielleicht kann man Ihnen spontan einen etwas späteren Termin zuteilen. Seien Sie aber auch nicht zu früh vor Ort. Gehen Sie lieber noch eine Runde um das Unternehmen oder schauen Sie sich auf dem Gelände um.

✔ **Die Begrüßung:** Fragen Sie im Vorfeld, wer Ihre Gesprächspartner sein werden, und begrüßen Sie diese vor Ort mit Namen. Informieren Sie sich im Internet über die Positionen und Aufgaben Ihrer Gesprächspartner. Achten Sie auf Ihre eigenen ersten Eindrücke bei der Begrüßung: Wie sind die Räumlichkeiten? Wie ist der Ton im Unternehmen? Sind Ihre Gesprächspartner gut vorbereitet? Diese Eindrücke geben Ihnen wichtige Hinweise darauf, ob das Unternehmen hält, was die Stellenausschreibung verspricht.

✔ **Das Gespräch:** Stellen Sie sich darauf ein, dass man von Ihnen hören möchte, was Sie bisher gemacht haben, warum Sie sich für die Stelle interessieren und welche Fragen Sie mitgebracht haben. Auch wenn Sie das alles schon in Ihrer Bewerbung geschrieben haben, stellen Sie es mündlich noch einmal ausführlich dar. Ein Satz wie »Das steht doch in meinem Lebenslauf« ist oft ein Chancenkiller.

✔ **Die Fragen:** Bereiten Sie sich auf die typischen Vorstellungsgesprächsfragen vor. Dazu gehören: Welches sind Ihre Stärken und Schwächen? Was waren Ihre größten Erfolge bisher? Warum möchten Sie die Stelle wechseln? Wenn Sie Lücken in Ihrem Lebenslauf haben, bereiten Sie dafür gute Begründungen vor. Seien Sie aufrichtig – aber Sie müssen nicht alles bis ins kleinste Detail erzählen! Bestimmte Fragen sind unzulässig (etwa nach Ihrer politischen oder religiösen Überzeugung, Ihrem Lebensstil oder Ihrer Familienplanung). Solche Fragen brauchen Sie nicht zu beantworten.

✔ **Der Gesprächsabschluss:** Formulieren Sie unbedingt im Vorfeld einige eigene Fragen zu inhaltlichen oder organisatorischen Details in Bezug auf die neue Stelle. Je konkreter Sie nachhaken, desto glaubwürdiger wirkt Ihr Interesse. Fragen Sie am Ende des Gesprächs auch danach, wie es weitergeht – gibt es eine zweite Vorstellungsrunde oder ein Assessment? Wann können Sie mit einer Antwort seitens des Unternehmens rechnen? Betonen Sie Ihr Interesse noch einmal sehr deutlich.

✔ Die Nachbereitung: Am Tag nach dem Vorstellungsgespräch, wenn Sie also einmal darüber geschlafen haben, wird Ihr Bauchgefühl Ihnen sicherlich sagen, ob Sie die Stelle wirklich haben möchten. Falls ja, schreiben Sie Ihren Gesprächspartnern eine kurze E-Mail und bedanken sich für das Gespräch. Damit bleiben Sie in guter Erinnerung.

Übersichtlich und kurz dargestellt finden Sie viele weitere Bewerbungstipps in dem Pocketbuch *Das Bewerbungsgespräch für Dummies* von Andrea Schimbeno.

Checkliste: Gelassener am Arbeitsplatz

Gelassenheit am Arbeitsplatz kommt zumeist nicht von selbst. Je öfter Sie aber in den sogenannten Flow (siehe Kapitel 6) kommen, bei dem Sie Raum und Zeit vergessen und ganz in Ihrer Tätigkeit aufgehen, desto besser und gelassenheitsfördernder. Nutzen Sie eine Checkliste, um regelmäßig zu überprüfen, wie es um Ihre Gelassenheit und Zufriedenheit am Arbeitsplatz steht. Notieren Sie die Gelassenheitsübungen, mit denen Sie gut zurechtkommen und die Sie regelmäßig durchführen werden. Wenn Sie an der Checkliste ablesen, dass Ihre Gelassenheit in Gefahr ist oder schwindet, werden Sie aktiv: Steuern Sie gegen, anstatt innerlich zu kündigen (siehe Kapitel 13). Tabelle 15.1 zeigt, wie Ihre Gelassenheits-Checkliste aussehen könnte.

Datum	Gelassenheits-faktor	Gelassenheits-wert (Skala von 1 bis 10)	Übungen	Übungserfolg	Aussicht
12.10.	Kollegen	8	Aktives Zuhören	Geht so ...	Insbesondere bei Frau Müller üben
	Chef	4	Nein sagen	Hat nicht gut geklappt	Tagebuch führen, sonst klappt das nicht
	Arbeitsvorbereitung	5	Tiefe Atmung	Gut	Weiter so
	Arbeitsablauf	6	Bewusste Übersprungsreaktionen, PMR	Macht Spaß	Weiter so
	Ergebnisse	6	Eigenlob	Oje, daran will ich noch mehr arbeiten	Tagebuch führen

Tabelle 15.1: Checkliste für den Arbeitsplatz: Jeden Tag etwas gelassener

Teil V

Gelassenheit in Grenzsituationen

In diesem Teil ...

Wenn Menschen in Grenzsituationen geraten, wird ihre Gelassenheit auf eine harte Probe gestellt. Vieles von dem, was bislang selbstverständlich war, wird in einer Krise infrage gestellt. Dabei gelassen zu bleiben, die Dinge geschehen zu lassen und sich an nichts festzuklammern – auch nicht an dem berühmten Strohhalm –, ist eine große Herausforderung. Doch nicht umsonst besteht das chinesische Schriftzeichen für das Wort »Krise« (wei-ji) aus zwei Teilen: »wei« bedeutet Gefahr und »ji« bedeutet Chance. Denn jede Grenzsituation, jede Krise, bietet auch die Möglichkeit, über sich hinauszuwachsen.

Es gibt ganz verschiedene Grenzsituationen und der Umgang damit ist höchst individuell. In den nächsten drei Kapiteln geht es um Krankheiten, Verlusterlebnisse, Angst und Sorgen. Sie erhalten Tipps, um solche Situationen gut zu meistern und das Beste aus einer Krise zu machen. Auch wenn die Grenzsituation vielleicht (noch) nichts mit Ihrer eigenen Lebensrealität zu tun hat, so können Sie doch einige Hinweise mitnehmen, um Ihnen nahestehende Menschen, die in eine Krise geraten sind, zu unterstützen.

Viele Gelassenheitsübungen, die Sie in den vorangegangenen Kapiteln kennengelernt haben, werden auch in einer Krise hilfreich für Sie sein. Ich werde Ihnen darüber hinaus noch weitere Übungen vorstellen, die Sie dabei unterstützen können, gestärkt aus einer Grenzsituation hervorzugehen. Die wichtigste Übung von allen ist die »Reise in die Zukunft«: Stellen Sie sich mitten in der Krise vor, dass ein, zwei oder fünf Jahre vergangen sind. Wie werden Sie dann über die Krise denken, was werden Sie daraus gelernt haben, was wird sich in Ihrem Leben alles zum Positiven verändert haben? Malen Sie sich möglichst konkret und in den schönsten Farben aus, wofür die Krise gut gewesen sein könnte. Atmen Sie tief durch – und Sie werden spüren, dass Sie trotz der aktuellen Ängste, Sorgen und Bedrohungen ein wenig gelassener werden.

Krank – und trotzdem gelassen 16

In diesem Kapitel

▶ Tipps für einen gelassenen Umgang mit körperlichen Erkrankungen

▶ Hinweise für mehr Gelassenheit bei seelischen Erkrankungen

▶ Gelassenheitsübungen für Angehörige schwer kranker Menschen

▶ Bis zum Lebensende gelassen bleiben

Niemand ist immer gesund – auch wer ein intaktes Immunsystem und »gute Gene« hat, kann sich nicht dauerhaft vor Krankheiten schützen. Denn einerseits sind wir täglich dem Angriff zahlreicher Krankheitserreger und Schadstoffe ausgesetzt, die Krankheiten auslösen können, und andererseits verändern sich in unserem Körper ständig Zellen und Strukturen, die zwar lange in Schach gehalten oder repariert werden, aber doch irgendwann als Krankheit ausbrechen können.

Es ist also ganz normal, dass Sie im Laufe des Lebens immer mal wieder krank sind. In jungen Jahren stehen Infektionen und Unfälle im Vordergrund. Je älter Sie werden, desto eher sind Verschleißerscheinungen und die Spätfolgen von Schadstoffbelastungen die häufigsten Ursachen von Krankheiten. Wenn Sie gesund leben, also Sport treiben, sich ausgewogen ernähren, nicht rauchen, wenig Alkohol trinken, negativen Stress vermeiden und mit heiterer Gelassenheit durch den Alltag gehen, können Sie vielen Krankheiten vorbeugen.

Der erste Schritt zur Gelassenheit im Umgang mit Krankheiten ist die Akzeptanz: Zwar taugt die beste Krankheit nichts, wie der Volksmund so schön sagt, aber je weniger Sie sich über eine Krankheit aufregen, desto entspannter können Sie mit ihr umgehen. Im Folgenden finden Sie Tipps für mehr Gelassenheit bei den in Industrienationen häufigsten körperlichen und seelischen Erkrankungen.

 Bei schwerwiegenden Erkrankungen ist es hilfreich, sich zunächst mit der Situation abzufinden und dann nach den besten Lösungen für einen guten Umgang mit der Krankheit zu suchen.

Mit körperlichen Erkrankungen gelassen umgehen

Der menschliche Körper ist ein kompliziertes Regelwerk, in dem viele Störungen von körpereigenen Mechanismen ausgeglichen werden, ohne dass man davon überhaupt etwas merkt. Wenn der Reparaturprozess jedoch länger braucht oder nicht ganz reibungslos verläuft, sendet der Körper Warnsignale: Schmerzen, Schwellungen, Rötungen, Jucken, Fieber, Übelkeit, Schwindel oder ähnliche unspezifische Beschwerden.

Aufmerksam mit solchen Symptomen umzugehen ist ein Schlüssel zur raschen Heilung. Wenn Ihr Körper eine Störung meldet, sollten Sie innehalten und sich fragen, ob es sich um eine kurze Unpässlichkeit handelt, die innerhalb von kurzer Zeit vorübergeht, oder ob eine Ursache dahinterstecken könnte, die behoben werden muss. Alle Symptome, die länger als zwei oder drei Tage anhalten, sind Anlass dafür, der Ursache auf den Grund zu gehen und den Arzt aufzusuchen. Je besser Sie Ihren Körper kennen, desto sicherer können Sie seine Signale deuten. Und desto gelassener können Sie mit Störungen und Krankheiten umgehen.

Dialog mit der inneren Stimme

Als Gelassenheitsübung im Hinblick auf Ihren Gesundheitszustand können Sie in einen Dialog mit Ihrer inneren Stimme treten. Diese Übung ist unter dem Titel »Body Scan« Bestandteil der Achtsamkeitsmeditation (siehe Kapitel 6 und 15). Es geht darum, dass Sie sich nach innen orientieren, sich also ganz auf sich selbst konzentrieren und nachspüren, wie es Ihnen im Moment geht. Bewerten Sie nicht, sondern fühlen Sie nur – am besten mit geschlossenen Augen:

- ✔ Wie ist mein Gesamtbefinden – bin ich entspannt oder angespannt, ruhig oder aufgeregt?
- ✔ Ist mir warm oder kalt?
- ✔ Ist meine Haut trocken oder feucht?
- ✔ Bekomme ich leicht oder schwer Luft?
- ✔ Schlägt mein Herz langsam oder schnell?
- ✔ Ist mein Bauch weich oder hart?
- ✔ Habe ich Durst oder nicht?
- ✔ Bin ich hungrig oder satt?

Bewegen Sie sich mit Ihrer ganzen Aufmerksamkeit durch Ihren Körper – von oben nach unten. Halten Sie in den einzelnen Körperregionen kurz inne und registrieren Sie, welche Empfindungen Ihr Körper verspürt. Wenn Sie fertig sind, wenden Sie sich möglichen Irritationen zu und fragen Sie sich: Was ist hier genau los? Versuchen Sie, Ihren Atemstrom an diejenige Stelle zu lenken, an der irgendetwas anders ist als sonst. Beobachten Sie, ob sich vielleicht schon durch die Aufmerksamkeit und durch das Hineinatmen etwas verändert: Beruhigt sich Ihr Herzschlag? Lässt der Schmerz nach? Entspannt sich die Muskulatur? Setzen Sie sich nicht unter Druck mit dem Gedanken »Das muss sich jetzt ändern«, sondern bleiben Sie in der Position des Beobachters.

Mit der Zeit werden Sie ein Gefühl dafür entwickeln, was Ihr Körper Ihnen sagt – ein Gefühl für Ihre innere Stimme also. Wenn Sie merken, dass eine körperliche Veränderung nicht von selbst verschwindet, sondern anhält oder sich gar steigert, nehmen Sie dieses Signal ernst. Kurieren Sie sich in Ruhe aus oder gehen Sie zum Arzt.

Husten, Schnupfen, Heiserkeit – dagegen ist ein Kraut gewachsen

Grippale Infekte sind besonders in der kalten Jahreszeit häufig. Die dafür verantwortlichen Viren gelangen durch Tröpfchenübertragung von Mensch zu Mensch, also durch Anhusten, Niesen, Händedruck oder verbrauchte Atemluft in größeren Menschenansammlungen. Die typischen Beschwerden eines banalen Atemwegsinfekts sind Husten, Schnupfen, Heiserkeit, Fieber, Abgeschlagenheit, Glieder- und Kopfschmerzen.

Die meisten Infekte verschwinden innerhalb von einigen Tagen ganz von selbst, wenn man dem Körper Ruhe gönnt, genug Flüssigkeit zu sich nimmt und sich vitaminreich ernährt. Eine schwerwiegende Infektion, also zum Beispiel die gefürchtete Influenza-Grippe, erkennt man daran, dass das Fieber rasch sehr hoch ansteigt und länger anhält. Dazu kommt ein ausgeprägtes Schwächegefühl. Gefährlich wird es insbesondere dann, wenn das Immunsystem durch die Virusgrippe so weit geschwächt ist, dass zusätzliche bakterielle Infektionen, etwa eine Lungenentzündung, nicht mehr abgewehrt werden können.

Um bei leichten Infekten gelassen zu bleiben und die Heilung zu beschleunigen, bietet sich die Übung »Duftreise« an. Sie verbindet die entspannende Wirkung einer Fantasiereise mit den positiven Wirkungen ätherischer Öle, die wohltuend auf die oberen Atemwege Einfluss nehmen. Außerdem wecken Düfte Erinnerungen, was sich positiv auf Ihre Gelassenheit auswirken kann.

✔ Wählen Sie aus folgenden Duftölen eines aus, das Ihnen besonders angenehm erscheint und möglichst positive Erinnerungen in Ihnen erweckt: Birkenrinde, Fichtennadel, Eukalyptus, Campher, Menthol oder Minze.

✔ Tropfen Sie ein wenig Duftöl in eine Aromalampe, auf ein Papiertaschentuch oder in ein kleines Schälchen mit Wasser, das Sie auf ein Stövchen mit einem brennenden Teelicht stellen.

✔ Legen Sie sich hin oder setzen Sie sich bequem auf einen Stuhl oder in einen Sessel. Sorgen Sie dafür, dass Ihnen angenehm warm ist und dass Sie ungestört sind. Atmen Sie den Duft aus der Aromalampe, dem Duftwasser oder dem Taschentuch, das Sie sich ans Gesicht halten können (Vorsicht – kein Öl ins Auge!), tief ein.

✔ Schließen Sie die Augen oder schauen Sie auf einen Punkt vor sich auf dem Boden. Atmen Sie einige Male ganz bewusst tief in den Bauch und kommen Sie zur Ruhe.

✔ Gehen Sie nun in Gedanken an einen Ort, an dem es Ihnen gut geht. Das kann Ihr Raum der Gelassenheit als »sicherer Ort« (siehe Kapitel 6 und 15) sein oder auch ein Urlaubsziel, das Sie sehr mögen. Malen Sie sich aus, was an diesem Ort um Sie herum ist – Meer oder Berge, Sand oder Blumenfelder, Sonne, Wärme oder Wind. Vielleicht hören Sie auch Geräusche wie Vogelzwitschern, Kinderlachen, Wellenrauschen oder Blätterrascheln. Vertiefen Sie sich in dieses Bild und lassen Sie alle Gedanken kommen und gehen. Halten Sie nichts fest, bewerten Sie nichts, lassen Sie Ihren Atem fließen und genießen Sie die Duftreise!

✔ Wenn Sie sich bei Ihrer Versenkung lieber anleiten lassen möchten, legen Sie eine CD mit Meditationsmusik auf oder lassen Sie sich einen Fantasiereisetext vorlesen.

✔ Wenden Sie nach 10, 20 oder 30 Minuten Ihre Aufmerksamkeit langsam wieder nach außen, recken und strecken Sie sich, atmen Sie noch einige Male ganz bewusst tief ein und aus, öffnen Sie Ihre Augen und beenden Sie die Duftreise. Wie geht es Ihnen jetzt? Geben Sie sich noch einige Augenblicke lang Zeit, um Rückschau auf die Reise zu halten und sich ganz auf Ihr aktuelles Befinden zu konzentrieren.

 Es gibt zahlreiche Meditations-CDs mit Musik und Texten, die Sie für eine Duftreise nutzen können. Bevor Sie eine solche CD kaufen, hören Sie unbedingt mit einer Hörprobe hinein – denn Musik und Texte, vor allem auch die Stimme des Sprechers oder der Sprecherin sollten Ihnen unbedingt gut gefallen, sonst funktioniert die Gelassenheitsübung nicht.

Rücken- und Gelenkprobleme verringern

Der häufigste Grund für Krankmeldungen ist nach wie vor die Diagnose »Rücken«: Verspannungen, Bandscheibenvorfälle, eingeklemmte Nerven oder Verschleißerscheinungen sind in Deutschland für rund ein Viertel aller Arbeitsunfähigkeitsmeldungen verantwortlich. Wenn auch Sie öfter mit Rücken- oder Gelenkschmerzen zu tun haben, sollten Sie die Gelassenheitsübung »Starkes Kreuz« ausprobieren. Sie stammt aus der Progressiven Muskelrelaxation nach Jacobsen (PMR), die in Kapitel 6 ausführlich beschrieben wird.

✔ Setzen Sie sich bequem auf einen Stuhl mit Rückenlehne oder legen Sie sich auf eine Yogamatte. Sorgen Sie dafür, dass Sie etwa eine Viertelstunde lang ungestört sind.

✔ Schließen Sie die Augen oder fixieren Sie einen Punkt vor sich. Kommen Sie zur Ruhe und atmen Sie tief und bewusst in den Bauch – durch die Nase einatmen, durch den Mund ausatmen.

✔ Spüren Sie nach, wie Sie sitzen oder liegen, wie Ihre Füße den Boden berühren oder im Liegen Ihr ganzer Körper auf der Matte Kontakt mit der Erde hat. Lassen Sie alle Gedanken kommen und gehen, halten Sie nichts fest.

✔ Ziehen Sie nun die Schultern nach hinten und die Schulterblätter nach unten, spannen Sie die Rückenmuskulatur an, bis Sie ein Hohlkreuz spüren, kneifen Sie die Gesäßmuskeln zusammen und ziehen Sie den Bauch ein.

✔ Halten Sie diese Spannung drei Atemzüge lang an – das Weiteratmen ist dabei ganz wichtig!

✔ Lassen Sie dann beim Ausatmen die Spannung los und spüren Sie mindestens sechs Atemzüge lang, wie sich die Entspannung über Ihren ganzen Rumpf ausbreitet.

✔ Wiederholen Sie die An- und Entspannung von Rücken- und Bauchmuskulatur dreimal.

✔ Lassen Sie anschließend Ihren Atem ganz ruhig fließen. Spüren Sie dem Atem nach und atmen Sie ganz bewusst in Ihren Rücken hinein. Genießen Sie das veränderte Gefühl in Ihrem Körper.

✔ Kommen Sie dann langsam mit Ihrer Aufmerksamkeit wieder zurück in den Raum. Recken und strecken Sie sich, öffnen Sie die Augen und denken oder sagen Sie sich mehrmals: »Ich habe ein starkes Kreuz!«

Diese Übung können Sie auch im Büro oder unterwegs machen, wenn Sie einige ungestörte Minuten haben. Wichtig für einen gesunden Rücken und bewegliche Gelenke sind auch regelmäßige Aufbau- und Kräftigungsübungen, denn eine kräftige Muskulatur schützt Ihre Knochen. Versuchen Sie, nicht allzu lange ruhig zu sitzen, sondern wechseln Sie Ihre Sitzhaltung öfter, stehen Sie auf, laufen Sie herum, nutzen Sie einen großen Gymnastikball als Sitzgelegenheit – und achten Sie auf Ihr Gewicht. Denn je weniger Ihre Knochen und Gelenke tragen müssen, desto besser.

Herz-Kreislauf-Erkrankungen: Den Lebensmotor stärken

Todesursache Nummer eins in den Industrieländern sind nach wie vor die Herz-Kreislauf-Erkrankungen. Dazu gehören insbesondere Bluthochdruck, Herzinfarkt, Gefäßverkalkung, Schlaganfall und Thrombosen beziehungsweise Embolien. Die wichtigsten vorbeugenden Maßnahmen sind Nichtrauchen, ausgewogene Ernährung, mäßiger Alkoholkonsum, Normalgewicht und Sport. Aber auch Gelassenheitsübungen tragen zur Vorbeugung von Herz-Kreislauf-Krankheiten bei: Je entspannter Sie sind, je weniger Sie unter Druck stehen und von negativem Stress gequält werden, desto stärker ist Ihr Immunsystem.

Besonders geeignet ist die Gelassenheitsübung »Mein Herz schlägt ruhig und gleichmäßig« aus dem Achtsamkeitstraining (siehe Kapitel 6):

- ✔ Setzen oder legen Sie sich an einem ruhigen, ungestörten Ort hin und richten Sie Ihre Aufmerksamkeit nach innen. Atmen Sie ganz bewusst tief in den Bauch ein und spüren Sie Ihrem Atem nach.

- ✔ Folgen Sie Ihrem Atem durch den ganzen Körper. Fangen Sie bei den Zehen an, gehen Sie durch Beine, Bauch, Rücken und Arme mit Ihrer Aufmerksamkeit langsam in den Kopf und von dort aus in Ihren Brustkorb.

- ✔ Lassen Sie alle Gedanken kommen und gehen, halten Sie nichts fest.

- ✔ Spüren Sie Ihren Herzschlag, während Sie ruhig und gleichmäßig ein- und ausatmen.

- ✔ Wenn es Ihnen hilft, legen Sie Ihre rechte Hand flach auf Ihren linken Brustkorb. Atmen Sie immer weiter tief in den Bauch.

- ✔ Verweilen Sie mit Ihrer Aufmerksamkeit bei Ihrem Herzen. Denken Sie: »Mein Herz schlägt ruhig und gleichmäßig.«

✔ Bewerten Sie nicht, sondern beobachten Sie nur Ihren Herzschlag. Fokussieren Sie Ihre Achtsamkeit auf Ihr Innerstes, auf Ihren Lebensmotor. Genießen Sie das ruhige, kräftige Klopfen Ihres Herzens. Wenn Ihr Herz zwischendurch unregelmäßig schlägt oder Sie das Gefühl haben, als würde Ihr Herz von innen gegen Ihre Brustwand klopfen, beobachten Sie dies aufmerksam und interessiert, aber ganz ohne Bewertung.

✔ Kehren Sie dann langsam mit Ihrer Aufmerksamkeit in den Raum, also nach außen zurück. Recken und strecken Sie sich, öffnen Sie die Augen und denken oder sagen Sie sich mehrmals: »Ich habe ein starkes Herz!«

Magen-Darm-Krankheiten: Was der Verdauung hilft

Eine gesunde, ausgewogene Ernährung ist die Basis für Ihr Wohlbefinden. Damit Sie die Nährstoffe aus der Ernährung nutzen und verarbeiten können, brauchen Sie einen gesunden Magen-Darm-Trakt. Stress schlägt vielen Menschen jedoch im wahrsten Sinne des Wortes auf den Magen – sie bekommen Magenschmerzen, Krämpfe oder Sodbrennen. Auch der Darm reagiert auf Stress, zumeist mit Durchfall oder Verstopfung. Wenn Sie oft mit Magen-Darm-Krankheiten zu tun haben, unter chronischen Entzündungen leiden oder viele Nahrungsmittel nicht vertragen, probieren Sie die Gelassenheitsübung »Jeden Bissen 30 Mal kauen«:

✔ Nehmen Sie sich Zeit für eine Mahlzeit.

✔ Suchen Sie sich Essen aus, das Sie besonders gerne mögen.

✔ Würzen Sie die Nahrung nicht allzu stark.

✔ Decken Sie den Tisch besonders ansprechend.

✔ Nehmen Sie eine mittelgroße Portion auf Gabel oder Löffel und schnuppern Sie an Ihrem Essen. Vermutlich wird Ihnen das Wasser im Mund zusammenlaufen.

✔ Nehmen Sie die Portion in den Mund und kauen Sie ganz bewusst mindestens 30 Mal, bevor Sie das Essen herunterschlucken.

✔ Lassen Sie beim Essen Ihre Gedanken kommen und gehen, halten Sie nichts fest. Achten Sie auf den Geruch, den Geschmack, die Temperatur und die Konsistenz Ihrer Nahrung.

✔ Genießen Sie das Sättigungsgefühl, das sich nach und nach einstellt. Hören Sie auf zu essen, wenn Ihr Magen meldet »Ich bin satt«.

Achtsame, aufmerksame Nahrungsaufnahme fördert Ihre Gelassenheit. Denn Sie nehmen sich Zeit für sich selbst, vermeiden Hektik beim Essen und nehmen Ihrem Magen und Darm durch das gründliche Kauen viel Arbeit ab. Versuchen Sie, eine Mahlzeit am Tag ganz bewusst und gelassen zu genießen. Schreiben Sie in Ihrem Gelassenheitstagebuch auf, ob und wie sich Ihre Essgewohnheiten durch diese Übung verändern und wie Sie sich dabei fühlen.

Bösartige Erkrankungen gelassen bekämpfen

Krebserkrankungen sind in den Industrienationen die Todesursache Nummer zwei nach den Herz-Kreislauf-Erkrankungen. Allerdings können viele Krebskrankheiten heute dank der modernen Medizin frühzeitig erkannt und geheilt oder doch zumindest in ihrem Verlauf aufgehalten werden. Krebs muss kein Todesurteil mehr sein. Doch nach wie vor löst die Diagnose Krebs bei den Betroffenen und ihren Angehörigen große Angst aus und viele Menschen fühlen sich dieser Krankheit hilflos ausgeliefert.

Wenn Sie selbst oder einer Ihrer Liebsten an Krebs erkranken, wird Ihre Gelassenheit auf eine harte Probe gestellt. Der Umgang mit dieser Krankheit ist individuell sehr unterschiedlich – manche Menschen wollen alles darüber wissen, andere lieber nur so viel wie unbedingt nötig. Der eine Patient kämpft gegen die Krankheit, der andere nimmt sie an und fügt sich seinem Schicksal. Ein Betroffener holt sich mehrere ärztliche Meinungen zu Diagnostik und Therapie ein, der andere vertraut seinem Arzt voll und ganz. Es gibt dabei kein Richtig oder Falsch – wichtig ist, dass der Weg, mit der Krankheit umzugehen, sich für den Erkrankten richtig anfühlt.

Hilfreich für mehr Gelassenheit im Umgang mit Krebs ist die Imaginationsübung »Lebensfreude«. Sie hat ihren Ursprung in der Simonton-Methode, die der US-amerikanische Onkologe Carl Simonton (1942–2009) entwickelt hat.

- ✔ Setzen oder legen Sie sich an einem ungestörten Ort bequem hin. Schließen Sie die Augen, atmen Sie tief in den Bauch. Richten Sie Ihre Aufmerksamkeit nach innen.

- ✔ Lassen Sie alle Gedanken ziehen, halten Sie nichts fest. Folgen Sie Ihrem Atem auf seinem Fluss durch Ihren ganzen Körper. Kommen Sie zur Ruhe.

- ✔ Denken Sie an das Wort »Lebensfreude«. Vielleicht sehen Sie dieses Wort in großen, bunten Buchstaben vor sich oder Sie hören es in Ihren Gedanken – gesprochen oder gesungen.

✔ Füllen Sie das Wort Lebensfreude nun mit Inhalt: Entwickeln Sie geistige Bilder, die für Sie ganz persönlich Lebensfreude symbolisieren. Farben, Düfte, Menschen, Orte, Geräusche, Musik – all das kann Teil Ihres individuellen Lebensfreudekonzepts sein.

✔ Bewegen Sie sich in Gedanken durch Ihre Lebensfreudebilder. Genießen Sie alles, was Ihnen begegnet. Erfüllen Sie Ihren Geist ganz mit Lebensfreude.

✔ Beenden Sie Ihre Imaginationsübung mit der Selbstsuggestion »Alles ist gut«, die Sie mehrfach wiederholen. Lassen Sie Ihr Lebensfreudekonzept langsam an sich vorüberziehen und bejahen Sie alles, denn alles ist gut.

✔ Kehren Sie langsam mit Ihrer Aufmerksamkeit zurück nach außen. Atmen Sie einige Male tief ein und aus. Öffnen Sie die Augen, recken und strecken Sie sich.

✔ Nehmen Sie Ihre Lebensfreudebilder mit in den Alltag und rufen Sie sie immer dann erneut ab, wenn Sie merken, dass Ihre Gelassenheit schwindet.

 Der Krebsspezialist Carl Simonton gründete in Kalifornien das Simonton Cancer Center (www.simontoncenter.com). Seine Methode umfasst neben der psychischen Unterstützung von Krebspatienten auch die bestmögliche medizinische Therapie sowie eine umfassende Information über die Erkrankung. In Deutschland gibt es einige Veranstalter für Simonton-Kurse, beispielsweise die Dr. Mildred Scheel Akademie der Deutschen Krebshilfe, deren Seminare unter dem Titel »Selbstheilungskräfte aktivieren« angeboten werden (www.krebs hilfe.de/akademie).

Seelische Erkrankungen annehmen und umdeuten

Eine seelische Erkrankung bedeutet große Belastung für den Betroffenen und sein Umfeld. Einerseits ist es oft beängstigend oder bedrohlich, wenn man spürt, dass die Psyche erkrankt, oder wenn man beobachtet, dass ein geliebter Mensch sich psychisch verändert. Andererseits sind seelische Erkrankungen in unserer Gesellschaft zum Teil nach wie vor noch tabuisiert – nicht selten bekommt ein Depressiver zu hören »Nun reiß dich doch endlich mal zusammen« oder ein Psychosekranker wird als »Irrer« stigmatisiert. Diese Faktoren tragen dazu bei, dass der Umgang mit seelischen Krankheiten oft von Scham, Schuld oder Versagensgefühlen geprägt ist. Deshalb ist es sehr schwer, gelassen zu bleiben – sowohl für den Patienten als auch für seine Angehörigen.

Krankheit als Lösungsversuch bei Konflikten

Die moderne Psychiatrie geht davon aus, dass psychische Erkrankungen ein Lösungsversuch der Seele bei schweren Konflikten sind. Die biologische Psychiatrie konzentriert sich hingegen auf Veränderungen im Hirnstoffwechsel und auf genetische Faktoren als Auslöser von psychischen Erkrankungen. Vermutlich haben beide Konzepte eine Berechtigung. Für den Umgang mit einer psychischen Krankheit kann das Reframing, also die Umdeutung, hilfreich sein: Die Erkrankung ist kein Leid, sondern eine Lösung – zwar nicht die optimale Lösung für ein Problem oder einen Konflikt, aber die zurzeit einzig mögliche für den Patienten.

Es ist Aufgabe der psychotherapeutischen Behandlung, sich auf die Suche nach anderen Lösungsmöglichkeiten zu machen, auch wenn der Konflikt, der der Erkrankung zugrunde liegt, zunächst oft gar nicht sicht- oder greifbar ist. Daneben sind weitere Behandlungsverfahren wichtig: medikamentöse Therapie, ergotherapeutische Maßnahmen, körperorientierte Verfahren, Abschirmung, Tagesstrukturierung und so weiter. Die Therapie psychischer Erkrankungen ist idealerweise eine umfassende Behandlung des ganzen Menschen.

Auch Gelassenheitsübungen können in diesem umfassenden Behandlungskonzept eine Bedeutung haben. Im Folgenden finden Sie einige Anregungen für solche Übungen, die Sie sowohl als Betroffener als auch als Angehöriger eines psychisch Kranken nutzen können.

Depressionen und Burn-out: Den Berg bewältigen

Depressive Menschen beschreiben, dass jeder Tag vor ihnen liegt wie ein großer schwarzer Berg, den sie kaum oder gar nicht bewältigen können. Jede Alltagstätigkeit ist mühsam, die Gefühle sterben ab, eine große Leere breitet sich aus, die Gedanken kreisen oder verlieren sich in Grübeleien und nichts macht mehr Freude. Der Schlaf ist gestört, der Kontakt zu anderen Menschen wird als kaum erträglich empfunden und es gibt keine Zukunftsperspektive. Burn-out als eine Unterform der Depression geht zumeist auch noch mit körperlichen Symptomen wie Infektanfälligkeit, Herzrasen, Schwindel oder Schmerzen einher.

Burn-out und Depressionen sind schwere psychische Erkrankungen, die unbedingt ärztlich behandelt werden müssen. Mit einem umfassenden Therapiekonzept, bestehend aus Psychotherapie, Medikamenten, begleitenden Verfahren wie Ergo- und Physiotherapie sowie der

Schulung des Betroffenen und seiner Angehörigen, finden viele depressive Patienten einen Weg aus ihrer Erkrankung zurück in den Alltag. Da Depressionen oft chronisch und in Schüben verlaufen, ist es wichtig, sich frühzeitig in ärztliche Behandlung zu begeben.

Diese Gefühle – beziehungsweise den Mangel an Emotionen – nachzuempfinden, fällt Menschen, die keine Depression kennen, sehr schwer. Aus Hilflosigkeit versuchen die Angehörigen von Depressiven daher oft, den Betroffenen zu aktivieren und ihn zu mehr Außenkontakten zu motivieren. Auch Depressive setzen sich nicht selten unter Druck mit dem Gedanken, dass sie sich einfach nur zusammenreißen müssten, damit sie ihren Alltag wieder schaffen. So wächst der Druck und die Depression wird eher schlimmer als besser.

Hilfreich ist es, den großen schwarzen Berg, der vor einem Depressiven liegt, in viele kleine Hügel zu unterteilen. Hier setzt die Gelassenheitsübung »Päckchen packen« an, die Sie als Betroffener machen können oder als Angehöriger zusammen mit einem Depressionspatienten:

✔ Nehmen Sie ein großes Blatt Papier quer und notieren Sie darauf am rechten Rand ein möglichst konkretes Ziel, beispielsweise »Wäsche waschen« oder »Küche aufräumen« oder »Einkauf erledigen«. Denken Sie daran, dass alles, was einem nicht depressiven Menschen als wenig problematisch oder gar nicht der Rede wert erscheint, für einen Depressionskranken ein schier unüberwindbares Hindernis sein kann.

✔ Schreiben Sie nun vom linken Rand aus Einzelaufgaben auf, die dazu beitragen, dass das Ziel erreicht werden kann. Beim Thema Wäsche könnten solche Einzelschritte zum Beispiel sein: Die schmutzige Wäsche in der Wohnung zusammensuchen, nach Farbe oder Material sortieren, die sortierten Wäscheberge zur Waschmaschine tragen, die Wäsche waschen, die gewaschene Wäsche zum Trocknen aufhängen oder in den Trockner packen, die trockene Wäsche falten, die gefaltete Wäsche in den Schrank legen.

✔ Überlegen Sie ganz realistisch, welche Arbeitsschritte allein erledigt werden können und bei welchen Arbeitsschritten Hilfe erforderlich ist. Verteilen Sie die Arbeitsschritte auf einen Zeitraum – die Wäsche könnte beispielsweise innerhalb von vier Tagen gewaschen werden. Noch einmal: Legen Sie nicht den »normalen« Maßstab an. Selbstverständlich schafft jeder nicht depressive Mensch es notfalls in wenigen Stunden, drei Maschinen Wäsche zu waschen, in den Trockner zu stecken und anschließend in den Schrank einzuräumen, aber das ist kein Pensum, das ein Depressiver bewältigen kann.

✔ Nehmen Sie sich für jeden Tag ein Arbeitspäckchen vor – am ersten Tag die Wäsche zusammensuchen und sortieren, am zweiten Tag waschen, am dritten Tag trocknen, am vierten Tag einräumen. Vielleicht brauchen Sie zwischendurch auch noch einen Tag Pause? Das ist in Ordnung.

✔ Wenn Sie ein Arbeitspäckchen erledigt haben, notieren Sie sich dies als Erfolg. Wenn es nicht sofort geklappt hat, ändern Sie den Zeitplan. Wichtig ist, dass Sie die Erfahrung machen, eine große Aufgabe in kleine Teile zerlegen und diese kleinen Aufgaben dann schaffen zu können. So wird Ihr Selbstvertrauen langsam wieder wachsen und Sie werden von Woche zu Woche, von Monat zu Monat wieder ins Alltagsleben zurückkehren können.

Psychosomatische Erkrankungen: Die Sprache des Körpers verstehen

Es gibt viele körperliche Symptome, für die sich auch nach langem Suchen keine organischen Krankheitsursachen finden lassen. Solche Beschwerden werden in der Fachsprache »psychosomatisch« genannt: Die Seele (griechisch: psyche) nimmt Einfluss auf den Körper (griechisch: soma) und macht ihn krank. Wichtig ist, dass möglichst alle körperlichen Ursachen ausgeschlossen werden, bevor die Diagnose »psychosomatisch« gestellt wird. Bluthochdruck beispielsweise kann durch eine Nierenkrankheit ausgelöst werden, die behandelt werden muss, damit der Blutdruck wieder sinkt. Findet sich jedoch keine körperliche Ursache für den erhöhten Blutdruck, ist er vermutlich psychosomatisch.

Psychosomatische Erkrankungen können psychotherapeutisch behandelt werden. Da viele dieser Krankheiten auf Stress zurückzuführen sind, helfen Gelassenheitsübungen dabei, wieder gesund zu werden. Denn Gelassenheit senkt das Stressniveau und unterbricht die Stresshormonspirale (siehe Kapitel 1 und 2).

Wenn Sie unter psychosomatischen Beschwerden leiden, finden Sie in Kapitel 6 sicherlich Übungen, die Ihnen guttun. Versuchen Sie, die Sprache Ihres Körpers zu verstehen, indem Sie die Botschaft der psychosomatischen Krankheit interpretieren und daraus Rückschlüsse ziehen, was Sie in Ihrem Leben ändern sollten, beispielsweise:

✔ Kopfschmerzen: Mir geht zu viel im Kopf herum.

✔ Hörsturz: Ich habe zu viel um die Ohren.

✔ Halsschmerzen: Ich habe einen dicken Hals (ich ärgere mich).

- ✔ Asthma: Mir bleibt die Luft weg.
- ✔ Bluthochdruck: Ich stehe unter zu großem Druck.
- ✔ Herzrasen: Ich nehme mir zu viel zu Herzen.
- ✔ Magenbeschwerden: Der Stress schlägt mir auf den Magen.
- ✔ Durchfall: Ich kann das alles nicht verdauen.
- ✔ Nierenprobleme: Das geht mir an die Nieren.
- ✔ Rückenbeschwerden: Das war ein Schlag ins Kreuz.

Zunächst müssen körperliche Ursachen eines Symptoms gründlich abgeklärt und ausgeschlossen werden, bevor eine Krankheit den Stempel »psychosomatisch« bekommen und entsprechend behandelt werden kann.

Psychosen: Leben mit mangelndem Realitätsbezug

»Psychose« ist ein Sammelbegriff für schwere seelische Störungen, die allesamt mit einem Verlust des Wirklichkeitsbezugs einhergehen. Die im allgemeinen Sprachgebrauch bekannteste Psychose ist die Schizophrenie, eine wahnhafte Störung, bei der formale Denkstörungen, Ich-Verlust und häufig auch Halluzinationen entstehen. Aber auch manische Erkrankungen, hirnorganische Krankheiten oder schwerste Depressionen gehen oft mit psychotischen Symptomen einher. Die Ursachen für Psychosen sind vielfältig und zum Teil erst in Ansätzen bekannt. Neben einer Veränderung des Hirnstoffwechsels wird das sogenannte Vulnerabilitäts-Stress-Modell als Ursache diskutiert: Erbfaktoren oder erworbene Veränderungen machen das Gehirn anfällig (vulnerabel), in bestimmten Stress- oder Belastungssituationen psychotisch zu reagieren.

Akute psychotische Störungen müssen in einem psychiatrischen Krankenhaus behandelt werden, während Menschen mit einer chronischen Psychose oft ambulant vom Psychiater therapiert und begleitet werden können. Wichtig ist, dass ein psychotisch erkrankter Mensch seine Medikamente nicht eigenständig absetzt. Ein Auslassversuch darf nur unter ärztlicher Aufsicht geschehen.

Da Menschen mit einer Psychose unter Verlust des Realitätsbezugs leiden und oft andere Menschen oder Situationen wahnhaft verkennen, können Gelassenheitsübungen, die mit Imagination oder Umdeutung arbeiten, eher schädlich als nützlich sein. Sinnvoller ist eine therapeutische Herangehensweise, die dem Betroffenen dabei hilft, sein Wahnerleben zurechtzurücken. Das sogenannte Metakognitive Training, bei dem in einer Gruppe über die verschiedenen Deutungsmöglichkeiten von erlebten Situationen diskutiert wird, hat sich in Studien bereits als wirksam erwiesen.

Für Angehörige eines psychotischen Patienten können Gelassenheitsübungen wie »Raum der Gelassenheit« (siehe Kapitel 6 und 15) oder körperliche Entspannungsübungen (siehe Kapitel 6) hilfreich sein. Denn der Umgang mit einem nahestehenden Menschen, der unter Realitätsverlust leidet, ist äußerst anstrengend und belastend. Manche Angehörige berichten, dass die Teilnahme an einer Selbsthilfegruppe sie sehr entlastet. Zu erfahren, wie andere mit dieser Situation umgehen, und zu sehen, dass man mit dieser Belastung nicht allein ist, kann die Gelassenheit deutlich erhöhen.

Suchterkrankungen: Belastung für Betroffene und Angehörige

Die Abhängigkeit von Alkohol, Nikotin, Koffein, illegalen Drogen, Medikamenten, Arbeit oder Glücksspielen wird Sucht genannt. Die Weltgesundheitsorganisation (WHO) nennt vier Kriterien für eine Sucht:

✔ unbezwingbares Verlangen

✔ Tendenz zur Dosissteigerung

✔ psychische und körperliche Abhängigkeit mit entsprechender Entzugssymptomatik

✔ Schaden für den Einzelnen und die Gesellschaft

Bei Suchtpatienten engt sich das Denken, Wollen und Fühlen ein auf den Suchtstoff. Ohne Rücksicht auf Verluste für sich und ihre Umgebung streben sie danach, sich durch ihren Suchtstoff einen Kick zu verschaffen, der durch kein anderes Verhalten, Erleben oder keine andere Substanz ausgelöst werden kann. Eine Suchtkarriere dauert zumeist längere Zeit – sie entwickelt sich aus einer Anfälligkeit oder latenten Suchthaltung heraus. Eine Sucht zu bekämpfen dauert ebenfalls lange und setzt eine sehr hohe Eigenmotivation, also den festen Willen zur Abstinenz, sowie professionelle Unterstützung in einer Suchtklinik oder -ambulanz voraus.

Wenn Sie an sich Suchtneigungen feststellen, können Sie durch die imaginative Gelassenheitsübung »Innerer Tresor« Ihren Fokus vom Suchtstoff oder Sucht-

16 ➤ Krank – und trotzdem gelassen

verhalten weg und auf ein gesundes Verhalten hin verlagern. Diese Übung entstand in Anlehnung an die Traumatherapie nach Luise Reddemann, einer deutschen Neurologin, Psychiaterin und Psychoanalytikerin.

- ✔ Setzen oder legen Sie sich an einem ungestörten Ort bequem hin. Schließen Sie die Augen, atmen Sie tief in den Bauch. Richten Sie Ihre Aufmerksamkeit nach innen.

- ✔ Lassen Sie alle Gedanken ziehen, halten Sie nichts fest. Folgen Sie Ihrem Atem auf seinem Fluss durch Ihren Körper. Kommen Sie zur Ruhe.

- ✔ Stellen Sie sich nun vor, dass Sie Ihren Suchtstoff oder Ihr Suchtverhalten in einen bombensicheren Tresor einschließen. Malen Sie sich Ihren inneren Tresor möglichst detailliert aus. Er ist nur für Sie zugänglich und alles, was Sie in den Tresor einschließen, bleibt unwiderruflich dort, solange Sie das wollen.

- ✔ Wenn Ihr innerer Tresor Ihnen perfekt und sicher erscheint, legen Sie Ihren Suchtfaktor hinein. Schließen Sie den Tresor und sorgen Sie dafür, dass niemand außer Ihnen an den Schlüssel kommt oder den Code des Schlosses kennt.

- ✔ Entfernen Sie sich nun in Gedanken von dem Tresor und machen Sie sich auf den Weg in Ihr Leben ohne Suchtstoff oder Suchtverhalten. Malen Sie sich diesen Weg in bunten Farben, mit angenehmen Gerüchen, schönen Geräuschen und herrlichen Gefühlen aus.

- ✔ Kehren Sie langsam mit Ihrer Aufmerksamkeit zurück nach außen. Atmen Sie einige Male tief ein und aus. Öffnen Sie die Augen, recken und strecken Sie sich.

- ✔ Wenn Sie im Alltag spüren, dass das Verlangen nach Ihrem Suchtfaktor steigt, führen Sie die Übung durch und schließen Sie den Suchtfaktor immer wieder aufs Neue in Ihrem Tresor ein.

Als Angehöriger eines Suchtpatienten brauchen Sie neben großer Gelassenheit, die Sie durch alle in diesem Buch vorgestellten Gelassenheitsübungen stärken können, zumeist auch professionelle Hilfe. Denn oft sind Angehörige von Suchtpatienten sehr belastet, wenn nicht gar co-abhängig, wie es im Fachjargon heißt. Damit ist gemeint, dass die Angehörigen einerseits den Suchtmittelkonsum direkt oder indirekt unterstützen und dass sie andererseits von den Konsequenzen des Suchtverhaltens ebenfalls betroffen sind. Hier Auswege zu finden, ist mit therapeutischer Hilfe oder in Selbsthilfegruppen einfacher als allein.

Gelassenheit am Lebensende

Die mittlere Lebenserwartung von Menschen um die 40 liegt in Deutschland derzeit bei 78 Jahren für Männer und 83 Jahren für Frauen – sie ist in den letzten Jahrzehnten kontinuierlich angestiegen und Kinder, die im 21. Jahrhundert geboren werden, haben eine durchschnittliche Lebenserwartung von etwa 80 Jahren. Diesem Anstieg ist eine natürliche Grenze gesetzt – Forscher schätzen, dass der menschliche Organismus maximal 130 Jahre alt werden kann, weil bestimmte Gen-Reparaturmechanismen nach derzeitigem Wissensstand nicht länger aktiv sind.

Erfahrungsgemäß ist bei den meisten Menschen die letzte Lebensspanne von Krankheiten geprägt. Nur wenige sterben aus voller Gesundheit heraus plötzlich und unerwartet – ein Tod, der dem Betroffenen zwar viel Leiden erspart, für seine Mitmenschen aber sehr belastend sein kann. Um sich mit schwindender Gesundheit, abnehmender körperlicher und geistiger Leistungsfähigkeit sowie mit dem nahenden Lebensende abzufinden, bedarf es großer Gelassenheit.

»Carpe diem« – nutze den Tag und lebe jeden Tag so, als wäre es dein letzter. Dieses philosophische Motto können Sie in jedem Lebensalter als Gelassenheitsübung nutzen: Kommen Sie zur Ruhe, atmen Sie einige Mal tief in den Bauch und richten Sie Ihre Aufmerksamkeit nach innen. Was ist Ihnen wirklich wichtig? Welche Menschen möchten Sie um sich haben? Was tut Ihnen gut? Konzentrieren Sie sich einige Minuten lang auf das Schöne in Ihrem Leben. Kehren Sie dann mit Ihrer Aufmerksamkeit zurück nach außen und leben Sie Ihren Tag intensiv und gelassen.

Sie finden im Folgenden einige Tipps und Übungen, die Ihnen im Alter das Leben erleichtern und Ihre Gelassenheit fördern können. Wenn Sie einen lieben Menschen auf seinem letzten Weg begleiten oder mit dem Verlust eines nahen Angehörigen zurechtkommen müssen, blättern Sie bitte weiter zu Kapitel 17.

Fitnesstraining und Gehirnjogging für Gelassenheit im Alter

Auch in hohem Alter ist man nicht unbedingt vor Stress geschützt: Den Alltag bewältigen, sich mit neuen technischen Entwicklungen vertraut machen, die manchmal unverständlichen Lebensentwürfe der nächsten Generationen akzeptieren, die eigenen körperlichen, geistigen und alltagspraktischen Unzulänglichkeiten hinnehmen, all das erfordert viel Gelassenheit.

16 ➤ Krank – und trotzdem gelassen

Man kann Abbauprozesse bis zu einem gewissen Grad selbst aufhalten und dadurch die Gelassenheit fördern. Zu diesem Zweck sind Fitnesstraining für den Körper und Gehirnjogging für den Geist besonders empfehlenswert. Nehmen Sie Ihr Gelassenheitstagebuch zur Hand und planen Sie Ihr ganz persönliches Trainingsprogramm. Idealerweise nehmen Sie sich jeden Tag eine körperliche und eine geistige Fitnessaktion vor. Führen Sie Buch – was haben Sie getan und wie ging es Ihnen dabei? Was tut Ihnen besonders gut, macht Ihnen besonders viel Freude, fällt Ihnen besonders leicht? Hier einige Anregungen:

✔ Die körperliche Fitness steigern Sie mit Ausdauersportarten wie Schwimmen, Spazierengehen, Wandern, Radfahren, Tanzen, Gymnastik oder mit Krafttraining an Geräten, die auf Ihre persönliche Leistungsfähigkeit eingestellt sein sollten.

✔ Die geistige Fitness regen Sie an durch Gespräche und Diskussionen, Zeitungslektüre, Rätseln, Puzzeln, Fremdsprachen, Auseinandersetzung mit moderner Kommunikationstechnik, Theater- und Konzertbesuche.

✔ Achten Sie darauf, jeden Tag mit Menschen in Kontakt zu treten. Warten Sie nicht ab, bis Ihre Kinder sich melden, sondern werden Sie selbst aktiv. Ein Tag ganz ohne Außenkontakte ist für die meisten älteren Menschen kein guter Tag, sondern verstärkt Einsamkeitsgefühle.

✔ Suchen Sie sich eine Aufgabe, die Ihnen das Gefühl gibt, gebraucht zu werden. Dazu gehören Familien- und Nachbarschaftshilfe, Ehrenamt, Tätigkeit in Vereinen oder Gemeinden. Wenn Sie es vom Aufwand her noch schaffen, schaffen Sie sich ein Haustier an.

✔ Achten Sie auf Ihre Gesundheit und Ihre Körperpflege. Vernachlässigen Sie sich und Ihre Wohnung nicht. Essen Sie abwechslungsreich und trinken Sie genug. Im Alter nimmt das Durstgefühl ab, sodass Sie sich möglicherweise aktiv ans Trinken erinnern müssen, weil Ihr Körper Ihnen kein Durstsignal mehr gibt. Machen Sie sich vor- und nachmittags jeweils eine große Thermoskanne voll Tee und trinken Sie sie aus. Gehen Sie bei körperlichen Beschwerden zum Arzt, lieber einmal zu viel als einmal zu wenig.

✔ Genießen Sie es, dass Sie endlich mehr Zeit für die kleinen Dinge haben: Sie müssen nicht mehr im Eiltempo einkaufen gehen, sondern können sich Zeit lassen und das Gedränge vermeiden. Vielleicht wollten Sie schon immer etwas Neues lernen, eine Sprache, ein Instrument, eine Handarbeitstechnik – jetzt haben Sie endlich Gelegenheit dazu! Sie müssen sich nur aufraffen und es nicht von einem Tag zum nächsten verschieben.

Palliativmedizin:
Den Tagen Leben geben, nicht dem Leben Tage

Viele Erkrankungen des höheren Alters sind lästig und schränken die Lebensqualität ein. Manche sind darüber hinaus unheilbar – in diesem Falle steht die Linderung von Beschwerden im Vordergrund. Die lindernde Medizin heißt »Palliativmedizin«: Sie legt sich wie ein schützender Mantel (lateinisch: pallium) um den Betroffenen. Ihr Ziel ist es erklärtermaßen, »nicht dem Leben Tage zu geben, sondern den Tagen Leben«. Palliativmedizin wird in Krankenhäusern, aber auch ambulant angeboten.

Wer unheilbar an Krebs, neurologischen Erkrankungen, schwersten Herz- oder Lungenkrankheiten leidet und dabei von Schmerzen, Luftnot, Auszehrung, Lähmungen oder körperlichem Verfall gequält wird, kann und sollte palliativmedizinisch betreut werden. Informationen dazu gibt es von den Krankenkassen. Haus- oder Fachärzte können die Patienten in die nächstgelegene Palliativstation einweisen.

Marion Berghoff ist mit nur 55 Jahren unheilbar an Lungenkrebs erkrankt. Die Krankheit schreitet schnell fort und Chemotherapie sowie Bestrahlung können sie nicht aufhalten. Marion Berghoff leidet unter starken Schmerzen beim Atmen und Husten, sie kann deswegen kaum schlafen und möchte nicht länger leiden. Ihre Tochter Susanne organisiert ihr einen Platz auf der Palliativstation. Dort bekommt Marion Berghoff eine intensive Schmerzbehandlung. Schon in der dritten Nacht kann sie endlich wieder durchschlafen und sie erwacht mit neuem Lebensmut. Sie hat einen letzten großen Wunsch: Sie lädt alle ihre Freundinnen und Freunde, Verwandten und Nachbarn zu ihrem letzten Geburtstagsfest ein. Die ganze Palliativstation feiert mit ihr und Marion Berghoff genießt ihren Ehrentag. Wenige Tage nach diesem Fest schläft sie nachmittags friedlich in den Armen ihrer Tochter ein und wacht nicht mehr auf. Ihre letzten Worte waren: »Das Leben ist so schön!«

Sobald Ihre körperlichen Beschwerden weniger werden, können Sie Ihr Leben wieder selbst gestalten. Sie können Ihre Angelegenheiten ordnen, langjährige Konflikte lösen, Kontakt zu Menschen aufnehmen, die Sie aus den Augen verloren haben – kurz, all das tun, was Ihnen den Abschied aus dem Leben erleichtert. Durch die Anbindung an Palliativnetzwerke ist es oft auch möglich, dass Schwerstkranke und Sterbende noch längere Zeit zu Hause gepflegt werden können, ohne dass die Angehörigen überlastet werden.

Hospize – bis zum Schluss nicht allein

Wenn absehbar ist, dass das Leben aufs Ende zugeht und die medizinische Begleitung in den Hintergrund, die pflegerische Betreuung aber in den Vordergrund tritt, bieten Hospize Sterbenden die Möglichkeit, ihre letzte Lebensspanne in Würde zu verbringen. In Hospizen gibt es zahlreiche Angebote, damit jeder Betroffene seinen Tag individuell gestalten kann, soweit dies noch geht.

Oft ist zu beobachten, dass die Hospizbewohner sehr gelassen sind und dass ihre Gelassenheit sich auf die Angehörigen überträgt. Im Angesicht des Todes rücken viele kleine Ärgernisse weit zurück und die Prioritäten verschieben sich: Es ist wichtiger, eine ruhige Stunde miteinander zu verbringen, als irgendwelche Alltagsdinge zu erledigen. Hospizbewohner halten oft Rückschau auf ihr Leben und erfreuen sich an den guten Erinnerungen. Sie nehmen es als unabwendbar hin, dass ihr Leben ein Ende haben wird. Das ist zwar schmerzhaft und mag ungerecht erscheinen – warum muss ich gehen und die anderen dürfen weiterleben? –, aber letztlich geht jeder Mensch diesen Weg, und er geht ihn allein.

Es kann die Gelassenheit fördern, sich schon frühzeitig mit dem Abschied vom Leben zu befassen und Vorbilder für einen guten Tod zu sammeln. Das Thema Sterben wird in unserer Gesellschaft zwar ausgegrenzt, doch es gehört zum Leben einfach mit dazu. Wenn Sie Interesse daran haben, können Sie sich mit der Beschreibung der »Fünf Phasen des Sterbens« von Elisabeth Kübler-Ross, einer Schweizer Psychiaterin (1926–2004), beschäftigen, und Sie werden sehen, dass es ganz normal ist, zornig und depressiv zu sein, wenn es auf das Ende zugeht – diese Gefühle werden im Verlauf aber abgelöst von der Akzeptanz.

 Eine Adressliste für Palliativstationen und Hospize bundesweit findet sich im Internet unter www.wegweiser-hospiz-palliativmedizin.de.

Mit Verlusten gelassen umgehen

17

In diesem Kapitel

▶ Tipps für einen gelassenen Umgang mit Abschied und Verlust

▶ Hinweise für mehr Gelassenheit bei Trennungen und Todesfällen

▶ Gelassenheitsübungen beim Verlust von materiellen Gütern

▶ Gelassen einen Neuanfang wagen

Das Leben beginnt bereits mit dem ersten Verlust: Wenn ein Kind auf die Welt kommt, verliert es den Schutz und die Wärme des Mutterleibes. Diesem ersten Verlust folgen zahlreiche weitere, die es zu ertragen und zu verarbeiten gilt. Jeder Verlust kann ein Stressfaktor sein und somit die Gelassenheit gefährden. In diesem Kapitel finden Sie Gelassenheitsübungen, die Ihnen helfen können, Ihr seelisches Gleichgewicht aufrechtzuerhalten oder zurückzugewinnen, wenn Sie etwas Wichtiges verloren haben.

Abschied nehmen lernen

»Ein Abschied schmerzt immer, auch wenn man sich schon lange darauf freut«, schrieb der österreichische Schriftsteller Arthur Schnitzler (1862–1931). Damit spricht er zwei Aspekte des Abschiednehmens an, die der Volksmund mit dem lachenden und dem weinenden Auge umschreibt: Jeder Abschied ist gleichzeitig mit einem Verlust und mit einem Neuanfang verbunden. Mal steht die Trauer über den Verlust im Vordergrund, mal die Freude über den Neuanfang. Gelassen Abschied zu nehmen kann man lernen, indem man beide Aspekte eines Abschieds würdigt.

 Verabschieden Sie sich jeden Abend von dem abgelaufenen Tag – so üben Sie das gelassene Abschiednehmen. Atmen Sie tief in den Bauch, richten Sie Ihre Aufmerksamkeit nach innen. Erinnern Sie sich nun an fünf Momente des Tages, in denen es Ihnen gut ging, anschließend an drei Situationen, die schwierig oder traurig waren, und schließlich wieder an fünf gute Gelegenheiten. Verabschieden Sie sich freundlich von dem Tag. Vielleicht schlafen Sie nach dieser Reflexion ganz besonders gut ein.

Trauer und Freude zulassen

Zu jedem Abschied gehören sowohl Trauer als auch Freude – mal mehr von dem einen und weniger vom anderen, mal umgekehrt, manchmal gleich viel von beidem. Je unerwarteter, unerwünschter und unbeeinflussbarer ein Abschied, desto schmerzlicher ist er zumeist. Doch auch in einem solchen schmerzhaften Abschied lässt sich irgendwo ein Anlass zur Freude finden, wenngleich auch nur mit Mühe und innerem Abstand.

Denken Sie an einen Abschied, der schon länger zurückliegt, vielleicht fünf oder zehn Jahre. Vielleicht haben Sie eine Arbeitsstelle verloren, mussten sich von einem Traum verabschieden oder ein geliebter Mensch ist gestorben. Nehmen Sie ein Blatt Papier zur Hand und schreiben Sie oben in die linke Hälfte des Blattes das Wort »Freude«, in die rechte Hälfte das Wort »Trauer«. Lassen Sie Ihren Erinnerungen und Gedanken freien Lauf und schreiben Sie in Stichwörtern unter die beiden Überschriften, was Ihnen spontan dazu einfällt. In Tabelle 17.1 finden Sie ein Beispiel für eine solche Gedankensammlung.

Tod des Vaters: Freude	Tod des Vaters: Trauer
Gemeinsame Erlebnisse	Er ist viel zu früh gestorben.
Erinnerungen an Urlaubsreisen	Ich konnte mich nicht auf diesen plötzlichen Tod vorbereiten.
Er hat mich stark gemacht.	Es war kein Abschied möglich.
Kontakt zu seinen Freunden besteht noch.	Es sind viele Fragen offengeblieben.
Regelmäßige Familientreffen an seinem Todestag	Er hat eine Lücke gerissen, die niemals gefüllt werden kann.
Ihm ist das Altersheim erspart geblieben.	
Ich musste nicht mit ansehen, wie er dement wird.	

Tabelle 17.1: Gedankensammlung zu einem Abschiedserlebnis

Schauen Sie sich in Ruhe Ihre Liste an und denken Sie intensiv über das nach, was Sie spontan aufgeschrieben haben. Zu welchem Stichwort fällt Ihnen am meisten ein? Worüber denken Sie am liebsten nach? Welche Erinnerung bringt Sie zum Lächeln? Fokussieren Sie Ihre Aufmerksamkeit auf denjenigen Aspekt des Abschieds, der Ihnen besonders positiv erscheint. Verankern Sie diesen Aspekt mit einer Körperbewegung; beispielsweise könnten Sie sich bei dem Gedanken an eine gute Seite des Abschieds mit der rechten Handfläche über den linken Unterarm streichen. Wenn Sie bei einer späteren Gelegenheit an diesen Abschied denken, machen Sie die Körperbewegung und rufen damit die positiven Gefühle und Gedanken aktiv hervor. Dies fördert Ihre Gelassenheit in Bezug auf dieses konkrete Abschiedserlebnis und hilft Ihnen auch dabei, sich für weitere Abschiede zu wappnen. In allen Verlusten stecken Trauer und Freude.

Vorbereitung auf einen Abschied

Wenn Sie wissen, dass ein Abschied auf Sie zukommt, können Sie sich darauf vorbereiten, um Ihre Gelassenheit zu stärken. Legen Sie sich wieder eine Stichwortsammlung an und notieren Sie die frohen und die traurigen Seiten des bevorstehenden Abschieds. Füllen Sie die Liste nach und nach immer weiter und lenken Sie Ihre Aufmerksamkeit besonders auf die guten Aspekte. Lassen Sie aber auch die traurigen Aspekte nicht unberücksichtigt, indem Sie die Sandwichtechnik nutzen: Denken Sie erst an einen frohen Impuls, dann an einen traurigen und schließlich wieder an einen frohen. So betten Sie die schmerzhaften Aspekte des Abschiednehmens in gute Gedanken ein und machen die Trauer besser erträglich.

Meist sind Sie nicht allein, wenn es um einen Abschied geht. Sie haben Menschen um sich, die ebenfalls mit dem Abschied konfrontiert sind oder die Sie dabei unterstützen können, mit dem Abschied fertigzuwerden. Bitten Sie diese Menschen um Hilfe. Auch wenn es Ihnen vielleicht schwerfällt, mit anderen Menschen über Gefühle zu sprechen, in diesem Falle sollten Sie über Ihren Schatten springen und nicht alles mit sich selbst ausmachen. Geteiltes Leid ist halbes Leid.

Sprechen Sie mit anderen darüber, was Ihnen in Bezug auf den bevorstehenden Abschied Angst macht, was Ihnen schwerfällt, was Sie gerne festhalten möchten. Berichten Sie aber auch, worauf Sie sich freuen und was Sie erhoffen. Ihr Gegenüber wird sicherlich selbst einiges dazu beitragen und im Austausch mit einem vertrauten Menschen können Sie Ihre Sorgen oft besser reflektieren. Wenn Sie es nicht gewohnt sind, den Menschen in Ihrer Umgebung Ihre Gefühle zu offenbaren, können Sie auch die Hilfe der Telefonseelsorge in Anspruch nehmen oder sich an eine andere professionelle Stelle wenden. Lassen Sie sich nicht von Trauer und Ängsten überrollen, sondern werden Sie aktiv.

Die Telefonseelsorge ist ein kostenloses Angebot der beiden großen christlichen Kirchen, das von ehrenamtlichen Helfern getragen wird. Dieses Angebot wird gefördert vom Bundesministerium für Familie, Senioren, Frauen und Jugend. Es ist bundesweit kostenlos erreichbar unter 0800-111 0 111 oder 111 0 222. Neben dem telefonischen Angebot gibt es auch Chats und E-Mail-Kontakte: www.telefonseelsorge.de.

Unvorbereitet Abschied nehmen müssen

Wenn Sie plötzlich und unvorbereitet mit einem Abschied konfrontiert werden, ist die Spontanreaktion darauf zumeist eine Aktivierung des »Kampf-oder-Flucht-Programms« (siehe Kapitel 1). Ihr vegetatives Nervensystem fährt hoch, Ihr Puls steigt, Ihre Aufmerksamkeit richtet sich auf die vermeintliche Bedrohung. Stoppen Sie dieses Programm durch tiefes Ein- und Ausatmen. Halten Sie inne, sammeln Sie sich, atmen Sie bewusst in den Bauch und warten Sie ab, bis Ihr Puls sich wieder beruhigt hat. Schauen Sie dann aus der Vogelperspektive (siehe Kapitel 15) auf die Situation: Was genau ist passiert? Welche Möglichkeiten des Handelns haben Sie? Wen können Sie um Hilfe oder Unterstützung bitten? Waren Sie schon einmal in einer ähnlichen Lage und wer oder was hat Ihnen damals geholfen? So nehmen Sie den Druck aus der akuten Situation und machen Ihren Kopf frei, um überlegt und gelassen handeln zu können.

Beispiele für Situationen, in denen Sie von einem Verlusterlebnis überrollt werden können, sind:

✔ Unfälle

✔ plötzliche Todesfälle

✔ schockierende Geständnisse

✔ plötzliche Trennung des Partners

✔ Überfälle

✔ Abmahnungen oder Kündigungen

✔ Mitteilung einer schwerwiegenden Krankheitsdiagnose

All diese Situationen sind Einschnitte im Leben und es ist nicht einfach, dabei gelassen zu bleiben. Doch durch ein bewusstes Heraustreten aus der Situation und durch die Besinnung auf Ihre eigenen Bewältigungsstrategien und Ressourcen können Sie sich in der Situation stärken und sich neue Reaktionsmöglichkeiten eröffnen.

Wenn Sie nach einigen Stunden oder Tagen ein wenig ruhiger geworden sind und merken, dass das Leben auch nach dem Verlust weitergeht, hilft Ihnen vielleicht die Übung »Lenkrad«: Stellen Sie sich vor, dass Sie Ihr Leben wie ein Auto lenken. Sie selbst sitzen am Steuer und entscheiden, wohin die Reise geht. Wenn Hindernisse auftauchen, lenken Sie in eine neue Richtung. Vielleicht steuern Sie auch einmal in eine Sackgasse, aber Sie können wenden und sich einen anderen Weg suchen. Konzentrieren Sie sich auf die Lebensbereiche, in denen Sie Ihr Leben ganz besonders sicher lenken. Was können Sie aus diesen Bereichen für die aktuelle Verlustsituation lernen oder übernehmen? Welche Techniken, Hilfen oder Menschen unterstützen Sie dabei, sicher auf Ihrem Weg zu bleiben? Lenken Sie Ihr Leben auch in einer belastenden und stressigen Situation unbeirrt weiter – hinter der nächsten Kurve könnte auch wieder eine schöne Überraschung auf Sie warten.

Die Erinnerung wachhalten

Je weiter ein Verlust zurückliegt und je mehr gute Erfahrungen Sie im Anschluss gemacht haben, desto leichter können Sie sich auf die guten Erinnerungen vor dem Verlust konzentrieren. Halten Sie diese Erinnerungen wach und lebendig. Nutzen Sie Fotos, Gerüche oder Musik, sprechen Sie über die Erinnerungen, gönnen Sie sich Tagträume. Jeder Abschied füllt ein eigenes Kapitel im Buch Ihres Lebens. Und durch jeden Abschied gewinnen Sie immer auch etwas Neues dazu: neue Erfahrungen, neue Lebensumstände, neue Kontakte und Beziehungen, neue Sichtweisen, neue Chancen.

Gelassener Umgang mit Trennungen und Todesfällen

Der Verlust von Menschen und zwischenmenschlichen Beziehungen ist oft verbunden mit großem Schmerz, tiefer Kränkung oder schwerer Verletzung. Trennungen und Todesfälle sind zumeist schwieriger zu ertragen als materielle Verluste. Sie können tiefe Wunden schlagen und das Leben völlig durcheinanderbringen. In diesen Situationen ist Gelassenheit ganz besonders wichtig, um nicht den Boden unter den Füßen zu verlieren und an der Ohnmacht zugrunde zu gehen.

Wenn wichtige Menschen verschwinden

Führen Sie sich vor Augen, mit wie vielen Menschen Sie in Ihrem Leben bereits Kontakt hatten: Beginnen Sie in Ihrer Kindheit, lassen Sie Schule, Ausbildung oder Studium Revue passieren, denken Sie an die Städte, in denen Sie gelebt haben, und an die Arbeitsplätze, die Sie innehatten. Gehen Sie Ihren Familienstammbaum durch, erinnern Sie sich an Begegnungen im Urlaub, machen Sie sich bewusst, welche Freunde und Freundesfreunde Sie hatten und haben.

 Stellen Sie sich vor Ihrem inneren Auge ein Gruppenbild mit all diesen Menschen vor. Sie stehen in der ersten Reihe in der Mitte – unmittelbar um Sie herum sind diejenigen Menschen, die derzeit die wichtigste Rolle für Sie spielen. In den hinteren Reihen stehen Menschen aus vergangenen Lebensbezügen. Was empfinden Sie, wenn Sie sich dieses Bild anschauen? Verweilen Sie einige Zeit bei dieser Reflexion.

Zu einigen der Menschen aus Ihrem Gruppenbild werden Sie den Kontakt bewusst abgebrochen haben, andere haben sich wiederum von Ihnen verabschiedet, sind umgezogen oder verstorben. Manche Beziehungen sind allmählich auseinandergegangen, bei anderen gab es ein Ende mit Schrecken. Immer wenn ein wichtiger Mensch aus Ihrem Leben verschwindet, hinterlässt er eine Lücke. Ob Sie unter dieser Leerstelle leiden oder nicht, hängt von der Intensität der Beziehung und der Bedeutung des verschwundenen Menschen für Sie ab. Wie haben Sie bisher solche Lücken gefüllt? Können Sie damit leben, dass manche Leerstellen für immer leer bleiben?

Nutzen Sie Ihre bereits gesammelten Erfahrungen mit dem Abschied von wichtigen Menschen als Ressource für kommende Verlusterlebnisse: Wenn ein Mensch aus Ihrem Leben verschwindet, denken Sie an Ihr Gruppenbild und stellen den betreffenden Menschen in eine der hinteren Reihen. Wie fühlt sich das an? Mit wem können Sie darüber sprechen? Zu wem können Sie die Beziehung intensivieren, um den Verlust besser ertragen zu können?

Akzeptieren Sie Ihre Gefühle, die mit dem Verlust eines wichtigen Menschen verbunden sind. Lassen Sie Trauer, Wut, Zorn, Erschöpfung, Angst, Verzweiflung zu – aber auch Erleichterung, Freude oder Neugier. Jedes Gefühl braucht Raum. Zwingen Sie sich nicht dazu, Gefühle zu verdrängen oder zu leugnen. Schöpfen Sie Kraft aus dem Wechselspiel Ihrer Gefühle, auch wenn das Auf und Ab zunächst Kraft raubt. Führen Sie sich vor Augen, dass in der ersten Reihe Ihres Gruppenbildes noch immer viele wichtige Menschen stehen.

Eine Beziehung gelassen beenden

Es kann passieren, dass man im Laufe seines Lebens von Menschen enttäuscht, gekränkt, verletzt, verraten oder hintergangen wird. Menschen leben sich auseinander, Beziehungen werden vor Zerreißproben gestellt. Während Sie noch um eine Beziehung kämpfen, kommt Ihnen vielleicht der Gedanke, ob es Ihnen ohne den Menschen, mit dem Sie gerade Schwierigkeiten haben, nicht deutlich besser gehen könnte als mit ihm. Irgendwann stellen Sie vielleicht fest, dass Ihnen die Kraft zu kämpfen fehlt oder dass Sie einfach keine Lust mehr haben, um diese oder mit dieser Person zu kämpfen. Diese Erkenntnis kommt manchmal nach und nach, manchmal aber auch ganz plötzlich.

Wenn Sie beschließen, eine Beziehung zu beenden, ist das häufig mit starken Emotionen verbunden. Sie fühlen sich möglicherweise schuldig, haben Angst vor Vorwürfen, sorgen sich um Dritte, die mit betroffen sein werden. Oder Sie sind voller Wut und Enttäuschung, sinnen auf Rache, freuen sich auf neu gewonnene Freiheit. Auch hier gilt wieder: Geben Sie den unterschiedlichen Gefühlen Raum. Atmen Sie tief durch, nehmen Sie die Vogelperspektive ein und betrachten Sie die Situation von außen.

 Wenn Sie bemerken, dass Sie flach oder zu schnell atmen, weil eine bevorstehende Trennung Sie buchstäblich in Atem hält, dann konzentrieren Sie sich auf die Bauchatmung: Langsam und tief durch die Nase in den Bauch atmen, kurz innehalten, dann durch den leicht gespitzten Mund langsam wieder ausatmen. Nach drei bis vier Atemzügen sind Sie deutlich ruhiger und gelassener.

Eine Beziehung kann man auf unterschiedliche Arten gelassen beenden. Sie können einen Brief schreiben, ein persönliches Gespräch führen, einen Vermittler um Hilfe bitten oder Sie melden sich einfach nicht mehr bei der betreffenden Person. Was passt am besten zu Ihnen und zu der Situation? Zwingen Sie sich zu nichts, sondern bleiben Sie möglichst authentisch. Wenn Ihnen nach einem klärenden Gespräch ist, führen Sie ein solches Gespräch. Wenn Sie jedoch die persönliche Auseinandersetzung scheuen, ist das auch in Ordnung und Ihr gutes Recht. Denken Sie zuerst an sich und erst dann an den anderen – und am besten gar nicht darüber nach, was die Leute sagen werden. Diese Haltung mag zwar egoistisch erscheinen, aber es geht um Ihre Gelassenheit.

Wenn Sie in der Lage sind, Fairness walten zu lassen, fördert dies wahrscheinlich auch einen gelassenen Umgang mit der Beendigung einer Beziehung. Es ist in menschlichen Verstrickungen bekanntlich nie nur einer schuld, sondern jeder hat seinen Anteil am Konflikt. Wenn Sie es schaffen, auch Ihre eigenen

Anteile kritisch zu betrachten und daraus für spätere Beziehungen zu lernen, haben Sie bereits ein hohes Maß an Gelassenheit entwickelt. Weiter so!

Verlassen werden und trotzdem gelassen bleiben

Von einem Partner, einem Kind, einer engen Freundin verlassen zu werden, ist immer mit einer Kränkung verbunden. Sie haben sich vielleicht noch ganz sicher in der Beziehung gefühlt, haben Warnzeichen nicht wahrgenommen, wollten sich ein mögliches Scheitern nicht eingestehen. Und plötzlich stellt Ihr Gegenüber Sie vor vollendete Tatsachen: Er oder sie hat beschlossen, Sie aus seinem/ihrem Leben zu streichen. Wie können Sie trotzdem gelassen bleiben?

Hilfreich bei der Verarbeitung einer solchen Kränkung ist die Übung »Sonnenaufgang«: Wenn es abends dunkel wird und Sie ins Bett gehen, sind Sie sich ganz sicher, dass am nächsten Morgen die Sonne wieder aufgehen wird. Entwickeln Sie die gleiche Sicherheit in Bezug auf das Gefühl der Verlassenheit: Heute fühle ich mich furchtbar allein, aber morgen (oder übermorgen oder später, aber ganz gewiss eines Tages) wird das Gefühl von Sicherheit und Geborgenheit wieder da sein. Malen Sie sich Ihren Sonnenaufgang in herrlichen Farben aus und vertrauen Sie darauf, dass auch für Sie die Sonne bald wieder scheinen wird.

Sie haben das Recht zu erwarten, dass Ihre Entscheidung, eine Beziehung zu beenden, akzeptiert wird. Jemand anders hat das gleiche Recht im Hinblick auf eine Beziehung zu Ihnen! Das ist zwar nicht einfach zu akzeptieren, aber es hilft dabei, das Verlassenwerden besser zu verarbeiten. Niemand kann Sie zwingen, in einer Beziehung zu bleiben. Und Sie können niemanden zwingen, in einer Beziehung zu Ihnen zu bleiben. Wer gehen will, der geht. Erinnern Sie sich an den Anfang dieses Buches: Gelassenheit heißt, die Dinge geschehen lassen zu können. Lassen Sie los. Halten Sie nichts und niemanden fest.

Annika Schuster lebt seit zehn Jahren mit Jochen Drews, dem Vater ihres zweiten Kindes zusammen. Die Beziehung zu dem Vater ihres ersten Kindes war nur kurz und ist sehr schmerzhaft zu Ende gegangen, weil der Mann die Vaterschaft nicht anerkennen wollte. In den letzten Jahren hat sie sich zunehmend sicher und geborgen gefühlt und ihrem neuen Mann Jochen vollkommen vertraut. Plötzlich teilt dieser ihr mit, dass er sich in eine andere Frau verliebt hat und mit dieser Frau zusammenleben will. Annika Schuster ist verzweifelt, traurig, wütend, enttäuscht und tief verletzt. Sie fühlt sich wertlos und ungeliebt. Ihre beste Freundin Jutta Kaufmann verbringt viele Abende mit ihr und unterstützt sie insbesondere bei der Kinderbetreuung. In einem ruhigen Moment wird Annika Schuster bewusst, wie wichtig ihr die langjährige Freundschaft zu Jutta Kaufmann ist und wie viele traurige, aber auch schöne Erlebnisse sie schon gemeinsam gehabt haben. Mit dem Blick auf diese intensive Beziehung kann sie den Verlust der Liebesbeziehung zu Jochen Drews langsam, aber sicher verarbeiten und ihre Gelassenheit zurückgewinnen.

Plötzlich und unerwartet ...

Viele Menschen wünschen sich, im Schlaf zu sterben oder einfach tot umzufallen. Ein solcher plötzlicher Tod mag für den Betroffenen gnädig sein – für seine Mitmenschen ist er allerdings schwer zu verarbeiten. Wenn jemand plötzlich und unerwartet stirbt, bleiben viele Fragen unbeantwortet, Konflikte ungelöst, Dinge ungesagt. Die Menschen in der Umgebung des plötzlich Verstorbenen wünschen sich, sie hätten Abschied nehmen können. Das letzte Gespräch gewinnt auf einmal größte Bedeutung, weil es unwiderruflich das letzte Gespräch bleiben wird.

Wenn Sie von dem plötzlichen Tod eines nahen Verwandten oder Freundes betroffen sind, ist es schwer, gelassen zu bleiben. Trost spendet in vielen Fällen jedoch das gemeinsame Durchstehen dieser Situation: Allen anderen Verwandten und Freunden geht es ähnlich wie Ihnen. Stärken Sie sich gegenseitig – sprechen Sie über den Verstorbenen, lachen und weinen Sie zusammen. Halten Sie Totenwache oder suchen Sie sich ähnliche Trauerrituale, um den Schock des plötzlichen Verlustes durchzustehen. Beschäftigen Sie sich mit den notwendigen organisatorischen Dingen, halten Sie im Geiste Zwiesprache mit dem Verstorbenen, fragen Sie nicht nach dem Warum.

Erleben Sie das Trauerjahr nach dem plötzlichen Tod intensiv und bewusst: jede Jahreszeit und jedes Fest zum ersten Mal ohne den Verstorbenen. Wenn es Ihnen hilft, decken Sie einen Platz am Tisch für den Toten mit ein, bringen Sie das Gespräch im Freundes- und Familienkreis immer wieder auf den Verstorbenen und bleiben Sie mit Ihrer Trauer nicht allein. In vielen Städten gibt es Angebote für Trauernde – nehmen Sie solche Angebote wahr, wenn Sie spüren, dass Ihre unmittelbare Umgebung mit Ihrer Trauer überfordert ist.

 Viele Palliativstationen, Hospize und Krankenhäuser, aber auch Psychologen oder Beratungsstellen bieten Trauergruppen für Angehörige an. Dort können Sie mit professioneller Begleitung Ihrer Trauer Raum geben und in der schweren Zeit Unterstützung finden.

Gelassenheitsübungen in der Trauerarbeit

Der Schmerz über den Verlust eines geliebten Menschen führt nach dem ersten Schock häufig zunächst zu einer Erstarrung der Gefühle. In dieser Situation sollten Sie sich zu nichts zwingen. Lassen Sie sich Zeit. Tun Sie nur das, was Ihnen guttut – lenken Sie sich ab oder denken Sie besonders intensiv an den Verstorbenen. Leben Sie Ihren Alltag weiter oder nehmen Sie sich eine Auszeit. Wichtig ist, dass Sie Ihren Gefühlen irgendwann Raum geben können. Ob dies eine Woche, einen Monat oder ein Jahr nach dem Todesfall stattfindet, ist gleichgültig, auch wenn die Menschen in Ihrer Umgebung dies vielleicht nicht verstehen können.

Mit einem Abschiedsritual können Sie versuchen, Ihre Gelassenheit wiederzufinden. Verabschieden Sie sich auf Ihre ganz persönliche Art von dem Verstorbenen.

Schreiben Sie einen Brief an den Verstorbenen und verbrennen Sie ihn. Sprechen Sie Ihren Abschied auf ein Band und vergraben Sie es. Machen Sie ein Abschiedsfest oder eine Abschiedsreise. Gestalten Sie ein Abschiedsalbum oder einen Abschiedsaltar. Wählen Sie einen Zeitpunkt, zu dem Sie ganz bewusst Abschied nehmen wollen, und gestalten Sie diesen Termin nach Ihren eigenen Vorstellungen. Sie sind niemandem Rechenschaft schuldig.

Wenn es Ihnen schwerfällt, Ihre Gefühle in Worten auszudrücken, können Sie Ihrem Abschiedsschmerz auch anders Ausdruck verleihen: Sie können malen, zeichnen, töpfern, kneten, singen, musizieren, schreiben, tanzen, in den Wald oder ans Meer gehen. Ganz gleich, was Sie tun – solange es zu Ihnen passt und Sie sich damit wohlfühlen, ist es richtig.

Arbeit, Wohnung, Geld verlieren

Auch der Verlust von materiellen Gütern kann schwer wiegen und die Gelassenheit gefährden. Wer Arbeit, Wohnung, Besitz oder Geld verliert, sieht sich mit Sorgen konfrontiert, die ihn aus dem Gleichgewicht bringen können. Solche Verluste gelassen zu bewältigen, ist eine Herausforderung – eine Verlustsituation gemeistert zu haben, ist ein Schritt zur persönlichen Weiterentwicklung.

Die eigenen Ansprüche hinterfragen

Wenn Sie befürchten, Ihren Lebensstandard nicht mehr halten zu können, weil das Geld nicht reichen wird, hinterfragen Sie zunächst Ihre eigenen Ansprüche. Was brauchen Sie unabdingbar zum Leben? Was ist schön, aber nicht notwendig (»Not wendend« im engeren Sinne)? Worauf können Sie ohne Probleme verzichten? Legen Sie ein Einnahmen-Ausgaben-Tagebuch an und prüfen Sie die Einsparpotenziale.

Rüdiger Schmidt war mehr als zehn Jahre lang bei den Stadtwerken angestellt. Als er aufgrund einer Umstrukturierung seine Arbeitsstelle verliert, ist er völlig hilflos und weiß nicht weiter. Beim Jobcenter betreut ihn Dorothee Schneider – sie analysiert gemeinsam mit ihm seine Fähigkeiten und Fertigkeiten, erstellt ein Jobprofil, unterstützt ihn bei den Bewerbungen und bietet ihm eine Umschulung an. Durch diese Unterstützung schöpft Rüdiger Schmidt wieder Selbstvertrauen und schaut hoffnungsvoller in die Zukunft. Nach Abschluss der Umschulung bekommt er zunächst eine Anstellung bei einer Zeitarbeitsfirma und findet trotz seines Alters schließlich wieder Anschluss an den Arbeitsmarkt. Seine Gelassenheit verdankt er nicht zuletzt dem Glauben an sich und seine Ressourcen – gefördert durch Dorothee Schneider, die ebenfalls an ihn geglaubt hat.

Lassen Sie sich nicht von einem materiellen Verlust in die Enge treiben. Es geht immer auch mit weniger. In Deutschland gibt es zahlreiche Möglichkeiten für die Unterstützung in Notlagen. Darüber erfahren Sie in Kapitel 18 mehr.

Neid macht unglücklich

Ihre Gelassenheit kommt schnell ins Wanken, wenn Sie sich beständig mit anderen vergleichen, denen es vermeintlich besser geht als Ihnen. Schielen Sie nicht voller Neid nach rechts und links, sondern schauen Sie gelassen auf den Weg, der vor Ihnen liegt. Was brauchen Sie wirklich zum Leben? Wie reich machen menschliche Beziehungen Sie? Sind Sie gesund und kraftvoll? Dann können Sie sich mit eigenen Kräften aus den allermeisten Notlagen befreien.

Probieren Sie die Übung »Nachbargarten« aus: Stellen Sie sich einen Garten vor, in dem alle Ihre Wünsche erfüllt werden. Zaubern Sie sich Blumen, eine Hängematte, einen Grill, fröhliche Kinder und die Sonne in Ihren Garten – oder was immer Sie brauchen, um glücklich zu sein. Genießen Sie es, in Ihrem Garten zu sitzen, die Sonne auf der Haut zu fühlen und es sich gut gehen zu lassen. Schauen Sie nun über den Zaun zu Ihrem Nachbarn: Auch er hat einen Garten, in dem seine Wünsche erfüllt werden. Vielleicht ist sein Garten bunter als Ihrer oder es gibt Ausstattungen, an die Sie gar nicht gedacht haben. Aber erinnern Sie sich: In Ihrem Garten geht es Ihnen gut. Sie genießen es, in Ihrem eigenen Garten zu sitzen. Sie brauchen den Garten Ihres Nachbarn nicht, sondern Ihr Garten ist perfekt.

Manchmal ist weniger mehr

Viele Menschen machen die Erfahrung, dass sie mit zunehmendem Alter immer weniger materielle Güter brauchen, um glücklich zu sein. Sie brauchen hingegen mehr menschliche Nähe, gute Gespräche, Verlässlichkeit, Geborgenheit und das Vertrauen darauf, dass sie von den wichtigsten Menschen in ihrem Leben nicht im Stich gelassen werden.

Wenn Sie mit materiellen Verlusten konfrontiert werden, richten Sie Ihr Augenmerk auf den zwischenmenschlichen Reichtum: Was können Sie tun, um wichtige Beziehungen zu stärken? Wie füllen Sie Ihren Tag mit sinnvollen Begegnungen? Wem könnten Sie endlich wieder einmal sagen, wie gern Sie ihn haben? Wer braucht Ihre Hilfe? Und von wem dürfen Sie Hilfe erwarten?

»Jeden Tag eine gute Tat« ist eine hervorragende Gelassenheitsübung: Helfen Sie täglich einem anderen Menschen, tun Sie etwas Uneigennütziges, erfreuen Sie einen Mitmenschen durch eine freundliche Geste. Genießen Sie das gute Gefühl, anderen behilflich sein zu können, und nehmen Sie die Dankbarkeit, die Ihnen entgegengebracht wird, voller Freude an. Ihre Gelassenheit wird Tag für Tag größer.

Auf zu neuen Ufern: Neubeginn wagen

Nach einem Verlust fängt immer irgendetwas neu an. Ein solcher Neubeginn bietet große Chancen: Sie können sich neu ausprobieren, neue Erfahrungen sammeln, neue Wege gehen. Egal wie alt Sie sind – ein Neubeginn ist möglich. Sie haben durch das Verlusterlebnis wieder etwas Neues über sich gelernt. Sie haben sich selbst bewiesen, dass Sie weiterleben können, auch wenn der Schmerz über den Verlust untragbar groß erschien. Ihre Gelassenheit ist vermutlich gewachsen. Schauen Sie nach vorn.

Beruflich noch mal ganz neu anfangen

Haben Sie Ihre Arbeit verloren? Oder haben Sie selbst gekündigt, um etwas Neues anzufangen? Ein beruflicher Neuanfang geht oft mit Unsicherheit und Angst einher: Was erwartet Sie? Wie ticken die Uhren im neuen Umfeld? Wie werden Sie mit den neuen Kollegen zurechtkommen? Sind Sie den Anforderungen gewachsen?

Um bereits vor dem Neustart Ihre Gelassenheit zu fördern, probieren Sie die Übung »Ich will und ich kann« aus. Schreiben Sie auf,

- ✔ für welche Probleme Sie in letzter Zeit Lösungen gefunden haben,
- ✔ wann Sie zuletzt stolz auf sich waren,
- ✔ auf welche Ihrer Stärken Sie sich in schwierigen Situationen besonders verlassen können,
- ✔ welche Möglichkeiten Sie haben, wenn etwas nicht klappt, und
- ✔ für welche Ziele Sie sich mit aller Kraft einsetzen.

Schauen Sie Ihre Liste an und überlegen Sie – vielleicht gemeinsam mit einem vertrauten Menschen –, welche der notierten Stärken, Lösungen und Möglichkeiten Ihnen bei dem bevorstehenden beruflichen Neuanfang besonders helfen können. Konzentrieren Sie sich auf diese Stärken und schöpfen Sie Kraft daraus. Egal was passiert – wenn Sie möchten, dass es klappt, wird es klappen. Denn wenn Sie wollen, können Sie!

Die ersten Tage in einem neuen Betrieb sollten Sie dazu nutzen, Ihre Kollegen kennenzulernen. Merken Sie sich nicht nur die Namen, sondern auch die Tätigkeitsbereiche, die individuellen Besonderheiten, Eigenschaften und Vorlieben. Knüpfen Sie zu zwei oder drei Kollegen engeren Kontakt, um rasch Anschluss an das Miteinander am Arbeitsplatz zu bekommen. Es fördert Ihre Gelassenheit, wenn Sie die Umgangsregeln im neuen Betrieb schnell erlernen und Ihren Platz im Team finden.

Sind Sie eher zurückhaltend und introvertiert, wird es Ihnen vielleicht leichter fallen, sich zunächst auf die inhaltlichen Aspekte Ihrer neuen Arbeit zu konzentrieren. Was müssen Sie ganz neu lernen? In welchen Bereichen bringen Sie bereits umfangreiche Kenntnisse und Erfahrungen mit? Und was können Sie möglicherweise besser als alle anderen? Lassen Sie sich nicht entmutigen – in wenigen Wochen wird Ihnen der neue Arbeitsplatz schon viel vertrauter vorkommen. Nehmen Sie sich nicht vor, alles auf einmal neu zu lernen, sondern teilen Sie sich das Pensum auf. Viele kleine Schritte sind oft mit größerer Gelassenheit zu bewältigen als ein großer.

Umzug und Einleben gelassen gestalten

Auch mit einem Ortswechsel – insbesondere beim Umzug in vorgerücktem Alter, wenn es heißt, beispielsweise im betreuten Wohnen oder im Altersheim einen Teil seiner Selbstständigkeit aufzugeben – sind nicht selten Sorgen und Ängste verbunden. Man kennt die neuen Nachbarn nicht, muss viele neue Wege kennenlernen, sich in der neuen Umgebung zurechtfinden, das neue Heim wohnlich machen und für alles einen neuen Platz finden. Gehen Sie offen und freundlich auf Ihre neuen Nachbarn zu, stellen Sie sich vor, kommen Sie ins Gespräch. Laden Sie zum Kaffeetrinken ein, unterstützen Sie Ihre Kinder dabei, neue Freunde zu finden. Wenn Ihnen dies eher schwerfällt, können Sie sich auch schriftlich vorstellen: Werfen Sie einfach eine Karte mit dem Hinweis »Wir sind die Neuen und freuen uns auf gute Nachbarschaft« in jeden Briefkasten und warten Sie ab, welche Reaktionen darauf kommen.

 Wenn Sie Ihrer vorherigen Umgebung nachtrauern, nehmen Sie ein Stück alte Heimat mit in Ihr neues Heim – vielleicht einen Stein, einen Blumentopf voll Gartenerde, ein Foto oder eine Collage.

Wenn Sie es einrichten können, statten Sie dem alten Wohnort noch eine Zeit lang regelmäßige Besuche ab. Gehen Sie alle paar Wochen zu Ihrem angestammten Friseur, treffen Sie sich mit früheren Nachbarn zum Kaffeetrinken oder lassen Sie sich zu Straßenfesten einladen. Nach und nach wird der Abstand zum vorhergehenden Umfeld größer, Sie werden sich immer besser in der neuen Umgebung einleben und irgendwann ist die alte Heimat Geschichte. Loslassen erhöht Ihre Gelassenheit.

Einen neuen Lebensabschnitt beginnen

Egal ob Sie einen runden Geburtstag feiern, eine neue Lebensbeziehung eingehen, heiraten, Ihr erstes Kind bekommen, zum ersten Mal Großeltern werden, umziehen, einen neuen Job anfangen oder in Rente oder in ein Altersheim gehen – das Leben besteht aus immer wieder neuen Abschnitten, die es zu gestalten gilt. Markieren Sie einen Neuanfang deutlich: mit einem Fest, einer Auszeit, einem Ritual oder durch Innehalten. Schauen Sie zurück auf die Wegstrecke, die hinter Ihnen liegt, und erfreuen Sie sich an dem, was Sie erreicht haben und was Ihnen Gutes geschehen ist. Schauen Sie nach vorn auf den Weg, der vor Ihnen liegt, und vertrauen Sie darauf, dass Sie genügend Kraft, Unterstützung, Erfahrung und Gestaltungsfreude haben, um auch den neuen Lebensabschnitt gut zu meistern.

17 ► Mit Verlusten gelassen umgehen

 Monika und Werner Nienhof haben beschlossen, in eine Altenwohngemeinschaft zu ziehen. Schon seit einigen Jahren planen sie diesen Schritt mit drei befreundeten Ehepaaren. Nachdem alle Beteiligten in Rente gegangen sind, kaufen sie ein Mehrfamilienhaus, das Platz für die vier Paare, aber auch für Besucher und Pflegepersonal bietet. Nun schauen sie mit großer Gelassenheit in die Zukunft – sie haben keine Angst mehr davor, im Alter ihren Kindern zur Last zu fallen oder zu vereinsamen, denn die neue Wohnform bietet ihnen Geborgenheit und Schutz.

Es ist ganz normal, dass Sie zu Beginn eines neuen Abschnitts vielleicht unsicher sind, verzagen oder am liebsten die Augen vor allem Neuen verschließen möchten. Unterstützen Sie Ihre Gelassenheit mit der Übung »Das innere Kind«: Stellen Sie sich vor, wie Sie als Kind einen neuen Lebensabschnitt begonnen haben – etwa die Einschulung oder einen Umzug. Fühlen Sie sich in Ihre kindlichen Gefühle hinein. Hatten Sie Angst? Waren Sie aufgeregt? Haben Sie geweint? Schlecht geträumt? Nehmen Sie nun in Gedanken das innere Kind in den Arm oder auf den Schoß und reden Sie ihm gut zu. Trösten Sie das Kind, muntern Sie es auf und versichern Sie ihm, dass Sie an seiner Seite sind. Übertragen Sie dann Ihre tröstenden Worte auf Ihre aktuelle Situation und stärken Sie sich selbst. Sie können sich auf sich selbst verlassen.

Bei Angst und Sorgen trotzdem gelassen 18

In diesem Kapitel

▶ Tipps für einen gelassenen Umgang mit Arbeitslosigkeit und Geldmangel

▶ Hinweise für einen gelassenen Weg aus der Einsamkeit

▶ Übungen für mehr Gelassenheit in Mangelsituationen

▶ Tipps für Unterstützung und Hilfe bei finanziellen Engpässen

---

Armut galt den Mönchen und Mystikern in früheren Zeiten als Garant für Gelassenheit: Wer sich nicht an irdische Güter bindet, der kann seinen Geist befreien und braucht nichts festzuhalten. Heute erleben wir das Gegenteil: Armut macht Angst und wer wenig hat, macht sich große Sorgen. Angst und Sorgen wiederum aktivieren die Stressspirale: Der Geist kreist um die Sorgen, der Körper verspannt sich. Dabei ist gerade in beängstigenden, sorgenvollen Zeiten die Gelassenheit unverzichtbar, um Wege aus der Not zu finden und wieder voller Hoffnung in die Zukunft schauen zu können. In diesem Kapitel finden Sie Hinweise für gelassenheitsfördernde Übungen und Reflexionen in schlechten Zeiten – lassen Sie die Sorgen los, konzentrieren Sie sich auf das Hier und Jetzt.

Arbeitslosigkeit: Neue Perspektiven schaffen

Es gibt viele verschiedene Gründe, weshalb Menschen arbeitslos werden: Betriebsschließung, Stellenabbau in schlechten wirtschaftlichen Zeiten, Firmenfusionen, Alter, Krankheit, Über- oder Unterqualifikation, Mobbing und so weiter. Arbeitslosigkeit kann somit in individuellen, aber auch personenunabhängigen Faktoren begründet sein.

Arbeitslosigkeit ist ein großer Stressfaktor und schadet der Gesundheit. Insbesondere Langzeitarbeitslosigkeit mindert den Selbstwert, führt zu Hoffnungslosigkeit und Enttäuschung, schränkt finanziell und sozial ein. Daher ist Gelassenheit sehr wichtig als aktive Gesundheitsvorsorge. Sie kann helfen, Motivationsblockaden zu lösen und neue Perspektiven zu entwickeln.

Sind Sie arbeitslos oder von Arbeitslosigkeit bedroht oder ist ein Ihnen wichtiger Mensch gerade in einer solchen Situation? Dann wissen Sie vermutlich genau, dass Arbeitslosigkeit die Gelassenheit erheblich gefährden kann. Denn in unserer Gesellschaft sichert Arbeit einerseits das Überleben und dient den meisten Menschen andererseits auch zur Stärkung des Selbstwertgefühls. Gelassenheit ist daher besonders wichtig, wenn Arbeitslosigkeit droht – denn nur mit einer gelassenen Grundeinstellung können Sie in Ruhe nachdenken, wie es weitergehen kann.

Gelassen bleiben, wenn Arbeitslosigkeit droht

In vielen Fällen kommt der Verlust des Arbeitsplatzes nicht plötzlich, sondern es gibt eine Reihe von Warnzeichen dafür, dass Ihr Arbeitsplatz in Gefahr sein könnte:

✔ Zusammenlegung von Abteilungen

✔ Stellenstreichung in anderen Abteilungen

✔ schlechte wirtschaftliche Situation des Unternehmens oder der Branche

✔ Wechsel des Vorgesetzten

✔ Abmahnungen

✔ Mobbing durch den Chef oder die Kollegen

✔ Entzug von Verantwortlichkeiten oder Projekten

Halten Sie Ihre Augen offen und seien Sie aufmerksam für solche oder ähnliche Warnsignale. Wenn Sie den Eindruck haben, dass tief greifende Veränderungen auf Sie zukommen könnten, sprechen Sie mit Ihren Kollegen, mit dem Betriebsrat oder mit Ihrem Vorgesetzten und sammeln Sie möglichst viele Informationen. Ist Ihre Sorge begründet, dass Sie Ihren Arbeitsplatz verlieren könnten? Oder spricht einiges dafür, dass Sie sich unnötig Sorgen machen?

Hilfreich ist die Imaginationsübung »Sicherer Hafen«:

✔ Schließen Sie die Augen und atmen Sie tief in Ihren Bauch. Konzentrieren Sie sich auf Ihren Atem und folgen Sie ihm bis in Ihre Zehen- und Fingerspitzen hinein.

✔ Lassen Sie alle Gedanken kommen und gehen, halten Sie nichts fest.

✔ Stellen Sie sich vor, Sie wären auf einem kleinen Segelboot, das bei herrlichem Wetter in einem sicheren Hafen vor Anker liegt. Sie spüren einen leichten Wellengang, riechen Meeresluft, fühlen die Wärme der Sonne auf Ihrer Haut, hören die fröhlichen Stimmen der Menschen. Gestalten Sie Ihren Hafen möglichst detailliert in bunten Farben aus. Sie genießen es, in Sicherheit zu sein. Verweilen Sie bei dieser angenehmen Vorstellung.

✔ Kommen Sie nach einer Weile mit der Aufmerksamkeit zurück in die Realität, recken und strecken Sie sich. Öffnen Sie die Augen und sagen Sie sich: »Egal was passiert, ich lenke mein Lebensschiff in einen sicheren Hafen.«

✔ Sobald Sie sich zu Hause oder am Arbeitsplatz Sorgen um Ihre Stelle machen, versetzen Sie sich in Gedanken in Ihren sicheren Hafen, atmen Sie tief ein und aus und konzentrieren Sie sich auf Ihre inneren Kräfte und Ihre Gelassenheit.

 Lassen Sie sich arbeitsrechtlich beraten, wenn Sie befürchten, dass Ihr Arbeitsplatz in Gefahr ist – wenn Sie eine Rechtsschutzversicherung haben, ist ein Erstberatungsgespräch beim Fachanwalt zumeist kostenfrei.

Gelassener Umgang mit der Arbeitslosigkeit

Arbeitslos zu sein oder zu werden ist oft kränkend. Vielleicht fühlen Sie sich ungerecht behandelt, minderwertig, aussortiert oder unnütz. Betrachten Sie Ihre Gefühle aus der Vogelperspektive:

✔ Was fehlt Ihnen wirklich? Die Tagesstruktur, die mit einer festen Anstellung einhergeht? Das Geld? Die Teamarbeit, das Gefühl des Gebrauchtwerdens oder die Anerkennung?

✔ Wovor genau haben Sie Angst? Vor einem Karriereknick? Vor der Langzeitarbeitslosigkeit? Vor der Abwertung durch Ihre Familie oder Ihr Umfeld? Vor dem Gefühl der Nutzlosigkeit?

✔ Was würden Sie einem Freund raten, der sich in dieser Situation befindet?

Wenn Ihnen klar wird, dass Ihnen vor allem das Geld fehlt, setzen Sie alles daran, die Ihnen zustehende finanzielle Unterstützung zu bekommen und so schnell wie möglich eine neue Arbeit zu finden. Führen Sie Buch über Ihre Ausgaben und prüfen Sie, worauf Sie verzichten können. Wenn Ihnen insbesondere die Tagesstruktur abhandengekommen ist, sorgen Sie dafür, dass Sie auch trotz Arbeitslosigkeit jeden Morgen um die gleiche Zeit aufstehen, sich anziehen und Ihren Haushalt erledigen. Suchen Sie sich sinnvolle Beschäftigungsmöglichkeiten, helfen Sie Nachbarn oder Familienangehörigen. Beginnen Sie mit einer ehrenamtlichen Tätigkeit. Machen Sie sich Tages- und Wochenpläne und notieren Sie, was Sie alles geschafft haben. Schieben Sie auch unangenehme Aufgaben nicht vor sich her.

Treiben Sie regelmäßig Sport, um Ihre Anspannung abzubauen und für körperlichen Ausgleich zu sorgen. Probieren Sie die Gelassenheitsübung »Kristallkugel« aus:

- ✔ Legen Sie Musik auf, die Ihnen besonders gut gefällt.

- ✔ Schließen Sie die Augen und atmen Sie tief in Ihren Bauch. Konzentrieren Sie sich auf Ihren Atem und folgen Sie ihm auf seinem Weg durch Ihren ganzen Körper.

- ✔ Lassen Sie alle Gedanken kommen und gehen, halten Sie nichts fest.

- ✔ Stellen Sie sich vor, Sie hätten eine Kristallkugel in der Hand und könnten in die Zukunft schauen. Malen Sie sich Ihre Zukunft so angenehm und sicher wie möglich aus. Umgeben Sie sich mit lieben Menschen, versetzen Sie sich an einen schönen Ort, tun Sie Dinge, die Ihnen Spaß machen. Verweilen Sie bei dieser angenehmen Vorstellung.

- ✔ Kommen Sie nach einer Weile mit der Aufmerksamkeit zurück in die Realität, recken und strecken Sie sich. Öffnen Sie die Augen und sagen Sie sich: »Egal was passiert, alles wird gut.«

- ✔ Immer wenn Sie angespannt oder ängstlich sind, legen Sie die Musik auf, die Sie bei dieser Übung benutzt haben, und denken Sie an Ihre Kristallkugel. Atmen Sie tief ein und aus und spüren Sie, wie die Gelassenheit sich in Ihrem Körper ausbreitet.

Einen neuen Job suchen und finden

Gehen Sie Ihre Jobsuche möglichst professionell an: Notieren Sie Ihre Stärken, Ihre Erfahrungen und Ihre berufliche Perspektive. Was können Sie besonders gut? Was möchten Sie beruflich erreichen? Nutzen Sie auch Ihr berufliches Netzwerk: Wen können Sie ansprechen und um Unterstützung bei der Stellensuche bitten? Bringen Sie Ihre Bewerbungsunterlagen auf den aktuellen Stand: Lassen Sie ein professionelles Porträtfoto machen, stellen Sie Ihre Zeugnisse zusammen, schreiben Sie einen ausführlichen Lebenslauf.

Schauen Sie sich Stellenanzeigen in Zeitungen, Zeitschriften und im Internet an und lassen Sie sich inspirieren – vielleicht entdecken Sie Stellenbeschreibungen, die zu Ihren Qualifikationen passen, obwohl Sie noch keine Erfahrungen in der ausgeschriebenen Branche oder Position gesammelt haben. Wenn Sie bereits eine Führungsposition hatten oder eine solche anstreben, kontaktieren Sie Personalberatungsfirmen und lassen Sie sich in deren Kartei aufnehmen. Informieren Sie sich auch über das Angebot von Zeitarbeitsfirmen, denn manchmal wird aus einem Leiharbeitsverhältnis eine dauerhafte Anstellung.

Machen Sie möglichst täglich eine Genussübung, um Ihre Lebensfreude zu erhalten: Atmen Sie tief ein und aus, richten Sie Ihre Aufmerksamkeit nach innen und versenken Sie sich in den Sinnesgenuss eines Geschmacks (lassen Sie sich ein kleines Stückchen Schokolade auf der Zunge zergehen), eines Geruchs (atmen Sie ein Duftöl von einem Taschentuch ein), eines Tastempfindens (streichen Sie über ein Stück Samt) oder von Musik (hören Sie Ihr Lieblingslied über Kopfhörer). Lassen Sie Ihre Gedanken kommen und gehen und konzentrieren Sie sich auf den genussvollen Sinneseindruck. Verweilen Sie noch einige Minuten, bevor Sie Ihre Aufmerksamkeit wieder nach außen richten, sich recken und strecken und gestärkt in den Alltag zurückkehren.

Seien Sie mutig und stellen Sie bei einem potenziellen neuen Arbeitgeber Ihr Licht nicht unter den Scheffel. Formulieren Sie Bewerbungsschreiben, die punktgenau auf die ausgeschriebene Stelle zugeschnitten sind und zeigen, dass Sie sich mit dem Arbeitgeber und mit der Position bereits gedanklich befasst haben. Lassen Sie Ihre Bewerbung von vertrauten Menschen gegenlesen. Nutzen Sie die Bewerbungstrainings, die das Jobcenter Ihnen anbietet. Bereiten Sie sich intensiv auf Vorstellungsgespräche vor (siehe dazu auch Kapitel 15).

Langzeitarbeitslos – und trotzdem gelassen

Langzeitarbeitslosigkeit betrifft in Deutschland etwa eine Million Menschen. Sie sind bereits ein Jahr oder länger ohne feste Anstellung und haben auf dem Arbeitsmarkt wenig Chancen. Der Hauptgrund für eine sogenannte schwere Vermittelbarkeit ist das Alter. Langzeitarbeitslosigkeit geht oft mit einer deutlichen Senkung des Lebensstandards einher und ist ein Armutsrisiko. In dieser Lebenssituation gelassen zu bleiben ist schwer. Versuchen Sie, jeden Tag eine Gelassenheitsübung durchzuführen. Füllen Sie Ihre Tage mit sinnvollen Aktivitäten, bleiben Sie in Kontakt mit anderen Menschen, arbeiten Sie ehrenamtlich. Nehmen Sie die Unterstützung an, die Ihnen das Jobcenter bietet.

Hilfreich kann die Gelassenheitsübung »Ich bin Gold wert« sein:

- ✔ Schließen Sie die Augen und atmen Sie tief in Ihren Bauch. Konzentrieren Sie sich auf Ihren Atem.

- ✔ Lassen Sie alle Gedanken kommen und gehen, halten Sie nichts fest.

✔ Denken Sie an das, was Sie im Leben schon erreicht haben und worauf Sie stolz sind. Vielleicht haben Sie Kinder großgezogen, einem Mitmenschen in Not geholfen, etwas getan, wofür Sie sehr viel Mut brauchten, oder im Beruf einen besonders großen Erfolg erzielt. Machen Sie von dieser Lebenssituation mithilfe Ihrer Vorstellungskraft ein Foto, auf dem Sie gut zu sehen sind, und vergolden Sie dieses vorgestellte Foto. Schauen Sie voller Stolz und Anerkennung auf das Foto.

✔ Kommen Sie nach einer Weile mit der Aufmerksamkeit zurück in die Realität, recken und strecken Sie sich. Öffnen Sie die Augen und sagen Sie sich: »Ich bin Gold wert.«

✔ Verbinden Sie diese Selbstsuggestion mit einer Körperbewegung. Sie können beispielsweise mit der rechten Hand über Ihren linken Unterarm streichen, oder Sie legen Ihren Kopf auf eine Schulter. Immer wenn Sie traurig, mutlos oder verzweifelt sind, machen Sie diese Körperbewegung und sprechen »Ich bin Gold wert« mindestens dreimal. Spüren Sie, wie sich ein ruhiges, warmes Gefühl von Gelassenheit in Ihnen ausbreitet. Denn Sie sind Gold wert!

Alleinsein und Einsamkeit: Gelassen auf andere zugehen

Manchmal kommt Einsamkeit ganz schleichend: Wer im Beruf sehr stark eingespannt ist, merkt vielleicht zunächst gar nicht, dass seine Beziehungen zu anderen Menschen immer seltener werden, und stellt erst nach der Pensionierung fest, dass er mutterseelenallein ist. Wer all seine Energie in die Kindererziehung investiert hat und wenig andere Kontakte pflegte, findet sich möglicherweise allein wieder, sobald die Kinder aus dem Haus sind und ihrer eigenen Wege gehen. Wer ausschließlich um sich selbst kreist und wenig Interesse an seinen Mitmenschen zeigt, vergrault vielleicht früher oder später auch die wohlmeinendsten Freunde und wird zum kauzigen Einzelgänger.

In anderen Fällen wird man auf einen Schlag einsam, etwa durch Umzug, Trennung, Krankheit. So oder so, viele Menschen erleben das ungewollte Alleinsein, die Einsamkeit, als sehr schmerzhaft. Eine Abwärtsspirale beginnt: Einsamkeit macht unsicher, Unsicherheit führt zu sozialem Rückzug, und dieser macht noch einsamer. Das Gefühl, von niemandem gemocht oder gebraucht zu werden, bedingt erheblichen Stress und mündet nicht selten in depressive Verstimmung. Trotz Einsamkeit gelassen zu bleiben und aktiv auf andere zuzugehen, ist nicht einfach – aber immer wieder einen Versuch wert.

Einsamkeit aktiv überwinden

Wenn Sie einsam sind und dies gerne ändern möchten, können Sie die Gelassenheitsübung »Bunte Reihe« ausprobieren:

✔ Schließen Sie die Augen und atmen Sie tief in Ihren Bauch. Konzentrieren Sie sich auf das Ein- und Ausatmen.

✔ Lassen Sie alle Gedanken kommen und gehen, halten Sie nichts fest.

✔ Versammeln Sie nun in Gedanken Menschen um sich, die Ihnen wichtig sind oder sein könnten. Stellen Sie diese Menschen im Geiste in einer Reihe auf und gehen Sie selbst in die Mitte dieser Reihe. Fassen Sie die Menschen links und rechts von Ihnen in Gedanken an der Hand und erfreuen Sie sich an der Gemeinschaft. Lächeln Sie den Menschen in Ihrer bunten Reihe zu.

✔ Kommen Sie nach einer Weile mit der Aufmerksamkeit zurück in die Realität, recken und strecken Sie sich. Öffnen Sie die Augen und sagen Sie sich: »Ich bin Teil einer bunten Reihe.«

✔ Verbinden Sie diese Selbstsuggestion mit einer Körperbewegung. Sie können beispielsweise die Hände verschränken oder Sie berühren mit Ihrer rechten Hand Ihre linke Wange. Immer wenn Sie einsam, mutlos oder verzweifelt sind, machen Sie diese Körperbewegung und sprechen »Ich bin Teil einer bunten Reihe« mindestens dreimal. Spüren Sie, wie sich ein ruhiges, warmes Gefühl von Gelassenheit in Ihnen ausbreitet.

Es gibt viele verschiedene Möglichkeiten, um Menschen kennenzulernen: Nachbarschaftstreffs, ehrenamtliche Tätigkeiten, Vereine, das Internet, Selbsthilfegruppen, Kleinanzeigen, Stammtische und Ähnliches. Versuchen Sie sich regelmäßig aufzuraffen und aus dem Haus zu gehen. Warten Sie nicht darauf, dass die Welt zu Ihnen kommt, sondern gehen Sie hinaus in die Welt. Der Schlüssel zum Erfolg liegt in Ihrem Selbstwertgefühl. Sie sind es wert, geliebt zu werden! Wenn Sie sich selbst mögen, werden auch andere Menschen Sie mögen.

 Viele Stadtverwaltungen bieten im Bürgerbüro oder in der Stadtbibliothek Einsicht in Listen aller am Ort ansässigen Vereine an, oft sogar sortiert nach Stadtbezirken. Diese Listen sind besonders hilfreich, wenn Sie noch gar nicht so genau wissen, wonach Sie suchen – Sie bekommen vielleicht sofort Lust auf ein neues Hobby, eine neue Sportart.

Wenn Sie dann zu einem Menschen Vertrauen gefasst haben und eine neue Freundschaft aufbauen, werden Ihnen die nächsten Schritte wahrscheinlich viel leichter fallen. Denn oft stellt sich ein Schneeballeffekt ein: Über eine neue Bekanntschaft lernen Sie weitere Menschen kennen, und zu zweit fasst man beispielsweise in einem Verein oder bei einem Stammtisch schneller Fuß.

Geldmangel: Gelassener Umgang mit eingeschränkten Möglichkeiten

Geld allein macht zwar nicht glücklich, aber ohne Geld ist das Leben auch nicht einfach. Es gibt manchmal Phasen im Leben, in denen die finanziellen Mittel nicht mehr oder nur noch so gerade eben ausreichen: beispielsweise durch Minijobs, Arbeitslosigkeit, Krankheit, Trennung, Kinderreichtum, allein verantwortliche Kindererziehung, Rente. In solchen Phasen kommen viele Stressfaktoren zusammen und die Gelassenheit schwindet. Was tun?

Verschaffen Sie sich zunächst Klarheit über die Ihnen zur Verfügung stehenden Mittel. Haben Sie alle Ansprüche ausgeschöpft? Nutzen Sie die Beratungsangebote Ihrer Stadt, des Jobcenters, der Arbeiterwohlfahrt oder kirchlicher Stellen wie etwa der Caritas und der Diakonie. Lassen Sie sich vom Verband alleinerziehender Mütter und Väter (www.VAMV.de) oder anderen Selbsthilfegruppen unterstützen. Informieren Sie sich bei der Tafel e.V. und anderen Hilfseinrichtungen.

Viele Selbsthilfegruppen sind in Dachverbänden organisiert. Eine Übersicht über die verschiedenen Angebote von Selbsthilfe in Deutschland gibt es im Internet in der Nakos-Datenbank: www.nakos.de.

Stellen Sie so detailliert wie möglich zusammen, wie viel Geld Sie monatlich brauchen, um über die Runden zu kommen: Miete, Strom, Heizung, Wasser, Nahrungsmittel, Kleidung, Mobilität, Kommunikation, Versicherungen. Orientieren Sie sich am Warenkorb (Regelbedarf) der staatlichen Grundsicherung (siehe Homepage des Bundesministeriums für Arbeit und Soziales, www.bmas.de), damit Sie nichts vergessen. Wenn Sie nun Ihre Einnahmen und die notwendigen Ausgaben gegenüberstellen, ergibt sich möglicherweise ein Defizit. Dieses können Sie durch Streichung von Ausgaben oder durch Erhöhung der Einnahmen versuchen auszugleichen. Vielleicht stehen Ihnen aber auch Ersparnisse zur Verfügung, um vorübergehende Engpässe zu kompensieren.

Lebensnotwendig ist vor allem Gelassenheit

Während Sie sich mit Ihren Einnahmen und Ausgaben beschäftigen, können Sie sich immer wieder vor Augen führen, dass vor allem Gelassenheit notwendig ist, um mit eingeschränkten Mitteln besser zurechtzukommen. Denn mit Gelassenheit können Sie auch Mangelsituationen ertragen: Sie halten sich nicht an materiellen Gütern fest, sondern sind bereit, alles geschehen zu lassen. Probieren Sie die Gelassenheitsübung »Weniger ist mehr« aus:

- ✔ Schließen Sie die Augen und atmen Sie tief in Ihren Bauch. Konzentrieren Sie sich auf Ihren Atem.

- ✔ Lassen Sie alle Gedanken kommen und gehen, halten Sie nichts fest.

- ✔ Malen Sie sich eine Umgebung aus, in der Sie weitgehend ohne materiellen Besitz glücklich leben könnten: eine Insel, ein Kloster, eine Berghütte oder Ähnliches. Vielleicht waren Sie schon einmal an einem Ort, an dem Sie sich besonders wohlgefühlt haben, ohne materielle Dinge zu benötigen. Stellen Sie sich diese Umgebung so detailliert und so angenehm wie möglich vor. Finden Sie Ihren Platz darin und machen Sie es sich bequem. Wer ist bei Ihnen? Wie fühlen Sie sich? Genießen Sie die Unbeschwertheit auf Ihrer Insel, in Ihrem Kloster, Ihrer Berghütte oder Ähnlichem und spüren Sie die Gelassenheit, die mit der Unbeschwertheit einhergeht.

- ✔ Kommen Sie nach einer Weile mit der Aufmerksamkeit zurück in die Realität, recken und strecken Sie sich. Öffnen Sie die Augen und sagen Sie sich: »Weniger ist mehr.«

- ✔ Verbinden Sie diese Selbstsuggestion mit einer Körperbewegung. Sie können sich beispielsweise selbst eine Hand auf die Schulter legen oder in den Himmel schauen. Immer wenn Sie mutlos oder verzweifelt sind, machen Sie diese Körperbewegung und sprechen »Weniger ist mehr« mindestens dreimal. Spüren Sie, wie sich ein angenehmes Gefühl von Gelassenheit in Ihnen ausbreitet.

Überlegen Sie auch, über welche Ihrer Fähigkeiten, Kenntnisse und Fertigkeiten, die nicht an materiellen Besitz gebunden sind, Sie sich besonders definieren. Vielleicht sprechen Sie mehrere Sprachen? Oder Sie können besonders gut zuhören? Oder Sie haben ein hervorragendes Gedächtnis, einen untrüglichen Ortssinn? Konzentrieren Sie sich auf diesen nicht materiellen Besitz, den Ihnen niemand wegnehmen kann, und ziehen Sie Gelassenheit, Stolz und eigene Wertschätzung daraus.

Hilfe und Unterstützung annehmen

Es gibt zahlreiche Unterstützungsmöglichkeiten für bedürftige Menschen. Wenn Sie sich in einer finanziellen Notlage befinden, einen finanziellen Engpass überbrücken oder dauerhaft mit wenig Geld zurechtkommen müssen, können Sie sich von staatlicher oder privater Seite helfen lassen. Vielen Menschen fällt es jedoch schwer, Hilfe anzunehmen. Sie wollen niemandem zur Last fallen, sind zu stolz oder haben das Gefühl, Unterstützung gar nicht verdient zu haben.

Wenn Sie ungern Hilfe annehmen, aber ohne Hilfe kein Auskommen mehr haben, fragen Sie sich in einer ruhigen Minute:

- ✔ Was haben Sie in Ihrem Leben schon geleistet?
- ✔ Wem haben Sie bisher geholfen?
- ✔ Hat es Ihnen schon mal Freude gemacht, andere Menschen zu unterstützen?
- ✔ Welcher Ihrer Antreiber (siehe Kapitel 4) hält Sie davon ab, Hilfe anzunehmen, und warum?
- ✔ Wenn Sie jetzt Hilfe annehmen, was könnte im schlimmsten Fall passieren?
- ✔ Wenn Sie jetzt keine Hilfe annehmen, was könnte im schlimmsten Fall passieren?
- ✔ Welche der beiden Konsequenzen wäre schlimmer?
- ✔ Können Sie die Hilfe, die Sie jetzt vielleicht annehmen werden, irgendwann in der Zukunft wiedergutmachen?

Vielleicht fällt es Ihnen nun leichter, Hilfe und Unterstützung von anderen Menschen anzunehmen.

Gelassenheitsübung in Mangelsituationen

Wenn Sie in Not sind und Hilfe brauchen, aber Schwierigkeiten haben, diese Hilfe zu finden oder anzunehmen, könnte die Gelassenheitsübung »Das Füllhorn« Ihnen helfen:

- ✔ Schließen Sie die Augen und atmen Sie tief in Ihren Bauch ein und aus. Konzentrieren Sie sich auf Ihren Atem und folgen Sie seinem Fluss durch Ihren Körper.
- ✔ Lassen Sie alle Gedanken kommen und gehen, halten Sie nichts fest.

18 ➤ Bei Angst und Sorgen trotzdem gelassen

✔ Stellen Sie sich vor, dass Sie im Sommer unter einem Baum auf einer grünen Wiese liegen. Genießen Sie die frische Luft, die warme Sonne, das leise Vogelgezwitscher, die sanfte Brise. Stellen Sie sich nun vor, dass Sie unter Ihrem Baum Besuch bekommen von einer guten Fee, einem Engel, einem lieben Menschen oder einem Zauberer. Dieses Wesen hat ein Füllhorn bei sich, in dem alle Dinge sind, die Sie für ein gutes und erfülltes Leben brauchen. Es ist Ihr Füllhorn und alle Dinge darin sind nur für Sie da. Lassen Sie sich in Gedanken nach und nach von dem guten Wesen all das geben, was Sie jetzt gerade brauchen. Nehmen Sie es gerne und dankbar an. Genießen Sie die Fülle und das Wissen, dass Ihnen alles zusteht.

✔ Kommen Sie nach einer Weile mit der Aufmerksamkeit zurück in die Realität, recken und strecken Sie sich. Öffnen Sie die Augen und sagen Sie sich: »Ich nehme gerne Hilfe an.«

Wenn Sie beim nächsten Mal einen Menschen um Hilfe bitten müssen oder von einer öffentlichen Stelle Unterstützung annehmen sollen, denken Sie an das Füllhorn und versuchen Sie, ein Glücksgefühl dabei zu empfinden. Übertragen Sie dieses Glücksgefühl darauf, dass Ihnen jemand hilft. Sie sind nicht allein auf der Welt. Hilfe und Unterstützung stehen Ihnen zu.

Gerade Grenzsituationen sind dazu geeignet, sich auf sich selbst zu konzentrieren und Gelassenheit aus der Tatsache zu schöpfen, dass das Leben immer weitergeht, auch wenn es manchmal anstrengend und schwer oder kaum zu ertragen ist. Irgendwann ist jede Grenzsituation wieder Vergangenheit – und wenn Sie zurückschauen, werden Sie etwas Neues gelernt und erfahren haben.

Teil VI
Der Top-Ten-Teil

Besuchen Sie uns auf www.facebook.de/fuerdummies!

In diesem Teil ...

Gelassenheit ist einer der Schlüssel zu mehr Gesundheit, Lebensfreude und Erfolg. Wer gelassen durchs Leben geht, klammert sich nicht fest an Menschen oder Gütern. Er verkrampft sich nicht unter dem Druck innerer Antreiber, sondern akzeptiert den Lauf der Dinge und lässt seine Mitmenschen so sein, wie sie eben sind. Gelassenheit bremst die Stressspirale, fördert das Immunsystem und eröffnet in jeder Situation unterschiedliche Wege und Reaktionsmöglichkeiten.

Im Top-Ten-Teil finden Sie eine Übersicht über die Vorteile der Gelassenheit. Außerdem stelle ich Ihnen die besten Gelassenheitsübungen sowie gelassenheitsfördernde Selbstsuggestionen vor.

Zehn Vorteile der Gelassenheit

In diesem Kapitel

▶ Die seelischen Vorteile eines gelassenen Lebensstils

▶ Die körperlichen Wirkungen der Gelassenheit

▶ Gelassener Umgang mit sich und anderen

In diesem Buch erfahren Sie, dass Gelassenheit die Gesundheit fördert. Darüber hinaus hat eine gelassene Lebenseinstellung noch viele weitere Vorteile – sowohl für Sie als auch für die Menschen in Ihrer Umgebung. Vielleicht haben Sie Ihr Gelassenheitstraining schon so weit vorangetrieben, dass Sie die Auswirkungen deutlich spüren. Nun möchten Sie möglicherweise anderen die Gelassenheit schmackhaft machen. Die folgenden zehn Vorteile können helfen, sich selbst und andere Menschen davon zu überzeugen, Zeit in ein individuelles Gelassenheitstraining zu investieren.

Gelassenheit fördert die Entspannung

Druck erzeugt Stress, ganz gleich, ob Sie sich selbst unter Druck setzen oder ob von außen erdrückende Anforderungen an Sie gestellt werden. Stress führt auf Dauer zu erheblicher Anspannung. Wenn Sie aber gelassen an Ihre alltäglichen Herausforderungen herangehen, fällt es Ihnen viel leichter, sich zu entspannen. Gelassenheit fördert also die Entspannung.

Probieren Sie es aus: Denken Sie an eine Situation, in der Sie sich geärgert haben oder in der Sie geärgert worden sind. Rufen Sie sich diese Situation in allen Details in Erinnerung und spüren Sie, wie der Ärger wieder in Ihnen hochsteigt. Was passiert nun in Ihrem Körper? Vermutlich werden Sie einige Muskelpartien anspannen – vielleicht ziehen Sie die Schultern hoch, ballen die Fäuste oder verkrampfen die Kiefermuskulatur. Sie spüren möglicherweise, dass Ihr Herzschlag schneller wird oder dass Ihnen ganz heiß wird. Mit einem Wort: Anspannung. Denken Sie jetzt an etwas Angenehmes. Malen Sie sich ein Erlebnis aus, das Ihnen gut gefallen hat, und spüren Sie nun, was körperlich mit Ihnen geschieht: Ihre Gesichtszüge werden weich und Sie lächeln. Ihr Atem vertieft sich und Sie werden locker. Also: Entspannung

Je gelassener Sie sind, desto eher können Sie die Dinge entspannt geschehen lassen. Wenn Sie sich nicht krampfhaft an irgendetwas festklammern, verkrampft sich auch Ihr Körper nicht. Viele Gelassenheitsübungen sind somit auch Entspannungsübungen. Wenn Sie Ein- oder Durchschlafstörungen haben, weil Ihnen zu viel im Kopf herumgeht, helfen solche Übungen Ihnen, die Gedanken ziehen zu lassen und besser einzuschlafen. Wenn Sie sich über Dinge ärgern, die Sie nicht ändern können, kann eine Gelassenheitsübung sinnvoll sein, um auch Unangenehmes zu ertragen, ohne sich zu verspannen.

Gelassenheit stoppt die Stressspirale

Der menschliche Körper bleibt im Gleichgewicht, wenn sich Phasen der Anspannung und Phasen der Entspannung abwechseln. Wenn Anspannung aber über einen längeren Zeitraum anhält und die körpereigenen Stresshormone (Adrenalin, Kortisol) nicht abgebaut werden können, gerät die sogenannte Stressspirale außer Kontrolle. Die dauerhaft erhöhten Hormonspiegel beeinträchtigen vor allem das Immunsystem, das für die Krankheitsabwehr verantwortlich ist. Die Anfälligkeit für Stoffwechsel-, Herz-Kreislauf- und Nervenkrankheiten, aber auch für Infektionen und Krebs nimmt zu.

Eine gelassene Lebenseinstellung trägt dazu bei, die Stressspirale zu stoppen. Wenn Sie merken, dass Ihr Körper auf »Kampf oder Flucht« geschaltet hat und Sie in hoher Alarmbereitschaft sind, können Sie das Stressprogramm mithilfe einer Gelassenheitsübung beenden. Sie haben die Möglichkeit, Ihre Körperreaktionen durch die Kraft Ihrer Gedanken zu beeinflussen. Lassen Sie los, entspannen Sie sich – und Sie spüren rasch, wie der Druck nachlässt.

Gelassenheit ist somit aktive Gesundheitsvorsorge. Eine gelassene Lebensweise stärkt das Immunsystem und hilft Krankheiten vorzubeugen. Auch wenn Sie erkrankt sind, ist Gelassenheit wichtig, denn dann laufen die Heilungsprozesse im Körper oft besser und schneller ab und Sie können die Krankheit auch seelisch besser bewältigen.

Gelassenheit fördert das klare Denken

Wer gelassen ist, lässt sich viele verschiedene Türen offen. In einer anstrengenden, belastenden oder konfliktreichen Situation erlaubt das Steinzeit-Stressprogramm »Kampf oder Flucht« Ihnen genau zwei Handlungsmöglichkeiten: Entweder Sie wehren sich oder Sie hauen ab. In manchen Fällen sind diese Alternativen hilfreich, in anderen jedoch überhaupt nicht. Wenn Sie Ärger mit Ihrem

Chef haben, könnte es sinnvoll sein, neben Brüllen oder Türenknallen noch weitere Reaktionsmöglichkeiten zur Verfügung zu haben. Eine sachliche Diskussion, ein diplomatischer Umgang mit Vorwürfen oder die Einschaltung Verbündeter helfen Ihnen vielleicht sehr viel weiter.

Ihre gelassene Lebenseinstellung öffnet Ihnen den Blick für Handlungsmöglichkeiten: Sie versetzen sich durch eine Gelassenheitsübung selbst in die Lage, eine Konfliktsituation nüchtern und mit Distanz zu betrachten und Ihre Möglichkeiten gegeneinander abzuwägen. Atmen Sie tief durch und treten Sie innerlich einen Schritt zurück – und schon können Sie klarer denken. Nutzen Sie das gelassenheitsfördernde Zauberwort »Darüber muss ich jetzt erst mal nachdenken«, wenn Sie sich in die Enge getrieben fühlen. Denn erst wenn Sie loslassen können, lässt der Stress nach und Sie bekommen einen freien Kopf.

Gelassenheit lässt intensiver fühlen

Stress und Anspannung führen oft dazu, dass Sie Situationen im übertragenen Sinne nur noch schwarz-weiß sehen – die Farbe fehlt! Gelassenheit hingegen erlaubt es Ihnen, sich selbst und Ihre Umwelt viel intensiver und differenzierter wahrzunehmen. Ein gutes Beispiel dafür ist der Urlaub: Wenn Sie entspannt Ferien machen, sehen, riechen, schmecken und fühlen Sie viel mehr als in der Alltagshektik. Sie erleben im Urlaub insbesondere deshalb so viel und so intensiv, weil Sie gelassen und offen für Gefühlseindrücke sind. In Ihrem Körper ist das vegetative Nervensystem auf »Entspannung« (Parasympathikus) geschaltet und Ihre Sinnesorgane sind besonders wahrnehmungsbereit. Im Alltag steht dagegen oft das Programm »Anspannung« (Sympathikus) im Vordergrund, das Ihre Sinneseindrücke filtert und dafür sorgt, dass Sie ausschließlich das wahrnehmen, was Ihr Überleben sichert.

Gelassenheitsübungen gehen oft mit starken Empfindungen einher: Sie fühlen wohlige Wärme, sehen vor Ihrem inneren Auge schöne Bilder, sind entspannt und heiter. Wenn Sie Ihren Alltag gelassen angehen, haben Sie die Chance, viel mehr zu erleben und intensiver zu fühlen. Ihr Leben kann richtig bunt werden!

Gelassenheit stärkt die Gesundheit

Dauerstress schadet dem Immunsystem und macht krank. Die Mehrzahl der Krankheitstage im Berufsleben geht auf das Konto der Folgen von körperlicher und seelischer Erschöpfung. Gelassenheit ist daher aktive Gesundheitsvorbeugung: Sie sorgen mit Ihrem Gelassenheitstraining für einen gesunden Ausgleich zwischen Anspannung und Entspannung, stärken Ihr Immunsystem und fördern Ihr Wohlbefinden.

Jede Gelassenheitsübung, die Sie machen, wirkt wie Medizin für die Seele. Sie gönnen sich eine Auszeit im Alltag, konzentrieren sich auf sich selbst, achten auf die Signale Ihres Körpers, lassen Ihre Gedanken ziehen und halten nichts fest. Wie ein Bambusrohr stemmen Sie sich nicht gegen Wind und Wetter, sondern gehen mit den Stürmen mit, ohne zu zerbrechen.

Gelassenheit hilft einem Burn-out vorzubeugen

Wer ständig seine eigenen Grenzen missachtet, seine Batterien leert, verbissen an unerreichbaren Zielen festhält und sich im Dauerstress befindet, brennt irgendwann aus. Burn-out ist die Folge: eine chronische Erschöpfung, die sich auch durch Urlaub und Schlaf nicht ausgleichen lässt. Viele Betroffene beschreiben Burn-out so, als sei ihnen »der Stecker gezogen« oder »das Licht ausgeknipst« worden. Sie sind depressiv verstimmt, haben kaum noch Antrieb, empfinden keine Freude mehr, können aber auch nicht mehr weinen. Körperlich äußert ein Burn-out sich beispielsweise durch immer wiederkehrende Infekte, Kopfschmerzen, Schwindel, Schlafstörungen, Magen-Darm-Probleme, Hautausschlag oder diffuse Schmerzen.

Gelassenheitsübungen können dazu beitragen, einem Burn-out vorzubeugen. Denn ein gelassener Lebensstil führt zu mehr Entspannung, größerer Stresstoleranz und erhöhter Akzeptanz für den Lauf der Dinge. Wenn Sie mit gelassenem Blick auf Ihren Alltag schauen, werden Sie erkennen, was gut für Sie ist und was Ihnen schadet. Sie lernen, die wohltuenden Dinge zu genießen und die schädlichen Einflüsse loszulassen. Und Sie schützen sich davor, Sklave Ihrer inneren Antreiber und Untertan äußerer Ansprüche zu sein. So finden Sie eine gute Balance zwischen Anspannung und Entspannung, gönnen sich Pausen und vermeiden es, zulasten Ihrer Gesundheit zu leben.

Gelassenheit vergrößert die eigenen Handlungsspielräume

Viele Gelassenheitsübungen ermöglichen es Ihnen, gegebene Situationen oder gewohnte Rituale kritisch zu betrachten, zu hinterfragen und Ihre eigenen Handlungsspielräume zu vergrößern. Wenn Sie gelassen an einen Konflikt oder eine stressige Herausforderung herangehen, können Sie sich zumeist zwischen den verschiedenen Handlungsmöglichkeiten entscheiden, weil Sie mit klarem Blick die Konsequenzen der einzelnen Reaktionen analysieren.

Gelassenheit bedeutet auch, andere Menschen so sein zu lassen, wie sie sind. Sie wissen, dass Sie nur sich selbst ändern können! Die Bereitschaft, an sich zu arbeiten, erhöht die Bandbreite Ihres Verhaltensrepertoires. Gelassen probieren Sie immer wieder neue oder ungewohnte Verhaltensweisen aus und achten darauf, wie Sie sich dabei fühlen und welche Auswirkungen Ihr geändertes Verhalten auf Ihre Umgebung hat. Oft werden Sie Überraschungen erleben – denn sobald Sie etwas ändern, ändert sich das ganze System, das Sie umgibt.

Sogar bei Katastrophen, Schicksalsschlägen oder dramatischen Lebensereignissen hilft Ihnen eine gelassene Einstellung erheblich weiter: Sie akzeptieren das, was passiert, und finden Ihren ganz persönlichen Weg aus der Krise. Denn jede Krise ist immer auch eine Chance für Neues. Wenn Sie eine schlimme Situation gemeistert haben, können Sie gelassen zurückschauen und Sie werden erkennen, wofür diese Situation gut war. In irgendeiner Form bringt jede Krise, die Sie gelassen durchstehen, Sie im Leben weiter.

Gelassenheit fördert die Toleranz

Gelassen mit anderen Menschen umzugehen heißt, sie mit all ihren Eigenarten zu akzeptieren und niemanden verändern zu wollen. Gelassenheitsübungen fördern daher die Toleranz für die Einzigartigkeit Ihrer Mitmenschen. Sie regen sich weniger über Fehler oder störende Eigenschaften Ihrer Familienangehörigen, Freunde, Nachbarn oder Kollegen auf und Sie finden entspannt einen guten Weg, mit diesen Menschen umzugehen. Wenn Sie jedoch spüren, dass der Umgang mit bestimmten Menschen Ihnen nicht länger guttut, sondern Ihre Gelassenheit dauerhaft gefährdet, können Sie lernen, gelassen Abschied zu nehmen.

Toleranz ist gut für den eigenen Seelenfrieden, aber auch für den Frieden in Ihrer Welt. Eine gelassene Lebenseinstellung sorgt somit für ein förderliches Miteinander der Menschen und macht Sie und die Ihnen wichtigen Nächsten entspannter und wohlwollender.

Gelassenheit verstärkt Lebensfreude und Achtsamkeit

Gelassenheit öffnet Ihren Blick für das Schöne im Leben, weil Sie alles um sich herum zunächst achtsam annehmen und nicht sofort beurteilen oder sogar abwerten. Entspannt können Sie auch kleine Details wahrnehmen und genießen.

Lebensfreude speist sich oft aus dem Moment der Achtsamkeit: ein freundliches Lächeln, ein liebes Wort, eine zärtliche Berührung, ein genussvolles Essen, eine berührende Musik, ein warmer Sonnenstrahl, eine duftende Blume, eine frische Brise – all diese Kleinigkeiten spenden Freude, Kraft und Zuversicht. Mit einer gelassenen Lebenseinstellung haben Sie Zeit und Muße, solche kleinen Geschenke anzunehmen und zu genießen.

In Gelassenheitsübungen lernen Sie, achtsam zu sein, den Zauber des Moments zu erfahren und dann auch wieder loszulassen. Sie schöpfen Lebensfreude aus allem, was Ihnen guttut, und laden damit Ihre Batterien immer wieder neu auf.

Gelassenheit verbreitet Humor

Gelassenheit geht oft mit einer heiteren Grundeinstellung einher. Wenn Sie Dinge und Menschen so lassen können, wie sie sind, sehen Sie viel eher auch die lustigen oder amüsanten Seiten des Lebens. Sie nehmen eine wohlwollende Position ein und begegnen Ihrer Umwelt mit Wertschätzung und Akzeptanz. Ihr entspanntes Lächeln ist ansteckend – jedes Lächeln, das Sie aussenden, kehrt zu Ihnen zurück.

Wer gelassen ist, kann zumeist auch gut über sich selbst lachen. Ein selbstkritisch-liebevoller Blick trägt erheblich zur Gelassenheit bei, denn er hilft, die eigenen Antreiber zu hinterfragen und sich nicht von unreflektierten Glaubenssätzen einengen zu lassen. Über sich zu lachen ist oft sehr befreiend und erleichtert den gelassenen Umgang mit den eigenen Unzulänglichkeiten. Wer über sich lachen kann, begegnet Kritik und Widrigkeiten entspannter. Probieren Sie es aus: Regen Sie sich nicht auf, wenn Sie einen Fehler machen oder Ihnen etwas misslingt, sondern lachen Sie darüber – vermutlich wird es Ihnen viel leichter fallen, die Panne hinzunehmen und neu anzufangen. Außerdem nehmen Sie allen Kritikern den Wind aus den Segeln und verbreiten gute Laune.

Zehn Übungen für mehr Gelassenheit

In diesem Kapitel

▶ Gelassenheitsübungen, die Sie immer und überall durchführen können
▶ Körperliche und geistige Übungen für mehr Gelassenheit
▶ Achtsamkeit fördert die Gelassenheit
▶ Überblick über die wichtigsten Bestandteile des Gelassenheitstrainings

*E*ine gelassene Lebenseinstellung kann man üben – schon wenige einfache, regelmäßig durchgeführte Trainingseinheiten führen dazu, dass Sie anders an stressige Situationen herangehen und einen neuen Blick auf die Herausforderungen Ihres Alltags entwickeln. Stellen Sie sich aus den Übungen, die ich in diesem Buch vorstelle, Ihr ganz persönliches Gelassenheitstraining zusammen und spüren Sie, wie Sie von Ihrer neuen entspannten Haltung profitieren!

Gelassenheit durch die tiefe Bauchatmung

Die einfachste und wirkungsvollste Gelassenheitsübung ist das ruhige, tiefe Atmen. Sie können die Übung der bewussten tiefen Bauchatmung im Sitzen, Liegen oder Stehen durchführen.

✔ Legen Sie eine Hand auf Ihren Bauch und atmen Sie ganz bewusst tief durch die Nase ein. Ihre Bauchdecke hebt sich und Ihre Hand wird angehoben. Atmen Sie langsam und bewusst durch den leicht gespitzten Mund wieder aus. Nun senken sich Ihre Bauchdecke und somit auch Ihre Hand wieder.

✔ Atmen Sie erst dann wieder ein, wenn Sie den inneren Impuls für einen weiteren Atemzug bekommen. Wiederholen Sie das ruhige, tiefe Ein- und Ausatmen zehnmal. Sie werden spüren, wie sich in Ihrem ganzen Körper ein Gefühl der Ruhe und Gelassenheit ausbreitet.

✔ Während des tiefen, ruhigen Atmens sollten Sie an nichts anderes denken als an Ihre Atmung und sich nur auf das Atmen konzentrieren. Sie können dies erleichtern, indem Sie denken oder leise sprechen: »Ich atme tief und ruhig ein – ich atme tief und ruhig aus.« Dies trägt dazu bei, dass Sie ruhiger und gelassener werden. Je öfter Sie sich im Lauf des Tages auf Ihren Atem konzentrieren, desto besser!

Gelassenheit durch die Vogelperspektive

Durch das bewusste Durchbrechen von unreflektierten Gedanken- und Verhaltensmustern schaffen Sie Distanz zu einer als stressig empfundenen Situation und gewinnen dadurch mehr Überblick. Sie gehen sozusagen in die Vogelperspektive. Wahrscheinlich sind Sie dann rasch deutlich gelassener und fühlen sich der Situation besser gewachsen.

- ✔ Wenn Sie spüren, dass Sie sich gedanklich im Kreis drehen oder in einer verfahrenen Situation stecken, atmen Sie zunächst einige Male tief in Ihren Bauch.
- ✔ Schauen Sie von oben auf sich und die Situation: Wie nehmen Sie sich selbst wahr? Was genau passiert um Sie herum? Welche Menschen sind aktiv und passiv an der Situation beteiligt?
- ✔ Stellen Sie sich vor, dass nicht Sie gerade handeln, sondern Ihr bester Freund. Was würden Sie ihm in dieser Situation raten?
- ✔ Wenn Sie mehr Zeit brauchen, um sich selbst und Ihre Reaktionen zu reflektieren, sagen Sie beispielsweise: »Das muss ich mir erst einmal genauer überlegen« oder »Dazu kann ich jetzt nichts sagen, ich muss erst eine Nacht darüber schlafen«.

Gelassenheit durch Reframing

Mit dem Konzept der Umdeutung (englisch reframing) können Sie versuchen, Situationen oder Ereignisse in einen ungewohnten, neuen Zusammenhang zu stellen und ihnen dadurch eine neue Bedeutung zuzuweisen. Durch die Änderung des Blickwinkels schauen Sie anders als vorher auf die Situation und bekommen dadurch neue Eindrücke und Erkenntnisse.

- ✔ Wenn Sie das Gefühl haben, dass sich alle gegen Sie verschworen haben, stellen Sie sich vor, dass die beteiligten Mitmenschen in Wirklichkeit Ihre Verbündeten wären. Vielleicht steckt hinter der Kritik Sorge um Sie? Vielleicht soll ein Verbot Sie schützen? Wie erleben und bewerten Sie die Situation nun?

✔ Wenn etwas ganz anders läuft, als Sie es gerne hätten, stellen Sie sich vor, dass sich alles nur deshalb so gefügt hat, damit Sie ein wichtiges Ziel erreichen können oder damit sich einer Ihrer Wünsche erfüllt. Was können Sie nun aus den eigentlich unerwünschten Gegebenheiten machen?

✔ Wenn jemand Sie beschimpft, kritisiert oder angreift, stellen Sie sich vor, dass Ihr Gegenüber Sie eigentlich um Hilfe bittet. Wie können Sie nun mit der Kritik oder dem Angriff umgehen?

✔ Wenn Sie vor einer schwerwiegenden Ja/Nein-Entscheidung (oder Plan-A-/Plan-B-Entscheidung) stehen, tun Sie zwei Tage lang so, als hätten Sie sich bereits für »Ja« (beziehungsweise Plan A) entschieden, und anschließend zwei Tage, als wäre »Nein« (Plan B) die richtige Lösung. Was fühlt sich besser, richtiger, schlüssiger an?

Gelassenheit durch Perspektivwechsel

Stellen Sie sich in einer Konfliktsituation vor, Sie seien Ihr Gegenüber: Wie sehen Sie den Konflikt jetzt? Welche Wünsche und Ziele hätten Sie? Was würden Sie erwarten? Wenn Sie ein Konfliktgespräch führen müssen, können Sie sich darauf vorbereiten, indem Sie eine vertraute Person bitten, Ihre Rolle einzunehmen – Sie selbst spielen den Konfliktpartner. Wie fühlt sich das an? Wie entwickelt sich das Gespräch? Fragen Sie nach dem Rollenspiel Ihre Vertrauensperson, wie sie sich in der Situation gefühlt hat, und vergleichen Sie die unterschiedlichen Wahrnehmungen. Was lernen Sie daraus? Der Wechsel der Perspektive, also die geänderte Blickrichtung auf einen Konflikt, verschafft Ihnen ganz neue Eindrücke, Ideen und Gefühle. Wenn Sie sich in die Rolle Ihres Gegenübers versetzen, also bildlich in seinen Schuhen stehen, verstehen Sie den anderen Menschen viel besser.

Gelassenheit durch Imaginationsübungen

Sie können sich jederzeit in Gedanken an einen anderen Ort versetzen oder eine andere Rolle spielen. Nutzen Sie die Macht Ihrer Gedanken für Gelassenheitsübungen:

✔ Gestalten Sie sich in Ihrer Vorstellung einen Ort, an dem Sie vollkommen sicher und geborgen sind. Immer wenn Sie unter Druck geraten, versetzen Sie sich in Gedanken an diesen Ort und tanken dort Kraft.

✔ Stellen Sie sich vor, dass Sie von einer warmen Decke aus Wärme und Wohlwollen eingehüllt sind. Genießen Sie es, von dieser Decke geschützt und getragen zu werden. Immer wenn Sie enttäuscht oder traurig sind, hüllen Sie sich mit der Decke aus Wärme und Wohlwollen ein und lassen sich davon trösten.

✔ Malen Sie sich Ihre Lebensenergie als farbige, pulsierende Energieströme aus. Immer wenn Sie sich kraftlos oder leer fühlen, setzen Sie in Gedanken die bunten Energieströme in Gang und laden Ihre Batterien damit neu auf.

Gelassenheit durch Achtsamkeit

Ihre Gelassenheit erhöht sich, wenn Sie aufmerksam und ohne Bewertung wahrnehmen, was sich gerade im Augenblick in Ihrem Körper und in Ihrem Geist abspielt – Gefühle, Gedanken, Stimmungen, Körperempfindungen, Sinneseindrücke. Dadurch, dass Sie alles so akzeptieren, wie es gerade ist, senken Sie Ihren inneren Druck. Sie nehmen die Haltung eines freundlichen, aufmerksamen Beobachters ein und lernen sich selbst besser kennen. Sie üben das Loslassen und lassen alles so, wie es gerade ist. Probieren Sie den Body Scan aus, die Grundübung des Achtsamkeitstrainings:

✔ Setzen oder legen Sie sich an einem ungestörten, ruhigen Ort hin. Atmen Sie einige Male tief in Ihren Bauch und richten Sie Ihre Konzentration nach innen.

✔ Wandern Sie mit Ihrer Aufmerksamkeit langsam von den Zehenspitzen durch Beine, Bauch, Brust, Arme, Rücken, Hals und Kopf bis zum Scheitel durch Ihren Körper und nehmen Sie Anspannung und Entspannung wahr, ohne zu bewerten.

✔ Spüren Sie Ihren Atem und Ihren Herzschlag, bleiben Sie nur bei sich und lassen Sie Ihre Gedanken kommen und gehen. Nehmen Sie wahr, was Sie fühlen und denken.

✔ Akzeptieren Sie alle Wahrnehmungen wertungsfrei, interessiert und freundlich.

✔ Kehren Sie dann langsam mit Ihrer Aufmerksamkeit zurück nach außen. Recken und strecken Sie sich, gähnen Sie, öffnen Sie Ihre Augen und genießen Sie die Gelassenheit, die sich durch diese Achtsamkeitsübung eingestellt hat.

Gelassenheit bei Routinetätigkeiten

Im Laufe des Tages verrichten Sie sicherlich viele Tätigkeiten, die Ihnen ganz routiniert von der Hand gehen und über die Sie nicht nachdenken. Nutzen Sie solche Tätigkeiten als bewusste Gelassenheitsübungen, indem Sie sich auf die einzelnen Handgriffe konzentrieren, tief ein- und ausatmen, Ihre Gedanken kommen und gehen lassen und sich selbst bewusst spüren. Verändern Sie einen Anteil der Routinetätigkeit und prüfen Sie, ob sich dadurch etwas an Ihrer inneren Haltung ändert. Beispiele dafür können sein:

- ✔ Essen Sie Müsli oder Suppe mit einem kleinen Löffel. Schmecken Sie das Essen ganz bewusst und genießen Sie es, dass die Mahlzeit länger dauert als sonst.

- ✔ Legen Sie beim Hausputz Musik auf, die Ihnen gut gefällt, und erledigen Sie das Putzen tanzend. Was passiert mit Ihrer Stimmung?

- ✔ Lochen Sie jeden Zettel einzeln, wenn Sie Ablage machen müssen. Entschleunigen Sie diese Arbeit ganz bewusst und denken Sie dabei an etwas Angenehmes.

- ✔ Wenn Sie Rechtshänder sind, stöpseln Sie die Maus an Ihrem Computer links ein und bedienen Sie sie mit Ihrer linken Hand (Linkshänder umgekehrt). Dies entschleunigt die Computerarbeit und gibt Ihnen Zeit, auf Ihren Atem zu achten.

Gelassenheit im Auto und beim Warten

Egal wohin Sie fahren – fahren Sie fünf bis zehn Minuten (bei langen Strecken eine halbe Stunde) eher los, als Sie es normalerweise tun würden. So verringern Sie Ihren Termindruck und erhöhen die Wahrscheinlichkeit, dass Sie auch mit unvorhergesehenen Widrigkeiten gelassen umgehen können. Halten Sie sich an die Verkehrsregeln und denken Sie für die anderen mit. Schenken Sie den anderen Autofahrern Ihr schönstes Lächeln und lächeln Sie sich selbst im Rückspiegel an. Egal was passiert, bleiben Sie freundlich und nachsichtig, sich selbst und den anderen gegenüber.

Nutzen Sie Wartezeiten für die tiefe Bauchatmung. Wenn Sie an der Bushaltestelle oder in der U-Bahn stehen, wenn Sie auf einen Termin warten müssen, wenn Sie im Stau aufgehalten werden, wenn Sie im Auto oder zu Hause sitzen und auf jemanden warten: Atmen Sie tief in Ihren Bauch ein und aus. Denken oder sagen Sie dabei: »Ich bin ruhig und gelassen.« Versetzen Sie sich im Geiste an Ihren Lieblingsort und genießen Sie die kurze Ruhepause. Lassen Sie alle Gedanken kommen und gehen, halten Sie nichts fest. Ärgern Sie sich nicht über die Wartezeit, sondern freuen Sie sich über die gewonnene Auszeit!

Gelassenheit durch fortschreitende Muskelentspannung

Die Progressive Muskelrelaxation (fortschreitende Muskelentspannung, PMR) basiert auf der Beobachtung, dass man durch einen Wechsel von bewusster Anspannung und bewusster Entspannung einzelner Muskelgruppen den gesamten Körper in einen Zustand tiefer Entspannung bringen kann. Diese Übung funktioniert sowohl im Sitzen als auch im Liegen.

- ✔ Kommen Sie zur Ruhe, schließen Sie die Augen oder schauen Sie auf einen Punkt vor Ihnen, atmen Sie tief ein und aus.
- ✔ Spannen Sie eine Muskelgruppe an (Arme: Faust ballen und zur Schulter ziehen, Beine: Gesäß und Oberschenkel anspannen, Zehenspitzen Richtung Knie ziehen, Rücken: ins Hohlkreuz gehen und Schulterblätter nach unten ziehen, Bauch: Nabel einziehen, Kopf: Augen zusammenkneifen, Stirn runzeln, Mund spitzen), halten Sie die Anspannung drei Atemzüge lang, entspannen Sie die jeweilige Muskelgruppe dann ganz bewusst und atmen Sie mindestens sechsmal tief ein und aus. Wiederholen Sie dies zweimal je Muskelgruppe.
- ✔ Spüren Sie, wie sich die Entspannung in Ihrem Körper ausbreitet.
- ✔ Wenn Sie alle Muskelgruppen Ihres Körpers angespannt und entspannt haben, genießen Sie die Ruhe und Entspannung noch einige Minuten lang und kehren dann mit Ihrer Aufmerksamkeit zurück nach außen.
- ✔ Recken und strecken Sie sich, atmen Sie tief durch.
- ✔ Besuchen Sie einen Kurs für Progressive Muskelrelaxation nach Jacobsen oder üben Sie mithilfe einer CD.

Gelassenheit durch Autogenes Training

Das Autogene Training basiert auf Selbsthypnose. Die meisten Menschen können mithilfe ihrer Vorstellungskraft einen Zustand tiefer Entspannung erreichen. Autogenes Training können Sie im Sitzen oder Liegen durchführen.

20 ➤ Zehn Übungen für mehr Gelassenheit

✔ Kommen Sie zur Ruhe, schließen Sie die Augen oder schauen Sie auf einen Punkt vor Ihnen, atmen Sie tief ein und aus.

✔ Konzentrieren Sie sich auf einen Körperbereich (Arm, Bein, Bauch, Rücken, Kopf) und denken Sie ein Gefühl der Schwere und Wärme herbei. Nutzen Sie die in Kapitel 6 genannten einfachen kurzen Sätze für die Selbstsuggestion, beispielsweise: »Mein rechter Arm ist schwer, ganz schwer. Mein rechter Arm ist warm, ganz warm.« Lassen Sie sich Zeit und atmen Sie tief und regelmäßig.

✔ Gehen Sie einmal ganz durch Ihren Körper. Genießen Sie die tiefe Entspannung einige Minuten.

✔ Schalten Sie anschließend wieder um in den aktiven Körperzustand: Recken und strecken Sie sich, atmen Sie tief, öffnen Sie die Augen und kehren Sie mit Ihrer Aufmerksamkeit zurück in den Raum.

✔ Diese Rücknahme erfolgt nur dann nicht, wenn Sie Autogenes Training vor dem Schlafengehen üben und einschlafen.

✔ Besuchen Sie einen Kurs für Autogenes Training oder üben Sie mithilfe einer CD.

Zehn Selbstsuggestionen für einen gelassenen Alltag

In diesem Kapitel

▶ Auch in stressigen Momenten die Ruhe bewahren
▶ Die Macht der Gedanken hilft Kraft zu tanken
▶ Mit einfachen formelhaften Suggestionen mehr Gelassenheit gewinnen

---

Vielleicht sind Sie mittlerweile schon sehr gelassen und nichts bringt Sie mehr aus der Ruhe? Dann leben Sie deutlich gesünder und entspannter! Dennoch könnte es Gelegenheiten geben, bei denen Ihre Gelassenheit auf die Probe gestellt wird. Atmen Sie tief ein und aus. Konzentrieren Sie sich einige Augenblicke ausschließlich auf sich selbst. Sammeln Sie Kraft, indem Sie eine der folgenden zehn Selbstsuggestionen einige Male (mindestens dreimal) wiederholen. Sie können gerne auch eigene Sätze formulieren – wichtig ist, dass diese kurz, prägnant, eingängig und vor allem positiv sind.

Richten Sie dann Ihre Aufmerksamkeit wieder nach außen und schauen Sie gestärkt auf die Situation, die Sie gerade noch als stressig empfunden haben. Hat sich Ihre Einstellung geändert? Sind Sie ruhiger geworden und können wieder klar denken? Dann hat die Selbstsuggestion gewirkt!

Ich bin ruhig und gelassen

Ruhe und Gelassenheit gehören zu den Voraussetzungen für ein gesundes Leben. Sie helfen, innere Kraft zu tanken und sich auf sich selbst verlassen zu können. Wenn Sie ruhig sind, können Sie klar denken und frei entscheiden. Wenn Sie gelassen sind, kann Sie nichts in Ihren Grundfesten erschüttern. Nutzen Sie diese Selbstsuggestion immer dann, wenn Sie spüren, dass Sie sich aufregen oder unter Druck setzen (lassen).

Ich lasse die Gedanken ziehen

Die Gedanken kommen und gehen zu lassen, ohne sich an einzelnen Vorstellungen festzuklammern oder gar gedanklich im Kreis zu drehen, trägt erheblich zu einer gelassenen Lebenseinstellung bei. Vielleicht können Sie Ihre Gedanken mit Schönwetterwolken vergleichen, die über den blauen Himmel ziehen – genauso still und friedlich ziehen Ihre Gedanken durch Ihren Kopf. Nutzen Sie diese formelhafte Selbstsuggestion, wenn Sie den Kopf übervoll haben, in Grübeleien versinken oder bei einem kniffligen Problem gedanklich nicht weiterkommen.

Ich bin sicher und geborgen

Sicherheit und Geborgenheit sind Grundbedürfnisse jedes Menschen. Nur wenn diese Bedürfnisse befriedigt sind, können Sie sich ganz gelassen komplexeren Aufgaben zuwenden. Nutzen Sie diese Suggestion, sobald Sie Boden unter den Füßen verlieren oder Angst haben. Sie können diesen Satz auch mit der Imaginationsübung »Sicherer Ort« verbinden: Stellen Sie sich vor Ihrem inneren Auge einen Raum vor, in dem Sie sich besonders wohlfühlen. Statten Sie diesen Raum so aus, wie es Ihnen guttut, und umgeben Sie sich mit den Menschen und Dingen, die wichtig für Sie sind – oder bleiben Sie allein und genießen Sie die Ruhe. Ihr persönlicher sicherer Ort ist ein Raum der Gelassenheit, der für alle anderen Menschen unerreichbar bleibt. Er kann nicht zerstört werden und Sie müssen ihn nie suchen, weil Sie diesen Raum in sich tragen. Wann immer Sie Ihren Raum der Gelassenheit brauchen, steht er Ihnen zur Verfügung. Gehen Sie in Gedanken an diesen Ort und wiederholen Sie mindestens dreimal die Selbstsuggestion »Ich bin sicher und geborgen«.

Ich bin heiter und entspannt

Wenn Sie gelassen durchs Leben gehen, sehen Sie die komischen oder skurrilen Seiten des Alltags und können sich daran erfreuen. Mit einer heiteren, entspannten Grundeinstellung strahlen Sie Humor und Wohlwollen aus. Jedes Lächeln, das Sie aussenden, kehrt doppelt und dreifach zu Ihnen zurück. Wenn Sie spüren, dass Sie traurig oder mutlos werden, wenden Sie diese Selbstsuggestion an und lächeln Sie sich selbst dabei zu.

Mein Herz schlägt ruhig und gleichmäßig

Ihr Herz ist Ihr Lebensmotor. Mit jedem Herzschlag wird der Lebenssaft durch Ihren Körper gepumpt. Wenn Sie sich anstrengen, schlägt Ihr Herz schneller, und wenn Sie aufgeregt sind, fängt es vielleicht sogar an besonders hektisch zu klopfen. Mit der Macht Ihrer Gedanken können Sie Ihren Puls jederzeit beruhigen. Nutzen Sie die Herz-Formel, wenn Sie sich etwas zu sehr zu Herzen nehmen oder an sich selbst zweifeln. Sie können sich auf Ihr Herz verlassen!

Ich mag meine Welt

Jeder Mensch erschafft sich seine eigene Welt und steht im Mittelpunkt dieser Welt. Wer im Einklang mit sich ist, wer sich hinterfragt und an sich arbeitet, der findet auch seinen individuellen Weg zu mehr Gelassenheit. Nutzen Sie diese Selbstsuggestion als Tankstelle für Ihre inneren Kräfte: Nehmen Sie wahr, was um Sie herum geschieht, und werden Sie sich Ihrer Gestaltungsmöglichkeiten bewusst. Übernehmen Sie Verantwortung für Ihr Handeln, gehen Sie an all Ihre Herausforderungen gelassen heran.

Wärme umhüllt mich

Mit einem warmen inneren Gefühl auf andere Menschen zuzugehen, selbst Wärme annehmen zu können und menschliche Nähe zu genießen, sind Voraussetzungen für mehr Gelassenheit. Nutzen Sie die Wärme-Formel, wenn Sie Ablehnung oder harsche Kritik befürchten. Auch in sozialer Kälte, Isolation oder Mangelsituationen kann die Vorstellung von Wärme hilfreich sein, um sich nicht ausgegrenzt oder kaltgestellt zu fühlen. Nutzen Sie die Selbstsuggestion und schenken Sie dann auch anderen Menschen etwas von Ihrer Wärme!

Ich habe, was ich brauche

Jeder Mensch braucht Liebe, Wärme, Nahrung, Schutz und Geborgenheit, um überleben zu können. Alles andere ist angenehmer Luxus. Natürlich dürfte es von allem immer auch noch viel mehr sein – aber wenn Sie ehrlich mit sich sind, werden Sie feststellen, dass Sie mit deutlich weniger auskommen können. Sie haben vielleicht manchmal das Gefühl, dass niemand Sie liebt? Dann schenken Sie sich selbst Liebe und Wärme! Nutzen Sie diese Selbstsuggestion, wenn Sie Gier, Neid, Missgunst oder Eifersucht empfinden.

Ich mag mich sehr

Ein wichtiger Schritt zu mehr Gelassenheit ist die Selbstakzeptanz: Nehmen Sie sich selbst so an wie Sie sind. Seien Sie wohlwollend sich selbst gegenüber. Reflektieren und hinterfragen Sie sich, lernen Sie sich so gut wie möglich kennen und finden Sie einen guten Weg, um mit Ihren Unzulänglichkeiten umzugehen. Sie können sich ändern, wenn Sie wollen – befreien Sie sich aus den Zwängen Ihrer inneren Antreiber. Das Wohlwollen, mit dem Sie sich selbst begegnen, strahlen Sie auch anderen Menschen gegenüber aus und Sie bekommen es von anderen Menschen zurück. Wenn Sie sich mögen, mögen andere Sie! Nutzen Sie diese Selbstsuggestion, wenn Sie an sich zweifeln oder sich alleingelassen fühlen.

Gut, gut, alles ist gut

Die Formel der bedingungslosen Akzeptanz hilft Ihnen auch in den schwierigsten Situationen, Ihre Gelassenheit zu bewahren. Auch wenn Sie das Gefühl haben, dass alles schiefgeht, sich gegen Sie verschworen hat oder Ihnen entgleitet – lassen Sie alles so geschehen, wie es eben geschieht. Krisen enthalten immer auch Chancen und die Zeit heilt alle Wunden. Schauen Sie nach vorn, deuten Sie die Situation um, nehmen Sie die Vogelperspektive ein, treten Sie aus der Situation heraus. Wiederholen Sie die formelhafte Selbstsuggestion mindestens dreimal. Aus irgendeinem Blickwinkel heraus werden Sie früher oder später etwas Gutes erkennen können.

Stichwortverzeichnis

A

Abgeklärtheit 33
Abgeschlagenheit 131
Abgrenzung 137
Abhängigkeit 168, 173
Abschied 272 ff., 276, 279 f.
  Vorbereitung 273
Abschiedsritual 280
Absprachen 136
Abwärtsspirale 204, 292
Abwertung 137
Acetylcholin 66
Achtsamkeit 92 f., 113, 180, 237
Achtsamkeitsbasierte Stressreduktion 113
Achtsamkeitskurs 93
Achtsamkeitsmeditation 114, 252
Achtsamkeitstheorie 113
Achtsamkeitstraining 93, 114, 256
Achtsamkeitsübung 92, 113 f., 235
Ärgernisse 144
Aerobic 110
Aktivitätsbedarf 67
Aktivitätsnerv 67, 188
Akzeptanz 76, 171, 189
Alkohol 251
Alleinreisen 179 f.
Alleinsein 145
Allergie 57
Alltag 101, 105, 117, 119 f., 123, 125, 127, 129 f., 143 f., 150, 168, 175, 177, 180 f., 205, 235, 251, 269, 280, 291
Alltagstätigkeit 260
Alter 266, 268, 282, 284
Altersheim 284
Ampelübung 109
Anerkennung 37, 187 ff., 191, 201 f., 210
Angehörige 168 ff.
Angeln 118
Angst 44, 72, 109, 137, 204, 219, 224, 250, 273, 277, 283
Angststörung 119
Anker 272
Ansage, klare 95 f.
Anspannung 33, 38 f., 42 f., 55 f., 59 f., 63, 66, 72, 91, 95, 103 f., 108 ff., 115, 117, 120, 129, 131, 137, 191, 198, 203, 207, 217 ff., 234, 236 f., 240 ff., 246
  physische 43
  psychische 44
Anteilnahme 139
Antipathie 168
Antreiber, innere 73, 80 ff., 205
Appellebene 214, 233
Arbeit 193, 202, 214, 220, 232, 272, 281, 283
Arbeitgeber 214, 219, 246
Arbeitnehmer 191, 193 ff., 201, 217, 221, 244
Arbeitsablauf 192 ff., 244
Arbeitsalltag 185, 199, 204, 213, 220, 239
Arbeitsleben 206, 211, 216, 220
Arbeitslosigkeit 51, 287 ff., 291
Arbeitsplatz 195 f., 199, 207, 210, 214 f., 219 f., 224, 226, 228, 235 ff., 241, 248, 283, 289
  Liebe am 215
Arbeitsrhythmus 193, 195
Arbeitstag 193, 216, 227, 235
Arbeitstempo 195, 236
Arbeitsumfeld 213 f., 245
Arbeitsverdichtung 190 f.
Arbeitszeit 185, 192, 212
Architektur 119
Assoziation, freie 219
Atem 253
Atemfrequenz 102
Atemnot 61, 131
Atemtiefe 102
Atemübung 108 f.
Atemwegserkrankungen 59
Atmung 55, 109, 237
Aufmerksamkeit 237, 243, 274, 291
Ausdauersport 110
Ausgeglichenheit 33
Ausschlag 61

Ausweglosigkeit 131
Auszeit 127, 155, 158, 180, 191, 207, 234, 239, 280, 284
Auto fahren 86, 103 f., 120 f., 126
gelassen 103
Autogenes Training 55, 106 f.
  Grundstufe 107
  Mittelstufe 107
  Oberstufe 107
  Rücknahme 107

B

Balance, innere 34, 125, 130 f.
Ballett 119
Ballsport 110
Basteln 119
Bauchatmung 75, 102 ff., 112 f., 120, 126 f., 140, 143, 145, 172, 198, 203, 205, 222, 229, 232, 235, 237, 239, 256, 258, 265 f., 274, 277, 288, 291, 293, 295
Bedrohung 250
Bedürfnishierarchie 95
Bedürfniskollision 140
Bedürfnispyramide 36, 80, 223
Bedürfnisse 37
  des Partners 140 f.
  eigene 36, 95, 127, 130, 138, 140, 143, 180, 194 f., 223
Befindlichkeitsstörung 205
Behörde 51
Beruf 131, 138 f., 197, 234, 242, 292
  Erfolgserlebnis 210 f.
  fachliche Anforderungen 185
  Fehlerkultur 191
  Gelassenheitspotenzial 185 ff.
  Lohn, Gehalt 186 f.
  Rahmenbedingungen 186, 190 f., 194
  Rechte 229
  Regeln 213, 215
  Stressfaktoren 187
  Stresssituation 203, 205 f., 212 f., 236, 238, 241
  Zukunftsperspektive 186 f.
Berufsalltag 51, 139, 192, 203, 206, 215, 226, 229 f., 234
Berufsleben 190, 203, 221

Berufstätige 175, 177, 185, 194, 221, 225, 242
Beschleunigung 190
Beschützerinstinkt 157
Besitz
  nicht materieller 295
Beten 111
Betriebsrat 195
Bewältigungsstrategie 274
Bewerbung 214
Bewerbungsunterlagen 290
Beziehung
  beenden 152, 277 f.
  Warnzeichen 278
Beziehungsebene 214, 233
Beziehungskiller 141, 149
Beziehungskonflikt 149
Beziehungsrolle 141
Beziehungsstress 142, 148
Bezugsgruppe, Jugendliche 163
Bildhauerei 119
Bindungserfahrung 158
Bindungsperson 158
Blähungen 57
Blickkontakt 243
Blutdruck 93
  erhöhter 43, 61, 70, 262
Body Scan 237, 252
Bore-out 200
Brustatmung 102
Buddhismus 107, 111, 113
Burn-out 57, 59, 113, 190, 200, 217, 221, 260
  Warnzeichen 216 f.
Burn-out-Prävention 234

C

Chamäleonhaltung 79
Chance 250
Chef
  ängstlicher 217
  Choleriker 217
  desinteressierter 217
  Egoist 217
  inkompetenter 217
  Kontrollfanatiker 218

Stichwortverzeichnis

launischer 218
überforderter 217
Chigong 109
Chorprobe 119
Christentum 111
Chronobiologie 191 f.

D

Dauerstress 40, 57, 59, 80
Defizitbedürfnis 36
Delegieren 207, 211, 231
Denksystem
   analytisches 196 f.
   intuitives 196 f.
Depression 38, 57, 59, 71, 113, 119, 122, 220, 259 ff., 263
Diabetes 38
Dienst nach Vorschrift 228
Distanz 137
Dopamin 66
Druck 204, 213, 229, 234 ff., 240, 242, 244, 261
Duftreise 239, 253 f.
Durchblutung 106
Durchfall 57, 60

E

Effizienz 81
Effizienzsteigerung 191
Ehe 135
Eheberatung 148
Ehrenamt 49, 290 f., 293
Ehrgeiz 205
Ehrlichkeit 137
Eifersucht 141, 150 f.
Eigenlob 245
Einbildungskraft 41
Einklang 34
Einkommen 138
Einsamkeit 51, 292
Eltern 153 ff., 157, 159 ff., 164, 167, 169 f., 172, 175, 177 f.
   Paar bleiben 155
   werdende 154
Eltern-Ich 80
Eltern-Kind-Beziehung 172

Empathie 46
Energiefresser 94 f.
Energiereserve 55
Entgrenzung 224
Entscheidungen treffen 69
Entscheidungsfindung 91
Entscheidungsfreiheit 135
Entschleunigung 237
Entspannung 33, 38 f., 55 ff., 59 f., 63, 73, 102, 106, 109, 118, 224, 235, 237, 240 f., 253
Entspannungsübung 264
Enttäuschung 277, 287
Entzündungen, chronische 57
Eremitenhaltung 79
Erinnerung 275
Erkältung 224
Eros 146
Erreichbarkeit, ständige 193
Erwachsenen-Ich 80
Erwartungsdruck 85
Erziehung 165
   Fehler 156
Erziehungsstil 157
   autoritär 157
   konsequent 158
   nachgiebig 157
Essstörung 57
Existenzbedürfnis 37
Extraversion 66, 68, 144
Extravertiert 65 ff., 103, 122, 145, 180

F

Familie 131, 150, 154 f., 163, 167, 170, 175, 178, 220
Familienangehörige 167 f., 170, 175, 289
Familienberatung 148
Familiendynamik 120
Familienmitglieder 169
Familienplanung 138
Familienregeln 159
Familienrituale 167, 169
Fantasiereise 253
Feedback 187, 201, 210, 242, 244
Fehlerhäufigkeit 198
Fehlerkultur 226 f., 244
Fehlermanagement 186
Fehlerspirale 90

321

Fehlertoleranz 90
Festhalten 34
Fieber 252
Fitnesstraining 267
Flexibilität 216
Flow 118 f., 248
Freizeit 131, 193, 221
Freizeitaktivität 118
Fremdbestimmung 194 f.
Freude 272 f.
Freunde 152, 167, 170, 175, 177, 276, 278 f., 284
Freundeskreis 138, 170, 279
Frontalhirn 91
Frühaufsteher 192
Frühverrentung 191
Führungskraft 206
Führungskultur 217
Fünf Tibeter 108

G

Gebet 41, 111
Geborgenheit 156
Gedankeneinengung 131
Gedankenkreisen 44, 131
Gedankenlosigkeit 149
Gefahr 250
Gefühl 77 ff., 81, 87, 102, 113, 131, 142, 144, 146, 150 ff., 168 f., 171, 204, 253, 273, 285
Gefühlsausbruch 70
Gefühlskälte 156
Gehaltsverhandlung 197, 245 f.
Gehirnjogging 267
Gelassenheit
 äußere 48
 innere 47
Gelassenheitsgebet 35
Gelassenheitskiller 197, 200, 218
Gelassenheitskonzept 48
Gelassenheitstagebuch 128, 131, 144, 179, 185, 188 f., 225, 235, 239, 258, 267
Gelassenheitstraining 48 f., 101, 104, 120, 131, 161, 181, 205, 234
Gelassenheitsübung 101 f., 105 f., 111, 119 ff., 125, 128 ff., 148, 150, 199, 210, 212 f., 222, 227, 233 ff., 239, 241, 248, 250, 252 ff., 256, 260 ff., 264 ff., 271, 275, 281 ff., 285, 287, 290 f., 293, 295 f.
 mit Baby 157
Gelassenheitsübungsplan 128 ff., 146
Gelassenheitsziel 33, 48 f., 225
Geld 294
 Mangel 296
Geldsorgen 51
Gemeinsamkeit 137
Genussübung 291
Gesang 119
Geschlechtsorgane 63
Geschlechtsverkehr 147
Geschwister 167, 169 ff., 173
Gesundheit 73, 97, 108, 122, 125, 149, 170, 176, 191, 220 f., 225, 234
Gesundheitsprävention 33, 55, 188
Gesundheitsvorsorge 224
Glaubenssätze 33, 37 f., 81, 87, 121, 155, 205, 228
Gleichgewicht, inneres 40
Gleichgültigkeit 151
Gleitzeit 192
Glück 225
Glücksgefühl 297
Glückshormone 119
Glücksmoment 232
Glücksmomente 144
Glücksphilosophie, asiatische 225
Goldschmiederei 119
Grenzsituation 250, 297
Großeltern 152, 158, 167, 173
Grübeln 44, 131, 260
Grundhaltung, gelassene 227
Grundsicherung 294
Gruppenbild 276
Gruppenreise 177
Gymnastik 110

H

Haltung
 gelassene 73, 80
 innere 189 ff., 194, 214, 222, 226, 234
 respektvolle 86
Handarbeit 119
Handlungsalternative 36, 38, 62 f., 75, 236
Handlungsfähigkeit 74, 79

Stichwortverzeichnis

Handlungsmöglichkeit 40, 47, 59, 76, 93, 189 f., 203, 274
Handlungsmotiv 35
Harmoniebedürfnis 81
Haushalt, Aufgabenverteilung 139
Hautjucken 61
Hauttemperatur 106
Herz 55
Herz-Kreislauf-Erkrankungen 59, 111
Herz-Kreislauf-Krankheiten 38, 40, 57, 122
Herzklopfen 131
Herzrasen 260
Herzrhythmusstörungen 61
Herzschlag 237, 253
Hilflosigkeitskreislauf 58
Hinduismus 107, 111
Hirnforschung 91
Hirnstoffwechsel 66, 260
Hobby 49, 118 f., 127, 293
Höchstleistung 221
Hörsturz 61
Hoffnung 287
Hoffnungslosigkeit 287
Hospiz 269, 279
Humor 63, 172, 227

I

Ich-Botschaft 142
Ich-Zustand 80
Imagination 41, 117, 263
Imaginationsübung 223, 238, 258, 288
Immunsystem 38 f., 56 f., 63, 122, 224, 251
Individualismus 137
Infektabwehr 93
Infektanfälligkeit 44, 59, 131
Infektion 40, 253
Innere Stimme 34
Innerer Monolog 114 f., 120, 235
Intrigant 209
Introversion 66, 68, 144
Introvertiert 65 ff., 103, 122, 145, 180
Intuition 229

J

Jahresurlaub 177
Jammerlappen 209

Jogging 110
Jucken 252

K

Kampf-oder-Flucht-Programm 39 f., 57, 59, 63, 102, 137, 142, 153, 193, 204, 219, 274
Kind, inneres 285
Kinder 108, 139, 152 ff., 162 f., 170, 172, 175 ff., 271, 278, 284, 292
Kinderbetreuung 173
Kindererziehung 49, 86, 139, 153 ff., 292
  Abgrenzung 163
  als Hobby 156
  Bezugsperson 158
  elektronische Medien 159
  Freiheiten 162
  Freiräume 164
  Führerscheinvertrag 161
  gelassen 160
  Grenzen setzen 157
  loslassen 163
  Nichtrauchen 161
  Punktekonto 160
  Verantwortung 164
  Vorsätze 153
Kinderfrau 158
Kindergartenkind 160
Kindheits-Ich 80
Klatschtante 209
Körper 252 f.
Körpermitte 108
Körpersprache 103
Kollegen 51, 74, 76 f., 84, 131, 139, 150, 175, 185 ff., 195, 200 ff., 208 ff., 214 f., 219, 224, 226 f., 230, 233, 236, 241, 283, 288
Kommunikation 136, 143, 145, 147 f., 168, 204, 214, 233
  gelungene 42
  Missverständnis 42, 233
  nonverbale 148
Kommunikationsbedürfnis 145
Kommunikationskultur 217
Kommunikationspartner 148
Kommunikationstheorien 42
  Axiome 42
  Vier-Seiten-Modell 42
Kompetenzkreislauf 58

Konflikte 43
Konfliktpartner 169
Konfliktvermeidung 71 f.
Konkurrenz 151, 168
Konkurrenzdruck 110
Kontemplation 111
Konzentration 109
Konzentrationsschwierigkeit 131
Konzentrationsstörung 57
Kopfschmerzen 57, 60 f.
Kränkung 72, 142, 168 f., 172, 226 f., 275, 278
Kraftquelle 34
Kraftreserven 59
Kraftsport 110
Krankheit 51, 250 ff., 262 f.
  stressbedingte 33
Kreativität 118 f.
Krebs 38, 40, 258 f., 268
Kreislaufprobleme 61
Krise 51, 250
Kritik 201, 232
Kündigung, innere 216, 228, 248
Kugelmenschen 145 f.
Kunden 51, 187, 193, 200, 211
Kurzschlussreaktion 74

L

Lach-Clubs 108
Lach-Yoga 108, 210, 227
Lachen 108
Lampenfieber 242
Lebensabschnitt 284 f.
Lebenseinstellung 168, 171
  gelassene 125, 222
Lebensende 266, 269
Lebensenergie 109
Lebensentwurf 172, 266
Lebenserwartung 136, 266
Lebensform 171
Lebensfreude 258
Lebensgemeinschaft 145
Lebenskonzept 138 f.
Lebensphasen 170
Lebenssituation, schwierige 51
Lebensstil 136
Lebenswelten 36

Leere, innere 131
Leid 273
Leistung 193, 202, 210
Leistungsbereitschaft 81
Leistungsbeurteilung 51
Leistungsdruck 86
Leistungsfähigkeit 56, 63, 90
  Yerkes-Dodson-Gesetz 56
Leistungsgipfel 56
Lerntheorie 160
Liebesbeziehung 135 f.
Liebesentzug 156
Lieferant 51
Lob 160, 201 f., 210, 245
Lösungstagebuch 219
Loslassen 33 f., 44, 71, 77, 83, 103, 112, 125, 177, 196, 237, 239, 278, 287
Lotussitz 111
  halber 112
Lügen 137

M

Magen-Darm-Erkrankungen 59
Magenschmerzen 57
Mahlzeiten, gemeinsame 159
Malerei 119
Mannschaftssport 110
Mantra 111
Mediation 149
Mediator 149
Meditation 107 ff., 111 ff., 127, 180
Meditationsbank 112
Meditationskissen 112
Meditationssitz 112
Mehrarbeit 51
Metakognitives Training 264
Mindfulness-Based Stress Reduction (MBSR) 113
Missverständnis 136 f., 148, 168 f., 172
Mitarbeiter 51, 131, 191, 197, 201 f., 213, 217 f., 230
Mitarbeiterorientierung 197
Mitarbeiterzufriedenheit 202
Mitspracherecht 194
Mittagsschlaf 239
Monotasking 92
Monotonie 197, 200

Stichwortverzeichnis

Motivatoren 36 f., 80
Multitasking 91 f., 197 ff.
Musizieren 119
Muskelanspannung 60
Muskelentspannung, fortschreitende 109
Muskelrelaxation, progressive 108 f., 240, 255
Muskelverspannung 44

N

Nachbarschaft 49, 131, 284, 289
Nachteule 192
Nähe 137 f., 140
Neid 281
Neinsagen 206
Nervensystem, vegetatives 39, 55, 188, 274
Nervosität 57
Nest, leeres 164
Nestbauinstinkt 157
Neuanfang 283 f.
Neubeginn 282
Neugeborenes 157
Niedergeschlagenheit 61, 131
Nierenerkrankung 57
Nierenkrankheit 262
Notlage, finanzielle 296

O

Öl, ätherisches 253
Offenheit 137
Ohrgeräusche 61
Opferhaltung 79
Opferrolle 74, 77
Optimist 199
Orchester 119
Ortswechsel 284
Oxytocin 157

P

Paarberatung 148 f.
Paartherapie 149
Palliativmedizin 268
Palliativstation 269, 279

Panik 131
Panikattacke 113
Paranoiahaltung 79
Parasympathikus 39, 55, 66 f., 188
Partner 135 ff., 175, 190, 278
 früherer 139
Partnerbindung 147
Partnerschaft 49, 86, 135 ff., 140 ff., 151, 154, 175, 215
 Dynamik 144
 Kommunikation 148
 Kompromisse 138, 140
 Konfliktpotenzial 137
 Krise 148 f.
 Warnsignale 147
Partnerschaftsmodelle 135
Pause 191 f., 195, 207, 212, 221, 234, 239
Perfektionismus 89 f., 145
Persönlichkeit 65 ff., 72
 gelassene 45
Persönlichkeitsanteile 66 f.
Persönlichkeitseigenschaften 65
Persönlichkeitsmerkmal 66, 69, 82
Persönlichkeitsstruktur 65, 85, 122, 144, 180
 Soforttest 69
Personalrat 195
Perspektivwechsel 162, 211, 236, 241
Pessimist 199
Pessimistenhaltung 79
Point of no Return 70, 145, 203
Power-Nap 193, 239
Priorität 211, 221
Privatleben 221
Prophezeiung, selbsterfüllende 80, 82, 227
Provokation 172
Psyche 259
Psychose 259, 263
Psychosomatik 262 f.
Psychotherapie 117, 260, 262
Puls, erhöhter 43

Q

Qigong 109 f.

325

R

Rache 277
Radfahren 110
Rampenlicht 69
Rashomon-Effekt 83
Rauchen 103, 251
Raum der Gelassenheit 117, 120, 238, 264
Realist 199
Reflexion 35, 287
Reframing 62, 73, 78 f., 115, 120, 213, 260
Regeneration 55
Reisephilosophie 180
Reizverarbeitung 91
Reizverarbeitungsmechanismen 69
Rentenansprüche 138
Ressourcen 57, 61
   eigene 34, 62 f., 235, 274, 276
Risikobereitschaft 137
Risikosportart 67
Rötung 252
Rollenmodell 135
Rollenverteilung 135
Routinearbeit 193
Routinetätigkeit 196, 237
Rudern 110
Rückenschmerzen 57
Rückfall 130 f.
Ruhe
   innere 102
Ruhebedarf 67
Ruhenerv 55, 67, 188

S

Sachebene 214, 233
Sandwichtechnik 273
Sauerstoffversorgung 39
Schadstoffbelastung 251
Schattenboxen 109
Scheidung 149
Scheitern 278
Schichtdienst 51
Schizophrenie 263
Schlafenszeit 159
Schlafstörung 57, 59 f., 71, 113, 131
Schmerz 43, 113, 122, 152, 252 f., 260, 275, 280, 282

Schriftstellerei 119
Schuldzuweisung 75
Schulferien 175
Schwangerschaft 154
Schweißausbruch 131
Schwellung 252
Schwiegermutter 167
Schwimmen 110
Schwindel 252, 260
Seele 259 f., 262
Seelenruhe 34
Selbstabwertung 131
Selbstachtung 225
Selbstanalyse 107
Selbstaufgabe 81
Selbstausbeutung 81, 222, 224 f.
Selbstbestimmung 194 f.
Selbstbild 205
Selbstentwertung 44
Selbsterkenntnis 85 f., 93
Selbsthass 85
Selbstheilungskraft 259
Selbsthilfegruppe 264 f., 293 f.
Selbsthypnose 106
Selbstkritik 90
Selbstmanagement 92
Selbstoffenbarungsebene 214, 233
Selbstreflexion 143, 205, 228
Selbstständige 193
Selbstsuggestion 106 f.
Selbstvergessenheit 118
Selbstvertrauen 187 ff., 232
Selbstverwirklichung 37
Selbstwert 287
Selbstwertformel 245
Selbstwertgefühl 245, 288, 293
Selbstwertliste 246
Selbstwerttraining 245
Selbstwirksamkeit 74, 77, 80, 118 f.
Selbstwirksamkeitserleben 119
Selbstwirksamkeitserwartung 57, 74
Seminar der Stille 225
Sex 63
Sexualfunktion 39, 55
Sexualität 147
   Probleme mit 147
Sicherheit 187 ff.
Sicherheitsbedürfnis 37

Stichwortverzeichnis

Simonton-Kurs 259
Single 144
Sinneseindruck 113
Situationsanalyse 75, 78
Situationsbewertung 73 f., 78 f.
Sodbrennen 57
Sonnengruß 108
Sorge 250
Souveränität 33
Sozialbedürfnis 37
Spazierengehen 110
Spiegelneuronen 46 f., 191
Sport 110 f., 120, 127, 175, 177, 251, 256, 293
Sportarten 110
Stellensuche 290
Sterbefall 51
Stille 113
»Stiller Stuhl« 162
Stimme, innere 228, 252 f.
Stimmungsschwankung 57, 61
Störung 197, 200, 207
Stoffwechsel 55
Stoffwechselstörung 57
Stolz 295
Strafe 160
Streitgespräch 238
Streitkultur 143
Stress 38, 42, 55, 57, 59 f., 66 ff., 70, 86, 102, 110, 122, 136 f., 176, 198 f., 203 f., 207, 215, 217 f., 224, 227, 235, 237, 262 f., 266, 271
   Dauerstress 38, 56
   Dysstress 38, 58, 63, 204, 251
   Eustress 38, 58, 63
   Warnsignale 40, 60
Stressabbau 62, 157
Stressbewältigung 62, 77, 204
Stressfaktor 152, 167, 181, 204, 213
Stresshormone 38 f., 56, 59, 119, 234
   Adrenalin 39
   Cortisol 39
   Katecholamine 39
Stresshormonkaskade 40
Stresshormonspirale 86
Stresskreislauf 59
Stressmodell 57, 204
Stressreaktion 57
   körperliche 39

Stresssituation 65
Stressspirale 60, 153 f., 162, 205
Stresssymptome 60
Stressverarbeitung 125
Sucht 264
Sympathikus 39, 55, 67, 188
Systemischer Ansatz 45

T

Tadel 201
Tagesablauf 199
Tagesmutter 158
Tagesstruktur 289
Tai-Chi 109 f.
Tanzen 110, 119
Taoismus 109
Team 51
Teamarbeit 231
Teamgeist 197
Telefonseelsorge 273 f.
Termindruck 207
Terminkalender 206 f.
Terminstress 207
Terminvorgabe 199
Theaterspiel 119
Todesfall 275, 280
Totstellreflex 204, 219
Tradition 36
Trainingspartner 110
Trainingsplan 106, 111, 123, 125
Trainingsprogramm 123, 125, 267
Transaktionsanalyse 80 f.
Trauer 131, 152, 272 f., 279
Trauergruppe 279
Trauerritual 279
Traumatherapie 117, 265
Trennung 51, 149, 152, 215, 275
Trost 279
Tunnelblick 131

U

Übelkeit 61, 252
Überforderung 56
Übersprungshandlung 240
Übersprungsreaktion 240 f.
Überstunde 221

Übungsplan 235
Ulknudel 209
Umdeutung 73, 77 ff., 115 f., 129, 213, 226, 260, 263
Umgänglichkeit 81
Umgangsform 209
Umzug 284
Unabhängigkeit 81
Unaufmerksamkeit 150
Unaufrichtigkeit 136 f.
Unruhe 131
   innere 44
Unsicherheit 131, 283
Unterforderung 56
Unternehmenserfolg 201
Unternehmenskultur 197, 201, 214
Unternehmenswerte 201
Urlaub 86, 131, 138, 140, 175 ff., 216
   allein reisen 179, 181
   Checklisten 176
   Erwartungen 178
   Fotobuch 179
   Packliste 176
   Planung 175 f.
   Reisezeit 175
Urlaubsort 176
Urlaubsplanung 51

V

Verantwortung, eigene 40, 122, 190
Verdauung 55, 57
Verdauungsprobleme 61
Verhalten, erwünschtes 160
Verlassenwerden 278
Verletzung, seelische 275
Verlust 51, 271, 275 f., 279 ff.
Verlustangst 131, 150
Verlusterlebnis 250, 274, 276
Versagensangst 84, 95, 131
Versenkung 111
Verspannung 57
Verstärkung, positive 160
Verstopfung 57, 60
Vertrauensbruch 137
Verwandtschaft 167 f., 170 ff., 279
   Konflikte 168 ff.
   Konfliktursachen 168

Vexierbild 115
Videokunst 119
Vogelperspektive 59, 78, 143, 230 f., 236, 274, 277, 289
Vorbild 86 f.
Vorgesetzter 77, 131, 185 ff., 191, 200 ff., 205, 209, 214 f., 217 ff., 226, 230, 234, 236, 245 f.
Vorsatzbildung, formelhafte 107
Vorschlag, konstruktiver 97
Vorstellungsgespräch 246 ff.
Vorstellungskraft 106
Vortrag 242 f.
   halten 242
Vorwurf 97, 142
Vulnerabilitäts-Stress-Modell 263

W

Wachstumsbedürfnis 37
Wahrnehmung, selektive 83 f.
Walking 110
Wandern 110
Wartezeit 105, 120, 126
Wasserlassen, Probleme beim 61
Werte 36, 138
   eigene 37, 220
   individuelle 36
Wertekollision 136
Wertesystem 36
Wertschätzung 37, 137, 146, 148, 197, 201 f., 210, 214, 295
   mangelnde 202
Willenskraft 81, 96
Wirgefühl 213, 241
Wünsche 41
Wunschbild 86 ff.
Wut 131, 152, 277
Wut-Tagebuch 70

Y

Yoga 107 f., 111, 113
   Asana 108
   Hatha-Yoga 108
   Yoga der Stille 108

Z

Zähneknirschen 57, 60
Zauberwort 238
Zeitdruck 62, 197, 199 f., 207
Zeitfresser 94 f., 191, 207 ff., 212, 233
Zeitgefühl, bei Kindern 164
Zeitmanagement 62, 92, 199
Zeitnot 210
Zeitplanung 231

Zeitvergessenheit 118
Zen-Buddhismus 112
Zentrovertiert 67 ff.
Ziele, eigene 223
Zufriedenheit 186, 189, 191, 193, 196, 202, 210, 217, 248
Zuhören, aktives 148, 215
Zukunft 250
Zumba 110
Zusammenarbeit 213

ALLES, WAS MAN WISSEN MUSS

Allgemeinbildung für Dummies
ISBN 978-3-527-70824-6

Deutsche Geschichte für Dummies
ISBN 978-3-527-70880-2

Deutsche Grammatik für Dummies
ISBN 978-3-527-71058-4

Rechtschreibung für Dummies
ISBN 978-3-527-70740-9

Testbuch Allgemeinbildung für Dummies
ISBN 978-3-527-70958-8

So leicht geht…

ISBN 978-3-527-71040-9

Einfach zu erlernende Achtsamkeitsübungen helfen Ihnen, positive Gedanken zu verstärken, und Stress besser zu bewältigen. Folgen Sie den geführten Meditationen auf der Begleit-CD und genießen Sie Ruhe und Gelassenheit.

ISBN 978-3-527-71042-3

Wer Ruhe und Ausgeglichenheit sucht und vom stressigen Alltag abschalten möchte, kann dies mit Meditation erreichen. Holen Sie sich mit Hilfe den geführten Meditationen auf der Begleit-CD Kraft und Energie für mehr Lebensfreude.

ISBN 978-3-527-71084-3

Möchten Sie, Ruhe, Entspannung und Gelassenheit in Ihrem Alltag? Dann versuchen Sie es doch einfach einmal mit dem Autogenen Training. Catharina Adolphsen zeigt Ihnen, wie Sie die Übungen in Ihren Alltag integrieren und so Kraft und Energie für mehr Ausgeglichenheit und Lebensfreude tanken können.

FÜR DUMMIES

ES GEHT UNS GUT!

Achtsamkeit für Dummies
ISBN 978-3-527-71040-9

Entspannungsübungen für Dummies
ISBN 978-3-527-70950-2

Erfolgreiches Stressmanagement
für Dummies
ISBN 978-3-527-70754-6

Glücklich verheiratet für Dummies
ISBN 978-3-527-70697-6

Meditation für Dummies
ISBN 978-3-527-71091-1

Ordnung halten für Dummies
ISBN 978-3-527-71160-0

Pilates für Dummies
ISBN 978-3-527-70368-5

Power Yoga für Dummies
ISBN 978-3-527-70451-4

QiGong für Dummies
ISBN 978-3-527-70685-3

Reiki für Dummies
ISBN 978-3-527-70602-0

Sex für Dummies
ISBN 978-3-527-70340-1

T'ai Chi für Dummies
ISBN 978-3-527-70485-9

Yoga für Dummies
ISBN 978-3-527-70706-5

ZEIT FÜR IHRE HOBBYS

Digitale Fotografie für Dummies
ISBN 978-3-527-70811-6

Digitale SLR für Dummies
ISBN 978-3-527-70835-2

Digitale SLR Kamera-Einstellungen
für Dummies
ISBN 978-3-527-70760-7

Gärtnern auf Balkon und Terrasse
für Dummies
ISBN 978-3-527-71123-9

Gärtnern für Dummies
ISBN 978-3-527-71062-1

Häkeln für Dummies
ISBN 978-3-527-71015-7

Kalligrafie für Dummies
ISBN 978-3-527-70414-9

Nähen für Dummies
ISBN 978-3-527-70741-6

Obst und Gemüse aus dem eigenen
Garten für Dummies
ISBN 978-3-527-71035-5

Schach für Dummies
ISBN 978-3-527-71105-5

Songwriting für Dummies
ISBN 978-3-527-70977-9

Stricken für Dummies
ISBN 978-3-527-70988-5

Zaubertricks für Dummies
ISBN 978-3-527-70879-6

Zeichnen für Dummies
ISBN 978-3-527-70294-7

EIN BART MACHT NOCH LANGE KEINEN PHILOSOPHEN

Die Geschichte der Philosophie
für Dummies
ISBN 978-3-527-70328-9

Mythologie für Dummies
ISBN 978-3-527-71206-9

Philosophie für Dummies
ISBN 978-3-527-70752-2

Philosophie der Aufklärung
für Dummies
ISBN 978-3-527-70705-8

Philosophen und Werke für Dummies
ISBN 978-3-527-70813-0

Philosophische Grundbegriffe für Dummies
ISBN 978-3-527-70814-7

MIT KLEINEM FÜHRER DURCH DIE GROSSE WELT

Sprachführer Arabisch für Dummies
ISBN 978-3-527-70668-6

Sprachführer Brasilianisches
Portugiesisch für Dummies
ISBN 978-3-527-70904-5

Sprachführer Chinesisch für Dummies
ISBN 978-3-527-70582-5

Sprachführer Englisch für Dummies
ISBN 978-3-527-70526-9

Sprachführer Französisch für Dummies
ISBN 978-3-527-70525-2

Sprachführer Italienisch für Dummies
ISBN 978-3-527-70524-5

Sprachführer Japanisch für Dummies
ISBN 978-3-527-70846-8

Sprachführer Niederländisch
für Dummies
ISBN 978-3-527-70757-7

Sprachführer Russisch für Dummies
ISBN 978-3-527-70580-1

Sprachführer Spanisch für Dummies
ISBN 978-3-527-70581-8

Sprachführer Türkisch für Dummies
ISBN 978-3-527-70758-4

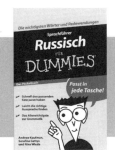

DEN RÄTSELN DER MENSCHHEIT AUF DER SPUR

CSI-Forensik für Dummies
ISBN 978-3-527-70469-9

Das menschliche Gehirn für Dummies
ISBN 978-3-527-70913-7

Der Ursprung des Universums
für Dummies
ISBN 978-3-527-70480-4

Freimaurer für Dummies
ISBN 978-3-527-71159-8

Philosophie für Dummies
ISBN 978-3-527-70752-2

Tempelritter für Dummies
ISBN 978-3-527-70353-1

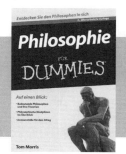